A FABRICAÇÃO
DO DIREITO

FUNDAÇÃO EDITORA DA UNESP

Presidente do Conselho Curador
Mário Sérgio Vasconcelos

Diretor-Presidente
Jézio Hernani Bomfim Gutierre

Superintendente Administrativo e Financeiro
William de Souza Agostinho

Conselho Editorial Acadêmico
Danilo Rothberg
João Luís Cardoso Tápias Ceccantini
Luiz Fernando Ayerbe
Marcelo Takeshi Yamashita
Maria Cristina Pereira Lima
Milton Terumitsu Sogabe
Newton La Scala Júnior
Pedro Angelo Pagni
Renata Junqueira de Souza
Rosa Maria Feiteiro Cavalari

Editores-Adjuntos
Anderson Nobara
Leandro Rodrigues

BRUNO LATOUR

A FABRICAÇÃO DO DIREITO
Um estudo de etnologia jurídica

Tradução
Rachel Meneguello

editora
unesp

© Éditions La Découverte, Paris, France, 2002, 2004
Obra publicada originalmente em 2002 pelas
Éditions La Découverte na Coleção "Armillaire"
© 2019 Editora Unesp

Título original: *La Fabrique du droit – Une ethnographie du Conseil d'État*

Direitos de publicação reservados à:
Fundação Editora da Unesp (FEU)
Praça da Sé, 108
01001-900 – São Paulo – SP
Tel.: (0xx11) 3242-7171
Fax: (0xx11) 3242-7172
www.editoraunesp.com.br
www.livrariaunesp.com.br
atendimento.editora@unesp.br

Dados Internacionais de Catalogação na Publicação (CIP) de acordo com ISBD
Elaborado por Vagner Rodolfo da Silva – CRB-8/9410

L359f
Latour, Bruno
  A fabricação do direito: um estudo de etnologia jurídica / Bruno Latour; traduzido por Rachel Meneguello. – São Paulo: Editora Unesp, 2019.

  Tradução de: *La fabrique du droit: Une ethnographie du Conseil d'État*
  Inclui bibliografia e índice.
  ISBN: 978-85-393-0799-9

  1. Filosofia. 2. Século XXI. 3. Filosofia do direito. 4. Latour, Bruno. 5. Etnografia. 6. Antropologia. I. Meneguello, Rachel. II. Título.

2019-1117   CDD 100
                                                        CDU 1

Editora afiliada:

Asociación de Editoriales Universitarias
de América Latina y el Caribe

Associação Brasileira de
Editoras Universitárias

Para Danièle e Michel

The State should always be rediscovered.
John Dewey, The Public and its Problems

Sumário

Apresentação – Como manter o segredo de Estado   9
Agradecimentos   13

1 À sombra de Bonaparte   15
   Dois emblemas escolhidos de forma muito infeliz   15
   Uma pequena história sobre pombos   20
   Um decreto controverso   38
   "Uma decisão do tribunal dos conflitos suscita uma viva controvérsia"   52
   A lei é flexível, mas é a lei   65
   Que estranha oficina de escrita   82
   Subindo a escadaria de honra   93

2 Como amadurecer um dossiê   95
   As desventuras de um número   95
   Uma frágil ponte de textos   109
   O folhear de um dossiê   119

3 Um corpo em um palácio   137
   "Reunião na sala dos escaninhos"   137
   Um corpo levemente agitado   141
   Uma profissão de importação-exportação   154

4 A passagem do direito   159
   Um brutal movimento de terreno   159
   No raciocínio jurídico, tudo conta   174
   "Tocamos o coração do Estado"   187
   "Aproveite essa ocasião para agitar a jurisprudência!"   207
   De minimis et maximis curat praetor   232

5 Objeto das ciências, objetividade do direito   241
   Retrato do Conselho de Estado como laboratório   241
   Como produzir distanciamento   255
      O relator   259
      O revisor   261
      O comissário de governo   265
      A formação de julgamento   268
   Referências e encadeamentos   271
      Uma mesma matriz comum: a exegese   272
      Duas formas distintas de transmissão   279
      Res judicata pro veritate habetur   287

6 Falar do direito?   299
   Os perigos do exotismo   299
   Uma curiosa forma de autonomia   311
   Cornu bos capitur, voce ligatur homo   327

Referências bibliográficas   343
Índice remissivo   353

Apresentação
Como manter o segredo de Estado

Depois de ter passado, em 1994, por uma semana experimental, graças à apresentação de alguns conselheiros, pude assistir, durante períodos intensos de dois semestres, a diversos trabalhos e reuniões do Conselho de Estado. Também pude participar, durante dois meses, de sessões de formação dos futuros juízes dos tribunais administrativos. Nos anos seguintes, voltei regularmente ao Conselho para assistir às sessões, conduzir entrevistas e discutir as conclusões preliminares de meu estudo.

Como investigar o segredo de Estado sem revelar o segredo de Estado? Esse é o problema de método e de deontologia ao qual fui confrontado escrevendo este livro. Os antropólogos conhecem bem esse problema, embora aqueles cujas práticas são reveladas raramente leiam suas obras. Na dúvida, é sempre possível fazer um pacto com os informantes para dissimular os nomes e os lugares de iniciação, ou os rituais cujas etapas são reveladas, sem que suas cerimônias percam a eficácia para os que têm relação direta com elas.

Não é a mesma coisa quando um antropólogo estuda uma instituição de seu próprio país, que o domina intelectualmente e de quem recebe a proteção que o estado de direito proporciona a todos. Encontrei-me em uma situação mais desconfortável do que quando estudava os cientistas do trabalho. Se eu nunca hesitei em "abrir a caixa-preta" das ciências é porque eu sabia que os pesquisadores, que compartilham comigo a mesma preocupação da investigação, a mesma *libido sciendi*, não hesitariam em me contradizer publicamente. Uma "ciência da ciência" pode produzir conflitos de interpretação, mas não uma contradição de princípio. O direito não tem a mesma relação fácil, nem com a clareza nem com o saber: é possível que o segredo lhe seja necessário. Que desgraça, que erro seria se o pesquisador, por uma vontade de saber deslocada, pusesse fim à obscuridade indispensável à manutenção de uma instituição que, em última instância, lhe garante a existência legítima.

A primeira solução consiste simplesmente em não revelar os segredos, não mostrando nada que seja desagradável ou depreciativo para a instituição. Como eu não pertenço a essas escolas de sociologia crítica que se consideram científicas ao praticar a denúncia, e se acreditam corretas quando deixam em seu rastro ruínas e segredos revelados, não tive nenhum problema em fazer apologia ao Conselho de Estado, sob o risco de ser acusado de simpatia exagerada. Nesse ponto fui bem-sucedido, pois os membros do Conselho que tiveram a paciência de ler as versões preliminares desta obra não encontraram nada nas páginas seguintes que possam comprometer sua casa.

Entretanto, alguns se opuseram à manutenção, no texto, dos dados obtidos pela assistência regular; se não das deliberações (o que para mim com certeza era proibido), ao menos das preliminares (denominadas, como veremos, de "sessões de instrução"). Eles desejavam a manutenção de minhas interpretações, em geral avaliadas como excelentes, mas não o que eu interpretava, considerado seu segredo. Eles não queriam, em particular, que fossem colocadas palavras *ipsis litteris* na boca de simples humanos discutindo entre si e ao redor de uma mesa, diante de dossiês espalhados, a lenta formação de um julgamento que deve apenas pertencer, por princípio, a uma voz coletiva e anônima.

Trata-se de um novo conflito de deveres, desta vez o do etnólogo que deve provar o que está afirmando a partir dos dados coletados em primeira mão; e também deve proteger a preocupação de seus informantes em não revelar a fonte de onde, segundo eles, provêm seus misteriosos poderes. Como fazer para respeitar, ao mesmo tempo, os direitos do investigador, que foi introduzido na instituição precisamente para fazer seu trabalho em total liberdade, e aqueles membros de um corpo que afirma, há dois séculos, um silêncio total sobre os caminhos tortuosos que levam a essa ou àquela decisão? Como fazer para escutar as vozes dos humanos em interação, proferindo o direito de forma hesitante, uma vez que o direito fala com voz impessoal e segura?

A solução escolhida foi proteger o anonimato, tanto dos juízes quanto dos julgados. Suprimindo o número dos casos, modificando todos os nomes próprios, assegurei-me de que não se pudesse reconstituir qualquer discussão específica de um caso reconhecível. Proteção seguramente ilusória para aqueles que conhecem o direito administrativo ou que trabalham no Conselho, pois, por definição, as decisões lhes oferecem uma visão tão familiar quanto a de seus primos e amigos. Mas, mesmo assim, uma proteção contra qualquer efeito jurídico que permitisse questionar os julgamentos proferidos. Entretanto, se o anonimato permite proteger contra a revelação deste ou daquele segredo específico resguardado pelo direito, não poderia dar garantia contra o objetivo que eu buscava: mostrar, em detalhes, como simples interações conseguem fornecer, através de tentativas, decisões ao mesmo tempo frágeis e finais.

Decidi preservar as trocas de comunicação, mas reconstituindo-as de tal forma que pudessem parecer *ficções verossímeis*. Certamente, peço diante de meus colegas das ciências sociais, uma vez que tive de abandonar os dados brutos, mesmo contra meus informantes, pois eu os pinto de uma maneira que se verão verdadeiros demais, mas é a única solução, irregular e remendada, que encontrei bastante adequada ao objeto específico da fabricação do direito.

Entre os direitos dos pesquisadores em ciências sociais de um lado e, de outro, os dos membros do Conselho a exercer suas atividades respectivas, parece-me que existe um interesse comum: aquele de fazer compreender, da melhor forma possível, a força débil do direito, esse bem capital que a natureza frequentemente mantém, para o público ignorante, tanto do direito quanto da antropologia, como um enigma do qual devemos aprender a gostar.

Um paradoxo que, evidentemente, reivindica luzes sobre uma pesquisa independente para melhor revelar a obscuridade necessária à obtenção do julgamento. Mas como esse paradoxo está na natureza do próprio objeto, após ter hesitado muito, pareceu-me que o dilema foi superado recorrendo a essa composição sistemática dos dados que, acredito, é tão confiável quando esclarecedora. Não tendo solicitado ao Conselho nenhum *nihil obstat*, não é necessário dizer que não obtive nenhum, e que este livro envolve apenas seu autor.

Agradecimentos

A solução definida me impede de agradecer nominalmente a todos os membros do Conselho e os serviços administrativos que apoiaram, no decorrer desses anos, tanto minha presença quanto minhas incessantes e desajeitadas questões. Mas, felizmente, posso agradecer sem artifícios aos inúmeros colegas que me ajudaram a realizar este tão difícil projeto. Ellen Hertz gentilmente fez observações no manuscrito. Seus conselhos foram preciosos. Devo a Frédéric Audren o pouco que sei sobre teoria do direito: se não pude responder às suas esperanças, não foi por falta de conselhos. Agradeço a Marie-Angèle Hermitte, Élizabeth Claverie, Bruno Karsenti, François Saint-Bonnet, Laurent Fonbaustier, Dominique Lindhardt e Alain Pottage por seus úteis e sábios comentários. Para revisar este texto, Avril Ventura gentilmente aprendeu direito administrativo e sociologia da alta administração infinitamente mais do que ela jamais desejou… Que ela receba, da mesma forma, meus agradecimentos. Andrei Mogoutov emprestou seus talentos de cartógrafo de redes para a reconstituição das carreiras do corpo.

❧ ONDE INTRODUZIMOS O LEITOR, PARA QUE ELE SE PREPARE, NA CELEBRAÇÃO DO SEGUNDO CENTENÁRIO ❧ NO QUAL POMBOS LADRÕES NOS PERMITEM CONHECER O COMISSÁRIO DE GOVERNO, PERSONAGEM PRINCIPAL DESTA HISTÓRIA ❧ ONDE SE DESCOBRE A IMPORTÂNCIA DE UMA ASSINATURA ESQUECIDA EM UM DECRETO E ONDE NOS FAMILIARIZAMOS COM AS SESSÕES DE INSTRUÇÃO DE UMA SUBSEÇÃO, FONTES ESSENCIAIS DESTE TRABALHO ❧ NO QUAL UMA POLÊMICA DO JORNAL *LE MONDE* PERMITE APRESENTAR A DISTINÇÃO ENTRE DIREITO JUDICIÁRIO [CIVIL E PENAL] E DIREITO ADMINISTRATIVO ❧ NO QUAL O LEITOR COMEÇA A TER EXPERIÊNCIA DA FORÇA PARTICULAR DO DIREITO, GRAÇAS A DOIS EXEMPLOS CONTRÁRIOS DISCUTIDOS EM SESSÃO ADMINISTRATIVA ❧ ONDE SE APRESENTA A OFICINA DE ESCRITA DA ASSEMBLEIA GERAL EM QUE SÃO ELABORADOS OS TEXTOS DE LEIS ❧ O QUE NÃO DEIXA DE CAUSAR EMOÇÃO AO AUTOR QUANDO ELE SOBE A GRANDE ESCADARIA DO CONSELHO ❧

1
À SOMBRA DE BONAPARTE

Dois emblemas escolhidos de forma muito infeliz

Para celebrar seu segundo centenário no grande anfiteatro da Sorbonne, em 13 de dezembro de 1999, diante dos afrescos deliciosamente kitsch de Puvis de Chavannes, o Conselho de Estado escolheu um símbolo muito singular: uma coluna dórica que emerge do vazio e sustenta uma base de arquitrave que serve de apoio ao fragmento de um majestoso beiral, cuja ponta se estende como a proa de um navio pronto a entrar nos mares.

O projeto, estilizado em azul, tem um aspecto pitoresco. Visto de baixo, esse belo pedaço de ruína grega se mantém suspenso no vazio, sem apoio, sem fundação, como se flutuasse no céu, tirando de si mesmo sua própria força, indispensável à manutenção de um monumento – seria um templo? – do qual não se adivinha a função, pois não se tem uma visão de conjunto e de contemplação da paisagem que ele deveria dominar com seu esplendor. Sentado nas tribunas reservadas ao público, na galeria da ilustre assembleia, o etnógrafo ignorante divaga sobre a escolha de tal imagem para celebrar o aniversário daquela instituição: que ideia estranha designar os fundamentos do Estado por esse tipo de objeto voador não identificado! O que significa esse pilar sem raiz e sem bases, que sustenta apenas uma ruína? Por que buscar nos antigos dórios o símbolo de uma força que almeja projetar-se no século XXI?

O espanto do etnógrafo não diminui quando descobre, por intermédio de seu vizinho, que não se trata de uma ruína, mas do resgate feito pelo pintor Ernest Pignon-Royal de um pedaço do monumento que fica no pátio do Palais-Royal, sede da "Haute Assemblée". Sua admiração aumenta quando, durante o intervalo, descobre que ninguém – dentre os conselheiros, magistrados, mestres de petição, auditores[1] ou funcionários com os quais compartilhou o mistério – se surpreende: "Mas não, vejamos, o que você procura?": esse pedaço de força suspenso no vazio e visto de baixo parece não requerer nenhuma explicação em particular. O etnógrafo teria feito tão mal sua pesquisa, ao longo de quatro anos, que não previu o que deveria causar surpresa nos membros da instituição que estudou?

Esse desconforto de ter compreendido mal seu "campo", como se diz nessas atividades, aumenta no dia em que ele recebe as saudações de alguns daqueles que tiveram a paciência de apoiá-lo durante tanto tempo. Para comemorar a passagem do ano 2000 e o início do terceiro centenário de sua atividade, as autoridades do Conselho tiveram

---

[1] Como o direito administrativo fala sua própria linguagem, o leitor encontrará ao final um índice remissivo com a referência às páginas nas quais os termos mais técnicos estão definidos. As referências bibliográficas completas encontram-se no final do volume.

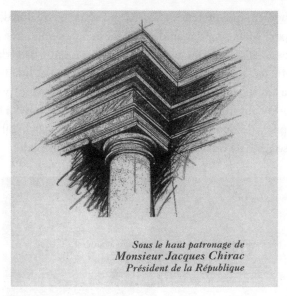

Figura 1.1
Crédito: Conselho de Estado

a curiosa ideia de escolher, para ilustrar o cartão comemorativo, um quadro em que se vê Bonaparte em um reluzente uniforme de primeiro-cônsul, em pé sobre uma plataforma. Diante de Cambacérès e Lebrun, dispostos discretamente, o autor do golpe de Estado recebe os tributos dos presidentes de sessão recém-nomeados, suntuosos em seus uniformes desenhados especialmente por David, enquanto atrás, contra a luz, o conjunto do Conselho com os braços elevados em gesto solene jura a uma só voz sua fidelidade à nova Constituição.

Essa não teria sido uma distinção inábil?, pergunta-se nosso observador. No momento em que a Europa e suas leis adquirem uma importância crescente, apresenta-se o fundador do Conselho de Estado, esse Napoleão que não é certamente um modelo de democrata, mas antes um tirano sanguinário! Na época em que a ideia de um direito administrativo distinto e separado do direito civil e do direito penal suscita sempre mal-estar, ironia ou indignação na imprensa, entre os políticos eleitos, entre os advogados, faz-se desfilar diante dos olhos do público o gesto de submissão ao poder pessoal de um homem que pretende encarnar o Estado ao qual nada poderia se opor? Mais singular ainda: esse mesmo Conselho que celebra duzentos anos não deixou, no curso da história conturbada da França, de afirmar solenemente, em grande estilo, sua fidelidade total e absoluta aos sucessivos regimes que, cada um a seu turno, procurou suprimi-lo e aos quais ele sempre sobreviveu, assim como a França, mas ao preço de algumas retratações.[2] É, realmente, tão hábil identificar esse gesto de fidelidade que amanhã será renunciado?

Figura 1.2
Crédito: Conselho de Estado

---

2 Veja o longo capítulo em Collective, *Deuxième Centenaire du Conseil d'État*, intitulado Le Conseil d'État et les changements de régime politique, p.77-144, para uma síntese útil. Como diz Pierre Legendre, "o Conselho de Estado não é admirável, ele apenas é. Seu desenvolvimento, a potencialização de sua função e sobretudo o paradoxo de sua permanência são o efeito de uma mecânica que nada tem de heroica, nem mesmo em pensamento". Legendre, *Prestance du Conseil d'État*, p.633.

Não é preciso reafirmar que o etnógrafo ainda está sozinho com sua surpresa. Os membros que tiveram a gentileza de lhe enviar esse cartão não tiveram qualquer malícia. É justamente isso que ele deveria ter compreendido.

Para elaborar um retrato do Conselho de Estado, seremos obrigados a rasurar o desenho a lápis de Pignon-Ernest. Se for verdade que o Conselho serve de pilar ao Estado, parece pouco provável – por razões de simples mecânica, como a resistência dos materiais – que ele possa apoiar-se sobre o nada. Ao contrário do pintor, buscaremos multiplicar as ligações que, embora frágeis e modestas, com o encadeamento de raízes e radículas, multiplicam os vínculos frágeis e permitem explicar a solidez da construção. Quanto ao monumento, longe de considerá-lo um fragmento de templo neoclássico flutuando misteriosamente acima dos cidadãos estupefatos, tentaremos demonstrar sua materialidade, suas cores, sua textura, sua delicadeza, também sua fragilidade, talvez sua atualidade e – por que não? – sua utilidade. A imagem perderá um pouco de seu solene esplendor, de seu isolamento majestoso, mas ganhará essa vascularidade, essas inúmeras conexões que permitem uma instituição respirar.

Ao nos distanciarmos da arquitrave e desse pedaço de ruína das colunas dóricas, também nos distanciamos de Bonaparte e da história às vezes sulfurosa que, dos Bourbon a De Gaulle, passando por Vichy, permitiu ao Conselho acreditar-se sempre o mesmo, tão imune à passagem do tempo quanto a ideia platônica da República. Nem a construção dessa história incansavelmente retomada pelos membros do Conselho nem a revisão científica dessa mitologia pelos raros historiadores dessa instituição nos interessam aqui:[3] esse

---

3 Não há equilíbrio entre o número de obras dedicadas à glória do Conselho de Estado e os trabalhos sobre o Conselho. Mesmo depois das publicações do segundo centenário, que são numerosas, mas de pura celebração (Collectif, *Deuxième Centenaire du Conseil d'État*), não se encontra uma obra sequer de sociologia com mais de trinta anos (Kessler, *Le Conseil d'État*). Um outro livro mais recente – Costa, *Le Conseil d'État dans la société contemporaine* – apenas tangencia a sociologia. Há alguns artigos revigorantes de Monnier, *Deuxième Centenaire du Conseil d'État*, p.643-7, e algumas pesquisas sobre a evolução do

não é o caminho dos arquivos que vamos seguir, mas o da observação paciente de alguém que era inicialmente ignorante dos métodos do direito e que não possui a menor responsabilidade dentro do Estado. Ocorre que este que denominaremos o etnógrafo – por razões que mostraremos mais à frente (no Capítulo 6) – pôde se beneficiar durante quinze meses ao longo de quatro anos de um acesso privilegiado aos trabalhos do Conselho, um tipo de estágio realizado sob a tutela de membros eminentes dessa casa, que lhe permitiu encontrar-se em uma posição que os novos métodos da antropologia consideram impossível, indecente até, uma "mosca na parede", um observador reduzido ao silêncio e à invisibilidade, mas equipado com um caderno de anotações e um cartão de acesso à biblioteca...

Uma pequena história sobre pombos

A voz ressoa na sala com móveis de madeira, polidos ao longo dos anos:

> Os pombos podem ser um encanto para os frequentadores de praças públicas, mas são uma catástrofe para os cultivadores de girassol.

---

corpo, por exemplo, Roquemaurel, *Les Membres du Conseil d'État et les entreprises*; e Bui-Xuan, *Les Femmes au Conseil d'État*. Todos são olhares externos lançados sobre a instituição. Em resposta, encontram-se algumas obras sobre ciências administrativas: Chevalier, *Science administrative*; Burdeau, *Histoire du droit administratif*; e excelentes apresentações do papel jurídico e administrativo do Conselho, do mais eficaz Stirn, *Le Conseil d'État*, ao mais luxuoso Massot, *Le Conseil d'État: De l'An VIII à nos jours*. Todas as outras obras são antes de direito administrativo e, quando fazem história desse ou daquele conceito (por exemplo, Berre, *Les Revirements de jurisprudence en droit administratif*) ou dessa ou daquela função (Deguergue, *Les Commissaires du gouvernement et la doctrine*), um historiador sofreria para encontrar suas referências. Mas certamente os testemunhos emotivos, divertidos ou irônicos não faltam – há inclusive uma novela execrável sobre as pequenas falhas do Conselho: Lebon, *Meurtre au Conseil d'État*. Podemos nos divertir com este traço típico: a obra do segundo centenário traz fotos de cadeiras, tablados, madeiramento, mas não há uma única imagem de um humano vivo – apenas retratos de mortos famosos...

E é o caso do sr. Delavallade, que tentou em vão, diante do tribunal administrativo de Poitiers e depois diante da corte administrativa de recurso de Bordeaux, obter uma indenização de 100.800 francos do município de La Rochefoucauld pelos estragos causados pelos pombos dessa cidade às suas plantações.

Hoje ele pede a cassação da decisão de 3 de dezembro de 1991 que retirou a responsabilidade do município, com base no motivo de que não houve infração grave.

Como nos contos infantis, os "casos" começam sempre pela evocação de um lugar mais ou menos pitoresco, de topônimos que lembram as aulas de história e geografia, os incidentes dolorosos ou cômicos de uma vida cotidiana a milhares de distância do ambiente discreto da praça do Palais-Royal, entre o Louvre e a Comédie Française. Estamos na ala dos "Contenciosos", um dos ramos do Conselho; o outro é o denominado "Seções Administrativas", embora nada, no jogo complicado de corredores, portas escondidas, escadas solenes ou obscuras, no conjunto contrastante de carpetes, permita realmente visualizar no edifício essas duas metades funcionais que se misturam de cem maneiras distintas, e cuja ecologia sutil mostraremos mais à frente. O homem está de pé em uma tribuna. Ele lê em voz alta o documento cuidadosamente redigido que denominamos suas "conclusões", porque finaliza sempre pela seguinte fórmula:

E por esses motivos, nós concluímos:
– pela anulação da decisão da corte administrativa de recursos de Bordeaux;
– pela rejeição da petição de recurso do sr. Delavallade, e do restante de suas conclusões de cassação.

Esse que fala é denominado "comissário do governo". O termo não deve nos induzir ao erro: o que caracteriza esse personagem com o qual vamos passar muito tempo é o fato de que ele justamente não é encarregado de função de governo algum, mas um

Figura 1.3
Crédito: Conselho de Estado

dos vinte membros do Conselho aos quais se confiou a tarefa de esclarecer a formação do julgamento sobre este que, segundo ele, deveria ser concluído de forma lógica, em função de sua própria visão do direito administrativo.[4] Embora seja o único a estar de pé, ele não exerce papel de procurador, pois não atua em nome do Estado nem verifica os procedimentos de instrução. E embora ele fale posicionado à esquerda do corpo de decisão, também não exerce o papel de advogado de defesa. Nessa assembleia, os advogados não falam nunca, salvo raras ocasiões, e se uma bancada lhes é reservada diante dos juízes, permanecem mudos, com exceção de uma curta reverência no momento da chamada de seu processo, quando murmuram algo como "sobre isso, remeto-me às minhas conclusões escritas". A função do comissário do governo assemelha-se àquela de um universitário independente: há algumas semanas seus colegas

---

4 Sobre a história da função, veja Rainaud, *Le Commissaire du gouvernement près le Conseil d'État*. O vocábulo pode confundir ainda mais, pois do outro lado do corredor, chamamos "comissários do governo" pessoas que realizam uma função totalmente diferente: trata-se de membros de gabinete ou altos funcionários encarregados de defender seu projeto de lei ou de decretos diante das Seções Administrativas do Conselho.

da subseção⁵ à qual pertence enviaram-lhe o dossiê n. 133-880, que concluiu hoje, 25 de outubro de 1995.⁶

No entanto, nada força os juízes, seus colegas, que o escutam com maior ou menor atenção conforme a importância do caso e o prestígio do comissário, a acompanharem suas conclusões. De toda forma, ele é livre para publicá-las ou não, como faria um pesquisador, porque elas podem preservar seu valor, mesmo se a decisão final do julgamento definir outra solução totalmente distinta. É nessas conclusões que os cronistas, os professores de direito, os amantes de contenciosos, os litigantes aprendem a examinar a fundo, em busca de premissas do que chamamos "reversões da jurisprudência", tal como velejadores buscando rajadas de vento no mar muito calmo. Mas não nos apressemos em apresentar todos os termos com os quais será necessário pouco a pouco familiarizar o leitor. Vamos nos contentar por um instante em compreender que nesse recinto de direito administrativo⁷ ninguém fala publicamente, à exceção do comissário de governo: *o restante do processo é feito por escrito*. Tentemos compreender o conteúdo do que ele lê com voz neutra, às vezes se animando com um ligeiro toque de humor e fazendo com que seus interlocutores esbocem um leve sorriso:

A luta contra os aborrecimentos provocados pelos pássaros entra incontestavelmente nos poderes da polícia municipal: o artigo L 131-2 do código dos municípios estabelece como objeto "assegurar a boa ordem, a segurança, a seguridade e a salubridade pública" e compreende especificamente sobre isso no "§8º – o cuidado de

---

5 Uma das divisões do Contencioso sobre a qual retornaremos e que permite repartir os trabalhos dos processos. Existem dez subseções.
6 As fontes de investigação são de dois tipos: as públicas, que todos podem consultar nas fontes do direito administrativo, e aquelas totalmente confidenciais, que se encontram nas seções de instrução observadas pelo pesquisador.
7 Voltaremos logo a esse ponto, mas o leitor não jurista deve sempre ter em mente que o direito administrativo, ao menos na França, é um ramo do direito inteiramente distinto, levando-o a não confundir-se com o que curiosamente se denomina "direito judiciário", ou "o judiciário", que aborda os ramos penal e civil, público e privado.

prevenir ou de remediar acontecimentos desagradáveis ocasionados pelo passeio de animais perniciosos e ferozes". E o pombo, nas condições supracitadas, sem ser um animal feroz, é no mínimo um animal pernicioso.[8]

Entre o parágrafo §1-1 e este houve uma importante operação: os pombos que encantavam as praças públicas voando pelo céu tornaram-se, no sentido "do artigo L.131-2 do código dos municípios", "animais perniciosos" sobre os quais o prefeito tem o dever de preocupar-se, o que "incontestavelmente" autoriza o sr. Delavallade a reclamar na forma de uma petição. O requerente – nome que se dá ao reclamante do direito administrativo – teria podido, nos campos de girassóis de La Rochefoucauld, caçar os pombos a tiros de fuzil para assá-los, odiar o prefeito em seu foro íntimo ou cobri-lo de insultos publicamente, mas no momento em que se reveste da dignidade de requerente, enviando ao tribunal administrativo de Bordeaux um extenso papel timbrado no qual expõe sua queixa, nós nos encontramos, nesse fria tarde de outono, ligados por um fio que permite aos pombos, ao girassol, aos seus rancores e ao prefeito "produzir o direito" – e será necessário todo esse volume para compreender a natureza desse movimento tão particular, e devemos ter cautela para não considerá-lo uma operação simples e homogênea.[9]

---

8 A importância do ato de escrita nos procedimentos que vamos estudar é tão grande que nos esforçaremos para sempre respeitar a disposição, a tipografia, as tabulações, as entrelinhas, as alíneas, em resumo, tudo relacionado ao paratexto, e que permite à materialidade do texto ser sensível aos olhos do leitor. Como teremos necessidade por vezes de chamar a atenção para as passagens que desejamos comentar, utilizaremos o negrito. Todos os termos sublinhados ou em itálico nas citações estão dessa forma no original. Por convenção, nas transcrições, colocamos entre parênteses tudo o que está subentendido na situação e que podemos acrescentar com segurança; colocamos entre chaves os vínculos de sentido para a compreensão do documento, mas sobre o qual podemos estar equivocados.

9 Seguimos, grosso modo, as regras de método definidas no sumário do número 7 da revista *Enquête* dedicada aos "objetos do direito": compreender o direito "em ação". Em particular, veja Hermitte, *Le Droit est un autre monde*.

O comissário de governo continua:

O município não permaneceu inerte. Mas preferiu recorrer a um método "doce" de esterilização dos pombos, que não teve resultados comprovados.

Curiosamente, o requerente não ataca a decisão por uma interpretação jurídica incorreta que tenha levado a descartar a culpa, mas somente pelo fato de o erro legal ter consistido em procurar apenas a presença de uma infração grave.

Escutemos atentamente o comissário de governo, pois as coisas se complicarão rapidamente. De toda forma, se elas fossem muito simples, um filtro introduzido na entrada das petições para evitar a proliferação de recursos teria eliminado esse processo queixoso, invocando, sem que fosse necessário julgar mais à frente, a inexistência "de fundamento sério" – mais tarde, daremos mais precisão ao uso capital que o direito faz da palavra "fundamento".[10]

Embora a petição tenha sido rejeitada na primeira instância e depois em recurso, cabe acreditar que existe um "fundamento sério", pois nos encontramos nas bancadas ouvindo o comissário de governo. Os termos técnicos irão rapidamente se multiplicar, tornando a leitura opaca tanto para o observador quanto para o re-

---

10 É a Comissão de admissão dos poderes em última instância que permite eliminar os recursos julgados negados. Atenção: para o leitor habituado às jurisdições civis ou penais, convém lembrar que o Conselho de Estado pode julgar segundo o caso, seja em primeira instância (é o caso, por exemplo, do direito eleitoral ou de recursos contra decretos), mas também recursos de segunda instância e, cada vez mais, recursos de última instância. As mesmas formações podem ter variações de suas competências segundo os processos. Em 1997, o Conselho julgava 21% dos casos em primeira instância, 11% em apelação, 30% na cassação das decisões de última instância e mais de 30% de reenvio aos tribunais e corte de competência dos casos (*Relatório público do Conselho de Estado*, 1998). Desde essa data, para desgosto de alguns membros, passa-se cada vez mais tempo apenas nos processos de cassação em última instância. Utilizaremos, daqui em diante, a palavra "fundamento", no original *moyen*. (N. T.)

querente, que agora, no estágio de julgamento de última instância, é obrigado a recorrer aos serviços de um advogado diante do Conselho de Estado.[11]

Se a alusão ao parágrafo §1-3 do código dos municípios, que havia permitido elevar os pombos ao nível de um animal-pernicioso-do-qual-o-prefeito-deve-se-ocupar, não vê qualquer problema, não se pode dizer o mesmo para as expressões "qualificação jurídica", "erro legal", "falta grave". Um abismo se abre diante dos olhos do investigador: sem mais códigos claros e de distinta certeza, o comissário de governo, com a voz mais sutil, entra nos tecidos infinitamente mais intricados da *interpretação* do direito administrativo baseada apenas nos *precedentes*. Apesar da dificuldade que se seguirá, continuemos a desenrolar o fio do raciocínio:

> Com relação a medidas policiais, a distinção entre o envolvimento de responsabilidade por falta simples e por falta grave há muito tem sido baseada no critério que opõe as atividades "jurídicas" ou "de concepção", sob o regime da falta simples (*Assembleia, 13 de fevereiro de 1952, Ville de Dolle, p.48*) e as atividades "materiais" ou "de execução", sujeitas à verificação de falta grave (*Seção, 3 de abril de 1936, Sindicatos de iniciativa de Nevers, e Benjamin, p.453, às conclusões de Detton*).
>
> Mas esse critério sedutor tinha, apenas, como diz o presidente Odent em seu curso (p.1401), "a aparência de facilidade". Ele progressivamente deu terreno a um critério mais substancial, considerando a dificuldade intrínseca da medida a ser tomada.
>
> Vocês então admitiram que pudesse haver medidas "legais" de polícia suficientemente delicadas a conceber, para que a responsabilidade fosse apenas definida em infração grave (*Assembleia,*

---

[11] Essa ordem particular de que um *numerus clausus* limita-se a noventa membros e que a história remonta ao Antigo Regime ocupa-se igualmente de todos os recursos antes da Corte de cassação de última instância. Veja Massot, *Le Conseil d'État*, p.148. Infelizmente, não tivemos tempo de seguir nossa investigação nos gabinetes desses advogados.

20 de outubro de 1972, Ville de Paris c/Marabout, p.664, para as proibições relativas à circulação em Paris). E simetricamente, que a infração simples podia ser suficiente, já que uma medida de execução, mesmo tomada no "calor da ação", não apresentava dificuldades específicas (*Seção, 28 de abril de 1967, Lafont, p.182,* sobre o monitoramento das pistas de esqui). E poderíamos multiplicar os exemplos nesses dois sentidos, a ponto de sermos tentados a dizer que, hoje, o critério da natureza do ato policial não é mais pertinente, e necessita ser limitado pelo critério derivado do conteúdo desse ato (veja o comentário dos autores das "Grandes Decisões" sobre a decisão de *10 de fevereiro de 1905, Tomaso Grecco, p.139*).

Faremos um esforço a partir de agora para evitar longas citações, a fim de não desencorajar o leitor muito rapidamente, mas nesta etapa é indispensável penetrar na matéria textual tão característica do mundo que temos de retratar, e que conservamos tal qual. Para se encorajar, que o leitor ponha-se no lugar de um jovem aluno da ENA – Escola Nacional de Administração –, formado entre os primeiros, e que admite escolher esse corpo prestigioso do Conselho de Estado, ou que ele se imagine um desses personagens que denominamos "grupo externo" – jornalista, deputado, ministro, general, médico – e que a decisão do príncipe convoca a sentar no Conselho na proporção de um terço: seja jovem ou velho, aluno do grupo interno ou promovido ao "grupo externo", o recém-chegado, ignorante do direito administrativo, deverá encontrar-se diante desse sabir[12] obscuro, aprender aos poucos a reconhecer seus contornos e, rapidamente, falar a língua e redigir ele próprio as notas e projetos.

Comecemos pelo jogo particular de referências que mais tarde vamos comparar com o jogo de citações em ciência. As longas frases do direito administrativo são pontuadas pelas notas de julgamento que marcam em itálico a data, o nome do caso, assim como a página do indispensável *Lebon* onde é possível encontrar o texto completo

---

12 Sabir é uma língua híbrida falada no Mediterrâneo. (N. T.)

da decisão ao qual o comissário de governo faz referência.[13] Todo raciocínio jurídico passa assim de nome próprio a data e de data a nome próprio, como um metrô de uma estação a outra, de modo que as decisões de Benjamin ou de Blanco parecem tão familiares àqueles que as utilizam cotidianamente quanto as estações Gambetta ou Passy.

No início da referência, entre parênteses, encontra-se a expressão "Assembleia" ou " Seção", o que indica o *nível* da decisão, sabendo-se que uma decisão de Assembleia tem maior importância que uma decisão de Seção, e esta mais que uma decisão de "subseções reunidas" que, por sua vez, têm mais peso que uma "subseção julgando por si" – aprenderemos pouco a pouco a razão de todos esses termos, assim como todas as formações de julgamento através das quais o mesmo dossiê, se for um pouco difícil, pode transitar por meses ou até anos.

Encontra-se nas referências, às vezes, essa breve nota "às conclusões de Detton" que permitem citar não a decisão, mas as conclusões de um outro comissário de governo, um antigo conhecido de muito prestígio, tal como Léon Blum, de quem se publicou o texto considerado particularmente esclarecedor.[14] Então, único e luminoso dentre todos, luz dos perdidos, "o curso do presidente Odent", única interpretação até hoje que permite assentar um raciocínio sobre um corpo de doutrina mais ou menos sólida.[15]

---

13 O *"Lebon"* – equivalente à Bíblia, uma enciclopédia Larousse e um código (inexistente em direito administrativo) – espalha seus volumes em cada uma das salas do Conselho, mesmo se a informatização hoje permite substituí-lo de forma mais útil para as pesquisas documentais. Para sua composição, veja o Capítulo 2.

14 Como as decisões são breves – aprenderemos mais à frente a descrevê-las –, os litigantes as consideram evidentemente obscuras, de onde vem a importância de publicar as conclusões, quer sejam seguidas ou não, às quais se somam as crônicas e os comentários que, em conjunto, formam a doutrina (mas cita-se raramente os universitários, professores de direito administrativo dos quais a presença, na perspectiva do Conselho, parece puramente explicativa, até parasita).

15 Notemos o humor da citação "que apenas tem aparência da facilidade" em um raciocínio que se tornará rapidamente de uma complexidade bizantina...

Enfim, o conjunto "das Grandes Decisões", volume recorrentemente publicado e ampliado, ao qual sempre há o esforço de remeter-se quando o raciocínio se complica, de forma que os nomes de Benjamin, Blanco, Tomaso Grecco, Canal devem normalmente ganhar a aquiescência dos teoremas inquestionáveis.

Enquanto as produções do judiciário (sistema civil e criminal) alinham textos e códigos, o direito administrativo ressoa o nome sempre charmoso, antiquado e provinciano das pessoas pobres que tiveram problemas com o Estado e cujos casos complicados permitiram que a Assembleia fizesse o direito progredir.[16]

De modo muito curioso, é esse mesmo Bonaparte, o brilhante primeiro-cônsul que vimos na Figura 1.2, que teve a engenhosa perversidade de inventar tanto o Código que traz seu nome quanto o exato oposto do que é conhecido como direito "napoleônico", deixando ao seu Conselho de Estado o cuidado de imaginar de todas as formas, pelo funcionamento de suas decisões precedentes e *na ausência de qualquer texto escrito*, à maneira anglo-saxônica, uma forma de direito *sui generis* para proteger o cidadão dos excessos da administração. Enquanto a Constituinte havia proibido o judiciário de conhecer os atos de administração sob pena de acusação de abuso de autoridade,[17] o direito administrativo inventou, lenta

---

Sobre o uso controverso da doutrina pelos comissários de governo, veja Deguergue, *Les Comissaires du governement et la doctrine*.

16 Por exemplo: "Um touro furioso escapou em Souk el Arbas (Tunísia); a multidão se lançou à sua perseguição; um tiro foi disparado, ferindo o sr. Tomaso Grecco no interior de sua casa. A vítima pediu uma reparação ao Estado alegando que o tiro havia sido disparado por um policial e que, de toda forma, o serviço policial cometera uma infração, não tendo assegurado a ordem e evitado tal incidente". Assim começam as Observações das Grandes Decisões, p.80: Conseil d'État. 10 févr. 1905, Tomaso Grecco Rec.139, concl. Romieu (D 1906.301, concl. Romieu; S. 1905.3.113 nota Hauriou). Não é desprovido de importância que o autor da nota seja Hauriou, qualificado respeitosamente de "grande comentador".

17 Pela lei de 16-24 de agosto de 1790 e o decreto de 16 de fructidor [no calendário gregoriano, mês que compreende de 16 de agosto a 16 de setembro (N. T.)], ano III. Seu artigo 13 afirma: "As funções judiciárias são distintas e permanecerão sempre separadas das funções administrativas. Os juízes não poderão,

e dolorosamente, um corpo de doutrina para impedir que "o mais frio dos monstros frios" não fizesse o cidadão perecer sob o jugo de seu poder tirânico. De onde a expressão "verificação", que encontramos em trecho anterior e que define o essencial da missão do Conselho. Verificação aparentemente contestada – voltaremos a isso com frequência –, uma vez que ele não deve obstruir a ação do Estado e é exercido por funcionários específicos que parecem tanto juízes quanto partes interessadas. Ora, uma das formas mais delicadas dessa verificação está nos poderes de polícia, que relevam milhares de circunstâncias perigosas no "calor da ação". De onde a distinção entre verificação para infração grave – o Conselho de Estado apenas intervém se a autoridade realmente exagerou – e infração leve – o Conselho de Estado se permite censurar com rigor os atos, mesmo se parecerem perdoáveis. Toda a questão que o comissário de governo levanta a respeito desse caso dos pombos está no seguinte problema: devemos ter em relação ao município de La Rochefoucauld a mesma severidade do juiz que censura até as infrações leves ou, aos olhos das dificuldades da ação de polícia, aquela que deve apenas punir as infrações graves?

Veremos como o comissário de governo, com sua lendária sutileza, sairá desse caso, mas vamos nos deter ainda um instante sobre uma das mais apaixonantes formas de expressão do extrato §1-5, tão característico do direito administrativo: "*Vocês assim admitiram*", diz ele, "*que poderia haver medidas etc.*" Aí está uma fórmula à primeira vista bastante estranha, pois é materialmente impossível que os membros hoje presentes em 1995 tenham tido também assento em 1942, 1936, 1972, 1967 e *a fortiori* em 1905 durante o célebre *Tomaso Grecco* para tomar suas decisões. No entanto, o comissário de governo, na tribuna, atua como se estivesse

---

sob pena de acusação de abuso de autoridade, perturbar de qualquer maneira que seja as operações dos corpos administrativos, nem citar diante deles os administradores em razão de suas funções". Apud Stirn, op. cit., p.14. O Conselho Constitucional retomou essas disposições em suas decisões de 22 e 23 de janeiro de 1987, dando-lhes valor constitucional.

se dirigindo a um corpo imenso, sempre presente, composto de milhares de pessoas desde há muito desaparecidas e das quais restam apenas alguns nomes prestigiosos, que pensou, estimou, quis, decidiu, julgou qualquer coisa. Será necessário muito tempo para avaliar o peso antropológico dessa pessoa moral à qual os comissários de governo se dirigem de forma tão solene. Visto que esse "vocês" não tem o caráter incontestável e eterno de um código, nem de uma acumulação progressiva, semelhante àquela do progresso científico (veja o Capítulo 5), mas manifesta a opacidade, a variabilidade, a confusão, a leveza de um pobre cérebro humano, teríamos necessidade de esclarecer: não é exatamente isso que disse o presidente Odent, assinalando que "esse critério sedutor tinha apenas a aparência da facilidade e que progressivamente deu terreno a outro critério"? O corpo soberano ao qual se dirige compõe-se de duzentos anos de conselheiros agregados em um único e majestoso pensamento *ne varietur*, produzindo uma voz obscura e mutável que torna necessário, como a voz de Pítia, nunca parar de interpretar, sondar, esclarecer, corrigir. Esse que é justamente o papel, claramente essencial, do comissário de governo que continua sua exposição – sem confundir com defesa, utilizando termos menos técnicos que os utilizados um pouco antes, no entanto surpreendentes:

> Sem entrar nesse debate de doutrina, parece-nos que a antiga distinção [entre concepção e execução] guarda, se não uma justificativa, ao menos um interesse prático, nas situações em que é possível distinguir duas operações policiais sucessivas, a primeira de concepção e a segunda de execução. Introduzir um *distingo*, uma gradação na exigência que pesa sobre cada uma dessas etapas, parece-nos, de maneira geral, oportuna. O policiamento é uma arte de execução. E parece justo dizer, sempre que possível, que a administração não está exposta aos mesmos rigores na fase de definição como está na fase da execução.

O comissário de governo volta à antiga solução que abandonara por razões "práticas", "de oportunidade" e "de equidade" – palavras consideráveis que deveremos seguir à risca –, mas ele o faz claramente recusando voltar às questões "de doutrina"[18] e de "justificativa". É muito curioso uma mente sutil introduzindo ao mesmo tempo "*distingo*" e "gradação" entre a concepção de um ato e sua execução! Contudo, encontraremos frequentemente essa oposição entre, de um lado, as questões fundamentais nas quais haverá recusa em se envolver para não "cair na filosofia" e, de outro, a multiplicação assustadora de distinções que parecerão propriamente florentinas ao leitor. É que há inúmeras maneiras de ser meticuloso, e ser filosófico – o que é uma ação? O que é uma concepção? – seria uma perda de tempo, uma vez que é necessário "por razões práticas" introduzir outras distinções, não menos sutis, mas estimuladas por outras urgências. Digamos que o comissário de governo pratica aqui *uma sutileza sem exigência de fundamentos* – mesmo doutrinários – bem típica do direito, que surpreenderá o etnógrafo apaixonado pela filosofia.[19]

Para manter-se na matéria que nos interessa, ou seja, os animais perniciosos, você distinguiu o envolvimento da responsabilidade de um município por infração simples, tratando-se de medidas previstas para impedir a divagação de cães, e por infração grave, tratan-

---

18 A doutrina é um termo técnico com papel pouco claro na elaboração. Dentre os sentidos complexos do termo estão os que vêm da "universidade", comentadores do direito administrativo, mas que não o produzem e que juntam fundamentos considerados artificiais, e que os membros do Conselho consideram, na maioria das vezes, irrelevantes.

19 Frase típica do curso de direito administrativo ensinado na Sciences-Po: "É necessário manter a visão abstrata das coisas e não se perguntar quais são os cânones abstratos da independência e da parcialidade em todos os países e em todos os tempos: 'nós, no Conselho de Estado', adiciona com orgulho o professor, 'o fizemos sem texto, de modo empírico, progressivo e eficaz...'". Nada menos filosófico do que essa exigência de "não quebrar a cabeça". Essa desconfiança em torno dos grandes problemas de fundamento não é própria do Conselho de Estado. "É brincadeira", escreve Atias, e ilustra: "Parece que é preciso deixar de lado as inquietudes doutrinárias sérias demais para que sejam discutidas seriamente". Atias, *Science des légistes, savoir des juristes*, p.333.

do-se da execução de tais medidas (*27 de abril de 1962, Sieur de La Bernardie, p.281*), solução mantida recentemente em uma situação análoga, através de sua decisão de 16 de outubro de 1987, *n.58465, consorts Piallat c/Commune d'Uzès*, às conclusões de B. Stirn.

Seria inútil se o comissário de governo desse seu parecer pessoal sobre uma questão – apesar do "nos parece" do parágrafo precedente –, já que ele podia imediatamente se basear no que o corpus já decidira. O corpus – expressão do "vocês" – percebe agora ter proferido dois julgamentos diferentes: o primeiro, seguindo o presidente Odent, que fez desaparecer toda a diferença entre a concepção e a execução; e o novo, que é apenas um retorno ao mais antigo, que o comissário de governo acha mais cômodo para reintrodução. "Assim", afirma o comissário, "pretendo esclarecer novamente o que 'vocês distinguiram', e proponho fazê-lo lembrando que 'vocês' não o fizeram há 33 anos, mas há menos de oito anos em situação análoga, e que então – em caso de dúvida, pode-se sempre ler as conclusões de Bernard Stirn, eminente membro do Conselho de Estado, que ocupava então minha função – tinha o mesmo sentimento que eu e os que estão hoje entre 'vocês'." Todos esses fios cuidadosamente tecidos começam a se unir em uma convicção que se expressará no primeiro desfecho de nosso caso:

É a mesma distinção que propomos aplicar ao específico:[20] há o princípio da "despombalização" e a escolha do meio para sua implementação, que podem envolver a responsabilidade do município por infração simples. E há o fato da instalação de armadilhas, o uso de venenos, ou, nesse caso, o uso de alimentação contraceptiva, que é uma tarefa mais difícil e, em consequência, pode-se responsabilizar o município apenas em caso de infração grave.

---

20 "Específico" não tem nada de pejorativo e absolutamente não quer dizer que zombamos desse obscuro caso de pombos; trata-se de um termo técnico para designar o ponto de fato ou de direito que constituirá o objeto de uma decisão, como na expressão corrente "caso específico".

Portanto, ao considerar um conjunto único de responsabilidade do município e buscando apenas a infração grave no conjunto do processo de decisão e execução, a corte administrativa de apelação, em nosso entender, manchou sua decisão com um erro legal.

O comissário de governo, aplicando a distinção do parágrafo precedente, propõe censurar o julgamento da corte de apelação, que havia mantido o julgamento do tribunal de primeira instância. Esse tribunal estava encarregado de controlar a administração, impedindo-a de prejudicar seus cidadãos com medidas policiais inadequadas. Assim como o direito administrativo examina o exercício dos poderes de Estado, o Conselho de Estado, juiz de última instância, controla o exercício desse poder particular do Estado que é o direito administrativo. Assim como o prefeito de La Rochefoucauld teria cometido infração grave ao não distribuir contraceptivos aos seus pombos nocivos, os juízes da corte de apelação teriam cometido infração grave ao não condenar o prefeito por sua infração – leve ou grave, segundo a definição utilizada.

Nesse momento, o advogado em seu assento e o agricultor que há muitos anos espera receber indenização pelas sementes de girassol transformadas em pombos gordos e fofinhos podem respirar aliviados: como estavam certos em buscar a cassação da decisão! A corte de apelação havia cometido um "erro legal". Nunca se deve perder a confiança na justiça de seu país.

Mas que o sr. Delavallade não se alivie tão rapidamente e que não dê esperanças à sua filha de receber tão cedo o reembolso de todos os seus gastos. De fato, o direito administrativo tem a particularidade de que o Conselho de Estado julga muito bem a forma e o conteúdo, uma vez que, como corte de cassação, em lugar de encaminhar de volta o caso a outra corte menor de apelação, como ocorre no sistema judiciário, ele pode esvaziar a discussão naquele momento. É o que se denomina "evocar o caso", um termo em si mesmo evocativo. Que desilusão tiveram os requerentes muito ingênuos ao acreditar que a cassação de uma decisão de corte inferior lhes daria razão! Como sempre, o comissário de governo, após ter impiedosamente proposto caçar a decisão da corte de apelação, sugere rejeitar a petição do requerente perseguido pelos pombos:

A relativa antiguidade do processo (os acontecimentos remontam à primavera de 1985)[21] e, ademais, o fato de que os fundamentos de apelação são aqueles que mesmo um juiz da corte de cassação poderia conhecer, nós convidamos a evocar o caso e decidir sobre o mérito.

Vocês descartarão toda infração do município de La Rochefoucauld na concepção da medida. Os pombos não são animais perigosos a ponto de que o risco de um método menos eficaz não seja justificado pela preocupação de não pôr em risco nem a saúde dos homens, nem a saúde dos outros animais, nem a serenidade dos defensores da natureza, hostis aos métodos mais violentos.

Vocês descartarão igualmente o fundamento imaginativo baseado no fato de que uma infração teria sido cometida porque os pombos eram "propriedade" do município de La Rochefoucauld. Isso os levará a rejeitar a petição do sr. Delavallade, assim como o ressarcimento irrefutável que ele busca na cassação da decisão.

E por esses motivos concluímos...[22]

Se a decisão da corte de apelação foi cassada porque se contentou em buscar uma infração grave, e teria devido buscar também as infrações leves para os períodos de concepção do ato (julga-se então sobre a forma e, como corte de cassação, pronuncia-se apenas sobre o vício da forma denominado aqui "erro legal"), isso não quer dizer absolutamente que, quando se chega o mérito, "na realidade" o município cometeu algum erro. De forma brusca, com o parágrafo central, o comissário de governo deixa o terreno do direito, passando para aquele do fato; fala apenas de evidências ordinárias, do bom senso, da simples política: os pombos não são perigosos a esse

---
21 Exemplo típico do humor negro do Conselho de Estado: o termo "relativamente antigo" – dez anos de processo! – significa que muitos outros casos são mais longos.
22 Encontramos agora as conclusões citadas na p.21.

ponto; a saúde dos homens, assim como a dos outros animais, vale mais do que a eliminação dos pombos; a serenidade dos ecologistas é preferível ao furor do sr. Delavallade... Terminadas as sutilezas do erro legal, as sublimes dificuldades do presidente Odent, as contradições desse corpo bicentenário: estamos no terreno do fato, fala-se de linguagem de evidências, aproxima-se da opinião, quase como no Café do Comércio, e descobre-se agora que nenhum erro foi cometido. As cortes inferiores teriam então tido razão de rejeitar a petição do sr. Delavallade? Sim pelo fato, mas não pelo direito, pois haviam sido rejeitadas por razões jurídicas erradas. Assim como os médicos preferem um paciente que morrerá curado a outro que sobreviverá sem explicação, o comissário de governo não quer que se rejeite uma acusação de erro cometendo outro erro. Após dez anos de processo, o sr. Delavallade foi dispensado, mas dessa vez dentro das regras. A causa foi ouvida – ao menos pelo comissário de governo –, não há mais nada a somar: a palavra "conclusão" diz exatamente o que quer dizer. A discussão acabou.

Resta apenas ao comissário de governo sentar-se, e para grande surpresa do observador, não ocorre mais *nada*. Nenhum debate, nenhuma voz, nenhum gesto enfático, nenhum grito nas bancadas do público, nenhum "Silêncio! Ou mandarei evacuar a sala". Com uma calma absoluta, o presidente se contenta em dizer com voz neutra: "O caso será deliberado", o que, à primeira vez que se escuta, soa como "Enviemos esses pombos às calendas gregas". A voz frágil de um funcionário chama um novo caso, outro comissário de governo se levanta, às vezes até o mesmo, e lá vamos nós para a leitura de outra conclusão. Por um instante a deliberação nos escapa, esse momento no qual os juízes, ao fim da meia jornada, na presença silenciosa dos comissários de governo e cronistas, falam novamente, mas apenas entre eles, para julgar se as conclusões do comissário serão ou não seguidas.[23] Dois meses mais tarde, 5 de

---

23 Não sendo juiz, aluno da ENA ou estagiário, não foi possível assistir às deliberações propriamente ditas, mas apenas, como veremos mais à frente, as sessões de instruções que as preparam.

dezembro de 1995, o julgamento "é lido", o que significa, nessa instituição de cultura escrita, que uma folha de computador será afixada em um painel localizado abaixo de uma soberba escada de mármore, sobre a qual se encontra um quadro de Napoleão:

Considerando que resulta do que precede que o sr. Delavallade não tem base para sustentar que o tribunal administrativo de Poitiers errou ao ter rejeitado sua petição para que o município fosse declarado responsável pelos danos apresentados;

Considerando que o município de La Rochefoucauld, não tendo a qualidade de parte perdedora na apelação, não poderia ser condenado a pagar ao sr. Delavallade a soma de 10 mil francos a título dos gastos expostos por ele diante da corte administrativa de apelação de Bordeaux e não incluídos nos custos:

DECIDE:

Artigo 1: A decisão de 3 de dezembro de 1991 da corte administrativa de apelação de Bordeaux está anulada.

Artigo 2: As conclusões do sr. Delavallade apresentadas contra o julgamento do tribunal administrativo de Poitiers na data de 12 de abril de 1989 agregadas às suas conclusões que levam à condenação do município de La Rochefoucauld ao pagamento da soma de 10 mil francos a título dos custos irrefutáveis estão rejeitadas.

Artigo 3: O restante das conclusões da petição supracitada do sr. Delavallade está rejeitado.

Artigo 4: A presente decisão será notificada ao sr. Pierre Delavallade no município de La Rochefoucauld, ao ministro do Interior e ao ministro da Função Pública.

A formação do julgamento seguiu exatamente as conclusões do comissário de governo, o que, lembremos, não era obrigatório. A causa está resolvida para sempre. Nenhuma corte superior a esta permite reabrir o debate. Não há mais como prolongar o movimento desses processos dos quais seguiremos o percurso à risca em outro capítulo. Se o sr. Delavallade ainda estiver vivo, receberá um papel registrado e saberá, dez anos mais tarde e com grande interesse, que ele tinha razão em levantar um erro legal nos julgamentos dos tribunais administrativos que não buscavam infração leve na conduta do prefeito de La Rochefoucauld, mas se equivocou ao crer que o prefeito havia cometido alguma infração, ao não impedir que os pombos se empanturrassem com as sementes de seu querido girassol.

Um decreto controverso

Uma bela sala no terceiro andar com janela voltada para o mais belo jardim de Paris, que as infelizes colunas de Buren[24] não conseguiram estragar, e em torno das quais as crianças brincam de pega-pega. Não há advogados, funcionários ou público: não estamos mais em uma audiência, mas em uma sala de instrução na qual a mobília consiste de uma grande mesa, cadeiras e uma biblioteca onde se guarda a indispensável coleção *Lebon*, encapada em couro avermelhado. Encontramos o comissário de governo, que está à frente do presidente de subseção rodeado por seus dois assessores. À esquerda, ou à direita do comissário de governo, segundo o caso, os relatores estão sentados diante de enormes processos que se apressam em consultar para refrescar a memória antes que os interroguem. Sentado à mesma mesa, enquanto alguns membros da subseção esperam sua vez, há um jovem auditor, recém-formado pela ENA, que aprende seu ofício assistindo a todas as sessões, um estagiário vindo de um tribunal administrativo para beber o direito na fonte, e certamente o etnógrafo, há tempos tornado invisível, pois com seu caderno de anotações, seu paletó e gravata, sua meia-idade, seu ar comportado, pode se misturar no ambiente dessas pessoas que, como ele, anotam os processos – sob a condição de não abrir a boca, pois sua incompetência seria revelada nas primeiras

---

24 Sobre esse caso, veja Heinich, *Les colonnes de Buren au Palais-Royal. Ethnographie d'une affaire*.

palavras! Em um canto, uma pequena mesa e uma cadeira onde está a secretária da subseção, personagem indispensável da qual falaremos com prazer quando seguirmos a logística dos processos, que entra e sai em função das necessidades do presidente.

Aqui estamos em "sessão de instrução", originalidade do direito administrativo, na qual, em uma atmosfera muito mais livre do que o curso da deliberação, os membros de uma subseção preparam *em comum* as audiências das semanas seguintes. São as sessões das quais vamos retirar a maior parte de nossos registros de campo, pois, ao apresentarem um interesse realmente decisivo, escapando do procedimento escrito, formal e solene da expressão do direito, permitem compreender as variações de raciocínio mais tarde redigidas publicamente da maneira mais lapidar possível. Se penetramos agora em uma das cozinhas da lei, não é evidentemente como um inspetor de higiene, mas como um gourmet que deseja compreender as receitas do chefe.

Para dar uma primeira ideia do trabalho realizado, vamos reconstituir artificialmente uma dessas sessões. Hoje, por sorte, a sessão começa pelo que se denomina os "desacordos do comissário de governo", a forma mais cativante dos debates que se pode seguir nas sessões de instrução. Como sempre, de fato, o comissário permanece mudo, escrevendo algumas anotações a respeito de um processo do qual toma conhecimento na sessão e que deverá "registrar em sua agenda" dentro de algumas semanas, redigindo suas conclusões após uma análise aprofundada do processo. Mas pode ocorrer que o comissário, à véspera de uma audiência, advirta a subseção que, após estudar o caso com total independência, não está de acordo com a solução definida por seus colegas. Em princípio, isso não deveria ter importância, pois, como dissemos, o comissário de governo, tal como o capitão de um navio, presta contas apenas à sua consciência e à Lei. Entretanto, por delicadeza, para prevenir as objeções, para facilitar a deliberação, para não surpreender seus colegas, o comissário de governo tem o costume de prevenir a subseção de que vai concluir de forma distinta dela e que, se a composição de julgamento acompanhá-lo ao invés da subseção, será necessário que aquela prepare outro "projeto".[25]

Antes de analisar um dos numerosos trechos das sessões de instrução, cabe uma palavra de explicação sobre a forma pela qual decidimos apresentar a reconstituição, em parte fictícia, dessas dinâmicas. Para que a observação preserve seu interesse, é necessário que os trechos sejam muito longos, de forma a tornar visível a dinâmica dos raciocínios e as numerosas hesitações e mudanças de opinião. Trechos muito curtos não dariam o sentido da sessão. Como não era o caso de registrar em gravador as sessões de instrução estritamente confidenciais, possuímos apenas notas tomadas muito rapidamente. À tecnicalidade dos dossiês juntam-se as incertezas da transcrição, as ambiguidades verbalizadas, as alusões a pessoas que se conhecem há anos e, certamente, a extrema incompreensão do observador. Uma última dificuldade soma-se às demais: para manter no âmbito deste livro uma estrita confidencialidade, foi necessário codificar o número do processo, o nome dos intervenientes, a data, inclusive os números das subseções observadas, uma operação que impede a rastreabilidade dos dossiês, assim como dos contextos que denunciariam de imediato o caso do qual se trata. Isso nos põe em plena contradição com as exigências de clareza e explanação... Por todas essas razões, a maior parte dessas trocas de conversa não é diretamente compreensível, o que nos levou a escolher dois níveis de comentários: o primeiro, apresentado em texto de formato ligeiramente diferente, acompanha as afirmações dos diferentes protagonistas oferecendo orientações indispensáveis; depois retomamos o caminho das análises mais aprofundadas, mas sempre após um tempo longo. O leitor poderá então escolher seu modo de leitura, mesmo que estejamos conscientes de termos apenas amenizado as dificuldades de uma pesquisa tão austera quanto o próprio direito administrativo...

---

25 Nome dado ao esboço da decisão, redigido previamente, e que serve em geral de base para o julgamento (veja o capítulo seguinte, que permite referenciar-se nas diferentes matérias gráficas).
A partir de agora, utilizaremos "esboço". (N. T.)

Perrouard (comissário de governo): Eu tenho um sério problema com esse dossiê relatado pelo sr. Bruyère.

O relator é o encarregado de extrair do dossiê um resumo do caso e que redigiu um esboço de julgamento discutido em sessão precedente. Ele é o único da subseção a conhecer o processo a fundo, mas, por outro lado, com o passar do tempo pode não ter mais a lembrança exata, enquanto o comissário de governo releu tudo recentemente para escrever suas conclusões.

Bruyère (relator) (explicando a situação): Falta uma assinatura em um decreto de nomeação. O advogado fez disso um fundamento; o Conselho de Estado fez um suplemento de instrução; perguntou-se sobre a assinatura do primeiro-ministro; o Secretariado Geral de Governo (SGG)[26] o envia, mas sempre sem a assinatura do ministro, e de toda forma não é o primeiro-ministro certo![27]

A partir do momento em que um advogado transformou um argumento em fundamento, fica-se obrigado a respondê-lo; para fazer isso, a secretária solicitou um suplemento de instrução, ou seja, enviou-o ao Secretariado Geral de Governo para que seja respondido através da produção[28] do decreto contestado. Infelizmente essa resposta não satisfaz o comissário de

---

26 O Secretariado Geral de Governo é um órgão central da administração, pouco conhecido do público, encarregado pelo primeiro-ministro da coordenação e acompanhamento do conjunto de trabalhos do Parlamento e do governo, assegurando a interface entre ministros e Conselho de Estado. O secretário-geral é um posto muito prestigioso e de excepcional estabilidade – apenas sete secretários desde 1945! –, ocupado por um conselheiro de Estado. Os dois últimos vice-presidentes do Conselho foram também secretários-gerais de governo.

27 Por sua natureza esquelética, a transcrição dá a impressão de uma linguagem um pouco maltratada, fragmentada e agressiva, embora os conselheiros falem como livros e se tratem como "senhor presidente", e "senhora comissária de governo" de forma exagerada. Tentaremos mais tarde dar conta, por outros meios, da cordialidade e da solenidade das substituições indispensáveis à compreensão do enunciado jurídico.

28 "Produzir" como verbo intransitivo, como muito verbos no Conselho, quer dizer enviar um memorando em defesa ou como réplica. "Ele produziu?" significa "Ele enviou um documento para contradizer aquilo de que ele é acusado?".

governo, e muito evidentemente, depois de duas alternâncias eleitorais, não é mais o mesmo ministro nem o mesmo primeiro-ministro. Não é portanto o caso de regularizar a ausência de assinatura, pelos meios que a moral reprovaria.

Perrouard: O advogado diz "Não há assinatura"; o original tem apenas o carimbo do primeiro-ministro e necessita de uma assinatura; temos o processo, o documento não saiu do circuito do Secretariado Geral; acredita-se adivinhar uma assinatura do ministro do Meio Ambiente, mas não do primeiro-ministro; o segundo documento é uma cópia autenticada, é um atestado de que o processo foi assinado, mas ele não nos dá cópia; o Secretariado Geral solicita que acreditemos em sua palavra.

A cópia autenticada de um atestado de que o decreto havia sido assinado nunca é a assinatura de um decreto; o SGG procura *interromper* o circuito da escrita, a rastreabilidade que lhe é própria, através de um ato oral e por uma solicitação de confiança: o comissário de governo deve satisfazer-se com essa posição?

Eu telefonei informalmente; não tenho o direito de fazer instrução; o secretário-geral falou sobre isso; decidiram não comunicar o Conselho de Estado sobre as minutas, pois há uma doutrina inalterável e antiga: "Não se faz fotocópia de minutas".

Como não se confia um processo ao comissário de governo de uma seção precedente *a não ser que* esteja completo, ele não tem o direito de retomar ele próprio o trabalho, e deve contentar-se "com o que está dito no processo". Entretanto, ao circuito formal do plano de instrução (envio de cada argumento de uma parte a outra para que haja réplica a fim de respeitar a regra absoluta do contraditório),[29] junta-se o circuito informal dos contatos do qual só se fala nesse gênero de sessões.

---

29 O juiz da área administrativa, ao contrário do juiz da área penal ou civil, mas tal como no direito anglo-saxão, contenta-se estritamente em escutar as objeções de uns e outros e não pode, ele próprio, como faria um juiz de instrução, abrir uma investigação ou propor um fundamento que uma ou outra parte não tivessem apresentado – à exceção dos fundamentos de ordem pública (veja os

Ora, no direito deve-se verificar **o ato em sua substância**; temos a verificação integral; a decisão Leduff trata das ampliações, isso não é ato; há a autoridade da ampliação e **nós necessitamos do decreto propriamente**;

O argumento reside na conjunção de dois elementos: a) a noção de verificação que vimos anteriormente, dessa vez "integral" em oposição a "restrito"; b) uma regra absoluta: os decretos devem ser assinados *à mão* pelo primeiro-ministro e todos os ministros competentes; em consequência, é a *substância*, a materialidade do ato que eles devem poder verificar; a boa-fé, a confiança, a informalidade das relações e as fotocópias não são suficientes;

Dorval (primeiro assessor; sentado à direita do presidente): É desagradável; o relator pode **ele mesmo** fazer a consulta; é um pouco incômodo, mas é também **incômodo** ir a Matignon consultar o original, uma vez que o Secretariado Geral atesta que o decreto foi realmente assinado pelo primeiro-ministro.

O assessor não fala em direito, como acaba de fazer o comissário de governo, mas permanece na avaliação das relações de protocolo, de confiança, de boa administração entre os dois órgãos essenciais, o Secretariado Geral e o Conselho de Estado. A essa altura, fala apenas de "incômodo"; deseja que o relator não insista mais em obter a peça, mas que vá observá-la *de visu*, e depois restará apenas confiar no relator... compromisso que permitiria verificar toda a cadeia, não resistindo à administração.

Luchon (presidente da subseção): Mas cabe a eles nos dar a peça! Isso está de cabeça para baixo!

O presidente contrabalança o argumento de seu assessor, que fala de incômodo e confiança, com o argumento de seu comissário de governo, que fala em direito. Sua indignação junta

---

exemplos no Capítulo 4, p.169). Diz-se "o contraditório", "respeitar o contraditório" para indicar que o Conselho de Estado enviou todos os argumentos a todas as partes em causa.

duas fontes em uma única reação: o protocolo que torna o Conselho de Estado o verificador da administração – não cabe ir até eles –, e a direção na qual o incômodo deve circular: cabe a eles o incômodo, não a nós. Vê-se portanto que a grande batalha do Conselho de Estado no controle da administração aflora sempre.

Perrouard: Está protegido por qual segredo?

Luchon: Nada, é banal, superbanal, por que complicar as coisas? Pode-se imaginar coisas, mas **na realidade não foi assinado**; ou assinado por delegação, **mas para um decreto é impossível**; ou há correções manuscritas sobre o decreto, isso não é impossível; em todo caso, isso não os exime de nos comunicar; é um incômodo me deslocar, mas pela razão de que cabe a eles comunicar.

O comissário de governo, que nunca havia praticado a administração ativa, como se verá na polêmica seguinte, muda de registro interrogando o presidente sobre o andamento prático da administração; o presidente esclarece a questão utilizando sua experiência própria e ainda recente sobre a vida real da administração: a administração deve ter cometido uma gafe, o que não é nem um segredo que acobertaria algo mais nem uma conspiração; pois lembra, como evidência, que é impossível delegar uma assinatura de um decreto e estritamente proibido rasurá-lo. Isso significa que a versão encaminhada ao Conselho de Estado difere daquela que o ministro teria aprovado, ou daquela publicada no *Diário Oficial*.

Le Men (segundo assessor, sentado à esquerda): **Não se pode rejeitar o fundamento**, eles nos enviam um memorando ridículo. Não é o caso de um memorando secreto enviado a nós e que não comunicamos às partes. Por outro lado, **para nós é difícil anular**, dados os nossos vínculos com o Secretariado Geral.[30]

---

30 É necessário ao leitor familiarizar-se com esses dois grandes termos *anular* ou *rejeitar* que no direito administrativo equivalem à quarta e à quinta posições na esgrima. "Você anula ou rejeita?" é uma questão feita constantemente e que permite saber a direção do raciocínio, como o norte e o sul sobre uma superfí-

O segundo assessor reconstrói o dilema com uma elegância completa; uma das vias de argumento é legalmente indiscutível: todo fundamento apresentado deve ser objeto de uma resposta, e este é sólido como aço, pois remonta à pratica da escrita que reside na base do Estado (é necessária a assinatura à mão do primeiro-ministro nesse tipo de decreto); a segundo via é de qualidade totalmente diferente, embora pareça para ele tão indiscutível quanto a anterior, pois repousa no interesse da boa administração e dos laços poderosos entre o Conselho de Estado e o SGG. Diante de tal contradição, a solução prudente (e este assessor é a encarnação da prudência) consiste, no momento, em esperar.

Presidente: Eu os chamo, **com a cópia** da decisão Leduff; e lhes digo que isso **nos coloca um sério problema**; vou me aconselhar com Boulanger.

Suspendamos a sessão e recapitulemos a solução provisória dada pelo presidente no curso do caso. Como sempre, ele aceita a formulação de seu assessor preferido, Le Men. Não se pode fazer nada porque ele está entre duas tensões de *igual valor*, embora não igualmente jurídicas, a primeira sendo que o advogado tem razão e que não é possível livrar-se de seu fundamento; a segunda é que trata de uma tecnicalidade sem real importância e que não se pode descontentar o Secretariado Geral de governo, com quem "há tantos laços". Já compreendemos a extrema dificuldade do direito administrativo que, ao mesmo tempo, deve examinar a administração – trata-se aqui de um pleno controle que não pode se basear na palavra de um funcionário, mesmo que de boa-fé: deve-se poder tocar a "substância" do texto à mão como São Tomas tocou a ferida do Cristo ressuscitado – e não deve incomodar inutilmente o bom andamento dessa administração impondo-lhe constrangimentos supérfluos, subme-

---

cie: se rejeita, quer dizer que dá à petição o destino daquela do sr. Delavallade; se anula, quer dizer que dá sequência à petição e que o ato administrativo está desaprovado.

tendo-a a um "formalismo" exagerado. A virulência do presidente ("Isso está de cabeça para baixo"), a intensidade das questões de protocolo ("cabe a eles se deslocarem, não a nós"), a importância de vir explicar o direito ao Estado ("com uma cópia da decisão Leduff") nos mostram que a história iniciada por Bonaparte continua a exigir, duzentos anos depois, a mesma energia e a reavivar as mesmas contradições: sim, os membros do Conselho de Estado são juízes e partes, mas devem, contudo, ser bons juízes. Se cederem um milímetro, a administração os mastigará; se contrariarem demais a administração, ela vai ignorá-los ou contornar sua decisão. Vamos procurar compreender, ao longo deste trabalho, a qualidade de um julgamento legal que é constrangido ao mesmo tempo a evitar o formalismo, responder aos argumentos jurídicos e mesmo os procedimentos mais técnicos, e de impedir que a administração resolva seus problemas esquecendo as regras do direito, e ao mesmo tempo mantendo os laços de confiança: julgamentos tão sutis quanto os julgamentos de gosto e para os quais será necessário pouco a pouco nos tornarmos "amadores" atentos.

Já entendemos que essas apreciações seriam incompreensíveis se as sessões de instrução não adicionassem constantemente ao raciocínio formal uma sequência de contatos informais baseados no conhecimento íntimo dos membros do Conselho sobre a administração. Longe de ser um parasita do trabalho do direito, ou de se desviar de seu caminho retilíneo, ao contrário, é a complexidade de seus laços frágeis que o faz avançar. Se Dorval está "incomodado" em solicitar ao SGG para ver o decreto, duvidando de sua palavra, é porque ele mesmo participou de seus trabalhos e quebraria um laço necessário de confiança. Se o presidente, em resposta ao comissário de governo, pode imaginar o que ocorreu "de verdade", é porque conheceu a agitação, a desordem, a confusão, o calor de ação dos muitos ministérios, e pode facilmente reconstituir a gafe. Se Le Men não pode pensar em anular o decreto, "dados os nossos laços com o SGG", é porque não considera o Conselho de Estado juiz externo à administração, e para ele há continuidade entre o bom andamento do Estado e seus juízes. Esta é uma particularidade do

Conselho de Estado: como veremos mais adiante, todos os que se sentaram em torno da mesa eram ou serão membros da administração ativa. Ao invés de ocupar uma função vitalícia, como no judiciário ou no sistema civil e penal, é preciso considerá-los agentes práticos encarregados tanto de agir sob o controle do juiz, ou antes, de exercer esse controle. Não se pode dizer que são juízes e partes, o que lançaria uma dúvida sobre seu julgamento, mas que todos foram um e outro, sucessivamente.

Mas por que o presidente, tendo decidido pedir o parecer àqueles que ele, entretanto, deve controlar ("isso nos coloca um sério problema"), acrescenta ao final: "Vou me aconselhar com Boulanger"? Aqui está uma singularidade do Conselho com a qual é necessário nos familiarizar, pois ela surpreende os estrangeiros que observam o antropólogo com a mesma incompreensão que sentiriam se ele explicasse a prática dos índios jivaros de redução de cabeças.[31] Na mesma instituição, no mesmo edifício, nos mesmos corredores, no mesmo corpo se desenvolve uma atividade inteiramente diferente do Contencioso: a das Seções Administrativas encarregadas de aconselhar o governo sobre todos os projetos de lei e também ajudar a redigir os decretos, dentre os quais muitos devem

---

31 Tocqueville já admitia as dificuldades de apresentar o Conselho de Estado ao estrangeiro: "Mas quando eu buscava fazê-los compreender que o Conselho de Estado não era um órgão judiciário, no sentido comum do termo, mas um órgão administrativo, cujos membros dependiam do rei, de tal forma que o rei, após ter soberanamente ordenado a um de seus servos, chamado prefeito, que cometesse uma iniquidade, podia ordenar soberanamente a outro de seus servidores, chamado conselheiro de Estado, que impedisse a punição ao primeiro... quando eu lhes mostrava o cidadão, lesado por ordem do príncipe, reduzido a pedir ao próprio príncipe a autorização para obter justiça, eles se recusavam a acreditar nessas enormidades e me acusavam de mentiroso e ignorante". Tocqueville, *De la démocratie en Amérique*, p.106. Não se deve, entretanto, apresentar o Conselho como exótico demais. Nos Estados Unidos, por exemplo, o circuito das cortes de apelação para o distrito de Columbia tem o mesmo papel que o Contencioso, e o Office of Legal Council, o papel das Seções Administrativas. O mesmo ocorre com os Law Lords da Inglaterra e o que denominam *judicial review*, o equivalente de nossa petição por abuso de poder.

ser aprovados pelo Conselho.[32] À exceção dos jovens auditores, do presidente e do comissário de governo, muito ocupados com suas respectivas tarefas, todos os membros presentes a essa subseção têm assento também em uma Seção Administrativa.[33] O decreto questionado hoje por nosso corajoso advogado foi discutido, alguns anos antes, pelos colegas com assento na Seção Administrativa "das Obras Públicas",[34] e pode fornecer informações preciosas sobre os problemas encontrados no curso da discussão. Essa estranha ecologia é feita de forma que o Contencioso pode sempre voltar ao processo das Seções Administrativas e que, no sentido inverso, as discussões das Seções Administrativas podem constantemente antecipar o tipo de contencioso que a redação lamentável de uma lei ou decreto pode desencadear. É natural ao presidente, portanto, consultar Boulanger e perguntar-lhe o que pensa disso, uma vez que ele foi secretário-geral do governo alguns anos antes e conhece na ponta da língua os problemas práticos apontados pela assinatura dos decretos. Uma vez que esse sistema bizarro, que na verdade faz do Conselho em seu conjunto juiz e parte, produz o orgulho de seus membros, horrorizando os observadores. Tentaremos mais tarde justificar o sistema.

---

32 Trata-se dos decretos ditos "em Conselho de Estado". É frequentemente o caso dos decretos de aplicação das leis.

33 Essa associação ocorre depois de uma importante reforma em 1963 exigida pelo general De Gaulle após o caso violento *Canal* (CE Ass.19 out. 1962), no curso do qual o Conselho de Estado descontentou fortemente o general, impedindo-o de condenar um chefe da OAS (Organisation Armée Secrète – Organização Secreta do Exército) em um processo militar diante de uma corte de exceção sem possibilidade de recurso. Longe de considerar anormal a osmose entre o juízo jurídico e o Contencioso, essa reforma apenas a reforçou, obrigando todos os membros a ter dupla inserção. Veja Massot; Girardot, *Le Conseil d'État*, p.84.
A OAS foi uma organização paramilitar contrária à independência da Argélia. (N. T.)

34 Como o nome das Seções datam de Napoleão, não é fácil lembrar delas: cada uma serve de orientação a um conjunto de ministérios cujas listas mudam por decreto de repartição a cada novo governo.

Agora que os pontos essenciais da situação foram apresentados, podemos compreender o pequeno momento de violência a seguir, bem revelador da diferença entre a forma e o conteúdo, tanto quanto a oposição tenaz entre o Estado que julga e o Estado que governa.

Bruyère (retomando a discussão sob a forma de um comentário ao qual não dá qualquer importância): Mas em todo lugar há máquinas de assinatura; um texto não assinado não tem qualquer valor; é tudo; não compreendo sua atitude. Se eu estivesse no SGG, vocês teriam a assinatura.

Luchon: Não deveria se tornar um hábito!

Perrouard (com tom seco): Nós não vamos encorajar esses péssimos hábitos.

Bruyère (em um tom hipócrita e irônico): Senhor comissário de governo, creio realmente que é preciso que você obtenha um cargo de exposição, prefeito da Guiana ou prefeito da Córsega.

Perrouard: Quanto mais avanço, menos acredito.

Luchon (acalmando e abrindo a discussão de antes): Os deputados não aceitam ter outra assinatura que não a do ministro, portanto, ou se usa o tempo para assinar, ou se tem uma máquina.

Perrouard (inabalável e sempre glacial): Mas ela não é para os decretos [a máquina de assinatura], não é a mesma coisa.

Bruyère (em direção ao comissário de governo, continuando sua observação ácida): Eu aconselho Aude, também é uma prefeitura de muita exposição!

Perrouard (agora mais divertido e jogando o jogo): Oh! Você nem acredita como eu seria mais tenaz...

Entre Bruyère, antigo prefeito e membro de origem externa, largo, corpulento, um velho duro que conheceu o gaullismo, fazendo a subseção se aproveitar de sua sabedoria irônica e destacada, e o comissário de governo, pequeno, delgado, ascético, que lembra os primeiros discípulos de Inácio de Loyola, trabalhador incansável, formado pela ENA – Escola Nacional de Administração –, o contraste é total. O que o primeiro está prestes a fazer em nome da "razão do Estado" deixa o segundo indignado. O que leva ao seguinte conselho, impensável em qualquer outra casa: "Você, meu jovem amigo que se escandaliza com meu arranjo, eu gostaria de vê-lo em uma prefeitura, com greves e catástrofes naturais, gente irritante de todo tipo, terroristas como na Córsega, nacionalistas como na Guiana, ou viticultores furiosos como na Aude". E nada impede que, dentro de alguns anos, o comissário de governo se torne, de fato, chefe de gabinete, deputado, ministro, industrial.[35]

Entretanto, não se trata de uma simples oposição entre a razão de Estado e as exigências do direito, uma vez que Bruyére, e aqui está o interesse da anedota, não nega a necessidade da norma formal que seu jovem colega exige ("Um texto não assinado não tem valor"), mas seu raciocínio obedece a uma lógica distinta: contrariamente ao de tempos anteriores, sólido e eficaz, o Secretariado Geral atual é de uma honestidade que beira o absurdo: "Já que é necessária a assinatura do ministro, que ele a obtenha por todos os meios, como eu próprio fiz". E de forma afável, com um "quê" de satisfação a assustar o jovem presidente que aceita sua posição ("Não deveria se tornar um hábito!"). Seria necessário mais para abalar a virtude robespierriana do jovem comissário de governo, ereto em sua cadeira, que sente que a provocação é destinada a ele, mas mantém sua exigência de retidão na situação delicada imaginada por seu mentor "em pleno calor da ação": "Oh! Você nem acredita como eu seria mais tenaz". De fato, acredita-se facilmente nisso. Se eles se permitem essa discussão, é porque somos todos convencidos de que o fundamento do advogado é irrefutável e puramente procedimental. Cabe portanto a eles que se permita discuti-lo, pois é necessário tanto manter a forma quanto não se deter em tecnicalidades sem importância.

---

35 Como veremos mais detidamente ao estudar a dinâmica do corpo, os comissários de governo são mais jovens e, como nata da nata, são recrutados entre os magistrados particularmente brilhantes, antes de serem chamados às mais altas funções e de ocupar as funções de assessor, presidente de subseção etc., ao retornarem ao Conselho após algumas idas e vindas. O presidente e os dois assessores deste episódio foram comissários de governo.

Veremos frequentemente ressurgir esse conflito que não coloca em oposição forma e conteúdo, mas forma e *formalismo*.[36] Bruyère não propõe uma infração, não rompe com o direito, ele apenas se espanta que falte à administração habilidade para obter o respeito necessário das formas. Quanto ao comissário de governo, ele também fica indignado com a incapacidade da administração, mas porque ela rompeu o laço indispensável entre o próprio órgão do ministro e a página sobre a qual o decreto está inscrito. Trata-se, nos dois casos, do respeito pela forma com uma exigência distinta imposta aos ministros: Bruyère, em estilo veterano, pede um órgão hábil que seja bem preenchido (por pessoas capazes de se sacrificar como ele próprio faz por seu ministro *gaullien*).[37] Perrouard, como um "sacerdote do direito", quer que o ministro possua um órgão virtuoso. Quanto ao presidente, ele situa os problemas no arcaísmo dos deputados que sempre exigem assinaturas à mão, onde a lógica gostaria que se permitisse a máquina de assinatura, um híbrido curioso que permite a delegação mecânica e mantém o princípio da assinatura na medida em que a tinta sai da caneta da pessoa autorizada sem que seja fotocopiada ou reimpressa.[38] O único meio

---

36 Um outro exemplo particularmente significativo é quando Le Men diz: "Não está em nossos costumes fazer tudo depender de uma simples peça jurídica, estamos aqui para *pronunciar o direito*. Isso não me entusiasma. Antes de fazer nossa a solução da Cassação, creio que *é necessário hesitar*". Veja o Capítulo 4 para o papel-chave do dever de hesitação.

37 Recusando-se a ser entrevistado pelo etnógrafo – a quem, apesar das correções, chama de "entomologista"! –, ele explica que, se ele devesse lembrar o que era o Estado anteriormente, "isso faria mal aos jovens, é melhor que não saibam...".
Gaullien significa uma adesão mais intensa que "gaullista", adepto do general De Gaulle. (N. T.)

38 Sobre essa história do ato de assinatura, veja a apaixonante investigação histórica de Fraenkel, *La Signature*. Como sugere Pierre Bourdieu: "É necessário compreender o sentido profundo dessa série de invenções infinitesimais e ainda assim decisivas, a escrivaninha, a assinatura, o carimbo, o decreto de nomeação, o certificado, o atestado, o registro e a transcrição do registro, a circular etc., que leva à instauração de uma lógica propriamente burocrática, de um poder impessoal, intercambiável e, nesse sentido, perfeitamente 'racional'

para impedir o advogado de interromper a eficácia desse decreto contestado por seus clientes é que o vínculo que une fisicamente as autoridades constituídas da República com o texto não seja rompido. Mais tarde, será necessário que compreendamos a lógica desses movimentos e dessas vinculações, assim como a forma muito particular de continuidade que ela permite de um texto a outro.

"Uma decisão do tribunal dos conflitos suscita uma viva controvérsia"

A cafeteria do Conselho tem algo de especial: ali se come bem e barato, mas em pé. Sem mesas abundantes, sem cadeiras confortáveis, mas mesas de pedestal simples onde se deposita o prato, um ambiente digno e espartano. Ali o etnógrafo exercita seus ouvidos, como seu ofício exige, quando escuta um presidente de subseção exclamar indignado: "Há uma ofensiva contra a justiça administrativa; é preciso agir rápido, é o único meio em matéria de comunicação". Diabos, é isso que explica o virulento artigo do jornal *Le Monde* publicado na antevéspera em seis colunas, "Uma decisão do Tribunal de Conflitos suscita uma viva controvérsia":

> A decisão proferida na segunda-feira, 12 de maio, sob a presidência de Jacques Toubon[39] pelo Tribunal de Conflitos a respeito de um caso de passageiros clandestinos marroquinos descobertos a bordo de um cargueiro suscita numerosas reações. O relator desse processo na Corte de Cassação, Pierre Sargos, decidiu renunciar.[40] Em uma carta dirigida ao primeiro presidente da Corte de Cassa-

---

e, no entanto, investida das propriedades mais misteriosas da eficácia mágica". Bordieu, *De la maison du Roi à la raison d'État*, p.66. Veremos no último capítulo o que se deve pensar dessa noção de "magia", ela própria mágica.

39 Ministro da Justiça (ou "Garde de Sceaux") de Jacques Chirac, então primeiro-ministro no segundo período sob a presidência de François Mitterrand.

40 Não existe nos anais um outro caso conhecido de renúncia pública de um conselheiro que, além disso, rompe com o segredo da deliberação.

ção, Pierre Truche, ele explica que para dar fim ao que ele chama "sobrevivência de uma forma de 'justiça retida'", o Tribunal dos Conflitos deveria ser presidido pelo presidente do Conselho Constitucional. Jacques Toubon, em uma carta dirigida ao *Le Monde*, contesta a interpretação que foi dada à decisão tanto pelos sindicatos de magistrados quanto pelas associações humanitárias. Segundo a Anafé (uma dessas associações),[41] "Jacques Toubon aboliu o *habeas corpus* na França". (*Le Monde*, sexta-feira, 16 de maio de 1997)

Em algumas frases, as três "cortes supremas" francesas ficam agrupadas em uma polêmica que vai durar muitos dias. A leve excitação da vida no Conselho de Estado reside nessa passagem contínua entre discussões discretas no interior de salas fechadas sobre sujeitos confidenciais – como essa que acabamos de ver na seção precedente – e a imensa caixa de ressonância das mídias capazes de fazer vibrar a França inteira a respeito de questões que, de certa forma, envolvem toda a história do direito, desde o *habeas corpus* inventado pelos ingleses até esse caso singular de "justiça retida".

Consultando o arquivo de imprensa do Conselho, ficamos facilmente convencidos da importância e da variedade das questões:[42] em 16 de janeiro desse mesmo ano, o Conselho rejeitou o recurso de Bernard Tapie contra o decreto que punha fim a seu mandato de parlamentar europeu, e isso é comentado intensamente; ou quando no dia 20 do mesmo mês o Conselho lembra à ordem da administração sobre o direito de asilo, porque ela cometera um erro legal repatriando um liberiano, as associações de ajuda aos refugiados veem nisso uma "decisão histórica"; em 14 de fevereiro, é o grupo

---

41 Association Nationale d'assistance aux frontières pour les étrangers (Associação Nacional de Assistência às Fronteiras para os Estrangeiros). (N. T.)

42 Quarenta anos antes, em 1955, Marie-Cristine Kessler encontrava no *Le Monde* apenas nove citações fazendo referência ao Conselho de Estado! Kessler, op. cit., p.71. Pode-se assim dimensionar o imenso aumento de visibilidade pública das decisões e pontos de vista do Conselho.

de Lagardère que apresenta um recurso contra a privatização da Thomson, somando sua pequena parcela a um caso de importância nacional. Quando, no dia 17, o Conselho se recusa a indenizar o prejuízo de nascer com Síndrome de Down, ele intervém dessa vez em uma questão ética do maior interesse, "não achamos que uma criança possa reclamar de ter nascido tal como foi concebida por seus pais", e não deseja que se comece a exigir dos médicos uma obrigação de resultado, tampouco dos meios que desorganizaram suas vidas. Quando no dia 22 o artista Fred Forest entra em confronto com o Museu Nacional de Arte Moderna, a ação só interessava a ele, mas quando, em 3 de março, o Conselho de Estado "bloqueou a retomada do projeto de estação nuclear Superfenix", anunciando o decreto que autoriza a transformação desse monstro em instalação de pesquisa, fala-se disso por toda parte. O mesmo ocorre em 1º de abril: ao anular 35 quilômetros de asfalto, o Conselho põe em causa a política de todas as estradas, ou quando, no dia 7, por uma surpreendente reviravolta, a rádio *Aqui e agora*, condenada ao silêncio pelo Conselho Superior de Audiovisual por racismo, retoma bruscamente sua voz graças a uma nova decisão do Conselho. No momento em que o observador, diante do esoterismo de casos espantosamente técnicos, e seguindo o exemplo de alguns conselheiros esgotados, está tentado a cochilar em sua cadeira, bruscamente duas questões importantes lhe tiram o torpor, porque pontos obscuros do direito passam a causar grande agitação em toda a França.

Na ala oriental do Palais-Royal encontra-se uma magnífica sala ricamente decorada, com acústica detestável e que, após ter servido de salão de baile à duquesa de Orléans, abriga as raras sessões do Tribunal de Conflitos.[43] Que função pode corresponder a esse termo admirável? Por definição, não são todos os tribunais encar-

---

43 É preciso reconhecer que, à exceção da escadaria de honra, a arquitetura do Conselho não corresponde aos argumentos sobre sua grandeza e beleza dos templos do direito. Association Française, *La Justice en ses temples*.

regados de regular "os conflitos"? Mas na França, já mencionamos, desde Napoleão existem dois sistemas jurídicos inteiramente diferentes: o judiciário e o administrativo. O primeiro regula as disputas entre entes particulares – o direito privado, civil –, assim como os crimes e delitos – o direito penal; o segundo ocupa-se de todos os conflitos com a administração.[44] Enquanto o judiciário é dominado em última instância pela Corte de Cassação, o direito administrativo é encabeçado pelo Conselho de Estado (em sua função de Contencioso).[45] Há na França, portanto, duas cortes supremas paralelas e independentes – sem contar uma terceira, desde a Constituição de 1958, denominada Conselho Constitucional, que tem seus escritórios na asa ocidental do Palais-Royal, logo atrás das alas da Comédie-Française, e que se ocupa principalmente da constitucionalidade das leis.[46] Ora, de tempos em tempos surgem necessariamente casos que não se sabe se pertencem ao judiciário (civil ou penal) ou ao administrativo.[47] Como consequência, o infeliz litigante arrisca-se a não saber a qual tribunal se dirigir, pois cada um que

---

44 Essa igualdade não significa evidentemente que eles têm o mesmo peso na sociedade: pode-se considerar, para simplificar, que o direito administrativo, em número de casos, responde a um décimo do judiciário.

45 Para uma descrição sociológica da Corte de Cassação, que tem o ambiente discreto muito parecido ao do Conselho, mas com papel totalmente diferente e composto apenas de juízes de tempo integral, ao contrário do Conselho, veja: Bancaud, Une "constance mobile": La haute magistrature.

46 O termo "corte suprema" é muito disputado pela doutrina. Para ser completo, faltaria adicionar as duas cortes europeias, a de Estrasburgo para os direitos humanos e a de Luxemburgo, a corte de justiça das comunidades europeias. Mas como, ao contrário dos Estados Unidos, não existe uma corte suprema única capaz de arbitrar entre as hierarquias de normas, segue uma possível confusão, a qual Cayla, em um artigo virulento, não hesitou em qualificar de "golpe de estado de direito", tendo o Conselho de Estado superado as demais cortes, devido à decisão *Nicolo*. Veja Cayla, Le coup d'État de droit?

47 Embora o prefeito possa contestar a competência de um juiz civil ou penal sobre um caso relevante do juiz administrativo – é o que se denomina "conflito positivo".
Na França, o prefeito (*préfet*) é um alto funcionário nomeado por decreto que representa a autoridade do Estado nos departamentos do território. (N. T.)

ele busca declara não ter a competência necessária.[48] É para evitar essa *dupla ligação* que foi criado em 1849 um tribunal especial cujo papel não é destrinchar os casos a fundo, mas decidir qual dos dois ramos do direito terá competência para acolhê-los.

Mas que faz lá o sr. Toubon? Encontramos novamente o corpo físico de um ministro que nessa ocasião está encarregado não de usar sua caneta para assinar um decreto, mas de servir-se de seu papel de desempatador. Os dois ramos do direito, autônomos e paralelos, têm igualdade de assento nesse tribunal, quatro membros vindos da Cassação (gentilmente abreviada "a Cass") e os demais quatro do Conselho. Se fosse em outros tempos, com efeito, um dos ramos do direito teria *precedência* sobre o outro, o que arruinaria o difícil exercício imaginado por Bonaparte para continuar a batalha da Revolução contra os parlamentos do Antigo Regime: que houvesse dois direitos e que fossem autônomos. A admirável mecânica do Tribunal dos Conflitos exige, pois, igualdade absoluta. Mas não existe formação de julgamento que seja fiel ao número par, o que desencadearia, em caso de hesitação, a impossibilidade de resolver. De que serviria ter criado um tribunal para arbitrar casos, se se permanecesse indeciso, quatro a quatro, hesitante como o asno de Buridan?[49] Se a balança da justiça deve ser no início equilibrada, indiferente, hesitante, é necessário que no fim ela *penda* para um lado ou para outro. Daí a invenção, em todos os processos de formação de julgamento, de um desempatador, pouco importa sua qualidade, algo como n + 1, encarregado de assegurar que o número de opinantes seja sempre ímpar.[50] Quem melhor pode assegurar essa fun-

---

48 Para distinguir o que pertence ao Conselho Constitucional e ao Conselho de Estado não é necessário um Tribunal dos Conflitos, pois a distinção é feita pela natureza dos objetos de recurso: as leis diante do Conselho Constitucional, os decretos diante do Conselho de Estado.

49 Refere-se ao paradoxo do filósofo do século XIV John Buridan, sobre o asno que morre de fome e sede devido ao dilema de escolher entre um prato de aveia e um balde de água. (N. T.)

50 Nas subseções também existe um desempatador em caso de voto, sem o qual o presidente, os dois assessores e o relator formariam um número par – sendo

ção que o *Garde de Sceaux*, o ministro da Justiça?[51] Aí está por que, em 12 de maio de 1997, os membros do Tribunal de Conflitos, após terem deliberado sem sucesso o caso de 13 de janeiro, apelam longamente pela presença real e corpórea do sr. Jacques Toubon em pessoa, durante quatro horas, apesar de suas numerosas ocupações.

Mas de onde provém esta expressão, aparentemente infame, de "volta à justiça retida"? Dos reis, dessas linhagens de reis que "fizeram a França" e aos quais o Conselho, em busca de suas raízes, não hesita em se associar – remontando inclusive, em certos textos de pretensão histórica, até aos conselhos de imperadores romanos... Não nos esqueçamos de que a ruptura revolucionária não tem o mesmo sentido no direito administrativo e no judiciário, pois a ausência de código permite remontar ao tempo distante de 1804, data da promulgação do Código Civil.[52] Assim como "o rei não morre jamais" (*dignitas non moritur*), o Estado não perece. Podemos então encontrar casos em que estão citadas, como se pertencessem ao mesmo corpus, as decisões de Francisco I, Napoleão III e o último ministro do Meio Ambiente. Mesmo que os reis confiassem a seu conselho privado o cuidado de julgar, não lhe *delegavam* a justiça, mas a *retinham* a si próprios, uma vez que, em função de seu poder absoluto, podiam reverter as decisões de seus conselheiros, consideradas simples conselhos.[53] Quando Napoleão criou o Conselho

---

o comissário de governo presente, mas silencioso e portanto virtualmente ausente, não podendo votar. Serve-se então de um jovem auditor, ou mesmo um estagiário ou um funcionário "em mobilidade", o que permitirá fazer a balança pender.

51 O ministro da Justiça não é o superior hierárquico do Conselho de Estado, mas apenas um dos juízes do judiciário, os quais por sua vez, como funcionários, dependem para todos os seus conflitos internos (nomeações, escalões, indicações) do Conselho de Estado, pois este é também juiz administrativo! Além disso, o Conselho de Estado tem também por função administrar toda a máquina do direito administrativo.

52 À exceção dos "direitos da água" que podem remontar muitos séculos, pode--se ainda escutar os comissários citarem a decisão de Villers-Cotterêts de 1539, o regulamento de Moulins de 1566 ou a ordem da Marinha de 1681...

53 De fato, como destaca Élizabeth Claverie (em comentário pessoal), a distinção entre justiça delegada e justiça retida é particularmente ambígua por tratar-se

de Estado – filiado aos conselhos do rei –, ele manteve o princípio dessa justiça retida que justamente rebaixava os conselheiros ao nível de simples *conselheiros*. O Conselho de Estado teve essa restrição até 24 de maio de 1872, data na qual, com a Terceira República, se tornou enfim juiz de plena e inteira capacidade: o governo não podia mais nada contra ele. Da justiça retida, passou-se enfim à justiça delegada. Aos olhos dos jornalistas especialistas, indignados com a decisão de 12 de maio de 1997, a presença do ministro da Justiça, ministro de Jacques Chirac, como desempatador em um caso relacionado às liberdades públicas deprecia o Conselho de Estado ao nível da antiga injustiça que os reis e tiranos conservavam para si, sem ousar delegá-lo aos juízes independentes que teriam podido criticar seus excessos.[54]

Sob esse insulto, os conselheiros empalidecem. Em 24 de maio, sob o pseudônimo de Sólon, um deles replica severamente um texto de opinião do *Le Monde* sob um título curiosamente obscuro: "Uma agitação ao lado da placa". A indignação da imprensa tem como fonte, segundo o autor, a ignorância crassa do grande público sobre o direito administrativo em geral, e sobre o papel do Conselho de Estado em particular. Perdoa-se em parte o cidadão médio por não conhecer todos os desvios das opiniões do Conselho conforme se lê a prosa de Sólon, que não preservou a transparência ática de seu epônimo grego:

---

do papel dos parlamentos: "Falando de forma estrita, nenhuma dessas práticas políticas (tornar as críticas públicas) era compatível com a teoria do absolutismo real que via no monarca a única pessoa pública, fonte e princípio da unidade no seio de uma sociedade concentradora com ordens e estados". Baker, Politique et opinion publique sous l'Ancien Régime, p.42.

54 Lembremos que o judiciário (civil, penal) não está isento do mesmo conflito: "A atitude francesa é, ao contrário, a confusão dos poderes. Encontra-se esse traço cultural de um lado a outro do sistema jurídico francês: no estatuto tão particular do Conselho de Estado, na jurisdição e no conselho de governo, e dentro do qual os homens políticos e altos funcionários passam de um a outro em um silêncio quase total dos estatutos: no papel devolvido ao presidente da audiência que instrui 'a favor e contra'; no estatuto do magistrado que agrupa tanto os magistrados do ministério público quanto os juízes, os quais frequentaram a mesma escola". Garapon, *Bien juger:* Essai sur le rituel judiciaire, p.165.

1º) O Tribunal dos Conflitos não tinha, em 12 de maio, de se pronunciar sobre o **conteúdo** do caso, mas apenas sobre a questão de saber quem deveria conhecer a legalidade (de fato contestável) da medida de interdição para desembarcar: o juiz judiciário ou o juiz administrativo? Ao designar o juiz administrativo, o Tribunal dos Conflitos não **subtraiu** os fatos do caso sob revisão jurisdicional. Ele apenas **indicou** o juiz competente.

2º) As regras de divisão de competência em matéria de organização administrativa são **claras**: é o juiz administrativo que deve intervir, **salvo** se houver uma "via de fato", ou seja, uma manobra administrativa que **não pode** ser submetida a um poder da administração e **gravemente dolosa** aos olhos de uma liberdade fundamental. O Tribunal dos Conflitos estimou que a primeira dessas condições não estava preenchida (o que não implica, cabe repetir, algum favor da medida contestada).

É com razão que a ilegalidade foi recusada diante da circunstância: a extensão indefinida dessa noção levaria, com efeito, a transferir, ao final, ao juiz judiciário o **essencial do contencioso** sobre a legalidade dos atos administrativos, a menos que uma liberdade esteja em causa (o que é mais ou menos o caso **sempre**). (*Le Monde*, sábado, 24 de maio de 1997)

Não há dúvida de que Sólon é um conselheiro do Estado: ele fala sua língua. O primeiro parágrafo não traz dificuldades: contra o que ele chama "imprecisões diabólicas e barulhos melodramáticos", após ter admitido que a recusa do desembarque apontava um grave problema de legalidade, Sólon sublinha que o Tribunal apenas resolveu simples problemas de competência. O processo estava só começando. De acordo com ele, mesmo o público ignaro pode saber a diferença entre conteúdo e forma. Mas seu texto se complica no segundo parágrafo. Ele não está seguro de que a regra que lembra seja tão "clara" para o leitor do *Le Monde*, a menos que ele saiba, consultando o *Dicionário de direito administrativo*, a definição de uma ilegalidade: "dano particularmente grave levado pela administração ao direito de propriedade ou uma liberdade fundamental". Em vez de dizer que se trata de um ato de administração grosseiramente ilegal, o que seria mais direto, Sólon cita o *páthos* de uma célebre decisão[55] para concluir que, nesse caso específico, o Tribunal não reconheceu a existência de uma ilegalidade.

A razão que ele dá ao terceiro parágrafo é, de fato, surpreendente e explica-se pela indignação do presidente de subseção que havíamos encontrado anteriormente, que queria "agir rápido" nessa "ofensiva contra a justiça administrativa". O argumento apresentado por Sólon para justificar que não havia ilegalidade não se baseia no direito, mas no perigo que representaria a "transferência de contencioso" de um ramo a outro do direito. Se o gesto da polícia de fronteira, impedindo dois passageiros marroquinos clandestinos, embarcados no cargueiro *Felix* em agosto em 1996, de desembarcarem em Honfleur a fim de evitar que solicitassem o direito de exílio, foi qualificado de ilegalidade, então, segundo Sólon, por uma extensão indefinida, o juiz judiciário se apropriaria do direito administrativo.

"E agora?, clamam em coro os juízes e associações humanitárias, onde estaria o drama?" A existência de dois sistemas autônomos e paralelos não é uma sobrevivência antiquada que só existe na França e em alguns outros países? Os marroquinos clandestinos devem ser deportados simplesmente para que não se prorrogue ainda mais essa anomalia histórica que Napoleão herdou do Antigo Regime, sob pretexto de que, segundo o adágio, "o rei não pode fazer mal", e que, em consequência, todo policial, pequeno delegado do rei, só pode ser censurado por um juiz especial? O Sindicato da Magistratura – politicamente de esquerda – vê nisso "uma vontade política de restringir os poderes dos magistrados da ordem judiciária em sua missão constitucional de garantir as liberdades individuais". Quanto à Associação Profissional dos Magistrados – politicamente de direita –, ela pede que se reflita sobre o "desaparecimento das

---

55 Conselho de Estado, 18 nov. 1949, *Carlier*, RDP 1950.172, concl. Gazier.

duas ordens de jurisdição, uma curiosidade na paisagem judiciária europeia" (*Le Monde*, sexta-feira, 16 de maio de 1997).[56]
Para defender essa "curiosidade", Sólon, provavelmente com o mandato de seus colegas, transforma a questão em uma outra que, com efeito, parece mais razoável:

> A verdadeira questão é saber se o juiz administrativo é dotado de ferramentas **tão potentes** quanto o juiz judiciário (civil-penal) para agir com urgência em socorro de uma liberdade ameaçada ilegalmente pela administração. Muito vem sendo feito há alguns anos nesse sentido [...]. É preciso ir mais longe. A liminar administrativa existe, mas salvo exceção (liminar de liberdade no quadro da legalidade dos atos das coletividades territoriais), não tem **força** de liminar judiciária. Aí está o debate. [...] Ética da responsabilidade de um lado, ética da convicção (ou de exibição?) de outro... A divisão não é nova. Ela determinará, nos próximos anos, a evolução da democracia francesa.

Vê-se que a polêmica pública não teve inconvenientes. Depois de ter debatido o *habeas corpus* e a história agitada da justiça retida, trata-se agora de permitir "a evolução da democracia francesa", distinguindo os campos dos agitados que se exibem para as mídias e aqueles que, como Sólon, como o Conselho de Estado, se esforçam através de uma ética de responsabilidade, para melhorar mais o instrumental do direito a serviço das liberdades públicas. Muito honestamente, nosso autor reconhece que, na ausência de um processo de liminar eficaz,[57] o direito administrativo é, com efeito,

---

56 O Sindicato da jurisdição *administrativa* também se manifesta replicando de forma veemente que "estima que as reações suscitadas pela decisão do Tribunal de Conflitos joga 'uma vez mais, de forma dissimulada, o descrédito sobre a independência da jurisdição administrativa', sobre o que os magistrados não têm nenhuma lição a receber de ninguém" (*Le Monde*, 17 maio 1997).
57 Devido ao fato de que a liminar administrativa era fraca comparada à liminar judiciária, uma lei recente de 30 jun. 2000, apresentada pelo deputado François Colcombet, antigo juiz na "Cass", recentemente procurou sanar a

"mais fraco" do que o judiciário e que cedo ou tarde será necessário remediar essa situação. O que é no direito uma "ferramenta potente", uma liminar "mais fraca"? Será necessário buscar o que significam esses laços mais ou menos sólidos que ligam os funcionários aduaneiros, os clandestinos, as associações humanitárias, os jornalistas, os cronistas, os professores de direito, os juízes, os advogados. Laços ainda tão misteriosos que se formam sobre toda a França como uma rede encoberta de linfa, cuja presença é a um só tempo invisível, de forma que nenhum caso a exprime, e constantemente a trabalho, mesmo que nenhuma controvérsia surja para mostrar sua circulação persistente.

Qual é o peso da formulação "ilegalidade" que, assim que um advogado a pronuncia, deve fixar o policial em seu ato delituoso ("manifestamente não suscetível de ser submetido a um poder da administração")? Trata-se de uma espécie de fórmula mágica que transforma seus inimigos em bonecos desmontados?[58] Ou ao contrário, é preciso ver nela um precioso recurso que os advogados possuíam anteriormente e perderam desde a decisão definitiva de 12 de maio de 1997? Na edição de 1999 do *Dicionário de direito administrativo*,[59] os autores, fiéis a essa intertextualidade particular ao direito e sobre a qual voltaremos mais tarde, assimilaram o evento barulhento, indicando, através de seu comentário, as modificações ocorridas nas múltiplas relações de força. Elas voltam sobre "uma jurisprudência recente, segundo a qual uma execução forçada irregular não é constitutiva de uma ilegalidade, se não traduzir a ausência *manifesta* de habilitação legal":

A decisão do prefeito de polícia de Paris c/TGI Paris (TC 12 de maio de 1997, RFDA 1997.514, concl. Arrighi de Casanova) **con-**

---

diferença. Colcombet, *Rapport relatif au référé devant les juridictions administratives*.
58 O autor refere-se aos quadrinhos de Jacobs, *O mistério da grande pirâmide*. (N. T.)
59 Van Lang et al., *Dictionnaire de droit administratif*, p.289-90.

firma essa tendência, ao mesmo tempo que traduz uma concepção restritiva da ilegalidade, **retornando** assim sobre a jurisprudência Eucat (TC 9 de junho de 1986, Rec.301). A aplicação da **teoria** da ilegalidade provoca uma importante **derrogação** do princípio de *separação das autoridades administrativas e judiciárias*:[60] o juiz judiciário é plenamente competente para constatar a irregularidade dos atos ou manobras que resultariam em ilegalidade [...]. Essa atribuição de competência à ordem judiciária é frequentemente justificada pela ideia de "deformação": a **gravidade** do vício que mancha o ato em causa o privaria igualmente de sua natureza administrativa. Além disso, ela encontra um **fundamento** no princípio que faz do juiz judiciário o guardião do direito de propriedade e da liberdade individual. A teoria não deixou de suscitar **críticas**, seu **desaparecimento** foi preconizado (concl. Fournier sobre Conselho do Estado 19 de julho de 1965, Voskresensky, AJDA 1965.605). Entretanto, ela não está atualmente em declínio, ao contrário, é um **favor renovado** em relação aos requerentes, cuja propensão a invocar diante do juiz judiciário corresponde a **certa fraqueza do contencioso** administrativo no domínio dos procedimentos de urgência – particularmente a *liminar*.[61]

Sim, a expressão de força não é ruim para designar o registro feito pelos comentadores a todas as pequenas modificações entre as diversas *tensões* que dão força ao direito: a decisão que nos ocupa "confirma uma tendência", essa tendência "traduz uma concepção restritiva" e enfraquece uma jurisprudência anterior. Em consequência, desde 1997, quando um advogado quiser tomar o meio da

---

60 Não confunda a separação das autoridades administrativas e judiciárias/civil e penal com a separação dos poderes, uma vez que o judiciário na França não é um poder, mas uma autoridade – questão que, como se diz, "sempre agita a doutrina"; quanto ao direito administrativo, ele se encontra totalmente ao lado do executivo, pois pertence à administração.
61 Lembre-se de que colocamos em negrito os termos que queremos destacar no comentário que acompanha o trecho selecionado, enquanto os itálicos e termos sublinhados correspondem à tipografia original das citações.

"ilegalidade", não poderá convencer o juiz judiciário como antes, mas será confrontado com sua incompetência, ao menos quando não houver a "ausência manifesta de habilitação legal": ele será dirigido a um tribunal administrativo em frente. Um fundamento perdeu sua força. Uma teoria "contestada" gostaria que o judiciário, guardião das liberdades, tomasse um caso desde que a ilegalidade fosse tão chocante que não pudesse mais passar como uma produção do Estado. Renovando a expressão tradicional da monarquia inglesa, "o rei não pode fazer mal", havia exclusão *lógica* entre estas duas frases: "é um ato de administração/ é um ato ilegal", princípio de não contradição original questionado, entretanto, pelas conclusões do presidente Fournier em 1965, que queria enfraquecer a teoria até seu desaparecimento... Contudo, como o direito administrativo sofre de uma "certa fraqueza, esse fundamento, que deveria ser atenuado desde a decisão *Prefeito de polícia de Paris contra TGI*, ao contrário se reforça e se beneficia de um "favor renovado". Será necessário compreendermos a natureza exata dessa tecelagem variada e cintilante, que uma Penélope misteriosa aplica todo dia em seu ofício, fazendo e desfazendo seu trabalho, obrigando as equipes de comentadores remendarem a tela de todos esses textos interligados, de forma a manter sua coerência.

Em todo caso, e apesar da riqueza do palácio, da autoconfiança dos conselheiros de Estado, da suavidade de suas maneiras, da segurança de suas palavras, da autoridade de seus conselhos, é fato que os perigos que os ameaçam são visíveis através dos interstícios de seus processos. Como vimos na seção anterior, não apenas devem exigir da administração o respeito conquistado por uma luta de dois séculos, mas a própria existência desse ramo do direito, separado do direito civil e penal, tão difícil de compreender pelo homem comum, e que se vê questionado quando os casos de liberdade pública lançam suspeita sobre a virtude dos juízes. Contudo, as ameaças da administração emperrada, aquelas do judiciário hegemônico, não são nada comparadas às do direito europeu em que a própria obscuridade, bem anglo-saxônica, deve muito pouco à opacidade da tradição napoleônica capaz de inventar simultaneamente um direito codificado – o judiciário – e um direito não codificado – o direito administrativo. Longe de satisfazer-se com sua arrogância, própria de seu campo, o etnógrafo deverá ficar mais atento aos sinais de fragilidade que percorre a instituição da qual deve traçar o retrato. Aquela coluna majestosa, solitária em meio ao vazio, emblema do bicentenário pelo qual iniciamos esse capítulo, não simboliza uma calada inquietude, muito mais digna de interesse do que a lendária superioridade de um corpo levitando acima de qualquer contingência? Será necessário apreendermos a textura típica do direito, assim como a *imponência* própria do Conselho de Estado.[62]

A lei é flexível, mas é a lei

A disposição do ambiente é pouco usual: apesar da estrutura, da altura imponente, das pinturas solenes, não se trata exatamente de uma sala de audiência. Apesar das estantes nas quais reina o inevitável *Lebon*, não estamos, como certas vezes, em uma sala de instrução. A mesa, muito maior e de formato retangular, ocupa quase todo o espaço. Em cada lugar se encontra uma pequena caixa de couro com o nome do conselheiro. Este é, de fato, o único "gabinete" no qual ficam expostos ao Conselho para quem quiser os volumosos processos que deve relatar. A qualidade das poltronas corresponde à dignidade dos membros, que se sentam segundo uma ordem estritamente definida pelo quadro de hierarquia, cujas sutilezas explicaremos no Capítulo 3. A mais funda e majestosa das poltronas, diante da lareira, no pequeno canto do retângulo, é a do presidente da Seção, um dos personagens realmente consideráveis do Conselho.[63] No centro da sala, a imensa mesa é um grande retângulo repleto de cadeiras, como que para um exame em que os

---

62 Segundo a bela expressão de Legender, *Prestance du Conseil d'État*.
63 Não confundir com o presidente de subseção, que não "vale", se ousamos dizer, um décimo de um presidente de Seção Administrativa. Todo o Contencioso forma uma única seção dividida em dez subseções.

impetrantes seriam cozidos por um impressionante júri de aproximadamente trinta pessoas. E trata-se mesmo de uma sala de exame, pois os projetos de lei e os decretos preciosamente costurados, propostos pelo governo após dolorosas negociações entre sindicatos, ministérios, gabinetes e deputados, serão ponderados com cuidado pelo júri constituído pelos membros da Seção Administrativa, que irá revisá-los, rasurá-los, apagá-los, em resumo, despedaçá-los.

Lembremos neste ponto que a preferência inconteste do Conselho de Estado por certa ambiguidade faz com que seja designado com o mesmo vocábulo "comissário de governo", esses infelizes que terão a cópia impiedosamente reescrita, e aqueles que são encarregados no Contencioso, com toda independência de espírito, a proferir a lei esclarecendo seus colegas. A diferença entre os dois reside no fato de que os comissários de governo no Contencioso *não são* os comissários de governo, enquanto os comissários de governo das Seções Administrativas são realmente os comissários de governo! O ministro os envia ao Conselho de Estado com seus textos para que sofram um controle de qualidade e o registro das modificações e voltem em seguida com o documento a ser submetido aos deputados, se se tratar de uma lei, ou a ser publicado no *Diário Oficial*, se se tratar de um decreto. Que centenas de pessoas empreguem vinte vezes por dia, a quatro metros de distância, o mesmo termo para designar duas funções absolutamente diferentes, sem ter inventado palavras distintas em duzentos anos, prova a que ponto sabemos tão pouco em matéria de sociolinguística... A cada vez, entretanto, o contexto esclarece o sentido, sem ambiguidade, segundo a sala em que nos encontramos. Sem poder transportar esse contexto para um livro, vamos chamar de *comiss* de governo os verdadeiros comissários, para distingui-los dos *comissários de governo* do Contencioso.

De fato, é uma dura prova para os enviados dos ministros que esperam no corredor, mal sentados em um espaço reduzido e sem nenhuma beleza, a não ser a vista indireta da pirâmide do Louvre, suspirando de vez em quando pelo atraso verificado na agenda afixada em um quadro de cortiça. Eles esperam para passar pelo exame quando o oficial de justiça os autorizar a entrar na sala, lhes faz sentar no meio dos conselheiros que os cercam por todos os lados e os atacam com questões mais ou menos cáusticas. Felizmente, como Daniel na cova dos leões, os *comiss* de governo têm um apoio em sua provação: o relator das Seções Administrativas, que os encontrou muitas vezes antes e verificou que os diferentes ministérios referidos pelo texto haviam se posto em acordo, graças a um pequeno documento denominado "azul de Matignon"[64] (acordo em geral trabalhoso, pois é difícil que o Estado aja como um só homem). Ele redigiu seu próprio texto, denominado "esboço do relator", colocado em uma pasta diante de cada um dos membros da seção, ao lado do "esboço do governo", frequentemente muito diverso, junto com a documentação necessária – ver o capítulo seguinte sobre o percurso dos dossiês. A sessão começa pela leitura da nota do relator, em geral muito detalhada, mantida à sua frente, e depois o presidente abre a discussão. Tem início então o que cabe denominar "oficina da escrita", pois a leitura e a correção são feitas coletivamente, linha por linha, atendo-se de forma alternada ao texto do relator e, quando os *comiss* dos ministérios reclamam fortemente, ao texto do governo. E o relator manipula os rascunhos e rasuras para tentar acompanhar as modificações.

Como para as sessões de instrução, dispomos apenas de notas tomadas nas reuniões que serão comentadas necessariamente pelo mesmo procedimento, com esforço para não romper a continuidade dos trechos muito longos, e de forma a dar a dinâmica de julgamento essencial ao nosso trabalho de interpretação, reconstituindo as sessões de maneira fictícia.[65] O anonimato é mais difícil de manter nesse caso, na medida em que os membros das Seções Administrativas, sendo especialistas, se reconhecem mais facilmente de acordo com o tipo de processo que lhes é confiado.

---

64 Documento que expressa a decisão inquestionável do primeiro-ministro. Azul é a cor do governo; Matignon é a sede do primeiro-ministro. (N. T.)
65 Lembremos mais uma vez que a transcrição corta as frases e retira a suavidade, a delicadeza, a cordialidade dos membros, o que é impossível de restituir sem o registro de gravação.

Nesse dia em específico, trata-se de um caso de classificação de floresta. Após o relator, sr. Bienaimé, especialista nesse gênero de decretos, ter lido sua prosa ciceroniana e concluído que, à exceção de algumas insignificâncias devidas às dificuldades da investigação de utilidade pública e à multiplicidade de proprietários dessa terra, era necessário dar um parecer favorável ao decreto, o presidente, que releu o conjunto do processo antes da reunião, expressa seu desacordo.[66]

Até então, à exceção dos *comiss* de governo sentados de forma inquieta no meio da arena, nenhum membro presente tinha ouvido falar sobre a questão: em algumas frases eles vão elaborar uma opinião apenas com os esclarecimentos da nota e da discussão – mais tarde e com maiores detalhes, nós vamos nos interessar sobre esses procedimentos estranhos que permitem ter completo desinteresse. É fato que essa eminente assembleia acumula uma soma em idade de seus membros de 560 anos de experiência do Conselho de Estado (seis dentre eles estão no Conselho há mais de quarenta anos!), aos quais se deve adicionar por volta de trezentos anos de direito administrativo e da alta administração para os nomeados de fora – ministros, prefeitos, deputados, militantes políticos, dirigentes de empresas públicas ou privadas etc. –, sem contar que vinte deles continuam o restante da semana nas subseções do Contencioso, onde às vezes, embora o mais raramente possível, anulam os decretos vistos nas Seções Administrativas do Conselho.[67] Esse sistema estranho, pelo qual um imenso capital de experiências recai sobre um texto redigido pelas administrações que muitos dirigiram ou reformaram,

---

66 As seções não têm o mesmo papel do conselho, a não ser o fato de que dão seu parecer sobre a qualidade de um projeto de lei – com o qual o governo pode fazer o que quiser – e que devem discutir o texto de decretos que, por lei, devem ser "aprovados no Conselho de Estado". Enquanto, no primeiro caso, a seção tem papel de simples conselho jurídico do Estado, no segundo o texto finalmente promulgado deve ser exatamente aquele que sai das mãos do Conselho.

67 Dados de 1999 compilados sobre a tabela para uma das Seções Administrativas escolhida ao acaso.

é o que explica em parte a rapidez com a qual os membros formam um julgamento. Lembremos que, ao contrário do Contencioso, que pode se permitir avançar com sábia lentidão, mas que sempre tem a última palavra, as Seções Administrativas devem simplesmente dar parecer e, para não bloquear a imensa máquina governamental, trabalham em regime de urgência, em "ritmo intenso".

Presidente Lebrun: Ainda há um problema jurídico, há o L. 411-5 do código florestal que pede reflexão; ele remete ao L. 411-3 sobre a definição do processo de investigação, ou há o cadastro, a tabela de terrenos etc.; mas o sr. Bienaimé acaba de nos dizer que há um **erro** na tabela de terrenos, 77 hectares contam como 67 acres, não importa quem retificou, não se pode confundir. Bem, mas há algo mais problemático: há 24 hectares sobre o mapa que não estão na tabela de terrenos individuais, em seguida há terrenos que não estão na cor certa.

As dificuldades práticas dessas operações são tais que se pode perdoar certo número de erros. É isso que o relator propõe, mas o presidente submeterá à discussão a questão de saber a partir de que ponto os pequenos erros terminam por produzir um problema para a legalidade.

Nosso parecer é dar ao governo o **mínimo de risco de litígio**, mas se isso é ilegal, **é preciso dizer**; todo mundo pode invocar um fundamento, mesmo se o risco litigioso for infinitésimo; isso não muda o risco jurídico;

O controle de qualidade prevê, de fato, que o Contencioso, do outro lado do corredor, se arrisca a receber em alguns meses um requerente que terá tido a ideia de contestar o decreto "levantando o fundamento"[68] revelado pelo relator: há 24 hectares

---

68 Os fundamentos, aos quais voltaremos no capítulo seguinte, são dotados na linguagem do direito de uma vida rica e pitoresca: são "invocados", "prosperam", têm "ramificações" e mesmo "sub-ramificações", podem ser "acolhidos", fazer-lhes "frutificar", alguns são "operantes", enquanto outros "não saberiam prosperar" e, por consequência, são "rejeitados"...

que não estão na tabela de terrenos; o dever da seção é esclarecer a administração, evitando qualquer risco que ela não tenha escolhido: ou, nesse caso, existe um risco infinitesimal; se o governo ignorá-lo, é necessário que seja com conhecimento de causa.

Comiss de governo: É um enorme trabalho administrativo, há 20 mil terrenos, houve informatização, mas o formato dos dados do topógrafo e dos serviços de Estado era distinto.

O enviado do governo não quer ter um risco jurídico, mas seu raciocínio não é do direito: ele põe na balança as minúcias do presidente – que anuncia, graças à experiência de pensamento, a minúcia possível de um requerente virtual – e o enorme trabalho que o ministério realizou para convencer milhares de proprietários a associarem-se, a inspecionar seus bosques, a aceitar a classificação sem protestar, e tudo seria freado por um simples erro técnico devido à informatização equivocada de um topógrafo?

Lebrun: Não estamos aqui para dizer se você fez **bem** ou não, isso não é um **julgamento de valor**.

O presidente retifica o julgamento do *commis* de governo, que ponderava o enorme trabalho de sua administração contra simples ninharias, mas confunde os pratos da balança: se você nos demandar um parecer jurídico vamos dá-lo, independentemente da qualidade de seu trabalho: não importa quem pode invocar o fundamento ao Contencioso; a única questão é saber se você muda seu texto *agora*, antecipando nossa objeção, ou se, extenuado pelo trabalho realizado, você segue e cruza os dedos à espera de que *depois* ninguém perceba esse pequeno erro; em todo caso, não conte comigo para simplificar sua tarefa, já que sabemos que os advogados dos requerentes não vão respeitar seu pretexto de que trabalhou muito e bem!

Guénié: Sobre o risco contencioso, é um pouco arriscado. Tudo está muito bem, mas o que um particular vai dizer? Eles não estão de acordo.

Lebrun: É o que se deve dizer: há um erro, mas vamos assumir porque não há **risco**? Desde que recebi a visita do presidente Besançon e ele me mostrou uma declaração de utilidade pública não muito correta e com estudos de impacto discutíveis e o parecer da seção dizia: "não está muito certo, mas **segue**", agora eu **dou atenção**.

Isso esclarece admiravelmente a ecologia do Conselho de Estado: o retorno entre essas duas funções principais é muito rápido; o presidente da subseção que havia sido recentemente obrigado a anular a declaração de utilidade pública ao Contencioso veio prestar uma visita de cortesia ao presidente da seção que havia avalizado o decreto. Nunca é agradável para um presidente de Seção Administrativa anular seu decreto, e é sempre delicado para um presidente de subseção vir sobre os canteiros de um dos sete membros mais importantes do Conselho de Estado,[69] enquanto Besançon, uma sumidade em ciência administrativa, lê o texto do parecer preciosamente conservado nos arquivos (que apenas a subseção tem direito de consultar) e assinala que, apesar dos pequenos erros, a seção aceitava fechar os olhos, solução que novamente propunha-se hoje ao relator. Logo encontramos as curiosas relações de força: com a pressão do Contencioso, exercida por Besançon, o presidente Lebrun coloca "mais atenção" e não pode mais tão facilmente dar um parecer de substituição à administração, sob o pretexto de que o risco real é "infinitesimal".

Guénié: Não é nosso trabalho, não podemos mudar de trabalho, cabe à administração assumir o risco de dizer "não está certo", cabe à administração dizer, não a nós.

Relator Bienaimé: Coloca-se em causa se está se induzindo o público a erro, mas não é o caso; os proprietários têm lenço de bolso,[70] **não vão** protestar; os economistas estão felizes. Certo, passamos um **limite** nos erros, mas houve **outros**.

O relator não contesta a definição do "trabalho" do conselheiro de Estado dada pelo opinante, mas defende seu esboço que, por ser híbrido, é o do governo. Tornado mais próximo

---

69 Veja outros exemplos, Capítulo 4, p.193.
70 A observação denota a elegância dos proprietários (N. T.)

da administração pelo longo trabalho de redação preliminar, ele está mais inclinado a deixar o direito por uma prática que conhece bem, e não hesita em atribuir uma psicologia ao requerente típico que, proprietário de um lenço de bolso, poderia protestar, mas "não o fará"; ele se apoia, por outro lado, nos casos precedentes, que não são legais, mas práticos: "temos sido flexíveis em outros casos, por que não nesse?", sublinhando um ponto fundamental do direito: no caso em questão, não se induz o público a erro – ponto que será retomado em seguida.

De Servetière: Eu sou pelo parecer do relator, o que não é possível é que a decisão final seja inexata.

Le Men: Não creio que vamos dar conta do risco contencioso **dessa forma**; a questão é saber se há irregularidades **substanciais**. E é preciso redigir a nota para o contencioso eventual da seguinte forma: "os erros não são suscetíveis de desencadear etc.".

É esse mesmo tipo de nota que o presidente Besançon veio trazer ao presidente: quando a seção faz muitas objeções a um texto, ela faz acompanhar ao governo o rascunho revisado da nota que anuncia os problemas e que fica no processo, indicando que a seção, como se diz, "*viu* o problema" e que fez seu trabalho de controle de qualidade, deixando o governo sempre livre das responsabilidades.

Boulanger: É como uma tabela de terrenos? (Bienaimé lhe passa um parte do processo).

Aqui, como sempre ocorre quando se hesita, retorna-se à informação elementar para aprofundar a questão do opinante precedente: o erro é substancial e deve ser censurado sob o risco de a administração ter de retomar tudo, ou ele é venial, e consequentemente perdoável, como afirma o relator?[71]

---

71 Durante as sessões desta seção, as peças do processo (mapa, foto aérea) circulam muito para que as pessoas se deem conta "por si mesmas", momento de referência rápida mas essencial à formação de julgamento; os documentos importantes são dispostos em um grande quadro de cortiça ao qual os *commis* e relatores se referem frequentemente (veja o Capítulo 5 sobre a comparação entre ciência e direito, e em particular as Figuras 5.2a e 5.2b).

Guénié: Para socorrer o relator, eu diria que a investigação não está destinada a uma teoria do balanço,[72] é uma investigação para saber o que vai ocorrer a seu terreno. Uma vez que não há teoria do balanço, que tenhamos ou não nos enganado, isso não produz erro **substancial**. O erro não modifica a utilidade pública, não é uma declaração de utilidade pública, portanto é diferente.

Com essa intervenção, a palavra "substancial" muda de sentido: não significa mais grave ou leve, como na língua corrente, mas assume um significado jurídico preciso: se tínhamos um caso para uma declaração de utilidade pública, a teoria do balanço teria lugar, por simples aritmética, já que 24 hectares a mais ou a menos fazem pender a balança: sem utilidade pública demonstrável, não há autorização possível, mas como no caso presente não se estabelece esse tipo de cálculo preciso, Guénié opina na direção do relator e de seu colega Servetière – não se induziu o público a erro, é o que lhe parece o mais importante.

Lagouat (indignado): Isso é leniência, eu fui prefeito de Allier, eu me distancio do relator quando ele felicita a Direção Departamental de Agricultura por seu excelente trabalho (isso que ele fez de fato longamente em sua nota), eu votarei contra.

Intervenção de um membro situado bem abaixo na ordem das poltronas e do quadro, cujo parecer sempre rompante não provoca adesão, mas cujo recurso ao voto lembra o presidente que a indecisão da seção deverá logo ser resolvida.[73]

---

72 Construção jurídica própria do Conselho de Estado e da qual ele se orgulha, pois nos anos 1970 permitiu equilibrar as vantagens e os inconvenientes dos projetos da administração a partir de uma comparação sistemática das vantagens e dos inconvenientes para a coletividade. Graças a essa compatibilidade original, uma simples mudança de número em uma soma final e eis que o balanço positivo vira negativo, provocando a impossibilidade de declarar o projeto de utilidade pública. Veja *Ville nouvelle Est* 28 maio 1971, concl. Braibant. Long et al., *Les Grands Arrêts de la jurisprudence administrative*, p.641.
73 Como os *commis* de governo se encontram diante do presidente, quando são interrogados pelos conselheiros de fileiras menos elevadas têm que se virar para responder, adquirindo horríveis torcicolos, o que se soma à impressão de crueldade do exercício.

Lebrun: Sim, vamos votar; isso nunca é **agradável** para a administração.

O presidente percebe que a balança começa a pender para a recusa do texto; ao mesmo tempo, como antigo administrador, ele se coloca no lugar dos infelizes *commis* de governo que começam a empalidecer, e percebe que a diferença que ele introduziu antes entre julgamento de valor e julgamento de direito não vai atenuar o choque.

Boulanger: Houve um acúmulo de erros, é preciso destacar sua **importância**.

Como o Conselho de Estado é conselheiro e censor da administração, os membros, por conta de se alternarem nessas duas funções, endossam igualmente o papel de educador do governo. Boulanger assume a expressão de Lagouat) – "isso é leniência" – e se opõe justamente aos precedentes invocados pelo relator – "passamos um limite, mas houve outros" –; pela expressão brutal de uma lembrança de limites, o que é, em última instância, o papel sempre flutuante do direito: "é preciso destacar sua importância".

Renault: Imagino como eu faria no Contencioso se tivesse de **responder** ao fundamento, é um erro de 25%; durante a investigação, ninguém sabia onde estava o erro, agora sabemos.

Le Men: É também meu **sentimento**; **desejaríamos salvar** a administração, mas é preciso pensar nos **outros** processos de investigação pública. A **tendência** é **reforçar** a qualidade, assim como é difícil ignorar, não é muito bom para a noção de investigação pública.

Bienaimé: Mas é a administração que se deu conta do erro; o ING (Instituto Geográfico Nacional) não é confiável, os cadastros não são confiáveis; se a administração não tivesse retificado o erro, vocês não teriam percebido!

Commis **de governo** (quase suplicando): Você arriscam colocar o governo em situação **difícil**, vão **desacreditar** o trabalho feito sobre os outros processos (de classificação, em curso de finalização).

Duas definições inteiramente diversas da "tendência" estão em andamento: de um lado, Le Men e Renault que, colocando-se no lugar das subseções, querem aperfeiçoar doravante as investigações públicas a partir de um freio nos desvios dos gabinetes; de outro, o relator e o *commis* de governo que, *pelas mesmas razões*, destacam a extrema qualidade da administração e a necessidade de proteger seu trabalho. Todos querem garantir a qualidade das intervenções do Estado, mas segundo critérios opostos.

Lebrun: Estamos aqui para **proferir o direito**; o governo pode substituir, mas ele **assume seus riscos**; não será a primeira vez. Nós não **julgamos** o trabalho da administração, é quase (ao contrário) um exemplo interessante de bom funcionamento da administração.

Lembrança das diferenças de trabalho e dos dois tipos de controle de qualidade: de um lado, um excelente funcionamento da administração, entretanto, do outro, uma disfunção grave no direito, à qual é necessário pôr um freio; o governo assume suas responsabilidades. Agora, ao menos ele conhece as questões, o Conselho de Estado fez seu trabalho.

Rallou: O parecer não questiona a administração; eu tenho lembranças precisas, foi muito difícil. Ao contrário, é necessário reverter o argumento, e nosso parecer deve assegurar a todos na região que o trabalho foi bem-feito.

Proposta de um político, antigo ministro, de origem externa, mas muito elevado na hierarquia das poltronas que, fazendo uso de suas lembranças pessoais, vê como "reverter a situação" e permitir aos funcionários eleitos e à administração se felicitarem por um trabalho tão bom, apesar de censurado pelo Conselho de Estado... difícil acrobacia, bem na linha de um político para o qual a questão de direito interessa menos do que o trabalho de base.

Lebrun: Votamos? Não há maioria pelo esboço? Sr. Bienaimé, o senhor mantém o esboço?

Bienaimé: Sim, com uma observação dizendo que o problema foi visto.

Segundo o princípio de estrita autonomia individual do Conselho, o relator não tem obrigação de votar como sua seção; a catástrofe ocorreria se um contencioso surgisse e que a seção não tivesse "visto" o problema, provando que ela fez seu trabalho de controle da qualidade: um dos famosos *freios e contrapesos* do qual a eficácia fica assegurada pela observação juntada ao processo.

Os *commis* de governo saem de cabeça baixa, o relator vai encontrá-los na antecâmara e consolá-los, explicando o voto de seus colegas e aconselhando sobre a forma de agir para representar o texto da próxima vez. Outro grupo de *commis*, carregados com pesados processos, entra agora na sala para passar pelas "forcas caudinas".[74]

Insistindo sobre seu "trabalho", sobre sua função de "proferir a lei", "sobre a "forma correta de avaliar o risco contencioso", sobre a diferença entre "julgamento de valor" e "risco jurídico", sobre a definição de "limites" e dos "freios", a seção acaba por educar-se a si mesma, de chamar a administração à ordem, de elevar o nível de exigência dos procedimentos de classificação, de elevar o custo de aplicação do artigo L.415 do código florestal, de reforçar seu peso em relação aos presidentes de subseções encarregados do Contencioso; finalmente, de julgar a qualidade do trabalho do relator, aqui posto em minoria. É o conjunto de todos esses pequenos ajustes, dessas microtensões que reverteram a direção, que nos permitirá mais tarde definir o trabalho do direito. Entretanto, que não se acredite que sempre se trata de opor a dura exigência da lei ao trabalho do Estado. Se a afirmação *dura lex, sed lex* sempre triunfasse, o Conselho não teria jamais preenchido a função desejada pelo primeiro-cônsul Napoleão. Nosso interesse nesse episódio será esclarecido pelo contraste com outro, mais curto, no qual a mesma seção, com um raciocínio inverso, vai "salvar a administração", inventando, graças

---

74 Expressão que traduz aceitar imposições e humilhação. Remete à batalha das Forcas Caudinas, quando o exército romano foi subjugado pelos samnitas, em 321 a.C. (N. T.)

a uma ficção jurídica mais fina que um fio de cabelo, um meio de evitar o horror do "vazio jurídico".[75]

Um breve relatório ao primeiro-ministro enviado por um funcionário do ministério de Obras Públicas assinala com certo horror que a concessão acordada para um aeródromo em um território além-mar está caduca desde 1º de janeiro de 1994, e que estamos em maio do mesmo ano... Os *comiss* de governo propõem imediatamente um esboço de decreto retificativo, enviado com urgência ao Conselho de Estado para uma passagem rápida à oficina de redação.

Diversas adaptações deverão ser aportadas às disposições do documento de tarifas da concessão de 7 de janeiro de 1964.

Esse trabalho em curso necessita ainda de uma regulamentação precisa, antes que a nova concessão seja adotada por decreto no Conselho de Estado.

Resulta que a expiração da atual concessão criou uma situação **de vazio jurídico** que poderia revelar-se **prejudicial** em termos de eventuais contenciosos por terceiros, usuários ou ocupantes do aeródromo.

O esboço de decreto e seu anexo visam, em conformidade com o documento de tarifas inicial, **evitar tais dificuldades**, prorrogando o regime atual para uma duração de dois anos. (Extrato da nota do ministério)

A palavra "dificuldade" deve ser compreendida como um eufemismo: o direito, como a natureza, tem horror ao vazio, e o vazio jurídico para um aeródromo significa que todas as medidas ocorridas nos últimos seis meses, os contratos, os mercados, as contratações poderiam ser anuladas em Contencioso. Se por infelicidade um acidente ocorresse, um advogado persistente poderia se aproveitar do

---

75 Essa expressão tornada popular não tem sentido jurídico, pois por definição o direito não conhece o vazio. Pode haver inadaptações do direito, ilegalidades, mas não um buraco. Voltaremos, no último capítulo, à natureza particular desse tecido de costura.

caso e demonstrar com brilhante retórica que legalmente, há meses, esse aeroporto não existe: desapareceu no triângulo das Bermudas por ausência de lei... Mas os *commis* de governo terão outra dificuldade. O presidente da seção, talvez apressado, cometeu o erro de confiar o processo a um relator localizado no alto do quadro de posições dos membros, mas que reclama um pouco, e que no lugar de fazer o possível para ajudar a administração a sair de situações negativas, redige uma observação ainda mais catastrófica:

> O Conselho de Estado **não pode dar** parecer favorável a esse texto. De fato, a concessão e o documento de tarifas que a assegurou, concedida por uma duração de trinta anos a partir de 1º de janeiro de 1964, expiraram em 31 de dezembro de 1995. Não sendo possível a aprovação de um acordo de prorrogação sobre disposições vencidas, pertence apenas ao governo promover procedimentos necessários à retomada dos bens [...].

Consternação entre os *commis* de governo – enquanto o conselheiro conclui seu relatório explicando friamente:

> É necessário que as indecências do passado, que o vocabulário atual denomina "disfunção", sejam censuradas; eu recuso o parecer favorável; a concessão está expirada, não houve aprovação antes de 1º de janeiro de 1995, não há o que fazer.

Ainda há pouco, no episódio precedente, falamos também de "frear", de respeitar a "tendência" de aperfeiçoamento do Estado, da definição de "limites", mas buscava-se justamente fazer os textos *progredirem*, impedindo-os de passar da flexibilidade de Caribdis para o formalismo de Cila. Seria necessário que a coisa, esse ser misterioso do qual queremos compreender a natureza, esse unicórnio, a justiça, o direito, o sentido, na melhor dos casos, *passasse* e circulasse. Esse relator utiliza bem os mesmos termos, mas para concluir segundo esse princípio tão pouco napoleônico: "Não há o que fazer". Fato revelador, seus colegas (que conhecem bem suas manias, que se assemelham às da conservadora *Revista Figaro*, com o uso das palavras "indecências" e "disfunções"...)[76] nem por um segundo vão discutir sua posição – ao contrário do caso anterior de Bienaimé, eminente relator que, embora em minoria, não perde nada da estima. Sem dar qualquer importância à posição do relator, equivocada na construção, pois conduz à impotência e mantém o vazio jurídico, a discussão é retomada para encontrar uma solução *a qualquer preço*. Após algum protelamento, descobre-se a solução observando atentamente a fotocópia do decreto original, que diz no artigo 43: "A duração da concessão está fixada em trinta anos datados de 1º de janeiro seguinte à concessão".

Presidente Lebrun (após um silêncio): Estamos **embaraçados**, procurei ver se poderíamos **salvar** o caso com base em "datados de 1º de janeiro seguinte à concessão", poderíamos fazer **de maneira forçada**, é uma solução...

Renault: É mudar um vazio jurídico por outro vazio jurídico!?

Boulanger: Permito-me assinalar uma pequena contradição na posição do relator:[77] há um ano de irregularidades, mas é 1964 ou 1994? Eu diria **no interesse da boa administração** que é o que está atrás de nós!

Le Men (após um intervalo seguido de breve iluminação): Não, não, mas não há **qualquer** problema, de 1º de janeiro de 1964, se o iniciarmos em 1º de janeiro de 1965, trinta anos a partir dali será 1º de janeiro de 1995!

O relator (sem grande convicção): Isso me choca muito.

Lebrun: Salva-se a administração por um triz, de acordo.

---

76 A menos que – e o etnógrafo não pode decidir sobre isso – se trate de um termo técnico, como no adágio jurídico "nada pode prevalecer-se de sua própria indecência".

77 Alocados lado a lado há anos, tanto nas poltronas como na fileira do quadro que levantam inexoravelmente – veja o Capítulo 3 –, mas os dois conselheiros estão opostos no espectro político, daí a polidez extrema e levemente sardônica que experimentam frente a frente.

Relator: Sobretudo pelo fato que a administração havia admitido que a concessão estava caduca; se se enganou, é preciso mudar o relatório ao primeiro-ministro;
Lebrun: A concessão é de trinta anos mas, de fato, está entre 30 e 31, um juiz arrancaria os cabelos. Em todo caso, é forçado, é de uma **astúcia total**! (sorrisos sutis)
[dirigindo-se ao *commis* de governo] O que você quer? O ano de 1995 parece bem próximo, você terá tempo (para renovar a concessão)?
Relator: Eles dizem que, por causa do Conselho de Estado, leva muito tempo...
Lebrun: É fácil, ele usam seis meses e nós, quinze dias, o Conselho de Estado tem costas largas.[78]

Certamente, trata-se de uma "astúcia total", sim, é mesmo tão "forçado" que um "juiz arrancaria os cabelos", sim, "salva-se a administração", mas enfim, escapa-se do "embaraço", quer dizer justamente desse atoleiro, desse pequeno "não há o que fazer" no qual o relator queria nos enfiar sem propor nada no lugar. Com o risco de se deslocar "de um vazio jurídico para outro", é necessário que a lei siga. Assim como o presidente havia feito seu trabalho exaltando as dificuldades jurídicas, enquanto seu relator oferecia fechar os olhos sobre os pequenos erros da prática (p.71), o presidente hoje inventa uma solução que reconhece ineficiente, contra o parecer de seu relator que vê um insuperável obstáculo em uma simples dificuldade jurídica. Nos dois casos, e no "interesse da boa administração", fez-se avançar *outra* coisa que não a estrita aplicação de uma regra.

---

78 Uma das numerosas críticas sobre a lentidão do Conselho. Lembremos que, por definição, as Seções Administrativas trabalham em urgência porque devem reescrever os textos antes dos prazos sempre justos do calendário legislativo – Conselho de ministros, sessão parlamentar etc. Elas não podem se permitir adotar o ritmo de senador do Contencioso.

Naturalmente, todos estão de acordo: se a concessão está caduca, não há o que fazer. Mas está caduca? Não, *basta* ler o texto original com alguma atenção: a concessão começou apenas em 1º de janeiro de 1965 e portanto em maio de 1994 não está caduca. Em consequência, os *commis* de governo não precisam mais redigir seu decreto retificativo, é suficiente que renovem a concessão no tempo *como previsto*. Não há mesmo como supor fato tão extravagante, que 1964 teria sido o ano de um vazio jurídico despercebido... a fina passagem de uma *fictio legis* permitiu extirpar o embaraço, sair do impasse.[79] Agora tudo passa normalmente. O vazio tornou-se pleno. Os aviões pousam em legalidade sobre esse aeroporto tropical sem risco de desaparecer em um buraco negro. *Mollis lex, sed lex*, a lei é flexível,[80] *mas é a lei*.

Figura 1.4
Crédito: Conselho de Estado

---

79 A palavra "ficção" não supõe nem cinismo nem irrealidade, mas sim a invenção de uma solução para fazer o direito "seguir". Para convencer-se, veja o magnífico artigo de Thomas, *Fictio Legis*. L'empire de la fiction romaine et ses limites médiévales.
80 Alusão ao livro clássico de Carbonnier, *Flexible droit:* Pour une sociologie du droit sans rigueur. O "sem rigór" do subtítulo aplica-se tanto à sociologia do autor quanto ao direito.

Que estranha oficina de escrita

Sempre se diz que nunca se deve apelar a muitas pessoas para escrever um texto difícil e que um camelo é um cavalo desenhado por um comitê... Então, o que ocorre nessa grande sala, com rico madeiramento e amplo anfiteatro, cujos vãos conduzem a um tipo de tribunal no qual se sentam personagens com importância considerável traduzida pela dimensão de suas poltronas? Acima da plataforma, para simbolizar tanto a incerteza dos conselheiros estancados em sua discussão quanto a perplexidade do observador, estende-se o afresco de um velho em trajes de fim do século, mergulhado em um abismo de reflexão, mexendo em sua barbicha em meio à floresta sombria, como se houvesse perdido suas chaves.[81] Decididamente, o Conselho escolheu seus símbolos de um modo estranho. Estamos em uma manhã de quinta-feira na Assembleia Geral do Conselho de Estado,[82] em uma ampla oficina de escrita para adultos.

A voz grita: "Aqui se faz lei!". É a voz do vice-presidente, personagem tão impressionante quanto a plataforma de onde ele se expressa e a cadeira monumental de onde ele reina:[83]

Comiss de governo (meio suplicante): Senhor vice-presidente, o governo **preza muito** esse termo de "contrato" que foi objeto de

---

81 O conjunto de afrescos de Henri Martin (1860-1943), intitulado *A França trabalhadora diante do Conselho de Estado*, parece não ter encontrado melhor forma de representar "o trabalho intelectual", depois de ter representado os pavimentadores da Praça da Concórdia, as plantações e o porto de Marselha...
82 Não confunda com a Assembleia do Contencioso, que é a mais alta composição de *julgamento*. Aqui, trata-se de *conselho jurídico*.
83 Estranhamente, o personagem mais importante do Conselho, primeiro da administração na ordem protocolar, enquanto é rodeado de presidentes (de seção, de subseção, antigos ou em exercício), é o único que porta o título, mais modesto, de "vice-presidente, tendo oficialmente o primeiro-ministro o título de presidente do Conselho de Estado". É impossível, obviamente, garantir o anonimato do vice-presidente. Nós nos contentamos, para preservar a confidencialidade, em retirar de nossas anotações as interações muito banais e que dizem respeito a dois vice-presidentes sucessivos, para evitar as consequências.

muitas **negociações**: isso permite a responsabilização dos atores no interior do hospital; não é o **senso jurídico puro**, mas um envolvimento das partes. Não é **muito jurídico**, é uma regra geral, essas palavras têm **forte valor**.

Vice-presidente (firme, batendo na mesa): É a tirania das palavras! Aqui se **faz lei**. Deixamos passar uma "acreditação", mas "contrato" tem sentido jurídico.

Lebrun: Sim, aqui "contrato" não tem nenhum sentido, o hospital não faz "contrato" com o ministro.

***Comiss* de governo**: O texto do governo dizia, se me permitir, "fazer funcionar a contextualização".

Vice-presidente: É ainda mais **feio** como língua francesa!

Que frases estranhas são essas que devem ter um "valor forte", às quais o governo "preza muito", que foram objeto de "muitas negociações" e que, no entanto não têm "sentido jurídico" e são "feias" no francês? Enquanto os *commis* de governo se envolvem nas dificuldades da administração ativa, escutam a voz dos sindicatos, as dificuldades dos prefeitos, antecipam as objeções dos deputados, as argúcias dos senadores, também devem dar às palavras fortes a força suplementar do direito.

Notemos o extremo desconforto dessa oficina de escrita. Sobre a plataforma, bem acomodado, encontramos ao centro o vice-presidente, primeiro personagem da administração, ladeado pelos presidentes das Seções Administrativas, aos quais se junta o presidente da Seção do Contencioso. À sua frente, em pé, de costas e, consequentemente, virando o pescoço a cada intervenção, o relator que redigiu, após discussões em reunião de Seção Administrativa, como essa que acabamos de seguir, seu próprio esboço de texto, o qual dirige aos colegas, todos membros eminentes do Conselho alocados segundo a estrita ordem do quadro de posições. Atrás deles, de forma desordenada, os *commis* de governo, alguns estagiários, alguns jovens membros que não têm o direito de votar, mas aprendem com o ambiente, em função do interesse dos casos, e certamente o irremovível etnógrafo que teve alguma dificuldade em penetrar nesse santuário dos santos e que foi alocado o mais distante possível no alto das bancadas. Um funcionário cego regula o volume dos microfones em função das falas, personagem colorido cuja fala simples contrasta com o uniforme solene. Para os textos importantes, a passagem pela Assembleia Geral é a última prova antes que os textos sejam submetidos ao Conselho dos Ministros, depois novamente cortados e desmembrados pela Assembleia e o Senado. Embora os debates sejam registrados e gravados em minutos mantidos no processo, a discussão é estritamente confidencial, como uma conversa de um homem de negócios com seus conselheiros jurídicos. Nessa manhã de quinta-feira, penetramos no Conselho privado dos príncipes: os próprios ministros ainda não leram os textos que discutimos.

O trabalho consistirá, como em uma oficina da escrita, em melhorar coletivamente a qualidade do texto, comparando os rascunhos; um de cor rosa diz "texto do governo", defendido pelos *commis* de governo, e outro, de cor branca, diz "texto da Seção", defendido pelo relator. Como sempre no Conselho, à prova explícita dos cacos e das redações junta-se a prova mais sutil, contínua, difusa, porém ainda mais implacável, sofrida pelos próprios conselheiros diante dos outros: eles fizeram um bom trabalho? Eles anteciparam as dificuldades? Ao mesmo tempo que se julga os relatores, julga-se também a qualidade da Seção Administrativa que preparou a Assembleia alguns dias antes: ela viu as contradições jurídicas ou práticas? O rascunho do relator é um bom rascunho? Se não é o caso, pode-se levar a perder horas de uma Assembleia que vai se encontrar na impossível situação de redigir em regime de urgência, com 35 membros,[84] os textos com uma complexidade, em geral, desconcertante.

É necessário que o leitor imagine o conjunto de conselheiros mergulhados em seus processos, comparando as versões pouco sinóticas de diferentes rascunhos, mexendo com a documentação, anotando e riscando, registrando as versões que acabam de ser

---

84 Três vezes mais, já que se trata da Assembleia Geral *plena*.

aprovadas e ganhando torcicolos à força por escutar as explicações vindas de trás deles, pelos *commis* de governo, enquanto fazem grandes sinais para que o vice-presidente, como Júpiter trovejando, lhes dê a palavra. Essa operação de transubstanciação dos textos juridicamente frágeis em textos juridicamente fortes permanece ainda misteriosa. Para o momento, contentamo-nos em destacar que ela é objeto de uma constante tentativa, como se observa nessa troca de conversas quando da discussão de outra lei maior:

Vice-presidente: Por que colocar "1º/1/1998"? Você não vai recrutar na São Silvestre, é ridículo!

Um *commis* **de governo** (muito calmo): Sim, é uma **farsa**; os sindicatos disseram 1998 e o governo disse "1º de janeiro"; ganhamos doze meses; eles colocaram quinze dias sem perceber; é um pouco ridículo [reconheço].

Outro *commis* **de governo**: Em **direito puro** não é necessário dizer de novo, repetir; mas é o **coração político** do esboço. Se o pessoal não **vê** essa disposição [no texto], é muito embaraçoso, deve ser lembrado. **Nós consideramos** muito, não é uma precisão inútil [...].

Robinet: Creio que **no plano jurídico** teria sido necessário demonstrar consideração ao artigo 12; há razões de **oportunidade**.

Guénié: **A cada um seu trabalho**; se o governo quiser, pode rejuntar. **Não cabe ao Conselho de Estado** fazê-lo; do ponto de vista jurídico, a posição da seção é inevitável.

Vice-presidente: Votamos? A cada um seu trabalho; nós tentamos fazer textos **adequados**. Cabe ao governo tomar suas responsabilidades por razões de oportunidade política.

Uma vez mais, a admissão dos antecedentes políticos e mesmo as pequenas farsas da negociação não modificam em nada a obrigação de proferir o direito, o que o vice-presidente, modesto, denomina "tentar fazer textos adequados". Certamente, o texto se deforma sob a pressão dos sindicatos e dos políticos, das obrigações de demonstração pública, da necessidade de ser "visto" pelos negociadores, mas não se destrói. O governo se atém a suas formulações perigosas; o Conselho de Estado continua a ter de produzir o direito. O texto final trará o traço desses distintos constrangimentos reconhecidos aqui como a distinção entre "a oportunidade política" e o "plano jurídico": "a cada um seu trabalho". Às vezes a tensão é muito mais viva, como no caso da discussão, alguns anos antes, de outro estatuto de conotação política:

> **Vice-presidente** (após ter escutado a leitura do preâmbulo): Não estamos em Ruanda! É irracional fazer aprovar no Parlamento um preâmbulo em que se diz que o direito não é mais aplicado! Isso quer dizer que o ministro é incapaz de atingir seu pessoal; nós temos uma Constituição! Há a separação dos poderes! Se deixarmos votar isso, quer dizer que todo mundo se sentirá desprotegido e buscará o direito de pegar as armas para proteger sua propriedade; é uma catástrofe!
> **Um conselheiro**: [Sim] Estamos em um estado de direito democrático, discutimos isso em seção.
> **Outro conselheiro**: É uma declaração **política**, faz parte de uma declaração ao Parlamento. Não há como **transpor** esse gênero de coisas na exposição de motivos; se eu fosse parlamentar, poderia propor emendas. **Mas não são textos normativos, é literatura!** Seria purismo, [eu proponho] a rejeição pura e simples!
> **Relator** (aprovando): não podemos voltar muito nesse gênero de exercício. É necessária uma **extração** massiva! [...]
> **Sra. Répons**: O purismo se estende; é a programação, há anexos para isso. É hora de **colocarmos um freio nisso**, vamos encher o Parlamento de textos que não lhe dizem respeito, haverá partes normativas e enormes anexos e ele terminará por esquecer o que é normativo.
> **Terceiro conselheiro**: O Conselho de Estado não está em seus costumes, não aprova a exposição de motivos.
> **Quarto conselheiro** (discordando): Não; é **importante**, alguém em meu prédio tem uma filha de catorze anos que foi violentada; é importante, é preciso dar **atenção**, deve-se facilitar a

passagem desse anexo. Quando isso acontece apenas com os outros, sim, mas quando acontece com os próximos, é diferente! [...]

Sra. Répons: Nem nós, nem o Parlamento, nem ninguém sabe o que aprovamos. Daí nossa **incerteza**.

Secretário-geral:[85] Se nos lançarmos na reescrita dos anexos pelo Conselho de Estado, iremos **muito longe**. O governo simplesmente tomou nota [da discussão ou da discordância] da Assembleia.

Em alguns segundos, passa-se de imensas considerações sobre o "estado de direito" ou da "separação de poderes" a propostas de bom senso sobre o estupro de uma jovem, passando por argumentos sobre a diferença entre a ideologia política, os "textos normativos" e a "literatura", para terminar pelos argumentos sobre a forma de reescrever os textos, sobre os costumes do Conselho de Estado e a melhor maneira de repartir os argumentos entre os anexos, os preâmbulos e as declarações gerais. Todos esses elementos dispersos devem se fundir em um texto que permanece em estado de rascunho. É necessário "colocar um limite", "dar atenção", não deixar "ir muito longe", quer dizer, escrever "textos adequados" que não sejam desmantelados pelo Parlamento, contestados pelos requerentes, anulados pelo Contencioso: textos capazes de resistir a todas as provas.[86]

---

85 O secretário-geral do Conselho de Estado senta-se nas Assembleias Gerais à esquerda na sala, em um box à parte de onde segue o curso do conjunto do procedimento. Ele administra igualmente o conjunto da casa.

86 Não colocamos aqui a questão delicada da utilidade dessas práticas de reescrita. "Em realidade", escrevia Kessler em 1968, "o domínio da influência do Conselho de Estado é muito limitado, dado que se situa em uma zona intermediária entre os problemas menores sobre os quais a administração o consulta naturalmente e os problemas políticos sobre os quais seu parecer é raramente escutado." Kessler, op. cit., p.302. É difícil avaliar se, em trinta anos, a escuta pelo governo melhorou ou não. Se devemos acreditar nos ruídos de corredor, diríamos naturalmente que "o nível baixa". Ao contrário, um conselheiro não hesitaria em dizer "Tenho mais poder na Seção Administrativa do que como ministro" (entrevista em 24 jun. 1996), por causa da ausência no Conselho de hierarquia, de tensão e de autocensura.

O leitor terá agora compreendido que o Conselho tem dois papéis diferentes, mas complementares: o de juiz administrativo para o Contencioso, e o de conselheiro de redação de todos os textos de leis e decretos do executivo. No primeiro papel, ele conhece apenas o direito administrativo e só atua *a posteriori*, quando um requerente, emocionado, chocado, indignado ou ferido, se movimenta e procura, em geral com a ajuda de seu advogado, a falha de uma decisão qualquer da administração a fim de anulá-la. Toda a dificuldade do segundo papel provém de que os conselheiros agem *a priori* sobre o controle de qualidade dos decretos que ninguém ainda contestou e das leis que deputados ainda não contestaram. Longe de se limitar ao direito administrativo, eles conhecem *todos* os ramos do direito – daí vem a distinção necessária em diferentes seções, cada qual especializada na produção jurídica de vários ministérios. Enquanto os fundamentos movidos pelos requerentes guiam a reflexão do Contencioso e devem contê-la,[87] as Seções Administrativas precisam praticar um exercício de adivinhação mais perigoso, graças à multiplicação das experiências de pensamento pelas quais seus membros submetem, antecipadamente, o texto das leis a todas as contrariedades, obstáculos, provas, inconvenientes possíveis. O Conselho trabalha um pouco como um instituto de normatização que submete os produtos destinados ao grande público a todos os tipos de tormentos terríveis, antes de dar-lhes o selo de qualidade que os autorizará ao mercado. Para dar às palavras fracas força de resistência a todos esses constrangimentos, deve-se antecipadamente *pensar em tudo*: no direito, decerto, mas também na língua francesa, na factibilidade das medidas tomadas, na organização do trabalho, avaliar a oportunidade política de tal texto.[88] A solenidade

---

87 Lembremos que, além dos fundamentos ditos de ordem pública que o Conselho pode invocar "de ofício", as restrições do contraditório o obrigam a ater-se estritamente aos argumentos desenvolvidos pelos requerentes, a menos que se decida, embora seja sempre arriscado, "fazer um esforço" (veja o Capítulo 2, p.128)

88 Esse processo de controle de qualidade por antecipação pode ter erros, como se vê no exemplo recente da censura, pelo Conselho Constitucional, de redução da contribuição social geral dos baixos salários previsto na lei de finanças de

da ocasião, a autoridade das vozes, a grandeza da sala, entretanto, não devem ocultar que, contrariamente ao Contencioso, estamos lá apenas em formação de *conselho*, e que o governo, mesmo tendo seu esboço retrabalhado, pode escolher no fim das contas apresentar sua própria versão.[89] Nesse terreno particular, diferente das salas que visitamos no outro lado do palácio, os conselheiros – e isso pode parecer surpreendente – não têm a última palavra.

Antes de deixar a Assembleia de quinta-feira, vamos aproveitar para nos familiarizar uma vez mais com as práticas da escrita, e o trabalho particular de aperfeiçoamento coletivo dos textos de que teremos tanta necessidade no próximo capítulo:

Lebrun (presidente da Seção que apresenta o texto à Assembleia): O texto é monstruoso, ou ao menos complicado, a Seção não viu **objeção legal** que impeça o governo de fazer seu esboço.

Um conselheiro (folheando seu processo): Onde está o estudo de impacto?[90]

Presidente da Seção de Obras Públicas: Eram três páginas remendadas, inúteis, não foram distribuídas.

Vice-presidente (reclamando e de forma solene): É necessário que o Secretariado Geral de Governo e o primeiro-ministro tirem as consequências; (não cabe) fazer rodeios, sou cético.

2001. Como diz inconformado um dos altos funcionários encarregados do texto: "Esperava-se críticas sobre certos pontos, mas não a invalidação pura e simples. Nem o Conselho de Estado nem a Secretaria Geral de Governo *nos tinham alertado sobre esse risco* (itálicos meus)". *Le Monde*, 21 dez. 2000.

89 O governo pode tanto manter seu texto inicial ou adotar o do Conselho, mas não pode misturar os dois sem constituir outro esboço que seria objeto de novo processo no Conselho. Como os autores de um livro recente dizem, é isso que faz da questão da eficiência do Conselho "um problema delicado". Massot et al., *Le Conseil d'État: De L'An VIII à nos jours*, p.77.

90 Assim como há estudos obrigatórios sobre o impacto que qualquer instalação pode ter sobre o meio ambiente, agora há uma obrigação legal de fazer para todo novo texto legal um estudo sobre o impacto que ele pode ter sobre os outros textos. Mais ou menos como se o direito formasse um bosque ou uma selva, mas, de toda forma, uma segunda natureza em que as transformações são difíceis de prever – de onde vem o caráter às vezes desleixado das provisões.

Relator (acalmando): Nós teríamos necessidade do estudo de impacto se colonizarmos o planeta Marte, mas aqui sabemos do que se trata (lendo seu texto):[91]
"Artigo primeiro
Alínea 3 do artigo L.313 [...] é substituída pelas disposições seguintes:
"3º) elabore, no interesse comum, **recomendações** aos associados aos fins mencionados no 2º)".

Besançon (interrompendo e acabando de ler outra versão): Devo dizer que o esboço do governo tinha o mérito da clareza [todos se referem ao esboço como um balé de páginas rapidamente folheadas]; (lendo:)
"3º) elabore, no interesse comum, as recomendações aos fins mencionados no 2º). Essas recomendações não podem derrogar nem a regulamentação nem as disposições das convenções previstas no 2º)".

VP: "Recomendação", mas todo mundo pode fazer recomendações, isso não é direito privado. A decisão executória é do direito público.

Outro presidente de seção (falando da plataforma em direção à sala): Se vamos utilizar "recomendação" em um sentido **banal**, não vale a pena colocar.

Terceiro presidente de seção: Se é uma recomendação, é preciso que tenha certa **força**, sem isso não serve de nada.

Relator (dando as costas aos opinantes): Sim, há um artigo que diz "recomendações que devem ser respeitadas" e aí então haveria um **contencioso** possível.

Lebrun (falando em nome de sua Seção Administrativa): Em nosso espírito, "recomendação" tinha o sentido que lhe dá o vice-presidente, nenhuma força obrigatória. A economia social

---

91 O relator não apresenta mais sua própria opinião, como nos episódios estudados no capítulo anterior. Ele fala agora em nome da Seção Administrativa inteira, mesmo que não compartilhe em nada da solução. Isso faz parte dessas provas sutis de objetivação das quais faremos a lista no Capítulo 5.

tem certa legitimidade em conferir-lhe, como a CNIL (Comissão Nacional de Informática e Liberdade) confere a seus membros; mas o relator... Dito isso, **eu não tinha pensado nisso antes**, mas há uma **contradição**, dadas essas recomendações, a União tem o direito de respeitar essas recomendações, o que o comissário de governo **tinha em mente**?

VP: Senhor comissário de governo?

***Commis* de governo**: Você tem razão, senhor vice-presidente, é a interpretação correta. Nas recomendações, o Estado não é parte, é caso de direito privado, as convenções são impositivas; as recomendações, não. Entretanto, queremos saber o que ocorre. É sobre juntar informações, **não há sanção**, é sobre controle, apenas há sanção para faltas graves, para **marcar limites**.

VP: Adiciona-se certa **qualidade jurídica** nas recomendações que, se forem violadas de maneira grave e repetida, provocam uma sanção. Não é mais uma simples recomendação, é um pouco **híbrido** como ato jurídico; sozinha, a recomendação não é nada; juntas, elas todas formam mesmo assim...

Besançon: Atenção, estamos em vias de criar, *mutatis mutandis*, algo como a decisão *Orcibal*.

VP (em tom forte): Deixemos o sr. d'Orcibal onde ele está! Não é nosso problema.

Besançon (obstinado): Mas é no direito privado que estamos intervindo; cabe **voltar** ao texto do governo!

Um Conselheiro (antigo presidente de seção): é um texto de direito privado, ele deve submeter-se às regulamentações em vigor, não vejo de que serve ler.

VP: O que a seção pensa disso?

Lebrun: Isso não **foi** discutido, percebo agora o problema e eu talvez esteja em vias de **alterar o parecer**. A seção talvez não tivesse tomado **consciência** do problema.

Um quarto presidente de seção: Antecipamos sobre o artigo 5, mas eu reafirmaria o sentido muito banal de "recomendação"; é um erro **dar valor jurídico** a uma simples recomendação.

Lebrun: Veremos então quando for discutido o artigo 5 que traz as sanções. **Devemos ser coerentes**; vamos postergar. Se aceitarmos as sanções nesse artigo, é necessário alterar o sentido do artigo 2 de uma maneira ou outra.

Todas as quintas-feiras, os conselheiros membros da Assembleia, os mais elevados na ordem do quadro de posições, os presidentes de seção e o vice-presidente se encontram e se testam mutuamente. Pode-se imaginar a pressão, gentil, mas potente, que se exerce sobre cada um deles pelas objeções dos colegas. Mede-se bem essa perseguição mútua que eles exercem uns sobre os outros pelas desculpas que o presidente Lebrun deve formular por não ter "visto" o problema em sua seção – "isso não foi discutido". O presidente da seção deve reconhecer que ele "toma consciência" da dificuldade sob a pressão da Assembleia Geral, e que está em vias de "alterar o parecer".[92] É aí que se justifica o sistema de duas etapas – as seções e depois a Assembleia Geral: graças a ele, as chances de sobrevivência do texto "depurado", como se diz na informática, aumentaram. No caso presente, o erro é minúsculo, mas, como sempre, atrás de cada incerteza dos textos se desenha o enorme risco do contencioso: se a pequena palavra "recomendação" assumir um "valor jurídico", então haverá "sanções" possíveis e, portanto, recursos. Se o texto de lei discutido hoje não está claro, pode ser retocado pelos deputados, criticado pelo Conselho Constitucional, ou, pior ainda, provocar uma confusão de normas entre o direito privado e o direito administrativo – o que sugere Besançon, enciclopédia viva do Conselho, apesar da resposta viva do vice-presidente impaciente.

---

92 Encontra-se essa violência doce em todo o trabalho das seções. Renault, desculpando-se por não ter visto que se tratava de uma declaração de utilidade pública: "Estou inconformado por não ter visto o problema antes". O presidente Le Brun (paternal, mas empurrando as unhas): "Mas não, mas não...?". Ou mais tarde, no mesmo caso, Bienaimé suavemente em direção a um caro colega: "O relator cita o 'Guia do relator' que propõe travessões, mas eu não teria a crueza de citar o que ele diz: 'O travessão esconde um déficit de pensamento!'"... É assim que os conselheiros se dirigem mutuamente em vigilância.

Subindo a escadaria de honra

"Como é possível? Não há nada mais elevado do que essas infinitesimais discussões sobre as palavras e textos nessa corte dita *suprema*?", pergunta-se o etnógrafo ajeitando sua gravata, endireitando-se embaixo da escada solene, esforçando-se para andar com gravidade, a fim de imitar tanto quanto possível a aparência de um conselheiro de Estado, virando seis vezes a língua na boca na vã esperança de aprender a falar como eles. "Não há mesmo nada acima das leis?" É assim que, nesse palácio cheio de oblíquos, pelas escadas escondidas, graças a esses funcionários sonolentos, esses carpetes usados, essas pilhas de papel e volumes encadernados, através de discussões intermináveis, essas admissões tão sinceras de preconceitos e de ignorância, essa compilação arcaica de "copiar e colar" textos obscuros, se estabelece o reino do direito?

Ingenuamente ele olha para o teto, volta-se para o *trompe l'oeil* que adorna a escada de honra (também um símbolo escolhido curiosamente para honrar a grandeza dos juristas...), como se tivesse perdido algo, como se houvesse *acima* do Palais-Royal algo maior do que esses egressos da ENA, uma deusa Justiça (mas não, diz a si mesmo, os afrescos têm a banalidade desesperada das mitologias mais insossas), outro escritório talvez (mas ele visitou todos), outro corpo talvez (impossível, ele desenhou as estatísticas completas sobre todos os membros), uma reserva de saber (não, no porão há apenas arquivos; no sótão há outros escritórios, outros arquivos), uma fonte de certeza absoluta que lhe tenha escapado (o *Lebon*, então? Mas ele abriu os volumes e são apenas páginas ligadas a outras páginas), um presidente acima do vice-presidente (mas não, é o primeiro-ministro, que nunca se senta no Conselho), um tesouro escondido de comentários assertivos (impossível, pois a doutrina dos acadêmicos e os glossários levam apenas a diferenças divertidas)? É preciso reconhecer: o único meio de dizer o direito, de solucionar a disputa, de ter a última palavra é se deter nos densos processos, no lento trabalho de reescrita, nas incessantes retomadas de documentos, nos precedentes buscados na poeira do passado, nos pareceres solicitados a colegas engravatados, dos quais a aparência tranquila e terna parece antes a de um clube inglês do século XIX. Para ter a última palavra, a humanidade não encontrou nada de mais forte, mais moderno, mais argumentado, mais grandioso, mais majestoso. Acima da corte suprema, não há nada superior. Acima dessa instituição um pouco insignificante, nada que seja melhor, mais rápido, mais eficaz, mais rentável – sobretudo nada mais justo.

Deixemos a outros o triste papel de lamentar a arrogância do Conselho – os conselheiros se divertem frequentemente com eles mesmos, zombando de seus costumes e manias.[93] Tudo considerado, o etnógrafo se ressente antes de emoção, andando sobre seu campo, revestindo-se dos hábitos corporais daqueles que ele estuda a fim de entender melhor o lugar e fundir-se na paisagem. Sim, o analista acha mais tocante essa disposição perigosa, o castelo de cartas, o palácio das leis, a montanha de papel, cuja fragilidade assegura sozinha, sem outro recurso, sem outro apelo, sem outra reserva, a força do direito. "Que ninguém entre aqui se acredita na transcendência do direito", eis o que deveria ser escrito no alto dessa escada excessivamente solene. Nem anjo, nem demônio, nem super-homem: simples egressos da ENA, sem nenhum outro instrumento a não ser textos e palavras. Aqui, toda a qualidade do trabalho está no corpo, na boca e na voz, na escrita e no arquivamento, na conversação regular, na engorda meticulosa dos processos em pastas cinzas ou amarelas. Compreende-se que os romanos tenham ficado estupefatos pela grandeza dessa imanência, tão totalmente diferente das paixões conhecidas, dos entusiasmos religiosos ou políticos, dos ódios vivos, dos riscos devastadores da estratégia. Um trabalho de remendo, um tricô incessante, paciente, obstinado, pedestre: um cinza tão mais belo e sobretudo tão mais justo que as cores vivas da paixão.

---

93 Como é possível convencer-se lendo certas rubricas da revista *Contact* realizada pelo Secretariado Geral.

❧ NO QUAL O LEITOR, CADA VEZ MAIS INQUIETO, COMEÇA A ACOMPANHAR O AUTOR QUE SE APAIXONA PELO DESTINO DOS DOSSIÊS DO CONSELHO DE ESTADO COMO SE FOSSEM A COISA MAIS IMPORTANTE DO MUNDO ❧ ONDE SE DESCOBRE, FELIZMENTE COM A AJUDA DE ALGUMAS FOTOGRAFIAS, O AMBIENTE MATERIAL, TEXTUAL E GRÁFICO DO CONSELHO ❧ ONDE SE MERGULHA NA DEFINIÇÃO DE NÚMEROS E PASTAS A FIM DE COMPREENDER O TRABALHO JURÍDICO ❧ ONDE SE VISITA O "LUGAR DE TRABALHO" DOS CONSELHEIROS E O DIFÍCIL TRABALHO PELO QUAL SÃO DEFINIDOS OS TEXTOS A PARTIR DE OUTROS TEXTOS ❧

2
COMO AMADURECER UM DOSSIÊ

As desventuras de um número

O que há de mais cinzento, de mais empoeirado, de mais desprezível do que uma pilha de dossiês? E ainda assim o etnógrafo não tem escolha: não conhecendo o direito, para acompanhar seu movimento próprio é necessário descobrir uma matéria que seja visível, que possa ser observável e definida. Existe algo que trilha e organiza toda a atividade do Conselho, que é objeto de todos os cuidados, de todas as conversas, que permite seguir continuamente desde a queixa mais desarticulada até os mais sublimes pontos doutrinários – e mesmo a esse *ersatz* da vida eterna que o *Lebon* produz: é o *dossiê*. Qualquer caso, ao menos em nosso país de direito escrito, tem como proteção corporal uma pasta cartonada ligada por elásticos. Ainda que não lhe seja reconhecido nenhum lugar nas teorias do direito, é percorrendo o palácio atrás desse animalzinho que vamos conhecer todos os ofícios do Palais-Royal.[1] Se o etnógrafo quer obter essa mistura instável de aproximação – que é produzida apenas no estudo de campo – e de distanciamento – que lhe permite não se vincular a conceitos descoloridos pelo uso prolongado –, para ele é suficiente substituir os discursos imprecisos do direito, da lei e das normas por uma pesquisa meticulosa sobre os dossiês – cinzas, beges ou amarelos, finos ou grossos, simples ou complexos, antigos ou novos – e ver onde eles nos levam. Sim, iniciemos o direito pelo início, quer dizer, pelos selos, elásticos, clipes e outros materiais de escritório – instrumentos indispensáveis dos dossiês. Os juristas falam sempre dos textos, mas raramente de sua materialidade.[2] É nela que devemos nos fixar.

Figura 2.1
Crédito: B. L. (Bruno Latour)

---

1 O estudo dos dossiês ocupa, entretanto, um lugar importante nas ciências cognitivas e nas ciências administrativas. Veja Cambrosio et al., Representing Biotechnology: an Ethnography of Quebec Science Policy; Goody, *La Logique de l'écriture*; Roqueplo, Regards sur la complexité du pouvoir; Richards, *The Imperial Archive*; e certamente o trabalho pioneiro de Fraenkel, *La Signature*.
2 Exceto evidentemente nos trabalhos de Pierre Legendre. Veja em particular Legendre, *Leçons I*; e *Sur la question dogmatique en Occident*, mas trata-se de um texto transformado em mito do livro. Encontram-se em Bourcier, Mackay

Os dossiês que entram no Conselho pela porta da sala do correio, e não pela porta solene que se abre para a grande escadaria, começam por uma *petição inicial de instância* que pode ser redigida em papel simples. Uma simples carta postada ao endereço do Palais-Royal, ou mesmo enviada por fax, pode ser suficiente. Se nenhum advogado introduziu a linguagem jurídica na petição, percebe-se às vezes o eco abafado da reclamação: furores, indignações, escândalos, alguma coisa de psicológico, antropológico, sociológico, que levou à raiva e à mágoa em alguma parte da França; mas uma raiva e uma mágoa que não se exprimem apenas em violência e lágrimas, em gritos e explosões, mas que, através de uma mutação misteriosa, decidem se transformar em dolo e queixa, escrita de forma mais ou menos bem argumentada, endereçada a um tribunal administrativo.[3]

Muito além da agonia, da queixa, do protesto, há um profundo sentimento de injustiça no envio de uma petição.[4] Não existe nenhuma estatística para comparar, na imensa massa de decisões administrativas produzidas sem se conhecer a história, as pequenas

---

(Orgs.), *Lire le droit*; e Bourcier, Thomasset (Orgs.), *L'Écriture du droit*, numerosos artigos sobre os textos jurídicos, onde sua textualidade – no sentido da semiótica – é bem reconhecida, mas perdeu-se a oralidade indispensável à apreensão dos textos, assim como o dossiê, no sentido bem material de que a circulação sozinha permite qualificar a trajetória jurídica. Sobre o ato da escrita jurídica, a respeito da lei sobre o ambiente, veja Charvolin, *L'Invention de l'environnement en France*.

3 É necessária toda uma história do espaço público para que a reclamação confusa se torne um direito articulado. Veja, por exemplo, sobre o caso emblemático das blasfêmias, o belo estudo de Claverie, Sainte indignation contre indignation éclairée, l'affaire du chevalier de La Barre; e sobre o novo instrumento permitido pelo direito romano, o exemplo inigualável de Boureau, *La Loi du royaume*, em particular o Capítulo V sobre o monge Thomas de Marlborough na corte papal.

4 Um dentre mil exemplos no *Libération* de 12 de julho de 2000: "Entretanto, como vimos, a ata do júri sobre o *baccalauréat* [diploma de finalização do ensino médio] não é clara. Mas o recurso singelo apresentado em novembro por Daniel Escuirola, de vinte anos, foi rejeitado pelo reitor. Em seguida, *desencorajado*, Daniel *perdeu o caso de vista e não* apresentou recurso litigioso ao tribunal administrativo. De toda forma, como indicado pelo reitorado, o diploma não poderia ter sido dado pelo Tribunal. Ele poderia simplesmente aumentar sua indenização, ao fim de quatro anos de processo" (destaques nossos).

porcentagens que suscitam um conflito mais ou menos violento, nem para medir, dentre essas porcentagens, a minúscula porção de furor ou de indignação que será transformada em petição na correta e devida forma. Cinquenta e nove milhões de franceses reclamam diariamente do Estado: no entanto, isso produz apenas 150 mil casos por ano.[5] Nenhuma estatística é suficientemente precisa para explicar as razões dessa passagem para o ato. Pode ocorrer de um advogado lançar a ideia de iniciar esse processo: "Mas podemos reclamar isso, caro senhor"; o requerente pode ter ele próprio uma vasta cultura jurídica e não mostrar repulsa diante de um processo sabidamente longo; pode tratar-se de uma associação de defesa de um local, de um ambiente, de um bairro, desde há muito conhecida do direito administrativo, e que espera obter o que as outras formas de ação pública ou de persuasão lhe recusam.[6] Pode ser um candidato vencido por alguns votos em uma eleição tumultuada e que quer recuperar, através de eleições específicas, o lugar que, segundo ele, foi injustamente perdido; ou um sindicato de funcionários contestando uma decisão desfavorável contra um de seus filiados; ou um prefeito convencido de que, se ele não apelar sobre tal ou qual decisão desse tribunal administrativo, sua margem de apreciação será reduzida para sempre. Em resumo, uma vez que a primeira petição chega ao Palais-Royal, ela já passou por uma longa história que se perde em sua maior parte, tanto para o etnógrafo quanto para os conselheiros, mas da qual os passos são reconhecidos na primeira olhada pelo tipo de papel timbrado, pela presença e pelo nome do escritório de advogado célebre e caro, na forma de escrever e na apresentação relativamente grande de conhecimentos

---

5 Em 1997, os tribunais administrativos receberam 101.590 casos; as cortes administrativas de apelação, 14.477; e o Conselho, 7.193. Os tribunais analisaram 96.367; as cortes de apelação, 7.461; e o Conselho, 11.173. Até essa data, restavam diante dos tribunais 188.653; diante das cortes, 24.016; e diante do Conselho, 10.385 (*Relatório público* do Conselho de Estado, 1998).

6 Veja, por exemplo, a associação TOS, que conhecia de tal forma os procedimentos que foi estudada por Gramaglia, *La revue TOS*. Número comemorativo.

jurídicos, textos de leis e decretos, palavras sábias emprestadas de Molière.[7]

Qualquer que seja a gravidade dessa história – se ela diz respeito aos testes nucleares no Pacífico contestados pela organização Greenpeace ou a uma sórdida história de recuperação fiscal –, a correspondência é inserida, desde sua chegada, em uma *pasta* cartonada de cor cinza e a ela se dá um *número*, retirado do registro e solenemente carimbado pelo serviço de protocolo. Esse número de ordem servirá de referência ao caso até o fim dos tempos. Nós o encontramos tanto na ARIANE, a base informatizada SKIPPER, quanto no *Lebon*. A modesta carta ou a volumosa correspondência enviada pelo correio e acolhida em uma pasta recebeu um número para sempre. É esse numero que vai provocar calafrios nos responsáveis do Conselho que, com o olho fixo nos detalhes, vão dimensionar, graças a ele, os atrasos às vezes vertiginosos que se acumularam. "Mas é um número 154.000, não se pode devolvê-lo à corte de apelação!", dirá um conselheiro; um presidente ficará indignado: "Nós ainda temos os números 120.000 em pendência", e todo mundo compreenderá que é preciso acelerar as coisas e esvaziar os estoques. Por enquanto, esse número é a única coisa que o requerente recebe em troca de sua carta: um aviso de recebimento e uma posição em uma fila da qual ele não conhece a velocidade, e certamente nem o destino.

Não se deve acusar o serviço de registro de indiferença ou dureza de coração. Não, a história trágica ou pequena, passional ou calculista, que desencadeou o início da reclamação tem sequência e, como vimos no capítulo precedente, acompanha constantemente a progressão do dossiê. Mas ela deve agora estar presente sob a forma de peças documentais, que chamamos de *produções*. Aqui

---

7 São diferenças bem visíveis no aumento da generalidade de todos os "casos", como mostrou bem Boltanski (La dénonciation). Ao mesmo tempo, se nos dossiês por ele estudados se acumulam argumentos, não conseguem produzir bases legais, por não terem sido recebidos por redes capazes de transformar as reclamações em petições.

Figura 2.2
Crédito: B. L.

está, por exemplo, um dossiê bem triste escolhido por acaso dentre tantos outros: um jovem morreu praticando esqui no território da comunidade de B. "Não é necessário insistir", escreve o advogado, "sobre a dor do requerente, já viúvo e muitas vezes cruelmente machucado pelo destino, para compreender a importância do prejuízo sofrido pela perda daquele que era, por conta do destino, seu único descendente." Esse dossiê solicita ao tribunal administrativo "disposição em condenar a comunidade de B. a pagar [ao pai] em reparação por seus prejuízos morais e materiais a soma de 306.492,19 francos, com juros a taxas legais a contar do julgamento".

Qualquer que seja a dor que um pai sinta pela perda de seu filho, agora é necessário que ele *prove* que o prefeito cometeu um erro não fechando sua estação de esqui, e fazê-lo com documentos referentes ao estado de coisas *exteriores* ao dossiê e que *deem fé*, ou seja, transportem formas quase jurídicas de confiança. É o caso dos numerosos relatos de policiais ou oficiais de justiça, atestados, cópias autenticadas, testemunhos, certificados e justificativas que trazem a marca de outras instituições localizadas rio acima e capazes de produzir o direito ou, em todo caso, dar formato jurídico aos elementos de prova empírica. Sem essas incontáveis instituições, nenhum dossiê poderia sustentar a petição com "produções" críveis. Se bem que nosso objetivo aqui não seja acompanhá-las, não esqueçamos seu papel no julgamento final. Quando se diz "o Conselho de Estado julgou", ele apenas se pronunciou sobre um dossiê, composto de peças já perfiladas para serem "julgadas". Ele apenas junta seu minúsculo trabalho a uma imensa tarefa de *formatar* que confere eficácia à sua tarefa. A França toda, se quisermos ver dessa forma, produz de modo incansável e, por assim dizer, secreto, incontáveis documentos que podem se transformar rapidamente, se as circunstâncias exigirem, em provas utilizáveis em um caso.

Para nos dar conta disso, consultemos as folhas dessa pasta. Encontramos entre as produções um relato de um policial, a partir do testemunho de um transeunte que fez a avaliação dos esquis e das roupas da jovem vítima; outro relato de um esquiador que testemunhou a ausência de qualquer sinalização proibindo o uso das pistas, apesar do mau tempo; muitas cartas de distintos médicos do CHU (Centro Hospitalar Universitário) que examinaram e cuidaram do corpo do paciente; um longo depoimento do pai infeliz, coletado por um inspetor de polícia a pedido do procurador da República; uma carta em papel simples da associação organizadora da atividade e que explica o conjunto do evento em sua própria linguagem; um certificado do médico da família atestando a boa saúde da vítima durante toda a sua vida; muitos procedimentos de investigação preliminar da polícia nacional. Há também um gordo dossiê feito pela polícia que permite, graças aos mapas oficiais e às fotos da pista, ter uma ideia das alocações; um relatório da meteorologia nacional trazendo o boletim desse dia fatal (com a fatura de 70 francos); um atestado de hereditariedade emitido pela prefeitura provando o laço entre pai e filho, com assinatura de duas testemunhas; uma fatura bem modesta do padre da paróquia pelos obséquios ao infeliz rapaz; as faturas das celebrações fúnebres justificando um dos elementos de despesa antecipada para o pedido de indenização; a resposta negativa da seguradora da comunidade, mencionando haver suficiente informação no dossiê para provar que, segundo os testemunhos coletados, o acidente não havia ocorrido no lugar perigoso, mas muitas centenas de metros mais abaixo: "a sinalização e o não fechamento dessa passagem portanto não têm relação com o acidente". Como se vê, há um conjunto enorme de investigadores e testemunhas, formulários e mapas, carimbos, assinaturas e instrumentos, profissionais e responsáveis que possibilitaram alimentar o dossiê com provas bem completas.

Se retirarmos essas instituições, esses serviços de polícia, de meteorologia, de hospital, de seguro, eliminarmos a vigilância contínua dos transeuntes, das pessoas do ofício e funcionários encarregados, não seria possível colocar nada, absolutamente nada no dossiê, a não ser a dor de um pai ausente na morte de seu filho, que derramaria lágrimas sem compreender nada sobre o que o matou, a não ser pelas palavras vazias e relatos secundários. E mesmo para provar que ele é o único com direito sobre seu filho, ainda é necessário um atestado de paternidade... Cabe notar que, se por um lado esses documentos possibilitam o julgamento, por outro não são jurídicos por natureza: de fato, sem que a morte do jovem se tornasse uma reclamação articulada, nenhum desses papéis esparsos, certificados, mapas, boletins meteorológicos e faturas contariam como elemento de prova no sentido jurídico. Dispersos ou arquivados, eles seriam apenas informação perdida. Portanto, é pela demanda da reclamação e por causa do acidente que os elementos de rotina assumiram retroativamente a forma legal. Mas se eles puderam fluir nos dossiês, é porque haviam sido pré-formatados, preparados para responder a esse tipo de contestação. Quem irá realizar esse mapeamento e identificação? Quem terá a magnanimidade de reconhecer, na solidez que frequentemente marca o direito, a multiplicidade dessas ações de vigilância e fiscalização efetuadas por humildes brigadistas, investigadores, secretários municipais, meteorologistas e emissores de faturas – técnicos tão obscuros, graças aos quais, em caso de conflito, podemos dispor de documentos inquestionáveis para articular nossas queixas? Antes de nos juntarmos às vestimentas de três peças, a pronúncia impecável, o queixo em pé, a suavidade sábia de nossos conselheiros de Estado, saudemos a multiplicidade desses funcionários desprezados, esses colaboradores obscuros dos quais os requerentes e juízes dependem para cada folha de seus dossiês.

Antes de receber a bênção de um conselheiro, o dossiê vai ainda permanecer um tempo nas mãos dos obscuros e dos sem-escalão. O fato é que o Conselho de Estado conta com cerca de duzentos membros em atividade no Palais-Royal (veja o capítulo seguinte), mas depende do trabalho de base realizado por mais de trezentas pessoas com tarefas distribuídas igualmente em função do curso dos dossiês.[8] No momento, a pasta ainda está no serviço de registro, que a encaminha ao serviço de análises. Esse setor examina a petição e, em função de suas propriedades gerais, a enquadra nas categorias globais (por exemplo, grau de urgência: Normal; Natureza do contencioso: Excesso de poder; enquadramento: Cassação). Ele também pode, por iniciativa própria, reagrupar as petições chegadas em desordem em um tema semelhante, ou enviar um dossiê mal orientado para outra jurisdição. O serviço de análises também junta ao dossiê a lista dos precedentes e começa a rechear a pasta solicitando as peças ausentes através de um conjunto de correspondências (confirmação de poderes, comunicação do dossiê de primeira instância etc). Após sua passagem pelo serviço de análise, o caso possui um número, uma pasta colorida,[9] um formulário informatizado classificando o dossiê e definindo a forma de enquadramento

---

8 Juntam-se aos membros do corpo (veja capítulo seguinte) 56 membros do pessoal administrativo de alto nível (dito de categoria A, em particular os indispensáveis secretários de seção), 57 de nível médio (ditos de categoria B, apoiando o secretariado), aos quais se juntam 138 membros do pessoal administrativo de categoria C, assim como 53 pessoas de serviços (todos esses números são válidos para o ano de 1997, ano de referência).

9 Como as cores mudam segundo o tipo de caso – azul para o fiscal, laranja para o eleitoral etc. –, pode-se constatar facilmente a evolução do Conselho. Em 2001, por exemplo, diz-se nos corredores que "o Conselho amarelou naquele período" devido à multiplicação das liminares de suspensão, cuidadosamente envoltas em pastas amarelas.

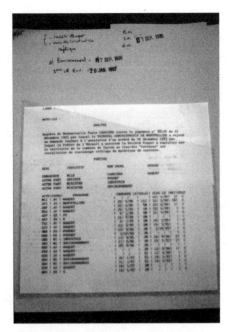

Figura 2.3
Crédito: B. L.

(se está em primeira instância, apelação, cassação),[10] tudo resumido em uma ficha informatizada que servirá de identidade ao caso.

Após passar pelo serviço de análises, os dossiês se aproximam dos conselheiros (e como frequentemente já estão pesados, não se trata apenas de uma operação mental, mas de uma operação de

---

10 Contrariamente ao judiciário (sistemas civil e penal), o Conselho de Estado preenche – como temos visto – três diferentes papéis segundo o tipo de caso, embora a cada dossiê a audiência deva precisar a função jurídica da mesma Assembleia: "Você é competente para o recurso" ou, ao contrário, "Enquanto juiz de cassação"; "Você tem competência de primeira instância", mas a competência pode variar no curso da mesma sessão, assim como o tipo de controle: "Você exerce um controle restrito". O comissário do governo afirma que verificou o nome de quem e por que tem competência: "Seu controle é bem completo, uma vez que M. X. é cidadão da CEE"; ou M. Tenager contesta o primeiro-ministro: "Você é juiz em primeira instância". Cabe assinalar que nunca se comunica o presidente da República.

carga que requer carregadores, carrinho de rodas e um elevador) para serem distribuídos entre as diferentes subseções, em função de sua carga e suas especialidades, através de um meticuloso trabalho de triagem que leva em conta as especialidades das subseções, o estado do acúmulo de dossiês, a obrigação de evitar "as economias de tempo" especializando em excesso os conselheiros, tudo orientado constantemente pela obsessão de respeitar o contraditório e o mais rapidamente possível para diminuir o acúmulo. Os dossiês chegam às mãos destes personagens essenciais, frequentemente notáveis, os secretários de subseção: indispensáveis ao Conselho, quase todas mulheres, elas asseguram o enorme trabalho de acompanhamento logístico e jurídico dos dossiês do seu nascimento à sua morte – ou antes, à seu arquivamento, pois esses arquivos, assim como o rei, não morrem jamais... Começa então o verdadeiro trabalho jurídico ilustrado por uma folha de computador até então vazia e que denominamos plano de instrução, inicialmente escrita à mão pelo mais jovem auditor da subseção, e que vai permitir ao secretário fazer referência ao movimento tão particular, tão essencial ao direito, o contraditório. De fato, as peças documentais são adicionadas ao dossiê pela peça que dá início à petição. Uma vez comunicada a parte implicada, que pode ser o Estado – prefeito distrital, ministro, prefeito, ou mesmo primeiro-ministro – ou, ao contrário, um particular, uma associação, uma pessoa moral que o Estado implica contestando a decisão de um tribunal administrativo que lhe deu decisão desfavorável, as peças do dossiê devem ser "comunicadas" ao requerente para que este "produza em réplica" (verbo sem complemento de objeto indireto segundo o uso do Conselho). Fora desse jogo de pingue-pongue, nada é visível, nada *deve* ser visível no dossiê. Cabe às partes responder os fundamentos que lhes são colocados. Se a parte adversa não faz ou faz mal a réplica, ou a faz fora dos prazos, o juiz em princípio não pode fazer nada.

Data	Evento	Qualidade	Ator	Prazo	Resposta	NP
13/4/1999						

Figura 2.4
Crédito: B. L.

Apesar do aspecto familiar, o arquivo que acompanhamos não se assemelha àqueles que temos em nossa escrivaninha para, sem sucesso, reparar a desordem irrecuperável. Aqueles podemos abrir, fechar, desmembrar, reagrupar, pouco importa, pois ninguém vai dizer nada. Para este, ao contrário, desde que entrou no registro, toda operação sobre ele tornada jurídica pode desencadear, como se diz, "efeitos legais"; ele é, pois, vigiado como o leite a ferver no fogão. Se ele foi deixado ao serviço de registro e de análises para ser trabalhado, preparado, enriquecido, é porque justamente nenhuma de suas intervenções sofridas pode modificar em nada a posição dos argumentos. Até aqui, as operações foram algo automáticas ou, em todo caso, de rotina, e não provocavam discussão. Bastou fazê-las bem. A partir de agora, elas vão provocar as partes e cada operação fracassada ou bem-sucedida poderá "causar dano", suscitando novo contencioso ligado ao primeiro: perder uma peça documental, não demandar o memorando de resposta, não invocar os fundamentos de ordem pública, não notificar os ministérios para responder em defesa, todos esses pequenos detalhes do plano de instruções, que são responsabilidade do secretário de subseção e de um membro, em geral um jovem auditor, que agora fazem o dossiê penetrar na esfera do direito. A passagem entre o automático e o jurídico, entre o incontestável e o contestável, entre a rotina e a iniciativa é marcada então por essa característica e, a partir de agora, todas as correspondências devem ser realizadas de forma registrada, e não mais como correspondência simples – os formulários rosa do Correio devidamente preservados dentro do dossiê para permitir responder se as questões de prazo forem contestadas. Compreende-se que entre os memorandos, ampliações, perícias, etapas diversas, notas e recibos, o plano de instruções fica rapidamente sujo e a pasta passa a engordar seriamente...

Assim como no inverno nossos avós faziam as maçãs amadurecerem sobre tabuleiros de madeira lentamente – às vezes apodrecerem –, os secretários de subseção fazem os dossiês amadurecerem – e às vezes ficarem ácidos! – sobre as prateleiras de madeira em que cada coluna corresponde a um momento da atividade complexa que vai começar.

Figura 2.5
Crédito: B. L.

108 A FABRICAÇÃO DO DIREITO

Figura 2.6
Crédito: B. L.

Como diz um dos secretários, de forma elegante:[11] "O dossiê é como uma fruta; no início está verde, em seguida está 'no ponto', pode-se trabalhar sobre ele". As prateleiras servem de memória visual, de tecnologia intelectual que oferece certa redundância permitindo ter referência das etapas com um simples olhar, que poderíamos igualmente acompanhar pelo computador, mas com menos facilidade.[12] Entre as várias pilhas à espera de peças documentais (é preciso dar tempo aos ministros e seus gabinetes para responderem, aos requerentes para replicar, aos especialistas designados para en-

---

11 Uma vez que o Conselho se recusa a dar gênero feminino aos termos, *todas* as secretárias de subseção são designadas no masculino.
12 Não se esqueça de que, apesar do caráter arcaico de todas essas tecnologias do papel, mesmo assim é possível ao presidente do Contencioso acompanhar em detalhes o curso de todos os dossiês, graças ao software SKIPPER.

tregar suas avaliações), uma delas nos interessa particularmente, a dos dossiês "prontos para o relator". A Figura 2.6 mostra justamente a etapa da "colheita" de um dossiê maduro: um conselheiro acaba de pegar um dossiê concedido pelo presidente de subseção, em função de suas competências, de seus interesses, da ausência de envolvimento no caso tratado (sem isso, ele seria obrigado a "retirar-se"), de suas "estatísticas", ou seja, do número de dossiês que cada um deve realizar para receber seu primeiro bônus de produtividade,[13] e das demandas mais ou menos urgentes do presidente de subseção que produz o acúmulo. Quando há excessiva especialização, devido às tarefas repetitivas, tanto as subseções como os relatores começam a não poder mais julgar, mas a "economizar tempo". Quando há muito pouca especialização, os membros, obrigados a entrar toda vez em um novo terreno do direito administrativo, diminuem seu ritmo e levam a gastar o tempo dos requerentes que, impacientes, telefonam incessantemente aos secretários de subseções – que atuam como um tipo de apoio psicológico informal, compensando de forma oral a dura disciplina do escrito. "O que ocorre com minha petição?" Paciência, agora ela está madura para ser trabalhada, não mais por um empregado, um técnico, um funcionário, um oficial de justiça, mas por um juiz.

Uma frágil ponte de textos

Por que falar de todos esses detalhes minúsculos, como se o etnógrafo tivesse a miopia de um rato comedor de papel? Porque nem por um segundo, acompanhando a lenta elaboração de um dossiê,

---

13 Esse primeiro rendimento de produtividade é modulado em função do rendimento efetivo dos conselheiros e pode representar até 30% do salário-base. Não cabe espantar-se ao ver esses personagens tão consideráveis serem pagos por peça, como a maior parte dos operários especializados não é mais. "Somos os últimos trabalhadores por peças", diz um conselheiro (entrevistado em 19 abr. 1996), se bem que o trabalho, por vezes enfadonho e frequentemente repetitivo, não possa ser comparado àquele dos operários pagos por produtividade.

deixamos os fundamentos intelectuais e cognitivos do direito. Se o observador está míope, o direito é processual: olho por olho, dente por dente... Acompanhando de forma obstinada nossas pastas em papel-cartão, observando como elas aumentam, se dobram e se alimentam, observando os armários, gabinetes, corredores, porões, poltronas e cadeiras sobre as quais elas envelhecem, fazemos referência às diferentes funções do Conselho. Aqui, pela primeira vez a reclamação é escutada por um juiz, ou antes, as peças das partes contraditórias serão lidas por um relator no silêncio de seu escritório, e em seguida discutidas na bagunça discreta das salas do Conselho. Aqui chegamos, com efeito, ao *posto de trabalho* dos conselheiros de Estado, que nos surpreenderá pelo aspecto (veja a Figura 2.7).

Para compreender a originalidade dessa instituição, é suficiente considerar as grandes salas em que os personagens iguais em di-

Figura 2.7
Crédito: B. L.

reitos, mas com idades distintas, desaparecem atrás das imensas pilhas de dossiês preenchidos com as inúmeras dificuldades de intertextualidade. De forma bastante democrática, os membros são instalados em salas sem divisões,[14] que são os antigos salões, sala de jantar, salas de baile, e com isso, devido às dificuldades dos lugares, o Conselho se vê muitas décadas à frente dos ambientes das grandes empresas que procuram favorecer a "reengenharia", a "sinergia" e a "mobilidade" de seus quadros superiores. O trabalho, a partir de agora, é totalmente solitário e colegial, sem qualquer marca de hierarquia, os mais jovens e os mais velhos com exatamente os mesmos recursos. É possível se levantar vinte vezes por dia, com uma peça na mão, para pedir uma opinião a um ou outro colega que trabalha ao lado, ou que fuma na biblioteca (para desespero do bibliotecário), sobre a forma de resolver uma dificuldade ou moldar uma fórmula.

À primeira vista, o lugar de trabalho dá uma impressão bem grande de miséria, se pensarmos que aqui está agrupada a nata da ENA: sem secretária particular, sem assistente, sem estagiário (veem-se ministros aprenderem a digitar no computador, prefeitos descobrirem as alegrias da cola em bastão, antigos deputados fazerem suas fotocópias, antes de cortá-las com tesoura para uma montagem perigosa digna de uma epígrafe de reconstrução dos manuscritos do mar Morto). Por outro lado, as condições de trabalho são mais luxuosas do que na maior parte dos laboratórios ou das indústrias, pois, para solucionar um caso, sempre é possível mergulhar na imensa massa cinzenta desses homens com 5 mil anos de direito administrativo e exercício de autoridade[15] que vivem em um tipo de academia ou pritaneu. Não ficaríamos surpresos ao vê-los vestidos de toga, discutindo arduamente, como em um afresco de Puvis de Chavannes... Através de uma fantasia da arquitetura e

---

14 À exceção dos presidentes de subseção e os comissários de governo, que possuem gabinetes situados em lugares bizarros: um atrás de uma placa, outro no sótão, um terceiro abaixo de uma escada.
15 Veja as estatísticas agregadas no Capítulo 3.

da história, essas grandes salas de trabalho coletivo com postos de trabalho semelhantes, sem divisão de papéis, que habitualmente funcionam como modelo às tarefas subalternas da administração – como a expedição do correio, ou escritórios de previdência social, ou de receita de impostos –, servem aqui para organizar as missões do primeiro corpo do Estado.[16]

Será nesses lugares, sobre essas escrivaninhas, nessas salas decoradas que as folhas do dossiê serão ligadas, pelo relator, ao amplo *corpus* de decisões do Conselho e aos incontáveis documentos que registram os textos de leis, tratados, decretos, decisões e regulamentos dos quais a compilação ocupa toda a biblioteca – o *Lebon* certamente, mas também todos os códigos e a indispensável base informatizada ARIANE, que agrega a coleção de decisões do Conselho. O que o relator faz apenas (mas é um exercício perigoso) é extrair da pilha amarrada do dossiê os fundamentos para ligá-lo aos outros textos. Do ponto de vista do método de acompanhamento das atas gráficas, que é o nosso neste capítulo, ele estabelece a conexão, faz o vaivém entre dois tipos de papéis: de um lado, os documentos contraditórios *ad hoc*, produzidos para a ocasião e pela ocasião, memorandos e produções diversas e, por outro lado, textos impressos, autorizados, votados, vinculados, cuidadosamente arrumados nas prateleiras da biblioteca.

A Figura 2.7 permite identificar a tarefa de forma ainda mais material: à nossa frente, os documentos esparsos, rasurados e sublinhados, ainda repletos de reclamações e agitações das partes; de outro lado, os textos fichados, demonstrados, admitidos, referenciados, confirmados. Os primeiros estão esparsos, colocados *horizontalmente* sob a pasta amarela; os outros são vinculados, arrumados *verticalmente*, sob a capa tipo moleskine ou de couro. Todo o trabalho consiste em estabelecer a relação entre os dois conjuntos de papéis. O conselheiro deve "decidir" (mas o que quer dizer "decidir?") ligando os primeiros (mas como?) aos segundos. Entre

---

16 Sobre a sociologia do trabalho administrativo, para uma comparação veja, Weller, *L'État au guichet*.

esses dois corpus, um é repleto de fotocópias, rascunhos, provas, cópias de código, que permitem sobrepor visualmente (mas através de qual operação de reconhecimento?) os documentos tomados de uma das pilhas e aqueles tomados de outra.

Poderíamos dizer que o relator constrói uma pequena ponte de textos entre esses dois tipos de documentos, tão frágil quanto uma ponte de cordas sobre um abismo: aqueles com os quais as partes alimentaram o dossiê, e aqueles que são arquivados na biblioteca e nos volumes de direito. Essa pequena ponte denomina-se, sabemos, uma *nota*, reunida pelo relator antes de colocar seus *vistos* no dossiê para o secretariado, elementos essenciais, objeto de escrúpulo incessante, uma vigilância tão maior, dado que a austeridade do exercício é um desafio que requer a mais aguçada atenção possível.[17] Os vistos, como o nome indica, marcam a totalidade dos textos aos quais a demanda se apega muito literalmente, assim como os documentos que serviram para incluir a petição na rede de textos de lei. Lendo as marcações, o leitor da decisão possui as duas extremidades da pequena ponte, os dois pontos de ancoragem, como se pode ver nesta decisão da seção que vamos acompanhar por um tempo, como exemplo:

> Conhecida a petição e os memorandos complementares, registrados no secretariado do Contencioso do Conselho de Estado em 24 de março, 12 de julho de 1993 e 25 de junho de 1996, apresentados pela sra. Dominique PARREL, residente [...]; a sra. PARREL solicita que o Conselho de Estado anule:
> 1º) o julgamento da data de 19 de janeiro de 1993, pelo qual o tribunal administrativo de Clermont-Ferrand rejeitou sua solicitação referente ao erro material no julgamento desse mesmo tribunal na data de 20 de outubro de 1992;

---

17 "Aparentemente, pode-se considerar um princípio geral do direito que é, por definição, não escrito como se faz com um texto", Braibant assinala em uma passagem do *Le Droit Administrtaif français*, p.222. Isso prova que a expressão "visto" não segue exatamente a simples matéria textual.

2º) o dito julgamento na data de 20 de outubro de 1992, rejeitando sua solicitação quanto à anulação da decisão do prefeito da Haute-Loire recusando-lhe o benefício de adicional salarial familiar.

Conhecidas as outras peças do dossiê.

Conhecida a lei n. 63-809 de 6 de agosto de 1963 para a melhoria da produção e da estrutura fundiária das florestas francesas.

Conhecido o código dos tribunais administrativos e das cortes administrativas de apelação.

Conhecida a disposição n. 45-1708 de 31 de julho de 1945, o decreto n. 53-984 de 30 de setembro de 1953 e a lei n. 87-1127 de 31 de dezembro de 1987.

Lei, código, disposição em uma das extremidades; petição, memorando, julgamentos contestados, peças do dossiê na outra. Resta estabelecer entre esses dois pontos o que denominamos, na engenharia de pontes, "a plataforma", e que vamos designar aqui sob o nome de *dispositivo*: uma plataforma que agrega todas as considerações até a finalização, ou seja, a decisão propriamente dita. É necessário tomar muito literalmente o termo "dispositivo". Através de um trabalho de tecelagem, que será desenvolvido nos capítulos seguintes, articulamos os dois tipos de literatura, que são como a trama e a teia: um dos tipos fornece elementos do dossiê – tudo o que "emerge do dossiê", os termos, argumentos, textos que deixam a reclamação mais ou menos desarticulada; o outro fornece os elementos de texto, artigos de lei, de código, que permitem decidir sobre a petição: rejeição ou anulação. A nota tem por objetivo, através de uma prosa tornada muito mais técnica, forçar os primeiros e os segundos a se imbricarem entre si.[18] Os *fundamentos* ocupam exatamente a posição intermediária, de onde talvez seu

---

18 Lembremos que a nota é lida oralmente em sessão de instrução, mas em seguida desaparece. De fato, ela serve de base indispensável para as conclusões dos comissários de governo que a utilizam para redigir suas próprias conclusões. Isso não ocorre sem algum desconforto dos relatores que veem seu trabalho apropriado por outros. Buscando justificar a existência híbrida

nome (*moyen*, "meio"), pois por um lado pertencem ao caso e desencadearam a petição e, por outro, vestem a roupagem do direito empregando as mesmas palavras que um dos textos publicados. A articulação progressiva do caso, desde a mesa do advogado até o anúncio do julgamento, consiste em fazer o caso falar como um texto, tendo apenas fundamentos, cada vez mais bem agrupados, cada vez mais jurídicos.

Pode-se ver bem essa progressão do dispositivo se continuamos a ler o mesmo esboço: o primeiro considerando traz ainda os elementos do dossiê, certamente limpos e estilizados, mas sempre presentes; o segundo relaciona os fatos purificados ao texto do código citado *por extenso*.

Considerando que a sra. PARREL solicitou por carta ao presidente do tribunal administrativo de Clermont-Ferrand, sob o fundamento do artigo R.205 do código dos tribunais administrativos e das cortes administrativas de apelação, que seja corrigido o julgamento do tribunal de Clermont-Ferrand na data de 20 de outubro de 1992, rejeitando sua solicitação dirigida contra uma decisão do prefeito do distrito de Haute-Loire, recusando-lhe o benefício do adicional salarial familiar, com o motivo de que essa concessão não poderia ser acumulada por um casal de agentes da função pública;

Considerando que o artigo R.205 do código dos tribunais administrativos e das cortes administrativas de apelação afirma que "uma vez que o presidente do tribunal administrativo constata que a minuta de um julgamento ou de uma disposição está maculada por um erro ou uma omissão material, é possível aportar, por disposição apresentada no prazo de dois meses, a contar da leitura desse julgamento ou dessa disposição, as correções que a razão comanda. A notificação da disposição retificadora reabre o prazo de recurso contra o julgamento ou a disposição então corrigida";

---

do comissário de governo, Massot e Girardot escrevem: "A esse respeito, o comissário aparece como uma duplicação funcional do relator". Massot, Girardot, *Le Conseil d'État*, p.169.

Resta agora a ponta do dispositivo, o que faz sua eficácia, que desencadeia a decisão, a finalização. Por força de ter articulado os elementos da petição nos textos, de ter tecido os fundamentos aproximando-os cada vez mais das leis e decretos, a ponte está agora estabelecida e, para dar sequência à metáfora, algo vai *passar* de um lado a outro, seja em um sentido, que é o da anulação, seja em outro, que é o da rejeição. A tarefa do etnógrafo é capturar o que passa de um texto a outro, como um esquilo saltando de galho em galho. Ou bem, de fato, a petição está autorizada a caminhar na direção de romper um de seus textos – decisões, regulamentos, decretos – que formam a imensa colcha de impressos, e essa é a anulação. Ou bem, ao contrário, há algo nesses textos impressos com tanta força que se transporta de um lado para outro e bloqueia definitivamente a progressão da petição, e essa é a rejeição. Em vez de prosperar, os fundamentos não são embasados.[19] Em nosso exemplo, o Conselho bate dos dois lados; ele anula o julgamento do tribunal administrativo como solicitava a requerente, mas bate neste lado por um argumento indiscutível: "Existe atraso".

Considerando que as disposições acima citadas têm por efeito atribuir ao presidente do tribunal administrativo um poder próprio de correção de julgamento; que, uma vez que lhe foi solicitado fazer uso desse poder, não lhe é próprio tomar uma decisão jurisdicional para afastar uma solicitação, **que não tem caráter de petição**; que disso resulta, por um lado, que estabelecendo afastar a demanda da sra. PARREL, pelo julgamento criticado, o tribunal administrativo de Clermont-Ferrand excedeu os limites de sua competência e que seu julgamento na data de 19 de janeiro de 1993 deve, na sequência, ser anulado e, por outro lado, que a solicitação apresentada pela sra. PARREL não pode prolongar o prazo de apelação contra o julgamento de 20 de outubro de 1992;

---

19 Não confunda com fundamentos *inoperantes*, que podem ter fundamentos e verdade, mas não têm incidência sobre a petição.

Considerando que **emergem das peças do dossiê** que a sra. PARREL recebeu notificação do julgamento criticado do tribunal administrativo de Clermont-Ferrand, na data de 20 de outubro de 1992, em 10 de novembro de 1992; que sua petição só foi **registrada** no secretariado do Contencioso do Conselho de Estado em 24 de março de 1993; que, por isso, sua petição foi apresentada tardiamente e, em decorrência, não pôde ser recebida;[20]

DECIDE:

Artigo 1º: O julgamento do tribunal administrativo de Clermont-Ferrand na data de 19 de janeiro está anulado.

Artigo 2: O restante da conclusão da petição da sra. PARREL está rejeitado.

Artigo 3: A presente decisão será notificada à sra. Dominique PARREL e ao Ministério do Interior.

O relator fez seu trabalho. Ele compôs a petição com os textos e propôs, por essa aproximação, um desfecho possível. O poder de unir e desfazer a ligação que é atribuído frequentemente ao direito não teria nenhuma espécie de sentido sem esse trabalho de aproximação, seguido de entrelaçamento, de fusão e finalmente de deflagração: a força de um fundamento destruindo um texto impresso ou, ao contrário, um texto tendo tanta força para levar um obstáculo intransponível diante de um fundamento – como aqui é a expiração do prazo. De forma que não se compreende nada de ciência se

---

20 Não é suficiente constatar o atraso observando que de 20 de outubro a 24 de março há mais de dois meses; ainda é necessário explicar por que a petição da sra. Parrel não "cumpriu os prazos": porque, justamente, não era uma petição. As duas decisões de anulação e de rejeição estão portanto ligadas, complicação que justificou a passagem desse caso de aparentemente pouco interesse prático (exceto para a requerente) na seção. "Essas disposições", lê-se nas análises de jurisprudência, "tendo por efeito atribuir ao presidente do TA um poder próprio de correção de julgamento, ele não lhe pertence, uma vez que lhe foi solicitado fazer uso de tal poder, de tomar uma decisão jurisdicional para afastar uma demanda, que não tem caráter de petição." O juiz tem, portanto, o direito de usar seu poder para retificar o erro fazendo uso da razão, mas não tem o de fazer o direito prosseguir.

considerarmos as palavras distantes das coisas, assim como não se compreende nada de direito se buscarmos seguir diretamente da norma aos fatos em questão, sem essa modesta acumulação de papéis de origens diversas.[21] O etnógrafo não faz então aqui mais que lembrar, pela fotografia e pela *lentidão* de uma descrição vista do exterior, o que encontramos em todos os manuais de processo administrativo. *Proceder passo a passo* é o próprio direito. O poder do direito, como o de uma corrente, é exatamente tão forte quanto seu anel mais fraco, e só é possível detectá-lo percorrendo anel por anel sem omitir um sequer.

Se fosse verdade que o trabalho do direito consiste em qualificar um acontecimento por uma regra legal, a tarefa estaria cumprida.[22] Mas ele apenas começou. Nada prova que o relator tenha razão. Seu esboço é apenas um *esboço*, não é ainda uma decisão; quando ele remete o dossiê ao secretariado da subseção, enriquecido pela nota e pelo dispositivo, ele sabe que o caso não está fechado. De acordo com a dificuldade, o dossiê vai agora amadurecer por determinado período sobre sua prateleira, sendo os casos de subseção julgados por si, tomando menos tempo que os casos da seção ou da assembleia cuidadosamente revistos pelo presidente do Contencioso. Esse personagem importante, em contato contínuo com os presidentes de subseção, tece, fora das sessões, uma rede informal de pareceres e sugestões, conselhos e ajudas, acelerando ou retardando um dossiê em função de seu caráter mais ou menos espinhoso. Tendo o relator apenas proposto uma qualificação, resta a operação essencial: testá-la, *hesitando coletivamente sobre ela*, o que só pode ser feito desenhando o dispositivo de todas as maneiras possíveis sobre os diferentes elementos, a fim de fazer emergir outras cone-

---

21 O leitor familiar de W. James, *Pragmatism*, terá talvez compreendido que tentamos neste capítulo um tipo de "perambulação" que retoma uma forma de descrição utilizada para seguir as mediações próprias da referência científica. Latour, Woolgar, *La Vie de laboratoire*; Latour, *L'Espoir de Pandore*. Veja o Capítulo 5.

22 Sobre a importância deste termo tão problemático, "qualificação", veja Cayla, *La qualification ou la verité du droit*.

xões entre outros aspectos do dossiê e outros textos. É o papel das sessões de instrução que já conhecemos e nas quais é hora de voltar a mergulhar.[23] O leitor vai talvez nos perdoar por essa punição se ele lembrar que essa lentidão, esse peso e essas hesitações contínuas formam precisamente a matéria básica da justiça, aquilo que talvez o protegerá, a ele e seus próximos, quando tiver de enfrentar um dia – tomara que não – o mais frio dos monstros frios.

O folhear de um dossiê

Quando a agenda das sessões estiver definida, o presidente da subseção confiará o dossiê a um revisor alguns dias antes da sessão, que retomará todo o dossiê testando a trama efetuada pelo relator e aumentando assim, progressivamente, a proporção relativa do direito com relação ao fato. Será solicitado, em particular, que retome oralmente a coleção de fundamentos para testá-los, ainda uma vez mais, aproximando-os tanto quanto possível dos textos regulamentares. Sabemos que é no curso da sessão de instrução que o comissário de governo toma conhecimento do dossiê. Algumas semanas mais tarde, depois de ter redigido suas conclusões, ele vai inscrevê-lo na pauta de uma ou outra audiência pública. A manipulação coletiva do dossiê é essencial a essa alquimia complexa, através da qual os pedaços de fatos incessantemente triturados, folheados, retomados, esquecidos e redescobertos encontram-se finalmente colados, grampeados, justapostos aos elementos do texto. De fato, o dossiê tem uma propriedade capital bem conhecida dos ergônomos e dos antropólogos da cognição: nele tudo está presente e escondido.[24] Uma página encobre a outra, e cada um pode dizer a

---

23 No sistema judiciário, o resumo oral do conjunto dos fatos sob a condução de um juiz não tem outro objetivo, segundo Garapon, *Bien juger*, p.63.
24 É todo o problema da ergonomia cognitiva (Hutchins, Comment le cockpit se souvient de ses vitesses; Schuman, *Plans and Situated Actions*) e dos sociólogos da ação, interessados na compreensão da familiaridade (Thévenot, Essai sur les objets usuels).

seu propósito coisas bem diferentes, se bem que permanecem "dentro dos limites do dossiê". A metáfora correta para compreender esse trabalho não é mais aquela de uma pequena ponte, mas, antes, aquela dos leitos de fluidos das grandes caldeiras industriais, onde uma violenta e contínua agitação das matérias combustíveis permite, sozinha, obter uma oxigenação bastante completa. A instrução coletiva – revisão, discussão, conclusão, deliberação – assegura que não havia outra forma de tratar, triturar, esmagar o dossiê, e que ele foi posto em contato com todos os textos de direito que os conselheiros encarregados do dossiê puderam pensar, graças a essa agitação contínua e esses violentos testes. A qualificação não significa nada se não for coletivamente testada.

Para nos dar conta do trabalho quase corporal da intertextualidade, necessário à elaboração material do julgamento e ao engajamento físico dos juízes no caso, vamos acompanhar uma sessão de instrução que traz outro caso. Ele nos interessa mais particularmente quanto ao ato de consulta, de folhear e de cotejar coletivamente das páginas, mas sem tentar acompanhar todos os meandros desse caso de declaração de utilidade pública (DUP) contestada e, além disso, quase obscura.

Relator Bruyère[25] lê a nota a respeito da cidade de Valjoli, um caso de saneamento básico, problema de declaração de utilidade pública de obras provisórias, após a anulação da DUP; ocorre que o tribunal administrativo de Versailles anulou a decisão *ultra petita* do prefeito; o ministério entrou com apelação.

Um tribunal pode errar dando uma sentença muito ampla (*ultra petita*) ou muito reduzida (*infra petita*); tomou-se como pretexto uma DUP anulada, para anular por via de consequência outras decisões que, segundo o ministério, são perfeita-

---

25 Para evitar que leitor seja bombardeado por muitos nomes e contraia o sintoma dos romances russos, mantive os mesmos pseudônimos para personagens que correspondem, de fato, a muitas pessoas.

mente legais. De onde a petição de recurso do ministério contra o julgamento do tribunal administrativo.

O presidente (durante a leitura da nota): **Passe-me o dossiê**, vou encontrar o mapa, assim eu não o atrapalho mais, não é agradável quando se lê uma nota.

O presidente folheia o dossiê e abre o mapa que terá papel essencial na discussão, pois se veem ali nitidamente os lotes sobrepostos pela DUP, enquanto os requerentes sustentavam que a lista precisa dos lotes não estava anexada na decisão do prefeito; a questão está portanto em saber o que pode significar "estar ou não estar anexada" no dossiê.

(em seguida, atuando nesse dia como revisor:) Bruyère fez um excelente trabalho; o tribunal administrativo anulou por via de consequência; ele se sentiu **desconfortável**, pois há uma jurisprudência sobre a independência das legislações e, como ele havia anulado a DUP, acreditou que era necessário ligar e anular as medidas provisórias de acesso; é preciso fazer um esforço inicialmente sobre a competência do Conselho de Estado.[26]

"Fazer um excelente trabalho", para um relator, consiste em extrair os fundamentos de um dossiê confuso e acelerar o trabalho da subseção. A expressão capital "fazer um esforço", constantemente repetida nas sessões, significa o pequeno impulso a ser dado para que um fundamento seja aceitável ou não, ou seja, para trazer um elemento tortuoso do mundo exterior ao interior de uma ou de outra possibilidade oferecida pelos textos. Aqui, o Conselho de Estado teria podido reconhecer-se incompetente.

[...] o **contexto jurisprudencial** é interessante; há em 1892 a lei sobre a ocupação temporária (durante o tempo das obras) que não

---

26 Lembremos mais uma vez que não se trata de transcrição, mas de minutas – correspondendo a muitos casos distintos. Faltam, portanto, o francês impecável, o sentido das fórmulas, a urbanidade educada sob a qual transparece a ironia às vezes cortante: infelizmente, o leitor tem sob seus olhos apenas o esqueleto das trocas de comunicação.

é uma obrigatoriedade, mas uma prerrogativa do poder público; assim, o que a jurisprudência olha muito de perto é se "há ou não obras públicas"; ela não olha se há ou não uma DUP, e as menções do artigo N. são obrigatórias, sob pena de nulidade. **A jurisprudência é enorme**, é necessário que se saiba de qual lote se trata **muito precisamente**. É um contencioso de plena jurisdição[27] (ele cita uma massa de decisões); existe uma jurisprudência abundante sobre a independência das legislações, os fundamentos são inoperantes em muitas situações. Tudo isso **está na nota e nos documentos anexados**.

A palavra "contexto", notemos, tem aqui seu sentido etimológico de "co-textos": o presidente delineia em grandes traços a paisagem intertextual, materializando a abundância da jurisprudência, apontando os documentos anexados à nota, "os fascículos amarelos", que foram adquiridos pelo Serviço de Documentação, encarregado, sob demanda do revisor, de fotocopiar todos os textos de leis ou as decisões anteriores do Conselho de Estado. A fotocópia exerce um papel essencial na folheada dos dossiês, na medida em que permite aproximar antecipadamente os textos e as peças documentais, formatando-os de maneira apropriada. Permite assim compreender sinoticamente suas semelhanças.

Passemos aos fundamentos de conteúdo das partes, uma vez que o tribunal administrativo se enganou. Outro dia, durante as sessões de instrução precedentes, nós anulamos os julgamentos que anularam a DUP, e de repente elas **são revividas**; e de repente a decisão do tribunal administrativo que dizia "eu anulei a DUP, eu anulo essa decisão" não vale nada! Então nós anulamos a anulação e podemos fazer uma economia de argumento através da afirmação **"em todo caso"**.

---

27 Tocamos aqui no direito de propriedade. O Conselho exerce portanto um controle ainda mais completo sobre as decisões do Estado do que o controle inteiro, uma vez que verifica, através de uma teoria do balanço, que há sim equilíbrio entre o interesse geral e o problema imposto aos proprietários. Sobre a noção de controle, veja o Capítulo 1.

Frequentemente se mede a aproximação cada vez mais importante entre os textos e as peças do dossiê através da multiplicação, em forma oral, das fórmulas escritas, como se os membros já citassem os "considerandos" que estão prestes a redigir mentalmente.[28] A linguagem formulaica, como as fotocópias e as citações, testemunha o grau de fusão entre os dois tipos de escrita; os conselheiros terminam por falar como os livros ou, ao menos, como o *Lebon*.

Fizemos a DUP reviver, devemos então examinar os fundamentos dos requerentes. Há o argumento do desconhecimento do artigo 3 da lei de 1892, à exceção dos lotes compreendidos. O relator quer anular; **eu hesito**, não anularei; **temos boa referência** aos mapas no artigo 1 da decisão, os lotes estão bem definidos.

O revisor indica com o índex os documentos colocados sobre a mesa diante de nós; o relator concluiu que os lotes não estavam lá e que era necessário, portanto, anular uma decisão manifestamente ilegal à luz do artigo 3 da lei de 1892. Do mesmo dossiê, pode-se retirar tanto a presença quanto a ausência dos lotes anexados à decisão do prefeito. Toda a sessão vai se desenrolar nessa incerteza; sem essa hesitação comentada em tempo real e testada em comum, não haveria julgamento nem justiça.

Eu penso que anular por esse motivo é um pouco **formalista**.

Bruyère (fazendo um grande gesto com a mão) [com o ar de quem diz "bom, se assim se quer, **não tenho nada a fazer**"].

Presidente: Sim, sim, eu sei que é **discutível**, reconheço.

Três reações tão fugidias quanto fascinantes: a primeira lembra a diferença entre formal e formalista. Estamos corretamente na forma, pois se trata de saber se o artigo 3 da lei se aplica, sim ou não, a esse caso de DUP, mas deve-se evitar o formalismo que censurava a administração por um erro sem

---

28 Pode-se dizer na decisão final: "O recurso contra o julgamento anulando a decisão [...] está inoperante *em todo o caso*, uma vez que a legalidade dessa decisão deve ser apreciada com relação à data na qual foi tomada".

importância. Em seguida, o relator registra com um gesto esse estado completo de indiferença que testemunha o desinteresse em que está, mesmo que seja contestado quanto à sua nota e seu esboço (veja o Capítulo 5). Enfim, o presidente reitera com um gesto de apaziguamento a necessidade e mesmo a obrigação da hesitação e da discussão que permitem assegurar a qualidade do julgamento, segundo ele.

Sobre as estradas de acesso, estou de acordo com o relator, não **aparecem** nos mapas; mas **não há uma palavra sobre esse fundamento nos memorandos**, iríamos inventar um fundamento, se ele não foi apresentado?!

Lembrança do princípio do contraditório: o juiz arbitra entre os fundamentos apresentados pelas partes; o relator viu o fundamento (o mapa não indica claramente as vias de acesso que invadem os lotes), mas esse fundamento não provocou as partes, o que o revisor verificou assegurando que os memorandos não têm "uma palavra" a respeito. A última frase é interrogativa, porque sempre há, acabamos de ver, a possibilidade de "fazer um esforço" e fazer aparecer um fundamento, se for verdadeiramente importante para evitar "o formalismo".

Eles solicitaram a anulação por via de consequência, **não temos de concedê-la**; é **discutível**, eu sou favorável a não anular, não há escândalo. Está bem, em seguida há o fundamento do sr. Dumoulin, não há conveniência para agir; está bem, pode-se discutir. É sobretudo porque eu acredito que o caso diz **muito pouco**; a jurisprudência exige que esteja "entre paredes" e eu sou **incapaz de dizer** se há ou não parede. O caso se mantém em **duas linhas**, não podemos acolher tal fundamento. Eu não hesito em rejeitar o fundamento...

Comissário de governo: O que diz a administração, não foi feita a **instrução** suplementar?

Presidente: Isso foi comunicado, o Ministério do Meio Ambiente respondeu em **quatro páginas**; a administração respondeu (manuseando o dossiê). Não, grosso modo, ela não respondeu, poderíamos anular dizendo que a administração **não responde**, o fundamento seria invocado, seria anulado, mas não estou de acordo. Os fundamentos não têm **o mesmo peso**.

Bruyère: Eu me pergunto se **não há** no dossiê uma publicidade que diga "está fechado por uma parede" (ele folheia a enorme pilha).

Presidente: Sim, é possível, mas não há o **suficiente** no dossiê; podemos buscar nos armários, nas fotos, mas confesso que **não olhei**.

A partir desse momento, o relator folheia o dossiê para encontrar se existe ou não uma prova de que o lote era fechado por uma parede. Vê-se que aqui o fundamento foi explicitamente invocado, mas sem muita força ou clareza ("em duas linhas"), nada de automático na expressão de um fundamento mesmo acompanhado de peças ligadas que se pode ou não olhar atentamente. Esse é todo o problema do dossiê, no qual mesmo a espessura torna difícil distinguir fisicamente o que está lá; tanto que, neste caso, a administração não produziu defesa.

Comissário de governo: Eu entendo sua atitude, eles nos lançam fundamentos, cabe a eles **provar**, concordo; mas esse é talvez um fundamento, pode-se fazer um suplemento de instrução.

Como sempre, se é mesmo um fundamento, é necessário que a outra parte possa responder antes que o juiz tome posição. Mesmo em sessão onde esse vaivém deve terminar, o dossiê pode muito bem voltar ao secretariado por um suplemento de instrução.

Presidente: Ah não, não, não proponho isso.

Comissário de governo: Mas não se pode anular, estamos no meio do caminho, não tenho o desejo...

Presidente: Se você fizer um suplemento de instrução, não conte com ele para a sessão de 19 de janeiro! (diz com um pequeno sorriso).

Comissário do governo: Sim (com o mesmo tom), isso me faria hesitar!

Um balanço entre o humor e a questão (claramente definida como não jurídica) da gestão do estoque de dossiês a solucionar e entre a organização interna do fluxo de casos.[29] O tratamento se desenrola agora sobre dois planos diferentes: o da gestão do volume de dossiês e o do conteúdo da petição. O comissário de governo marca bem a ambiguidade da situação utilizando ironicamente o verbo hesitar (carregado dos escrúpulos do direito) para dar-lhe o significado de uma simples preocupação de gestão de sua carga de trabalho.

Dorval (assessor): Parece evidente que o julgamento do tribunal administrativo está irregular, você não acha?

Presidente: Não, é um argumento a mais, mas de fato era por via de consequência; ele estava **incomodado** (o tribunal administrativo) pela jurisprudência. Ele não tem o direito de fazer isso normalmente, e **virou** as coisas de outra forma.

Nós nos colocamos agora na situação da escrita dos juízes de primeira instância, nos esforçando para compreender suas motivações; a intertextualidade se estende até a psicologia dos autores de julgamentos.

Dorval (lendo o julgamento do tribunal administrativo): Pode-se ter uma outra interpretação!

Le Men (tendo escutado a leitura do julgamento por Dorval): O tribunal administrativo levanta um outro fundamento de ofício, mas não é com base nisso que ele decide, ele "anula por via de consequência".

Passamos longos minutos a escutar a leitura das peças do dossiê. Aqui se trata do julgamento do tribunal administrativo. Para retomar os argumentos, a sessão de instrução permite justamente misturar as vantagens da forma oral às da forma escrita: a capacidade de multiplicar as interpretações, o que, a essa altura, é o efeito solicitado.

---

29 Ainda que as recentes decisões da Corte europeia tenham dado um sentido jurídico a essa questão como um dossiê, para que ela seja equitativa não deve ultrapassar os prazos razoáveis.

Bruyére: Mas você anula?
Presidente: Sim, mas sobre um outro **terreno**. Nós anulamos a anulação da DUP.
Bruyère (irônico): A elegância de raciocínio do Conselho de Estado me surpreenderá sempre... quero dizer, no bom sentido! Se bem que se trata de lotes e quadras, a palavra "terreno" não indica aqui a presença de um domínio agrícola, mas o de outro texto ao qual se poderia ligar os fundamentos. Vê-se aqui toda a vantagem da revisão, após a discussão coletiva: não apenas os fundamentos estão presentes ou não segundo o esforço que se faz, mas eles podem se vincular a tal ou qual texto em função do terreno escolhido; a ligeira ironia do relator marca a ligeira vertigem que toma o homem honesto (e também o etnógrafo) diante da flexibilidade das soluções que essas duas fontes de incerteza permitem. Flexibilidade, hesitação, vertigem, qualidade da instrução, tudo isso vai junto.[30]

Dorval: Bem, sobre o conteúdo eu hesito. O que diz a jurisprudência?
Fórmula mágica pronunciada em todo momento de dificuldade, após um silêncio mais ou menos prolongado. O Conselho, sabemos, construiu seu próprio direito; é pois necessário, para sair de uma dificuldade, referir-se a uma ou outra das decisões pronunciadas desde duzentos anos por esse corpo coletivo. Não há outra solução que não seja compulsar o arquivo de documentação anexado à nota, ou de levar-se a si próprio para estudar o *Lebon* disposto no armário.

Presidente: Podemos **hesitar**, mas, se não especificarmos os lotes, está anulado; e em seguida, **como sempre**, há uma jurispru-

---

30 Há uma diferença entre fazer valer e dar prova. Fazer valer consiste apenas em pôr à luz qualquer coisa que está presente, mas é ainda invisível. Dar prova mostra indiscutivelmente a presença. Por exemplo, a respeito de uma recondução à fronteira: "M. Z. *fez valer* que havia duas crianças e uma concubina, mas não trouxe *provas* dessa paternidade, portanto se deve rejeitar". Landowski, Vérité et vérédiction en droit.

dência que fará nuance. Se se sabe onde estão os lotes, isso funciona. Nós estamos no meio, será que isso é **suficientemente preciso**?

Bruyère (lê o artigo da lei de 1892, referente à ocupação temporária):[31] Agora, a decisão contestada não anuncia nada, remete a outra decisão com peças anexas. Isso quer dizer que ele fez seu trabalho ou não? Eu **encontrei** na jurisprudência (ele lê), em 1967... bom, já está pouco distante.

Presidente: Oh, a data não diz nada, está muito bem, a jurisprudência está sobretudo vinculada a dizer se os lotes são conhecidos, agora nós os **temos**!

Bruyère: Sim, mas em outro lugar!

Presidente: Sim, é aí que devemos **fazer um esforço**. Nós os temos, mas em **outro lugar**, a decisão os nomeia (essas peças), **mesmo assim**.

Sempre a questão de saber se o mapa de lotes está presente na decisão do prefeito ou não, uma vez que fisicamente não está. Em função da pressão exercida pela jurisprudência, vamos testar toda a gradação entre presença inquestionável e ausência inquestionável. Os mapas podem, por exemplo, estar ausentes, mas nomeados; notemos a ironia do "como sempre" do presidente, indicando a ambiguidade de uma jurisprudência muito clara, mas às vezes obscura e saturada. Notemos igualmente a classificação do fluxo de jurisprudência em função da data, podendo as decisões se deteriorarem pelo envelhecimento, ou, ao contrário, beneficiar-se, como os bons vinhos.

Le Men: É o único **ponto delicado**, há os problemas das vias de acesso, ele não está colocado, não podemos inventá-lo. Em seguida, a questão da proximidade com a parede, o prefeito diz "não está fechado por uma parede" (lendo o dossiê).

---

31 Alíneas 2 e 3 do artigo 3 da lei de 29 de dezembro de 1892: "Essa decisão indica de forma precisa as obras em razão das quais a ocupação foi ordenada, as superfícies sobre as quais deve referir, a natureza e a duração da ocupação e a via de acesso. Um mapa de lotes designando em *cor* os terrenos a ocupar é *anexado* à decisão, a menos que a ocupação não tenha por objetivo exclusivo a coleta do material".

Presidente: Você **viu** isso? Onde? Agora sim, **de fato**.
O segundo assessor, compulsando o dossiê, enquanto a discussão continuava, caiu sobre uma prova que fecha a discussão sobre um dos pontos precedentes (o domínio do sr. Dumoulin não está fechado por uma parede).
Le Men: Estou de acordo: para fazer um esforço, **é preciso julgar**, é preciso especificar a decisão N, **isso não está julgado, nem em um sentido nem em outro**.
O segundo assessor subitamente corta a discussão em direção a outra tarefa do Conselho: não mais aplicar o direito, mas modificá-lo por uma decisão. Se eles hoje hesitam para decidir o que a lei de 1892 quer dizer por "anexados à decisão" é porque o direito, esse direito administrativo que eles próprios produziram ao longo de anos, nunca julgou "nem em um sentido nem em outro". A questão não é, pois, de qualificar um fato fazendo referência a um padrão, mas modificar o padrão. A vertigem do etnógrafo aumenta muito.
Dorval (lendo a decisão do prefeito): **Desculpem**, é menos definida do que diz o sr. Bruyère. Nesse caso, não há nada.
Ao longo da discussão, o assessor releu quase todas as peças importantes do dossiê, refez sua opinião e autorizou-se a novamente entrar em desacordo com o relator.
Comissário de governo: De toda forma, os mapas são **enormes**, estão na prefeitura, não **podemos** transportá-los, mas isso não muda nada sobre o acesso (que formulamos de uma forma ou de outra).
Retorno à materialidade do dossiê: não adianta nada reclamar que a decisão do prefeito não tem o mapa dos lotes em anexo, pois esses mapas são impossíveis de deslocar.
Presidente: É **preciso julgar**, a questão a julgar é saber se a anexação de um mapa pode ser feita **por conectividade**. É a única questão; isso, **isso se vota**.

Aí está. A discussão chegou ao seu fim natural: conhecemos agora o ponto do direito a decidir. Podemos passar ao caso seguinte.

O presidente acompanha o segundo assessor: a discussão trouxe seus frutos, agora se fala apenas a linguagem do direito. Um mapa pode estar presente em anexo sem estar fisicamente de fato, por simples conectividade, ficção jurídica, intermediário original entre a ausência e a presença, categoria ontológica nova, que permite reconciliar o peso físico dos mapas reais com a lei de 1892 e suas exigências. As complicações horríveis do caso se resumem agora "a uma única questão", muito pertinente, muito sutil na linguagem do Conselho, para ser objeto de um voto no quadro da sessão de instrução e, o mais importante, no curso da deliberação que terá sequência. Nós pendemos da mais extrema incerteza para o alívio e a decisão. A luz está dada: "isso se vota", "isso se julga".

Se pudéssemos compreender por qual alquimia passamos no curso da sessão, da multiplicidade de detalhes mencionados na nota do relator, ainda presentes no dossiê que os assessores compulsam obsessivamente, à questão do direito, que concentra enfim a atenção, suscita interesse e se apresenta aos olhos de todos como alguma coisa passível de voto, quer dizer, passível de decisão, teríamos compreendido uma grande parte do trabalho do direito, de sua forma tão particular de produzir um veredito. Existe química nessa alquimia, como a que permite aos receptores celulares, por causa de seu entrelaçamento, multiplicar as chances de interação com seus catalisadores. A discussão trouxe seus frutos, o trabalho coletivo rendeu, a completa combustão ocorreu, sabe-se agora muito exatamente quais fundamentos são colocados, quais os que vão prosperar, que terreno é necessário escolher para responder a isso e qual nova questão poderemos julgar, graças a esse caso dos quais os detalhes práticos já estão quase esquecidos ("trabalhamos para a jurisprudência", diria então o relator com um gesto indiferente). O dossiê pode agora ser inserido na *agenda* e submetido às conclusões do comissário de governo, e depois às hesitações complementares de outra subseção expressas no curso da deliberação.

Para preparar essa audiência, os outros membros não recebem todo o dossiê – e só terão conhecimento em forma oral escutando as conclusões do comissário –, mas apenas uma curta *ficha verde*, livre de todos os resíduos materiais do caso. Essas fichas verdes são como o diamante extraído do minério, com a ponta afiada justificando, em si mesma, todo o trabalho anterior, a única razão pela qual, mais tarde, lembraremos o nome do dossiê.

Figura 2.8
Crédito: B. L.

O caso Parrel que havíamos acompanhado antes se resumirá a uma só linha: "[…] no caso do artigo R.205 do código processual, pode uma das partes referir-se ao juiz de forma que ele proceda à retificação de um erro material, ou o juiz age de ofício?". Aqui está, por exemplo, a ficha verde encaminhada aos juízes a respeito de um outro caso de recondução de alguém à fronteira. Todo um dossiê de uma centena de páginas está resumido da seguinte forma:

O artigo 8 da Convenção Europeia dos direitos humanos relativo à proteção da vida familiar pode ser obstáculo ao fato de que a administração recusa a estada a uma estrangeiro que tem laços familiares estreitos com pessoas residentes na França.

O fundamento baseado na violação das disposições desse artigo permanece operante, contrariamente à recusa de permissão de estada, uma vez que o documento em questão só é acessível aos estrangeiros que preenchem uma condição específica (atestado de permanência na qualidade de estudante, certificado de residência concedido aos comerciantes algerianos etc.) e que a administração recusa conceder o documento porque o solicitante não preenche essa condição?

[Segue um breve dossiê de Jurisprudência – Seção de 10 de abril [...], textos de leis, fotocópias dos anexos, artigo 8 da Convenção Europeia dos Direitos Humanos, artigo 5b da Convenção Franco--Algeriana, disposição de 1945.]

Julgar no Conselho (voltaremos a isso) não é nunca somente julgar um caso, mas sempre também *julgar o direito* ele próprio, servindo-se do caso para dar-lhe precisão, modificá-lo em caso de "reversão de jurisprudência".

"Abrem-se as portas; as decisões são lidas", fórmula mágica que permite comunicar, no início de uma sessão pública, e na parte inferior da escadaria de honra, as decisões dos casos precedentes – que, apesar da expressão, não são nunca lidas em voz alta. A partir do fim da deliberação, o dossiê sofre uma transformação radical. O esboço, se for admitido através da formação de julgamento, torna--se, após anexação de vistos, uma *minuta*, cuidadosamente relida e examinada pela secretária da subseção, o relator e, finalmente, o presidente da sessão de julgamento. Depois o julgamento passa ao setor de registros; em seguida, o dossiê é encaminhado ao Serviço de Notificações, que o "examina" cuidadosamente. O software SKIPPER, que havia assegurado a logística do dossiê até aqui, é substituído por outro software, com o nome bem significativo de SILLAGE [trilha], para assegurar que a datilografia do texto não arrisque as alterações complementares, que, como vimos no caso Parrel, poderiam prejudicar o andamento. Depois de ter inflado além da medida, a pasta se livra aqui de todo o supérfluo. Apenas guarda os memorandos. As peças documentais anexas são enviadas. Ele é arquivado inicialmente no andar de cima por dois anos, em seguida no porão do Palais-Royal e, finalmente, nos Arquivos do Fontainebleau. Até há pouco tempo, o relator recuperava sua nota que não estava arquivada; quanto ao comissário de governo, ele conserva suas conclusões, que pode ou não publicar. O requerente recebe a notificação da decisão. O caso é fechado; o dossiê é fechado.[32]

Não, de forma alguma, pois a petição sofre agora uma transfiguração, uma ressureição da carne: se o caso não é pura rotina, se ele abalou de uma forma ou de outra a imensa teia do direito administrativo, o *texto* da decisão se separa do corpo mortal do dossiê e da notificação para tornar-se agora um elemento de jurisprudência, indo enriquecer o conjunto das decisões do Conselho. Assim como há o inferno, o purgatório e o paraíso para as almas, para as decisões há o envio ao total esquecimento, o acesso à categoria B que também denominamos *les tables* (ou repertório, "essa decisão será *mencionada* na coleção *Lebon*"), e finalmente elevadas ao empíreo, a categoria A ("essa decisão será *publicada* na coleção *Lebon*").[33] Os operadores dessa transmutação são três jovens escolhidos a dedo, que chamamos de responsáveis do Serviço de Documentação, en-

---

32 É o fim para os conselheiros, juízes de última instância, mas o caso continua para as partes sujeitas à decisão do julgamento e que devem agora passar à ação: reembolsar as indenizações injustamente recebidas, reescrever uma decisão litigiosa, republicar novos decretos, demolir os imóveis construídos com base em um plano de ocupação do solo tornado ilegal etc. Por muito tempo indiferente a esses pequenos "detalhes de aplicação", o Conselho acompanha agora mais de perto a realização dos efeitos do direito.
33 A totalidade das decisões entra de toda forma na base ARIANE. É nesse sentido que um caso, graças à informática, não morre jamais, mas apenas as categorias A e B são objeto de uma análise de jurisprudência na mesma base. Os jovens, habituados à informática, são criticados pelos mais velhos, habituados ao papel de *Lebon*, pela falta de discernimento dos elementos da jurisprudência, e que colocam todos sobre o mesmo plano como se os casos fossem todos nivelados pelos bytes.

carregados desde 1953, depois de terem participado como observadores das deliberações, de classificar as decisões por ordem de importância, organizando-as por indexação em um mapa de classificação e vinculadas por abreviações que permitem formar legendas de referência, de acordo com as decisões, quando confirmam, apoiam, anulam, contradizem, interferem entre elas (*Cf.* usado para confirmar; *Rapp.* para aproximar; *Comp.* para comparar; e as mais raras: *Ab jur.* (revertendo uma antiga jurisprudência) e *Inf.*, que anula em recurso ou em cassação uma solução adotada até aqui. Sem o mapa de classificação, incansavelmente mantido pelos cronistas, não há dúvida, a decisão seria perdida para sempre. Se o caso da sra. Parrel levado até a seção preserva sua parte de eternidade, é porque nós a encontramos em uma breve crônica em uma das categorias do mapa sob a forma seguinte (como sempre, reproduzimos estritamente o paratexto):

> Parrel Análise de jurisprudência
> Seção 26-07-1996
> 146448
> A
> Sra. Parrel
> M. Gentot, presid.
> Sra. Touraine-Reveyrand, relat.
> Sr. Sanson, c. de g.
> PROCEDIMENTO
> PODER E DEVERES DO JUIZ
> QUESTÕES GERAIS [...]
> 54-07-01, 54-08-01-01-03
> [...] Em consequência, de um lado, um tribunal administrativo definindo por julgamento sobre uma solicitação tendendo a obter, sob a justificativa do artigo R.205, a correção de uma decisão jurisdicional, excede os limites de sua competência e, de outro lado, a apresentação de tal solicitação não pode prolongar o prazo contra a decisão da qual a correção é solicitada.

O julgamento se tornou comentário dele mesmo. É pela mão dos cronistas que se estabelece, que se define, esse palácio virtual anexado às paredes do Palais-Royal, esse *corpus* no qual o corpo de conselheiros de Estado reside e que não tem outro lugar para se estabelecer, outra instância, outra presença que o próprio corpo, que esses postos de trabalho onde, dia após dia, se costuram as decisões, com trama e teia, fato e lei, incorporação dos textos mascados e digeridos pelos corpos, que são dedicados a esses textos. De agora em diante, a menos que outro relator, em cinco, dez ou cem anos, venha a juntar um *Ab.jur* a esse comentário, cada advogado, litigante, juiz, professor de direito ou estudante que está preparando seus comentários sobre a decisão poderá fazer referência à decisão PARREL e interpretá-la da mesma forma, tirando as mesmas conclusões desse julgamento que se tornou uma análise.

Figura 2.9
Crédito: B. L.

De maneira inteiramente involuntária, a sra. Parrel, se não deu seu corpo à ciência, ao menos deu seu nome e seu sofrimento como uma minúscula pedra no grande edifício do direito administrativo. Estranho palácio esse, um ossuário virtual, depósito de cinzas gigantesco, em que cada saliência, cada nicho, cada compartimento, cada cavidade traz um nome charmoso ou obsoleto, um acrônimo inusitado, um sobrenome estrangeiro de uma das partes no dossiê, como se todas as dificuldades, todas as infelicidades e decepções, todos os cálculos e indignações dos julgados, depois de uma lenta e difícil sedimentação, terminassem por se tornar o texto do direito que serve a lhes conferir justiça. Surpreendente transubstanciação que, a partir da matéria dos casos que reclamam justiça, na falta de qualquer código, termina por produzir a própria forma, graças à qual terminaremos por julgá-los!

🞂 NO QUAL, DEPOIS DE TER ACOMPANHADO O PERCURSO DOS DOSSIÊS, DESCANSAMOS DO DIREITO, FAZENDO UM POUCO DE SOCIOLOGIA DA ALTA ADMINISTRAÇÃO 🞂 ONDE CONHECEMOS, DE MANEIRA BEM TRADICIONAL, OS MEMBROS DESSE CORPO DE PRESTÍGIO 🞂 ONDE MEDIMOS, GRAÇAS A ALGUMAS ESTATÍSTICAS, O IGUALITARISMO DESSE CORPO DE ELITE 🞂 NO QUAL TRAÇAMOS DIFERENTES PERFIS DE CARREIRA DESSES JUÍZES QUE TAMBÉM SÃO ALTOS FUNCIONÁRIOS 🞂 ONDE O LEITOR DESCOBRE QUE O DIREITO ADMINISTRATIVO ADQUIRE SUA INFLUÊNCIA SOBRETUDO GRAÇAS AOS DIFERENTES POSTOS E OFÍCIOS OCUPADOS PELO CORPO EXTERNO AO PALAIS-ROYAL 🞂

3
Um corpo em um palácio

"Reunião na sala dos escaninhos"

Muitas vezes por dia, para recuperar sua volumosa correspondência, os membros do Conselho usam um tipo particular de tecnologia intelectual: um armário simples que serve como organizador e como um organograma incrustrado na madeira de caixas de correio simples. Esse armário de madeira se localiza em um lugar estratégico: em frente à sala da Assembleia Geral, onde pode ser acessado por uma porta escondida, entre a sala de fumantes, na qual ficam jornais e revistas, e a biblioteca, em que são consultados textos e documentos, leis e tratados que formam a matéria de todas as decisões e conselhos. Ela é próxima ao escritório do Secretariado Geral, a alguns passos dos telefones e banheiros. Todos os encontros ocorrem nessa sala dita "dos escaninhos".

Figura 3.1
Crédito: B. L.

Não há nada surpreendente em alinhar as caixas de correio de madeira nas quais estão inscritos os nomes de cada um dos membros: toda administração, todo correio, todo escritório conhece esses organizadores, que a língua inglesa designa de forma poética como "pombal". Certamente, nenhum desses armários que encontramos em todo lugar tem a particularidade de listar os conselheiros pela "ordem de classificação", e não pela simples ordem alfabética. No alto, à esquerda, os mais elevados na posição do corpo (exceto, claro, o vice-presidente e os presidentes da seção, que têm seu próprio serviço de correspondência); embaixo, à direita, os mais jovens ingressantes, recém-egressos da ENA. Como resultado da particular distribuição desses escaninhos, cada membro, na busca de sua correspondência, conforme se curva ou fica na ponta dos pés, ou conforme se dirige para a direita ou para o centro, é literalmente "lembrado de sua posição", registrando toda vez a posição dos que estão acima e abaixo, desde a organização dos escaninhos superiores (cruelmente denominados "fila do cemitério"), até a da mais recente promoção. Quando os primatólogos estudam a sociedade dos símios, têm enorme dificuldade para definir a ordem que vincula os indivíduos, as famílias e os clãs, segundo hierarquias mais ou menos estáveis. Aqui, no Palais-Royal, uma obra de arte em ébano permite materializar, sem contestação possível, a classificação de todos os membros dos "sábios do Palais-Royal".

Entretanto, não devemos acreditar que a ordem de classificação assemelha-se ao esquema de hierarquia que encontramos nas sociedades animais ou humanas, e que faz de cada subalterno o senhor daquele que vem em seguida, ou o servo daquele que o precede. Ao contrário, esse armário que posiciona os corpos de conselheiros de Estado em uma relação ordenada também lhe dá presença particular, garantindo a estrita igualdade de seus membros. De fato, a palavra "hierarquia" não é exata, já que existem auditores, os chefes das petições e os conselheiros (os três escalões reconhecidos no corpo). Todos os escaninhos têm o mesmo tamanho e são feitos da mesma madeira, e se deslocam de baixo à direita para o alto à esquerda, como seus proprietários, com uma velocidade que nada, absolutamente nada, pode acelerar – exceto a indicação às funções diretoras de presidente da Seção Administrativa e de subseção.[1] Encontrando todo dia sua posição na ordem de classificação, os membros não verificam seu estado de grandeza ou de pequenez relativa, como se passassem de um grau de sargento a general, do trono à dominação, do querubim a arcanjo, mas, ao contrário, verificam que ninguém, por privilégio, pode tirar vantagem sobre eles e modificar, mesmo que em proporções infinitesimais, a estrita igualdade desse lento movimento de ascensão. O que o armário manifesta aos olhos de todos é a imobilidade de um corpo de juízes dos quais a carreira escapa da influência de quem quer seja, e que ninguém, seja presidente da República ou vice-presidente, pode alterar.[2] Assim como

---

[1] Exceto a ascensão mais rápida às funções de presidente, a única exceção ao estrito paralelismo das carreiras vem dos membros à disposição, cuja ascensão na categoria é suspensa, o que permite àqueles que ficaram em atividade no Conselho, ou aos que estão em afastamento, de passar à sua frente.

[2] Curiosamente então, como os membros do Conselho de Estados não são juízes, mas funcionários do executivo, eles permanecem destituíveis, como qualquer funcionário. Sua imobilidade é portanto fruto de uma tradição, não de um texto. Longe de marcar a separação dos poderes, ela marca a intricação, essa intricação que deixava Tocqueville atônito. Veja n.31, Capítulo 1.

o código de Hamurabi tem mais presença porque foi talhado no basalto negro, a imobilidade do corpo de conselheiros de Estado tem mais força porque está expressa na ordem dos escaninhos. Se um novo membro que chega tiver conhecimento rudimentar de aritmética, ele poderá calcular em tempo preciso quanto será necessário para chegar ao topo – quase cinquenta anos.[3] Entende-se facilmente que a perspectiva de uma carreira tão regulamentada e tão lenta amenize consideravelmente os apetites do poder. É inútil chocar-se com os colegas através de manobras ou dar-lhes rasteiras: não se avançará mais rápido que seis escaninhos por ano... É de se perguntar a que serve a loucura de realizar concursos e enfrentar dificuldades para passar pela competição da ENA.

O termo "imobilidade" não deve, entretanto, nos enganar, como se reinasse nessa assembleia o tédio mortal daqueles que lentamente envelhecem juntos. De fato, os escaninhos sempre mudam de lugar. Decerto a fileira específica não pode se modificar, mas a aposentadoria, a convocação para outras funções ou as demissões esvaziam espaços que devem ser preenchidos por uma dança das cadeiras ainda mais complicada, e que leva os membros antigos voltarem ao Conselho após terem saído há mais ou há menos tempo, enquanto outros o deixam provisoriamente. Juntemos a esses deslocamentos a indicação, as expirações previstas em lei, daquilo que denominamos "vias externas" que se inserem na dança antes de escalar inexoravelmente a fileira, como aqueles a quem acabam de juntar-se. Se é papel do Secretariado Geral produzir a classificação que é objeto, todo ano, de uma publicação esperada parcialmente confidencial, é papel dos oficiais deslocar os escaninhos de madeira para atualizar

---

3 O cálculo é fácil de fazer: entre 1986 e 1996 é de 2,2 posição/ano para aqueles que se beneficiaram de longos períodos de disponibilidade – o contador de posições estaciona para eles – a 12 para o vice-presidente! Fora dessas acelerações, a média é de 6,34 posição/ano... É preciso, portanto, em média cinquenta anos para passar dos baixos escaninhos para os altos. Quando uma parte do corpo se coloca à disposição, permite cobrir essa distância em mais ou menos 45 anos. Vê-se que a palavra "quadro de avanço" não tem o mesmo sentido, por exemplo, que no Exército, pois apenas posiciona os membros por ordem de idade, sem indicar escolha possível.

constantemente a materialização da parte do corpo "em atividade no Conselho de Estado", ou seja, aqueles com os quais se pode verdadeiramente contar para as tarefas de juiz e de conselho – por volta de duzentos sobre um efetivo total de trezentos. Como as entradas e as saídas são incessantes, em função das necessidades das administrações, das reviravoltas políticas, da atração variável do setor privado, o quadro de classificação se vê constantemente rabiscado e os oficiais permanecem bem ocupados em deslocar suas caixas de madeira – o que complica ainda a tarefa do etnógrafo ou do recém-chegado. A colocação de uma carta dentro do escaninho de um conselheiro pode tomar longos minutos, pois é necessário a cada vez integrar todos os parâmetros do corpo, a idade do conselheiro, se ele cursou ou não a ENA, se ele é da "via externa", se tornou-se nesse meio-tempo presidente de subseção, lembrar-se da forma da cadeira que ele ocupa na Seção Administrativa... e assim, através de tentativas sucessivas, termina-se por encontrar o escaninho certo que amanhã, talvez, terá deslizado para a esquerda ou para o alto.

Um corpo levemente agitado

Graças aos capítulos precedentes, o leitor já deve ter compreendido a principal característica desse corpo: os juízes não são juízes, ou estão torcendo para deixar de ser; os conselheiros vêm da política ou da administração, ou não cessam de retornar a elas – a menos que, cansados dos acasos da vida pública, da dureza do mundo dos casos ou da hierarquia pesada da administração, desejem reencontrar a atmosfera discreta, a ausência de chefes e a carga menos estressante do Conselho. Os juízes do judiciário são juízes por toda a vida: quando, por exceção, eles passam da justiça à política ou aos negócios, raramente voltam para sua antiga função.[4] Quanto

---

4 Outra diferença evidente: a pirâmide etária é muito mais afilada, naturalmente, no Conselho, do que por exemplo na Corte de Cassação. Todas as entrevistas assinalam a importância dessa mistura, desse amálgama entre os jovens auditores e os conselheiros envelhecidos "na batalha".

aos conselheiros de Estado, são juízes e conselheiros de forma intermitente e vivem no Palais-Royal como sobre uma ampla plataforma de voo ou aterrissagem em direção ou em proveniência de outras funções. Aqueles que, após anos de trabalho duro, apreenderam o ofício austero de juiz do Contencioso administrativo, deixam-no para ocupar ofícios muito diferentes. Ao contrário, serão nomeados aqueles de "via externa", os políticos eleitos, os conselheiros, militares, jornalistas sem qualquer conhecimento do direito administrativo, para exercer a função de juiz que devem aprender, na maioria das vezes, de A a Z. Longe de enfraquecer a objetividade ou a virtude de juiz e de conselheiro, é esse movimento de sístole e diástole, essa rotatividade, que se mostra, segundo os membros do Conselho, a principal qualidade de sua instituição. Para compreender essa dinâmica tão importante das missões do Conselho, para avaliar em que ela importa para a construção do direito, vamos radiografar o corpo, utilizando os treze últimos "quadros de classificação" aos quais juntamos os dados acessíveis a todos, o *Quem é quem* e o *Béquet*, um guia indispensável para a complicação das funções administrativas. Escolhemos começar em 1986 – data da primeira coparticipação de Jacques Chirac, primeiro-ministro, quando François Mitterrand era presidente –, pois é no momento das grandes alternâncias eleitorais que a agitação no Conselho é mais visível: as equipes que sobem, rompendo a quietude do palácio, cruzando as equipes do outro lado político, que então estão descendo para retomar suas funções austeras, após um curto período de férias bem merecidas (é fácil reconhecer os perdedores por seu bronzeado!).

Tomada em seu conjunto, a dinâmica do corpo é de uma grande simplicidade: ele cresce lentamente, passando de 262 em 1986 a pouco mais de 300 em 1999. A inserção ocorre tanto diretamente a partir da ENA, como auditor, quanto através da via externa, que permite acessar o escalão dos mestres de petição ou ao de conselheiro. Em 1996, ano que escolhemos como referência, há 206 membros do corpo e 90 de via externa nomeados (metade ao escalão de chefe, metade ao de conselheiro).⁵ Contudo, a regra de um terço de membros externos, por dois terços vindos diretamente do corpo, subestima a parte da Escola Nacional de Administração: como 33 desses externos cursaram a ENA sem ter podido à época integrar diretamente o Conselho "pela competição" (a maior parte serviu em tribunais administrativos durante muitos anos),⁶ a proporção de egressos se eleva de fato a 80%. Não é possível contestar, o Palais-Royal é uma casa da ENA. Se o peso dos anos não apaga as sutis distinções entre os dois subtipos de egressos (os que são "do corpo" e os que esperaram muito tempo para juntar-se finalmente aos seus colegas), nada apaga as inúmeras diferenças de carreira, de vestimentas, maneiras de falar, o humor no conjunto dos egressos e os outros, os verdadeiros *externos*.⁷

---

5 É necessário juntar, para ter a medida certa, onze membros extraordinários nomeados em fim de carreira, que vêm tomar lugar no quadro por dois anos, mas que não são realmente externos, pois já estão aposentados e não podem ingressar no corpo propriamente dito. A princípio, eles trazem suas competências de profissões que faltam ao corpo, como médico, general, universitário, chefe de empresa. Certo número de funcionários ditos "em mobilidade" (15 em 1996) participam durante alguns anos das tarefas do Contencioso e do Conselho, o que lhes permite, por sua vez, aliviar os conselheiros de certas tarefas e de aperfeiçoar seus conhecimentos em direito administrativo, o que será muito útil quando forem reintegrados em sua administração. Sob extrema cortesia de relações, exprime-se de forma aberta a imensa diferença de classificação entre os "em mobilidade" e os verdadeiros conselheiros.

6 Existem de fato dois tipos de membros externos: um que está reservado aos tribunais administrativos – um sobre quatro "mestres de petição" e um sobre seis conselheiros – e um segundo dito "de governo", que pode vir não importa de qual profissão e que, por tradição, é mais político. É assim que os membros de gabinete, ministros e conselheiros da presidência podem se encontrar no Palais-Royal.

7 Embora essa diferença entre formas de recrutamento seja constantemente negada, ela salta aos olhos do etnógrafo. Dois colegas da ENA separados por alguns pontos no concurso de saída, sendo que um se encontra em um tribunal administrativo, enquanto o outro integra diretamente o Conselho: o primeiro diz ao segundo, com um sorriso amargo e irônico: "Sim, mas você entende, ele é muito mais inteligente...". A distinção entre os dois recrutamentos é admitida sem problemas nesta frase de Massot e Girardot: "A profissionalização se manifesta assim pelo fato de que as mais importantes funções no seio do

De onde vêm esses 57 estrangeiros sobre um corpo de 300? Não se pode dizer exatamente que são pessoas simples. É o mundo da política, do direito e do Estado. Encontramos nesse grupo 5 ministros, 7 prefeitos e subprefeitos, 8 magistrados, 2 deputados, 4 professores universitários, alguns administradores civis, 2 advogados. Os gabinetes ministeriais não são um meio ruim de penetrar no Palais-Royal (7) e, em particular, a presidência da República, que deu 8 conselheiros... Encontramos apenas 1 engenheiro, 1 jornalista e 1 personalidade vinda dos negócios. A proporção de mulheres é razoável para a França, pois chega em torno de um sexto (52 sobre 306). Mesmo que ainda estejamos longe da famosa paridade, dez anos antes, em 1986, eram apenas 10% (27 mulheres sobre 262 membros).[8] Se bem que o mundo dos juízes e dos conselheiros tenha participado de perto da administração ativa e mesmo da política, não se pode dizer que ele dá uma imagem fiel das categorias socioprofissionais da França. Mas esse também não é seu objetivo.

No entanto, não é por suas formas de ingresso que o corpo é interessante, mas pela possibilidade dada aos seus membros de deixar o Conselho por períodos mais ou menos longos antes de voltar a ocupar as funções de juiz e conselheiro. Assim como Roma não está realmente em Roma, o Conselho, por uma proporção importante (de 24% em 1986 até 36% em 1996), não está realmente sentado no Palais-Royal, mas ocupa outras e às vezes muito diferentes funções. O Quadro distingue três grandes rubricas correspondendo a graus diversos de distanciamento: a primeira, intitulada "em função do Conselho de Estado", permite que os conselheiros substituam os papéis previstos pela lei. É o caso dos presidentes dos tribunais administrativos, das secretárias do Secretariado Geral

---

Conselho são na quase totalidade confiadas a membros que ali ingressaram como auditores". Massor, Girardot, *Le Conseil d'État I*, p.37. Não nos preocupemos: os membros externos não vêm desprofissionalizar o Conselho...

8 As mulheres tendem a ser mais estáveis do que os homens no Conselho. Sobre as mulheres de 1996, a média de presença no Conselho é de 8,5 anos contra 3 nos diferentes tipos de afastamento, e 0,7 à disposição (índice de presença de 1,5 em lugar de 1,8). Veja Bui-Xuan, *Les Femmes au Conseil d'État*.

de Governo, dos diretores de gabinete. Em seguida, há aqueles que são afastados (por volta de 67 segundo as formas de cálculo para nosso ano de referência, 1996) a fim de poder ocupar outras funções, como as de deputados ou senadores (8 membros), ou para servir grandes administrações públicas, como no setor público concorrencial.[9] Há, enfim, aqueles que escolheram colocar-se à disposição (38) para ocupar os mais diversos ofícios nas altas finanças, no conselho jurídico, ou mais raramente para conveniências pessoais. Ao fim de dez anos à disposição, os membros do corpo são riscados do quadro, mas até lá podem retomar seus lugares quando desejarem, mesmo estacionados em sua posição.[10]

---

9 Para ficar completo, seria necessário juntar o estatuto dos que estão fora do quadro (*hors-cadre*), uma forma ligeiramente menos favorável de afastamento que obriga a reintegrar seu lugar e posição no Palais-Royal assim que um posto é liberado. Como não buscamos fazer aqui ciência administrativa, frequentemente agrupamos nos cálculos essas sutilezas, às vezes bizantinas.

10 É muito difícil medir a carga de trabalho real dos conselheiros. Fora os membros que são iniciantes e devem aprender o ofício, aqueles que são presidentes de subseção, comissários de governo, secretários gerais e relatores de casos – e para esses trata-se de tempo integral, o que não impede esses trabalhadores de participarem de um grande número de outras atividades –, parece que a carga oscila entre um grande terço de tempo e um pequeno meio tempo. Se tomarmos ARIANE como "informante", percebe-se que o número de dossiês por pessoa por ano, no Contencioso, varia consideravelmente: de 25 a 150 dentro de uma mesma subseção tomada ao acaso. Mas a dificuldade dos dossiês pode explicar as diferenças. Como parece ser o caso, e é um dos charmes do Conselho, pode-se modular lentamente sua carga de trabalho, desistindo do bônus de produtividade e ficando apenas com uns trinta dossiês, ou podem seguir o estilo estacanovista pegando até setenta casos difíceis, ou mesmo levando 150 casos nos quais o Contencioso se assemelha. É o presidente da subseção que, em sua grande sabedoria, distribui os pontos e repreende aqueles que exageram mesmo um pouco. Se a carga de trabalho não é extenuante, é falso dizer, como se fazia no tempo de Stendhal, que se trata de uma sinecura. Quanto ao pagamento, não é tão desgostoso, já que um jovem auditor, depois de sete anos de serviço (índice 69), ganha 53 mil euros (com os bônus incluídos), e que um presidente de seção, depois de quarenta anos de serviço no corpo (escala F), ganha 94 mil euros (números gentilmente fornecidos pelos autores Massot, Girardot, op. cit., p.39).

Deve-se ainda juntar à renovação externa do corpo (pela chegada dos jovens da ENA e dos externos, e pela saída devido à aposentadoria, morte ou demissão) a rotatividade *interior* ao corpo por saída ou retorno. É assim que, em 1996, 41 membros tinham mudado de função com relação ao ano anterior (tinham saído ou voltado de afastamentos ou por se colocarem à disposição) e que 15 iam ainda mudar de função no ano seguinte.[11] Se é verdade que a rotatividade é mais importante nos anos de alternância eleitoral, é o caso de, somando as duas fontes interna e externa de renovação, podermos avaliar a taxa em torno de 17% para 1996. Por certo a movimentação não é frenética, mas a vida no Palais não é mesmo como a de um convento: estamos seguros de não encontrar cinco anos seguidos com as mesmas cabeças sentadas na mesma mesa, na mesma seção e subseção – e os oficiais têm a mesma certeza de mexer com frequência as caixas de correspondência na sala dos escaninhos...

É possível, a partir do Quadro, construir com bastante precisão *o leque das possibilidades* (veja o mapa na Figura 3.2).[12] Esse mapa é obtido a partir da totalidade das carreiras dos membros presentes entre 1980 e 1999 e sobre a totalidade de sua carreira, sendo que o sentido das flechas indica os movimentos mais habituais de uma posição a outra; as junções marcam as escolhas de carreira abertas aos membros, enquanto a espessura dos traços indica a importância relativa dessas escolhas em relação ao conjunto do corpo. Trata-se, nem mais nem menos, da projeção das trajetórias individuais dos

---

11 Para o ano de 1987, por exemplo, os números são 38 e 11, sobre um total mais frágil de 264 membros. Não contamos certamente as numerosas mudanças de função no interior do Conselho de Estado, como aquelas do comissário de governo ou de presidente, de assessor, de secretário-geral etc.

12 Os mapas deste capítulo são elaborados por Andrei Mogoutov, a quem agradeço fortemente pela paciência e suas indispensáveis ideias. O método que emprega e que desenvolveu, Réseaux-Lu™, está explicado em detalhes em Mogoutov, Donnés relationnelles en sciences sociales: essai de minimalisme méthodologique. *Pratiques de formation*. Esse método tem a vantagem incomparável de permitir a elaboração de categorias conservando a variedade das relações individuais, uma vez que não é baseada em cálculo estatístico, mas sobre a ponderação relativa dos vínculos de sujeitos muito diversos.

conselheiros, do modo como um mirmecologista poderia seguir os deslocamentos das formigas acumulados em um longo período em torno de seus ninhos. O mapa é lido a partir de baixo à direita: as trajetórias começam seja com a saída da ENA para a maior parte, seja, como sabemos, pela via externa, que é alimentada pelos membros vindos da política, da administração, dos tribunais administrativos, dos gabinetes ministeriais, mais raramente do Exército ou do mundo privado – é o caso em particular dos membros em serviço extraordinário.

No centro do mapa, encontramos o "ninho" dos conselheiros, ou seja, o serviço de base de onde os membros podem irradiar-se em direção a um conjunto de funções diversas: no alto, à direita, os postos de conselheiro nos gabinetes ou os encarregados de missão; no alto, os postos de diretores de serviços da alta administração, assim como o centro nevrálgico que é o Secretariado Geral de Governo. Sempre ao centro, no alto, a função crucial de comissário de governo que, como é possível ver pelo número de junções, leva a muitas posições desejadas. No alto à esquerda, vemos as funções de direção nas grandes empresas públicas, assim como os papéis importantes dentro do que podemos chamar de altas autoridades, em que o número e o interesse são multiplicados ao longo do tempo. Outras junções, menos numerosas, são possíveis em direção às empresas privadas, de uma parte, ou às funções eletivas, de outra parte. Finalmente, no quartil da esquerda abaixo, os conselheiros mais velhos e mais apaixonados pelo direito e administração alcançam as grandes carreiras no interior do Conselho; os únicos, como vimos, que afetam a rigorosa igualdade dos membros – presidente de seção, de subseção, as cortes de apelação dos tribunais administrativos. Pode-se mesmo notar o caso singular – mas respeitado pelo mapa – de um conselheiro tornado monge...

Se diante da extenuante austeridade dos casos tratados, às vezes é difícil compreender por que a nata dos egressos da ENA se bate para chegar ao Palais-Royal, esse leque de possibilidades explica de modo satisfatório: os caminhos são amplas aberturas, a extrema diversidade e os retornos ao ninho central e quente são sempre

148 A FABRICAÇÃO DO DIREITO

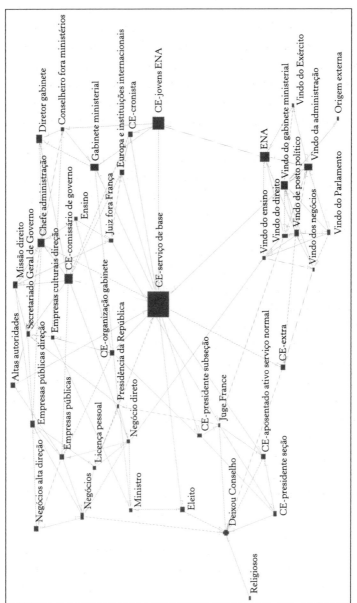

Figura 3.2

bem aceitos. Os membros podem, às vezes, se beneficiar da excitação dos gabinetes, dos riscos dos negócios, da autoridade da alta administração, do calor das eleições e, apesar disso, voltar a quase qualquer momento para tomar seu lugar no trabalho imutável que assegura a perenidade do Estado e suas missões.

Nenhuma organização normal resistiria a um movimento de entrada e saída tão importante. É que as tarefas do Contencioso ou do conselho têm a enorme vantagem, como vimos no capítulo sobre os dossiês, de serem *discretas*, não no sentido usual da discrição, mas no sentido matemático das quantidades descontínuas. Todo o trabalho se organiza, de fato, em torno de dossiês numerados, em que cada um constitui um pequeno mundo, e que, uma vez fechado, acaba em si. Portanto, é muito fácil entrar e sair de um curso de ação, conquanto se chegue ou saia respeitando o ritmo da abertura e fechamento dos dossiês. Os únicos problemas de coordenação, e nós os encontramos muitas vezes, se colocam quando um comissário de governo abandona seu dossiê antes de depositar suas conclusões, ou que o relator, tendo redigido sua nota, tenha deixado há muito o Conselho. Então é necessário que um outro mergulhe nos textos e recomponha as soluções obtidas. Mas, ainda assim, a memória do grupo (subseção ou seção administrativa) que tinha discutido o caso sem muita dificuldade permite retomar o fluxo dos dossiês. Sem esse aspecto particular do Conselho – que também facilita o trabalho do etnógrafo, que pode sem problema tomar e sair do trem em marcha sem perder nada de essencial do curso da ação –, o Palais-Royal nunca poderia servir de retaguarda para tantos planos de carreira, sem esvaziar o trabalho do direito de sua substância. O movimento de tecer que acompanhamos no capítulo anterior, essa lenta maceração que permite aproximar algumas situações de fato com pedaços esparsos de textos, seria impossível sem esse vaivém tão típico do Conselho e que parece tão curioso, visto de fora.

Vamos nos deter alguns instantes nessa experiência multiforme que explica numerosas qualidades que os conselheiros se atribuem e que lhes permite, às vezes, olhar de cima os juízes "do judiciário", isolados por sua vida inteira em funções de julgamento, sem terem nunca dimensionado as dificuldades e as tensões da ação política, militante ou administrativa. Se calcularmos, para o conjunto do corpo em 1996, o número de anos durante os quais os membros fizeram parte – o que é fácil consultando seja o BQ, seja o Quadro –, percebe-se que o corpo se beneficia, a todo momento, da experiência acumulada de por volta de 5 mil homens/anos. Compreende-se facilmente o clichê jornalístico sobre "os sábios do Palais-Royal": quando ocupam a Assembleia do Contencioso ou a Assembleia Geral, os membros do corpo mobilizam cinco milênios de experiências acumuladas.[13]

Alguns, como o presidente Braibant, ocuparam o Conselho por mais de 38 anos! Ora, durante quase 40% desse tempo os conselheiros exerceram funções fora do palácio (2.047 homens/anos), seja por afastamento, seja enquanto à disposição.[14] Proporção considerável que explica esse interminável reservatório de experiências, as quais os membros do corpo destrincham para formar uma opinião, no curso do julgamento ou do conselho, para convencer seus colegas ou educar os comissários de governo sobre os deveres da boa administração. Não é surpreendente que os argumentos de oportunidade política, de boa administração, equidade e viabilidade venham sempre ponderar o conhecimento dos textos e o jogo dos precedentes. Mesmo que estejam integrados ao corpo, os opinantes passaram apenas 60% de seu tempo na atmosfera discreta do Palais. Para eles, o direito não reside apenas no direito, mas igualmente no contexto de aplicação que viram com seus próprios olhos, e com o qual puderam às vezes colidir.

Essa capacidade de ir e vir explica a diversidade das carreiras que vamos procurar caracterizar, o que não é tão fácil já que são

---

13 São 3.606 anos para os membros do corpo vindos da ENA, 520 para os "mestres de petição" externos; 173 para os conselheiros externos. Seria necessário juntar a essa experiência coletiva as longas carreiras, frequentemente prestigiosas, realizadas antes de entrar no corpo pelos membros externos nomeados. Apenas contamos aqui os anos em que se envolveram com o direito administrativo.

14 Respectivamente 672 h/a para a primeira rubrica, 1079 h/a em afastamento e 296 h/a somente para aqueles à disposição.

diversas, mas que podemos agrupar em alguns perfis.[15] Nos dois extremos encontramos, por exemplo, Jean Marc Simon, que dentre seus 26 anos de presença no corpo (sempre tendo 1996 como ano de referência) passou apenas quatro anos no Conselho, antes de ficar alguns anos afastado em um ministério; depois, após uma breve presença de um ano no Contencioso, colocou-se à disposição para ocupar altas funções em uma empresa, até finalmente ser considerado demissionário.[16] Para estes, o Conselho foi apenas uma longa "grande escola" de preparo para outras carreiras. Ao contrário, Nicole Questiaux ocupou o Conselho durante 43 anos contínuos, a não ser quando esteve brevemente na função de ministra da Saúde após a eleição de François Mitterrand em 1986.[17] Ela é representante daqueles que podemos chamar de virtuoses do direito administrativo, por exemplo o surpreendente Bruno Genevois, capaz de citar de memória as centenas de decisões com a data, a página do *Lebon* e o nome do comissário da época, e que, mesmo afastado da admi-

---

15 Encontram-se quase os mesmos em Kessler, *Le Conseil d'État*. Cabe assinalar que do corpo tal qual estudado em 1966, 45 membros estiveram sempre no Conselho em 1996! Pode-se quantificar os diferentes tipos de carreira graças a um índice de presença no palácio (duração total dividida pelo número de anos efetivos em postos entre paredes): uma centena de membros, portanto um terço, corresponde ao índice 1 (todo o tempo passado no corpo foi no Palais-Royal, o que é, lembremos, o caso dos externos e dos jovens auditores), uns cinquenta formam os meteóricos (o índice sobe a 12,5! Para Michel Dupuch que fez toda a sua carreira fora do Conselho de Estado exceto por um pequeno ano). O resto (de 1,3 a 2,5) dá o perfil típico com idas e vindas para um pouco menos ou pouco mais da metade do tempo (média total do índice para todo o corpo: 1,89).
16 Como todos os documentos sobre os quais definimos esses perfis são públicos, suspendemos para este capítulo a regra do estrito anonimato, que não teria qualquer sentido.
17 Se tomarmos a metade superior do corpo (as 150 primeiras posições), a carreira média é, grosso modo, de 15 anos no Conselho, 7,5 anos de afastamento e 1 ano à disposição (a média da metade inferior é de 5,7 anos no Conselho, somente 2,3 no exterior e 1 à disposição). Mas essas médias permanecem pouco informativas. Lembremos que os jovens auditores não podem deixar o Conselho antes do fim do período de auditoria (em média 4,7 anos antes de tornar-se "mestre de petição"), e que deverão esperar em média 15,5 anos antes de passar a conselheiros.

nistração ativa, o faz ainda para preencher estritamente as funções jurídicas.[18]

No meio, encontramos as carreiras típicas dos altos funcionários de Estado, como a de Jacques Fournier que, em 46 anos de presença no corpo, ocupou por apenas 15 anos o Conselho, indo e vindo das funções de comissário de governo até a saída do quadro, depois voltando a ocupar suas funções no Conselho, dividindo em afastamento, voltando a ser comissário por alguns meses, convocado em 1981 pela Presidência da República, depois pelo Secretariado Geral de Governo, depois em afastamento na SNFC como diretor, antes de voltar a ocupar a Seção Administrativa das Obras Públicas e se encontrar na "aposentadoria ativa" para deixar o Conselho em 1999.[19] Igualmente típica é a carreira de Olivier Schramek, inicialmente comissário, em seguida diretor de gabinete, depois no Ministério de Ensino superior, voltando à função de comissário por dois anos, antes de retornar como diretor de gabinete no Ministério da Educação com Lionel Jospin, para enfim voltar dois anos ao Contencioso e, em seguida, após cinco anos de afastamento do Conselho Constitucional, tornar-se diretor de gabinete do primeiro-ministro, até sua queda em maio de 2002.

Essas carreiras de altos funcionários de Estado se distinguem das dos puros juristas, assim como daqueles com carreira meteóri-

---

18 "Juristas puros" não devem, entretanto, nos induzir a erro. Encontramos na totalidade dois professores de direito vindos da Universidade. O desdém pela "doutrina" é universal no Conselho, exceto quando ela vem de antigos clássicos, como o curso já citado de Chapus. A ruptura quase total com a Universidade e o mundo da pesquisa em geral – ciências sociais, ciência política, ciências administrativas e camerais – é uma das fontes de espanto contínuo para o observador (veja o último capítulo sobre a posição da pesquisa). Mesmo que ela seja vigorosamente negada pelos conselheiros, basta considerar o número de doutorados realizados pelos conselheiros ou contar o número de memórias ou doutorados que estudam o Conselho – fora das matérias estritamente jurídicas – para se convencer da ruptura.

19 Para não se privar dos tesouros da erudição e da experiência que os antigos conselheiros representam e, sobretudo, os antigos presidentes de Seção Administrativa, o Conselho convoca os aposentados a permanecerem ainda em função até os 68 anos, sem que possam, entretanto, ocupar os papéis de presidente.

ca em busca de contatos (por exemplo, como a de Jacques Attali, que ocupou o Contencioso por cinco anos entre a aventura política com François Mitterrand e a de consultor). Mas elas se distinguem igualmente daquelas, muito singulares, dos representantes eleitos que voltam ao Conselho quando são derrotados, e partem novamente quando encontram apoio ou maioria. É o caso, por exemplo, de Cazin d'Honinctun que, após alguns anos de afastamento, volta a ocupar seu lugar no Contencioso, deixa-o para ocupar uma cadeira de eleito, retorna durante três anos, abandona novamente para tornar-se deputado e, quando derrotado, se coloca à disposição para tornar-se advogado, guardando entretanto a possibilidade de retornar se as coisas ficassem piores do que quando era deputado. O Conselho tem então o papel de abrigo ou de seguro para todos os riscos. Felizmente há os externos que, tendo a carreira feita, trazem uma estabilidade muito maior, quando chegam ao porto do Palais-Royal.[20]

Mas não devemos acreditar que essas idas e vindas são mal consideradas. Ao contrário, desde sua fundação por Napoleão, o Conselho devia servir de viveiro para diversas missões no Estado, como sabe todo leitor de Stendhal. Se você passasse sete ou oito anos no Conselho, sem se mexer, como auditor e depois como "mestre de petição", haveria inquietação por permanecer no Palais-Royal sem tentar a chance em outro lugar ou sem ser objeto de cobiça dos ministros, das administrações centrais, das empresas públicas ou dos negócios. A carreira típica dos membros do corpo vindos da ENA, após a auditoria, supõe uma convocação rápida a outras funções.[21]

---

20 Há exceções célebres, como a de Régis Debray, que relatou suas decepções em *Loués soient nos seigneurs* (1996), e a menos célebre de Jean Pierre Aubert, que teve apenas um ano no Conselho antes de se colocar à disposição para dirigir um banco (entretanto voltou em 1999 para retomar seu lugar no Contencioso antes da expiração do tempo à disposição). A carreira média dos externos, sempre para 1996, é de sete anos no palácio, dois anos em afastamento e de 0,1 em tempo à disposição. Vê-se que eles são, portanto, muito mais estáveis, o que é lógico, pois suas carreiras em parte foram feitas antes.
21 Para o corpo, tal como estava em 1996, apenas dois membros haviam passado dez anos desde a ENA sem ter deixado o palácio, e ainda um deles com funções eletivas – os mandatos locais sendo compatíveis com uma função no Conselho.

Uma profissão de importação-exportação

Compreende-se o interesse do etnógrafo pelo direito administrativo, então bastante atípico: as trajetórias dos conselheiros impedem de tomá-lo como uma esfera à parte. Nada menos autônomo do que esse direito: é necessário acompanhá-lo até as atividades mais remotas para que mantenha sua eficácia; para realizá-lo é necessário confrontá-lo incessantemente aos problemas práticos que o relacionam às atividades diversas. Esse movimento de exportação de métodos e princípios do direito, de importação de problemas e preocupações, que acabamos de ver no nível do corpo, é percebido mais claramente tomando, ao acaso, uma subseção e observando com um zoom mais potente os movimentos de troca suscitados pela agitação dos membros. Tomemos uma subseção que denominaremos a décima terceira. Se ela se reunisse de forma completa para tratar de um dossiê, ela se beneficiaria da experiência acumulada por seus membros na Prefeitura, no SGG, no Estado Maior da Aeronáutica, no Comissariado de Planejamento, no gabinete de muitos ministérios, na SNCF, no Parlamento como deputado e depois como ministro do Interior, nos Assuntos Estrangeiros, nos territórios além-mar, na ciência básica. Mas, ao contrário, pela saída provisória de seus membros para outras funções, devido à experiência no tratamento dos dossiês, a subseção teria beneficiado muitas administrações, uma circunscrição eleitoral, a Caixa Nacional da Saúde.

Uma Seção Administrativa, como a das Obras Públicas, pode dar uma boa ideia dessa respiração tão particular ao Conselho. Quando ela toma em mãos um projeto de lei ou decreto, são 800 anos de homem/ano (h/a) aplicados na sessão; 38 h/a de gabinetes ministeriais; 62 h/a como comissário de governo, a mais técnica das funções, como vimos; 88 h/a da carreira de seus membros designados aos membros externos são desenvolvidos como juízes nos tribunais administrativos; outros externos foram prefeitos, responsáveis por grandes cidades, militantes políticos, ministros, responsáveis por serviços importantes. Todos os membros do corpo participaram da gestão da administração (22 h/a), tiveram funções eletivas, presidiram tribunais administrativos. Os membros que o ocupam em 1999 usaram suas vestimentas nessa mesma seção por um total de 121 h/a, quatro dentre eles já estavam lá em 1989 e dois o ocupam há mais de catorze anos.

É possível precisar melhor a extração dos perfis de carreira, de modo a dar ao leitor uma ideia, não do leque de possibilidades, mas das escolhas efetuadas por todos os membros de uma só vez? As estatísticas, ainda lá, seriam pouco interessantes, dada a diversidade de junções e a importância de traçar as carreiras atípicas ao mesmo tempo que os perfis característicos. Pedimos ao Réseaux-Lu TM para classificar em cinco blocos os membros que faziam parte do corpo tanto em 1980 quanto em 1989 – de forma a diminuir a lista, não levando em conta nem as entradas nem as saídas.[22] Para todos esses membros, reconstituímos a totalidade das posições ocupadas desde sua saída da ENA até 1999, incluídos os que estavam ainda no Conselho nessa data, e simplesmente contamos os números de anos plenos passados em cada uma de suas posições. Foi fácil em seguida extrair automaticamente os perfis das mais diversas carreiras, conservando, graças ao procedimento, os indivíduos que pertencem a um ou dois blocos de uma vez – o sentido da flecha indo do agrupamento ao qual pertencem mais para o grupo ao qual pertencem menos, as flechas duplas marcando o pertencimento a um só bloco.

A Figura 3.3 projeta em conjunto o corpo inteiro, oferecendo a geografia complexa, mas legível, dos percursos de todos os membros copresentes até 1999. Para cada bloco, os nomes em negrito sublinham aqueles dos membros que são representativos de seu tipo. Os círculos agrupam aqueles que dividem dois blocos e compartilham o mesmo perfil atípico.[23]

---

22 Para esse mapa, deixamos de lado os externos, dos quais as carreiras estão frequentemente feitas antes – em todo caso, os "mestres de petição" e os conselheiros – para nos concentrar, com alguma injustiça, unicamente nos formado pela ENA egressos como os melhores da Escola.

23 A fim de não nos perdermos nos mapas, é necessário lembrar que apenas os traços e suas relações são portadores de informação, as distâncias não são pertinentes e só são escolhidas por razões de legibilidade.

156 A FABRICAÇÃO DO DIREITO

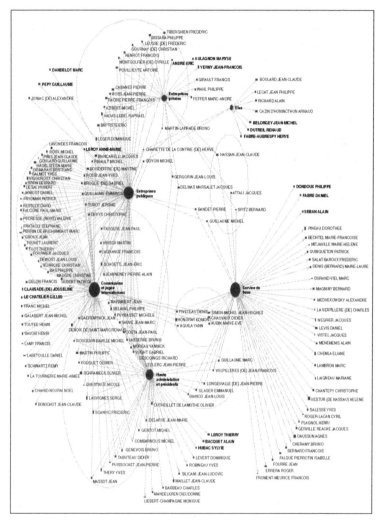

Figura 3.3

Alguns perfis contrastados aparecem claramente: de início, ocupando toda a direita, o que chamamos de "serviço de base" ao Conselho; em seguida no alto, à direita, o pequeno grupo de "eleitos" e, à esquerda, aquele chamado de "empresas privadas". Encontramos depois um perfil bem caracterizado, abaixo à esquerda, daqueles que, após uma passagem mais ou menos longa na alta administração, ocupam, no interior do Conselho, as funções de presidência. Dois perfis mais confusos – vê-se o número de indivíduos que pertencem ao mesmo tempo a outros blocos – agrupam em um os que ocupam postos importantes em empresas públicas[24] e, em outro, aqueles que foram comissários de governo e que participam de numerosas funções, de juiz em particular, fora da França ou na diplomacia.

Lembremos que se trata de posições relativas e não de um pertencimento estrito a uma categoria, cada indivíduo ligado antecipadamente a um ou dois blocos em função do pertencimento de todos os outros: para que os blocos se rearranjem é suficiente mover alguns nomes. Como consequência, os nomes gerais dados aos reagrupamentos são necessariamente artificiais. Do ponto de vista sociológico, o mapa representa uma visão mais exata das repartições, pois é provavelmente assim, pelos conjuntos vagos, que os membros se posicionam uns com relação aos outros.[25]

Por esse mapa, compreende-se facilmente que o direito é somente uma das dimensões do Conselho. Mas, para acompanhar as outras, seria necessário fazer uma sociologia da alta administração, o que não era nosso objetivo. Deixaremos os conselheiros, portanto, com suas diversas e apaixonantes aventuras para nos deter na única história, infinitamente mais cinza, dos dossiês e dos casos.

---

24 Dado o pêndulo sutil dos vinte anos entre nacionalização e desnacionalização na França, não é necessário dar muita importância à distinção entre empresas públicas e privadas. Na dúvida, consideramos que a colocação em disposição, em lugar do afastamento, assinalava o barreira fluida entre o público e o privado. Sobre todos esses pontos, veja Roquemaurel, *Les Membres du Conseil d'État et les entreprises*.

25 Uma publicação separada aprofundará todas essas questões de sociologia administrativa que complicariam aqui a pesquisa do direito em ação.

❧ NO QUAL AS COISAS SE COMPLICAM TERRIVELMENTE PARA O LEITOR OBRIGADO A ABSORVER O DIREITO MUITO MAIS DO QUE DESEJAVA ❧ ONDE NOS INTERESSAMOS DE PERTO PELOS PEQUENOS DRAMAS CRIADOS PELA VIDA TURBULENTA DOS "FUNDAMENTOS" INVOCADOS PELOS REQUERENTES ❧ ONDE UM CASO DE EXPULSÃO DE ESTRANGEIRO PERMITE PONDERAR O PAPEL RESPECTIVO DOS PRECONCEITOS E DAS LEIS ❧ NO QUAL UM REQUERENTE MINUCIOSO ABRE UM CASO DE ESTADO E MOSTRA A ESTRANHA FORÇA DOS TEXTOS ❧ NO QUAL UMA REVERSÃO DE JURISPRUDÊNCIA PERMITE APREENDER O RITMO PARTICULAR DAS FORMAÇÕES DE JULGAMENTO ❧ ONDE RESUMIMOS A TRANSFERÊNCIA DOS OBJETOS DE VALOR PARA PERCEBER MELHOR A VIVA PASSAGEM DO DIREITO ❧

4
A PASSAGEM DO DIREITO

Um brutal movimento de terreno

Agora que, graças aos capítulos anteriores, o leitor está um pouco mais familiarizado com o domínio um pouco exótico do direito administrativo e com as manipulações singulares dos dossiês que ele provoca, podemos penetrar mais no centro do sujeito e, devido ao acompanhamento meticuloso das sessões de instrução, procurar dar precisão ao que os membros do Conselho querem dizer quando afirmam que seu ofício consiste em "proferir o direito". O etnógrafo, e aí está sua única vantagem, não tem de supor, como os juristas, os juízes, os filósofos ou os sociólogos do direito, a solução do problema, para em seguida explicá-lo, comentá-lo, reformá-lo, melhorá-lo ou aprofundá-lo. Ele pode tomar todas as precauções necessárias a fim de compreender o que se passa, esforçando-se para *não* compreender rápido demais. Dito de outra forma, ele pode fazer bom uso de sua enorme incompetência, não distinguindo o essencial do acessório rápido demais.

Nos episódios detalhados que se seguirão, vamos buscar reconstituir passo a passo o *raciocínio* dos atores sem, por enquanto, nos interessar exatamente por sua forma lógica ou retórica.[1] O observador não é um retoricista, nem psicólogo, nem cognitivista e não possui certamente qualquer meio de penetrar nos estados mentais, nos ramos neurais daqueles que discutem diante dele: não há imagem médica, não há scanner, não há reconstrução 3-D das zonas do cérebro. Além disso, se ele se envolvesse nesse tipo de estudo, é provável que a complexidade dos assuntos jurídicos interferisse consideravelmente na extração dos raciocínios em estado puro. Para liberar as formas de pensamento, mais vale contentar-se com as tarefas mais simples do que com os arcanos do direito administrativo, nos quais o psicólogo se perderia mais rapidamente que sua cobaia.[2] Além disso, nada prova que os juízes – na maior parte antigos alunos da ENA – manifestem formas de reflexão especialmente brilhantes. Faremos para os juristas a mesma hipótese que a antropologia das ciências fez recentemente para os cientistas: deixemos de lado, por hora, a dimensão propriamente mental, para nos interessar pela *matéria* de sua atividade, supondo que o que explica sua maneira particular de ter razão não é a forma do pensamento, mas

---

[1] Veja os trabalhos clássicos de Perelman, *Traité de l'argumentation*, e mais recentemente McEvoy, *L'Invention défensive*.
[2] Hutchins mostrou, no belo livro *Culture and Inference*, que estavam enganados ao atribuir capacidades ou incapacidades cognitivas aos Trobriands: eram suas leis, de terrível complexidade, que levavam os colonos ignorantes (e os primeiros antropólogos) a dizer que esses "infelizes selvagens" "pensavam" de forma equivocada. Hutchins sugeriu que antes de se pronunciar sobre os modos de pensamento, mais valia refazer suas leis. Em geral, o conteúdo dos raciocínios conta sempre infinitamente mais que seu simples recipiente.

o *conteúdo*.[3] A única diferença com as ciências, como veremos no capítulo seguinte, vem de que a materialidade sobre a qual nossos conselheiros trabalham não tem a densidade daquela do laboratório: é preciso maior esforço para o leitor não jurista identificar. Na antropologia das ciências, a matéria é mais visível e os textos não; em antropologia do direito é o inverso: os textos são onipresentes, e sua materialidade é invisível.

Comecemos por acompanhar um caso simples, reconstituído artificialmente, como foram os outros, a partir de muitas interações, que nos permitirá identificar o que a semiótica chama de circulação ou transferência dos *objetos de valor*,[4] ao analisar a dinâmica de um romance. Apesar dos raciocínios serem invisíveis ao observador equipado com um simples caderno, existem nas frases pronunciadas pelos membros marcas *explícitas* de mudança de suas posições diante da natureza dos dossiês que estão tratando, e cada uma indica a passagem, o movimento, a metamorfose de uma força particular da qual devemos reconstituir a dinâmica. São os traços mais ou menos reconhecíveis que vão nos servir de achados empíricos e que permitirão garantir nosso comentário sobre uma base não muito frágil, podendo o leitor sempre verificar por si mesmo se os documentos foram sobreinterpretados ou não. Vamos tentar apreender o que os conselheiros fazem *passar* através de suas interações, que lhes permite qualificar o valor de seu trabalho. Para retomar uma expressão da teoria dos atos de linguagem: quais sinais levam a reconhecer as *condições de felicidade* ou *de infelicidade* do enunciado jurídico?

Entre as leves tensões que percorrem o Conselho, está inicialmente esse exame permanente que cada um passa diante dos outros no curso das sessões de instrução e de deliberação, a fim de provar a seus colegas a qualidade de seu trabalho. Hoje, nessa jornada

---

3 Para uma justificativa dessa hipótese, veja Latour, *La Science en action*; Hutchins, *Cognition in the Wild*; Suchman, *Plans and Situated Actions*.
4 "O discurso narrativo apresenta-se, frequentemente, sob a forma de uma circulação de objetos de valor: sua organização pode ser descrita como uma sequência de transferências de valores." Greimas, Courtès (Orgs.), *Sémiotique*, p.415.

quente de junho, essa situação começa mal para o relator (um membro externo político), que sofre uma leve diminuição de sua autoridade quando é interrompido pelo revisor, no meio da leitura de sua nota, coisa muito rara, dirigindo-se à sessão dizendo: "Aqui há um deslize, pois há um fundamento que não foi citado". Vamos observar esse deslize e tomar como primeiro de nossos objetos de valor o peso, a *autoridade* de um membro, sua aptidão em falar sem ser interrompido, em conquistar a adesão de seus colegas quando emite opinião. Esse "objeto" particular, o peso de um membro diante de seus colegas, vai se modificar de sessão em sessão e durante toda a duração de sua vida no Conselho, em função dos casos e dossiês. Isso ocorre pela contínua mescla e trituração de opiniões confrontadas umas às outras, usadas como moedores, como rochas polidas por pessoas que se veem constantemente, sentam-se lado a lado por jornadas inteiras e terminam por se conhecer nessa mistura de respeito, igualdade, indiferença e autonomia, como os monges, quando colaboram em um convento em alguma tarefa intelectual sem hierarquia.

Dorval (após ter interrompido a leitura): Para ganhar tempo na subseção, devo dizer que estou em **desacordo** com o relator: há um fundamento não visto e que me parece bem fundamentado.

Como vimos antes, esses famosos fundamentos não têm sempre extrema clareza: podemos reagrupá-los, fazê-los emergir, ou, como é o caso aqui, não vê-los, mesmo se foram citados (epígrafe) pelos advogados.

(Resumindo o caso no lugar do relator, em vez de fazê-lo depois dele, como é o hábito): Trata-se de contabilistas; houve publicidade ilícita no minitel;[5] decisão de 14 de janeiro de 1989 da câmara regional de disciplina que, eu sublinho, não está no dossiê.

Estar ou não no dossiê: essa é sempre a questão, pois é isso que fornece a prova de uma afirmação. No presente caso, trata-se tanto de um erro do processo de instrução (a subseção não

---

[5] Serviço de videotexto on-line lançado em 1982 na França pela Companhia de Correios, Telégrafos e Telefones. (N. T.)

fez seu trabalho) quanto de uma resposta malfeita de uma das partes que não argumentou bem seu caso.

O sr. Huntel entrou com recurso; Sofinomel foi condenado a uma advertência com uma inscrição no dossiê; Sofinomel apresenta dentro do prazo legal, enquanto o Conselho da Ordem dos Contabilistas solicita rejeitar a petição.

O Conselho serve de juiz a uma pluralidade de organizações profissionais, ordens de médicos, contabilistas etc.; a situação de julgamento está agora claramente aberta com as duas partes se enfrentando: uma que solicita a anulação da decisão punitiva da ordem, e a ordem que solicita a rejeição da petição. A expressão "dentro do prazo" lembra que os casos só podem seguir seu caminho dentro dos prazos rigorosos, geralmente de dois meses.[6]

Os relatores sucessivos rejeitam todos os seus argumentos, mas sem **responder** ao **único** fundamento bem embasado, há um **problema** de interpretação da petição. Ele está explicitamente invocado, mas está menos claro no ampliativo.

Como esse caso se arrastou, teve muitos relatores sucessivos, e nenhum foi realmente competente, segundo o revisor. A existência do "ampliativo" significa que o requerente fez a petição ser acompanhada por um novo documento escrito; lembremos que o juiz não pode invocar os fundamentos explicitamente arguidos pelas partes envolvidas. Agora, toda a discussão será sobre saber se esse fundamento, visível em um documento, mas obscuro em outro, foi invocado. O trabalho de interpretação, esse que denominamos de um "esforço", é admissível dentro de certos limites sempre definidos no momento.

Em 8 de abril de 1992, em sua petição inicial, a sociedade afirmou que a câmara de disciplina tomou uma decisão irregular estabelecida em uma **sessão não pública**.

Esse minúsculo ponto legal faz que todos os conselhos de disciplina profissionais franceses tremam, pois cada vez mais as

---

6 Na falta desse cumprimento, diz-se que há "atraso" e o caso é devolvido mesmo sem ser examinado. Esse rigor nos prazos, infelizmente, não se aplica ao próprio julgamento, que pode ocupar anos...

instâncias de julgamento não preenchem as condições requeridas pelo direito europeu quanto a "um processo justo".[7]
Isso é **indiscutível**. A expressão não quer dizer que é verdade, mas que a outra parte não fez objeção, portanto, segundo o dossiê, podemos considerar esse elemento não contestado pela parte contrária como um *fato estabelecido*.[8]

Eu **considero** que o fundamento foi invocado no ampliativo de 1994: não podemos dizer que o fundamento esteja **abandonado**, se bem que Paridole (o advogado) o afoga dentro de uma série de argumentos (Dorval lê o ampliativo).

O revisor tem sempre o problema de fazer emergir o fundamento, apesar de sua presença quase subliminar e do esforço de seu advogado em "afogá-lo". Como regra geral, os advogados da Corte têm uma má reputação e são sempre acusados de não fazer corretamente seu trabalho – embora a extração do fundamento já tenha sido feita por eles, que não poupam reclamações sobre o trabalho dos conselheiros...

Além disso, em 1994, não tínhamos apresentado nossa decisão Maubleu.[9]

Essa decisão da Assembleia, portanto de um peso máximo,[10] rejeitava um recurso semelhante de um requerente que

---

7 Veja, por exemplo, um caso mais recente na Seção M. Didier, 19 jan. 1999, a respeito de um julgamento da comissão disciplinar da COB (Comissão de Operações da Bolsa) julgado pouco justo (decisão, aqui também, de rejeição).
8 No Capítulo 5 voltaremos extensamente a essa surpreendente definição de fato que tem apenas uma relação de homônimo com o sentido científico do termo: aqui, um fato é, para o juiz, aquilo que, seguindo o contraditório, não provoca réplica ou contestação.
9 Assembleia 132.269, 1996-2-14, M. Marchand rap. Sanson, c. de g.
10 Lembremos que a Assembleia do Contencioso reúne os presidentes das seis seções do Conselho de Estado na presença do vice-presidente. Por ordem de importância decrescente, encontra-se em seguida a Seção (o Contencioso sozinho, mas com todos os presidentes das subseções), as subseções reunidas, depois a subseção julgando sozinha e finalmente o presidente de seção julgando por dispositivo.

queria colocar a ordem dos advogados em infração com a Convenção Europeia dos Direitos Humanos. Desde sua leitura, em 14 de fevereiro de 1996, tornou-se mais fácil aos advogados formular o argumento cuja evidência lógica está *reforçada* por consequência. O relator quer dizer que, se a subseção não aceitará mais fazer *hoje* um esforço para identificar um fundamento mesmo obscuro em uma petição confusa (uma vez que o advogado agora apenas tem que "fazer um Maubleu"), a indulgência se justifica para um caso com data de 1994: o fundamento estava lá destacado, ainda não esclarecido por "nossa decisão".

Esclarecido pela formulação inicial do fundamento (ele lê a primeira petição) **mesmo que não esteja articulada explicitamente** com a Convenção Europeia dos Direitos Humanos, na linha de Maubleu de 14 de fevereiro de 1996, você já anulou por não publicidade dos debates... (ele cita um caso de dentista, depois outro, depois um terceiro).

O revisor, levado pelo entusiasmo, faz uso retrospectivo da decisão Maubleu tentando dar coerência ao julgamento de 1996 com a reclamação expressa em 1992, supondo, nesta segunda, uma solicitação não expressa, mas presente. Não se trata tanto de trazer o caso para dentro de um tipo, mas de mudar o caso depois de o tipo ser modificado.

Presidente da subseção Luchon: Espere! Você está dizendo? (ele anota as decisões).

O presidente tem a perigosa responsabilidade de verificar a escrita de todos os textos que saem de sua subseção. Mesmo que não seja o revisor, é importante que possa verificar os precedentes a fim de se preparar para a aprovação final do julgamento redigido, uma vez passada a fase de deliberação para a qual nos preparamos hoje.

Dorval: Então você anulou em todos esses casos de ordem profissional.

Os casos são, como se diz, "tópicos", pois concernem a ordens profissionais que têm um ar familiar com o caso atual.

O único **obstáculo** é o texto do decreto de 1945 sobre a ordem dos contabilistas; dizemos (lendo) "as sessões das câmaras de disciplina **não são** públicas".

Há agora um "obstáculo" à sua interpretação para extrair o famoso fundamento mencionado, e esse obstáculo impede avançar: é um texto perfeitamente explícito de 1945.[11] A petição de 1994 está presa, portanto, entre um maço de textos vindos de 1945, que obrigam a rejeição, um conjunto de precedentes que obrigam a anulação, e o peso retroativo de Maubleu em 1996 que tende à anulação, embora se trate de uma decisão de rejeição.[12] O suspense está, portanto, em saber se o revisor vai conseguir enfraquecer o dispositivo de 1945 que bloqueia sua interpretação.

Mas é preciso **separar** esses dispositivos como **você** fez para a Câmara dos Cirurgiões-Dentistas, para (ele cita várias decisões); é preciso separá-lo (o dispositivo de 1945), pois o poder regulamentar está vinculado com respeito aos tratados. Assim, para mim **não há discussão**, eu refiz o esboço.

Argumento de peso: um texto de 1945 não pode supor uma ilegalidade constituída por um tratado internacional, mesmo o mais tardio.[13] Assim, o obstáculo do dispositivo de 1945 evapo-

---

11 Os dispositivos (forma particular de leis não pedem o acordo do Parlamento) de 1945 têm um peso considerável, pois refundam o Estado após o colapso do governo de Vichy.
Governo de Vichy: de 1940 a 1944; com o fim da ocupação francesa em agosto de 1944 é formado o governo provisório de De Gaulle. (N.T.)

12 As decisões que farão a jurisprudência evoluir são frequentemente as decisões de rejeição. "De fato, nos pomos a julgar com equidade e em seguida definimos uma solução adaptada. Ou, ao contrário, pouco importa a decisão, somos indiferentes à solução, e estamos unicamente interessados no direito, é porque amamos muito as grandes decisões de rejeição, é contraditório" (Entrevista com o comissário de governo). Não nos esqueçamos de que a rejeição e a anulação organizam todo o raciocínio, assim como a esquerda e a direita, ou o norte e o sul.

13 Lembremos que desde a célebre decisão *Nicolo*, o Conselho de Estado modificou a hierarquia das normas: os tratados internacionais têm primazia sobre as leis francesas, mesmo posteriores, e, certamente, sobre as disposições anteriores. Veremos esse problema da hierarquia no caso seguinte.

rou e a discussão terminou, ao menos para o revisor que, nesse processo, reescreveu um esboço[14] completamente diferente daquele do relator.

(ele lê seu dispositivo): "O artigo 61 da Convenção Europeia dos Direitos Humanos; desconhecido pelo artigo do decreto em Conselho de Estado de 1945"; a partir de então anulação, reenvio à instância, a Câmara condena a 10 mil francos.[15]

Portanto a discussão terminou, o fundamento foi extraído, os obstáculos superados, a anulação da decisão criticada foi projetada no dispositivo, os precedentes de anulação alinhados uns com os outros, como os pedregulhos de Pequeno Polegar[16] na floresta escura. Acabamos de assistir a um pequeno drama no curso do qual apareceu um segundo objeto de valor, o *destino da petição*, que os relatores inábeis e os advogados incompetentes esconderam de forma inconveniente, mas que foi felizmente salvo, expresso e registrado pelo revisor, depois de ter quase perecido por causa do texto da disposição de 1945 que a força da "nossa decisão Maubleu" felizmente aniquilou, ainda que posteriormente. O esboço do relator que respondia a outra manobra está agora substituído por esse do revisor que merece efetivamente seu nome. Coroação final: o esboço apenas foi aprovado pela subseção e depois aceito da forma que estava em sessão de julgamento.[17]

---

14 Dentro do esboço – que, lembremos, é um rascunho de decisão que pode sair na futura sessão de julgamento, se a subseção for seguida –, chamamos de dispositivo o conjunto de considerandos (veja o Capítulo 2).
15 Não há nenhuma dificuldade em anular uma decisão que se apoia sobre um texto de 1945 tornado caduco por um texto assinado trinta anos mais tarde. Os juristas praticam uma arte do anacronismo impossível para os historiadores, e sobre a qual deveríamos depois nos interrogar. O tempo, para eles, não passa como para as outras profissões.
16 Referência ao personagem infantil Pequeno Polegar, na versão de Charles Perrault. (N. T.)
17 Lembremos que para os casos simples ficamos com a "subseção que julga sozinha": são exatamente os mesmo conselheiros que instruem e deliberam. A única diferença é que eles terão de discutir novamente entre eles, mas após ter escutado o comissário que, na instrução, apenas toma notas em silêncio.

Entretanto, dentro de alguns segundos as coisas se deteriorarão para o revisor, como haviam se deteriorado para o relator quando teve sua leitura interrompida de forma brusca. Para compreender o verdadeiro golpe de jiu-jitsu que se seguirá, será necessário desenhar o retrato do segundo revisor, sentado à esquerda da presidência. Assim como Grenouille, em *O perfume* de Süskind, extraía a fragrância imperecível da mulher a partir das cabeleiras de todas as meninas que ele havia sacrificado, o revisor projeta em um único personagem, em um tom de voz, em um corpo, a tonalidade particular ao Conselho de Estado. Conseguir descrevê-lo seria retratar toda a instituição. Depois que o primeiro revisor terminou de falar, Le Men, em um tom educado, atencioso, doce, desconfiado, seguro de si e modesto, toma a palavra, o peito ligeiramente suspenso para a frente, com ar de prazer, interrogativo:

Le Men: O esboço está ortodoxo; [...] mas, está anistiado? A lei de 1995 foi aprovada, é um não prosseguimento do caso (que é necessário fazer).
Dorval: (parado) Eu me coloquei a questão... (muito incomodado) mas como foi dada razão aos requerentes...
Le Men (mais firme): Ah não, não, o não prosseguimento se **sobrepõe**, aqui é a anistia; uma advertência é **tipicamente** algo anistiado.
Em um quarto de segundo, o terreno mudou completamente: não é necessário ir buscar tão longe quanto na Convenção europeia: uma lei bem próxima se encarrega de todas as advertências e faltas veniais.
Presidente Luchon: Isso é interessante.
Novo e terceiro objeto de valor. O interesse não está na história do requerente – se recebeu a advertência justa ou injustamente pouco importa, porque a petição não será examinada –, mas na *dinâmica* própria do raciocínio que fez a subseção passar de um terreno a outro em tão pouco tempo. A pequena frase "é interessante" faz sempre brilhar os olhos dos conselheiros sensíveis ao drama intelectual da mudança de terreno: quanto mais obstáculos, deslizes e reversões a ser superados, melhor.

Ou se os dois revisores dizem ao mesmo tempo, mas por razões totalmente distintas, "para mim, não há mais discussão", aqui se manifesta o *interesse*.

Tomemos as coisas pela ordem. O não prosseguimento? (tentando se lembrar e virando para a secretária sentada ao lado): Você vê o que eu quero dizer, em qual dossiê estou pensando?

Secretária de seção (com a rapidez de um raio): É "Comissão Bancária"![18]

Luchon: Ah, obrigado, é preciso apenas recuperar o caso. Você pode encontrar? (a secretária sai da sala para procurar). É um fundamento de ordem pública, vamos redigi-lo em sessão.

O peso do segundo revisor com relação ao primeiro é tal que o presidente passa para a solução proposta com armas e bagagens, ou melhor, com secretária e dossiê. Como acabamos recentemente de tratar um caso semelhante em que o nome foi assoprado pela secretária, vamos diretamente *recopiar* o dispositivo de um para escrever o novo. "Não vale a pena se irritar, será feito imediatamente." Os fundamentos de ordem pública são os únicos que o juiz pode invocar *ele próprio*, mesmo que nenhuma das partes tenha invocado. Em lugar de lançar-se em um trabalho complicado para colocar 1992 em acordo com "Maubleu 1996", vamos voltar à rotina do copiar e colar: o caso que se perdia nas dificuldades bruscamente avançará muito rápido.

Le Men: **Mesmo assim**, é necessário que isso não seja "contrário à honra e à probidade", como é uma advertência, não é muito grave, **sempre** vejo isso.[19] A advertência por publicidade é sempre

---

18 Quando o artigo antes de um caso desaparece, citamos amigavelmente um de seus precedentes conhecidos por seu nome abreviado: "Comissão Bancária", como em breve "Maubleu" ou "Câmara dos Veterinários".

19 Como vimos no capítulo precedente, além de suas atividades no Conselho, os membros ocupam por obrigação um número imenso de posições oficiais (perto de quatrocentas). Essas posições não devem ser confundidas com todas as atividades realizadas de forma privada: cursos, conferências, associações etc. Aí está um bom exemplo desses retornos de experiência que asseguram uma ligação sempre mais fechada entre os fatos e o direito.

anistiada; o requerente não organizou um sistema fraudulento? A anistia é para isso. Não há nenhum triunfalismo na voz do revisor que faz a si mesmo uma objeção simples e, como sempre no Conselho, mistura uma definição jurídica ("é o objetivo da anistia"), um julgamento sobre a importância das coisas (a "advertência" prova que a falta é leve e que o requerente não fraudou gravemente) e um testemunho vivido pela própria experiência fora do Conselho ("vejo isso sempre").

Dorval (lê o julgamento contestado com os detalhes do software minitel).

Nada em sua atitude, voltaremos a isso no capítulo seguinte, indica que ele sofreu por ter sido colocado tão fortemente em contradição. Ele também, sem esforço, passou pelo terreno de seu colega e apenas verificou que o caso é venial e, portanto, coberto pela anistia.

Luchon: Paramos por aqui, veremos se o dossiê "Comissão Bancária" funciona, quero elaborar um dispositivo legal, temos muitas coisas na subseção de julgamento único, não vale a pena **obstruir**.

O dispositivo legal permite ao presidente da subseção decidir sozinho para os casos sem importância. "Funcionar" quer dizer que o precedente é tão semelhante que é preciso apenas mudar os nomes dos reclamantes, que estamos em um automatismo.

Encontramos aqui, na preocupação súbita do presidente em não "obstruir" as sessões com um caso que mudou completamente de importância desde a intervenção clara do segundo revisor, um quarto objeto de valor, esse com os quais os presidentes de subseção e de Seção Administrativa devem se preocupar constantemente: o fluxo dos dossiês que devem passar de itens de estoques e que exigem competências de gestão e de organização como as de todo diretor de indústria ou alguém responsável pelos "fluxos de produção". Como evitar as perdas de controle, repartir o trabalho de maneira igualitária, impedir os atrasos realmente muito escandalosos, obter o que é o objetivo de todo organizador – o erro zero ou o atraso zero? Uma reunião regular dos presidentes de subseção com o presidente da Seção do Contencioso permite identificar a questão da obstrução das sessões, o papel dos diferentes comissários de governo, as "estatísticas" de cada um dos membros que permitem somar um adicional sobre sua remuneração. Mas essas reuniões não envolvem funções propriamente jurídicas, trata-se antes de administrar corretamente o funcionamento regular e o fluxo de dossiês. Estamos na questão *logística*. Evidentemente, é o presidente da subseção que fala mais, uma vez que ele tem a responsabilidade da gestão da instituição tão suave quanto possível.

Continuemos a conversa até o fim do episódio para ver como se misturam as trajetórias dos diferentes objetos de valor que acabamos de distinguir:

Luchon: Sobre o artigo 6-1 (da Convenção europeia), ele está fundamentado? O requerente o apresenta? Estaremos mais em acordo sobre o primeiro ponto (a anistia) do que o segundo.

Relator: Eu não me **sinto autorizado** a acolher o fundamento, nós é que o levantamos; eles falam da Convenção dos Direitos Humanos, mas sobre a liberdade de expressão.

O relator, em posição de fraqueza, confessa sua inferioridade relativa quanto ao revisor, Dorval, que estava pronto a fazer a jurisprudência progredir insistindo na decisão Maubleu. Ele, ao contrário, não se "sente autorizado", o que diz tanto sobre a força relativa do conselheiro quanto sobre a força do fundamento "invocado", e depois "perdido" pelo advogado. O conselheiro forte é justamente aquele que se "sente autorizado" a "acolher" um fundamento abandonado. Os fundamentos são objetos de valor que necessitam de estimulantes e múltiplos apoios para prosperar no curso de suas longas jornadas.

Le Men: Sim, mas era antes de Maubleu.

Luchon: Sim, nós o utilizamos três vezes, mas se o fundamento não está invocado, a subseção será **dividida** (ele olha a petição reinterpretada por Dorval). Geralmente, a jurisprudência da subseção é que se um fundamento não é retomado dentro do ampliativo, ele não está invocado.

"Jurisprudência" aqui é metafórica, pois indica os hábitos de cada subseção, que tem suas pequenas manias e pode mudar de acordo com a necessidade, como indica o advérbio "geralmente". O presidente se apoia sobre a tradição particular do "julgando sozinho", a "divisão" da subseção remete aos desacordos inevitáveis entre Dorval e os outros, sobre a questão de saber se o fundamento foi ou não foi invocado.

Le Men: Sobretudo quando temos um gabinete de advogados, como Paridole, muito competente, há em geral dez fundamentos. Creio que eles **claramente** abandonaram, viram que a jurisprudência não **passaria** nunca (antes de Maubleu).

Como há advogados que são competentes, que também têm seus pequenos hábitos bem conhecidos do Conselho (fundamentos às dúzias), tudo isso leva a dizer que o fundamento não foi invocado, que os advogados sentiram que ele "não passaria", que ele não cruzaria o obstáculo e, portanto, por uma segunda razão, o revisor se enganava. Misturamos agora aqui o tipo de fundamento com a autoridade respectiva dos advogados e de revisores que no teste sofreram uma leve modificação.

[...] **Luchon** (após a pausa diante do dossiê): Vamos **recopiar** a COB (dossiê solicitado à secretária). Eu redigi um fundamento de ordem pública, não iria assinar o dispositivo sozinho, falamos sobre instrução, está bem.

Trabalho de fechamento, autoavaliação pelo presidente de seu próprio julgamento com um reconhecimento do papel sempre capital da discussão entre pares ("era muito delicado para que eu fizesse sozinho"), mesmo que, em específico, se finalize com um dispositivo assinado apenas por ele. Esse tipo de controle de qualidade, que acompanha o presidente pelo canto do olho, durante toda a discussão, indica a presença de outro objeto de valor, a qualidade própria do debate, que deve ser objeto de uma grande vigilância.

Reconheçamos que esses pequenos dramas, esses microesboços, essas óperas de bolso, têm pouco espectadores e poderiam apaixonar somente os loucos. Entretanto, trata-se mais de dramas: de fato, não falta nada, nem heróis, nem provas, nem estimulantes, nem oponentes, nem traidores e, ao fim das contas, nem triunfos. Façamos a soma muito provisória dos objetos de valor que acabamos de ver progredir através das provas:

a) à *autoridade* variável dos membros, que muda em função de seu sucesso em fazer progredir os casos, juntemos:
b) a *progressão* do caso, cujos fundamentos prosperam ou são rejeitados, em função da ação contínua dos advogados, relatores, revisores e juízes, portanto uns empurram, enquanto outros puxam;
c) a *organização* dos fluxos dos dossiês tomados pela gestão dos presidentes de subseção e que devem ser objeto de uma gestão rigorosa;
d) as modificações do *interesse* que permitem aos membros qualificar, em tempo real, a dinâmica de sua própria evolução, sendo casos "sem interesse" aqueles de pura rotina, e casos "muito interessantes", veremos alguns mais tarde, aqueles que obrigam a julgar alguma coisa novamente;
e) o *peso* variável da jurisprudência, que sofre modificação a cada dossiê, se uma solução é retomada ou não, tanto uma relegação progressiva ou, ao contrário, uma elevação e um reforço, como aqui com "Maubleu";
f) finalmente, o *controle de qualidade*, exercido permanentemente pelos membros, mas sobretudo pelos presidentes, que lhes permite sentir se a discussão é honesta, se a justiça é feita, se a instrução é finalizada.[20]

---

20 Greimas viu bem essa particularidade do direito na explicação contínua de seu processo: "A prática jurídica é ao mesmo tempo um *processo recorrente de verificação* da validade da linguagem jurídica instituída". Greimas, Analyse sémiotique d'un discours juridique, p.91. É uma reflexividade particular ao direito, pois não implica, ao contrário – e apesar de sua ubiquidade e sua ansiedade –, nenhuma pesquisa dos fundamentos.

Nesse conjunto de transformações sutis, entendemos facilmente, não se trata exatamente de raciocínio, como se um fluxo de ideias homogêneas se encadeasse de maneira mais ou menos lógica. Tampouco se trata de um corpo regular de textos que seria suficiente costurar para produzir outro. Também não se trata de uma passagem hesitante de um texto-padrão "aplicado" a um elemento de fato, como se procurássemos identificar, em um atlas dos pássaros da França, a categoria "pato", a partir de uma visão fugidia de determinada plumagem se movendo sobre uma lagoa. A passagem do direito se manifesta inicialmente na modificação que todos esses objetos de valor sofrem, com sua circulação acelerada ou retardada. No curso desse pequeno episódio, toda uma série de tensões, vetores, correntes, pressões se encontra levemente rearranjada. Os sujeitos adquirem ou perdem o interesse; as reputações são feitas e desfeitas; os revisores, relatores, advogados e presidentes ganham segurança e autoridade; há deslizes; obstáculos são superados; fundamentos são invocados; as coisas não seguem; desliza-se para outro terreno; precedentes são reforçados; interpretações são revisadas. Não vamos nos apressar em distinguir qual desses veículos transporta o direito "puro" e quais servem apenas de acompanhante ou parasita.

No raciocínio jurídico, tudo conta

Após esse exame de reversão de opinião, vamos tentar reunir a dinâmica desses objetos de valor com o movimento de dossiês que acompanhamos no Capítulo 2 para esclarecer o movimento desses que "dizem" o direito. Para isso, devemos retirar dois obstáculos opostos que podem frear nossa progressão: inicialmente há essa ideia, muito disseminada, de que o direito seria um tipo de embalagem das relações de poder.[21] Para ter acesso à realidade do

---

21 A formulação canônica é oferecida por Pierre Bourdieu: "Ao fazer chegar ao estatuto de *veredito* uma decisão jurídica que, sem dúvida, deve mais

trabalho dos juristas, não é necessário acompanhar o que fazem, mas ultrapassar as aparências formais, retirar a superfície técnica, para atingir a dura e sólida realidade dos interesses e paixões. Atrás dos falsos semblantes do julgamento haveria a força irresistível dos preconceitos, ou ao menos das pressuposições. Se fosse verdade, os membros do Conselho não fariam grande coisa além de repintar nas cores monótonas do direito os brilhos violentos da sociedade; o cinza transparente e o tédio mortal das questões técnicas teriam uma função: a de confundir a atenção dos dominados, dissimulando, através de uma elaborada camuflagem, as relações de poder que, ao contrário, deveríamos aprender a reverter.[22]

O segundo obstáculo consiste em reduzir o enunciado jurídico à expressão de uma forma, à aplicação de uma regra, à classificação do caso específico em uma categoria geral. Nesse caso, para com-

---

às disposições éticas dos agentes do que às normas puras do direito, o trabalho de racionalização lhe confere a *eficácia simbólica* que exerce toda a ação, pois, desconhecida em sua arbitrariedade, ela é reconhecida como legítima". Bourdieu, La force du droit, p.8. A crueza do argumento é apenas levemente velada pela ideia de um "campo jurídico autônomo" que permite ao sociólogo desviar habilmente da acusação de sociologismo. No final das contas, o direito não tem outra força a não ser a do arbitrário e da dominação que apenas "legitimam". Apesar da negação do analista, a forma jurídica não soma nada além da impossibilidade de criticar os recursos que esconde atrás de sua pseudorracionalização.

22 É o que frequentemente fazem os sociólogos críticos, pois utilizam a palavra "legitimar", vinda do direito, como se exprimissem uma profunda verdade, quando não fazem mais que apontar uma segunda vez a questão que o enigma do direito formula. Legitimar é somar bem mais que uma simples legitimação. Sobre a crítica da expressão "legitimação", vizinha da crítica de "coordenação", veja as análises notáveis de Olivier Favereau, essenciais à sociologia do direito: "Em vez de jogar o anátema sobre o conjunto do campo jurídico, seria mais frutífero explorar os recursos críticos, precisamente porque não é preciso contar nem com uma dinâmica ideal de completa coordenação nem com uma dinâmica sem esperança de completa reprodução. O direito não é essa "força justificada" de que fala Pierre Bourdieu, ou seja, uma justificação a serviço da força; ele é, antes, a *força a serviço da justificação*. Podemos dizer que a diferença é pequena, mas é isso que traça a linha divisória entre as sociedades elaboradas pela exigência democrática [...] e as outras". Favereau, L'économie du sociologue ou penser (l'orthodoxie) à partir de Pierre Bourdieu, 2001, p.298.

preender o trabalho dos juristas, seria necessário ater-se ao aparelho formal eliminando todas as hesitações, os compromissos, as negociações obscuras que distanciam os juízes dos únicos raciocínios verdadeiramente jurídicos. Assim como os cientistas que intuem seus passos nos laboratórios revelam fraquezas que devem ser retiradas, de forma a extrair o puro raciocínio que devem seguir e que lhes guia – embora não saibam –, também a realidade do direito não se encontra nas hesitações da prática, mas na estrutura dissimulada dos encadeamentos jurídicos, que conduz todos os raciocínios de forma invisível e que o teórico do direito permite revelar, em um esforço de reconstrução.[23] Vamos admitir sem dificuldade que essas duas visões – o direito concebido ou como algo travestido, ou como formalismo[24] – nos obrigariam a abandonar o curso sinuoso da prática para vincular nossos passos a outra realidade, invisível aos olhos dos atores e que explicaria seu comportamento: a da sociedade e de suas violências; a da regra e de sua lógica própria. Como veremos no último capítulo, não é seguro que esses fundamentos do direito sejam mais reais do que o direito que eles pretendem explicar. Se vamos duvidar da noção de "poder" e de "sociedade", seremos levados também a questionar a noção de "regra legal".

Todo o interesse em assistir de perto às sessões de instrução reside em reencontrar tanto os problemas de poder quanto os de forma, colocados *explicitamente* pelos membros que, caso a caso, lhes dão uma solução que nos distanciam tanto da primeira visão – a da dissimulação – quanto da segunda – a da expressão de uma regra. Longe de seguir os conselhos opostos que os sociólogos e episte-

---

23 Reconhecemos aqui a epistemologia do direito, que consiste em uma reconstrução *a posteriori* do núcleo racional de uma disciplina, como sua congênere, a epistemologia das ciências.
24 É preciso tomar muito seriamente a noção de "formulação", que diz bem mais do que dissimular. "A coruja do direito levanta-se após a coruja de Minerva", como diz de forma divertida La Pradelle, La réforme du droit de la nationalité ou la mise en forme juridique d'un virage politique. "Entretanto", ele acrescenta, "não seria preciso subestimar esse efeito tardio: afinal, é isso que um povo civilizado espera da instituição de um Estado de direito" (p.171).

mólogos dão para nos juntarmos à realidade profunda do direito, vamos voluntariamente *ficar na superfície*, seguir obstinadamente o percurso hesitante do julgamento, no decorrer do qual os juízes admitem muito claramente os preconceitos, afirmando que não são suficientes para definir a solução, ou que se fixam apaixonadamente às formas, rejeitando o perigo de cair no que chamam de "legalismo" ou "formalismo". Nem o reconhecimento das violências sociais nem a presença das regras são suficientes para prever o movimento do direito. Parece que, nesse momento, não há necessidade de buscar outra realidade invisível além dessa *sinuosidade* do raciocínio, para explicar como ela abre um caminho através de todos esses obstáculos. Tendo evitado estas duas armadilhas – a ideia do poder travestido e a das bases formais –, poderemos agora começar a compreender o que fazem esses escravos atrelados a pilhas de dossiês, durante os belos dias de verão, em sua prisão dourada do Palais-Royal.

Não há ponto mais claramente visível da brutalidade das relações de poder do que esse das expulsões de estrangeiros, do qual se ocupa o Conselho de Estado. Aqui está, portanto, um caso – como sempre reconstituído artificialmente para preservar o segredo da discussão – no qual se joga com a vida e a morte de um homem, e cuja instrução revela, de forma incontestável, a presença dos interesses sociais e dos sentimentos de classe nos membros que o discutem serenamente. Entretanto, como vamos perceber, a relação entre o direito e a força não é aquela da vestimenta de uma violência nua. Outra coisa está em jogo e devemos nos esforçar para identificá-la. Dado que os preconceitos estão admitidos, começa a questão da colocação no direito. A relação não é da verdade e sua camuflagem, do conteúdo e sua embalagem, mas da passagem da força ao movimento particular do direito.

Como o leitor se torna sem dúvida cada vez mais familiar com o direito administrativo no decorrer das páginas, poderemos pouco a pouco reduzir os comentários no texto e apresentar os trechos de discussão mais longos, a fim de que ele forme seu próprio julgamento, sem interrupção intempestiva de nossa parte. Hoje, o relator dessa subseção é um proprietário de terras do interior, com tom e aspecto muito aristocratas e que, podemos achar, não tem qualquer simpatia por um traficante de drogas condenado com gravidade, ainda mais um estrangeiro, que um prefeito quer expulsar para seu país natal. O revisor, como sempre, está encarregado de verificar novamente o dossiê antes da sessão e retomar a nota do relator, mas trazendo apenas os pontos que merecem discussão.

Le Men[25] (revisor): Sim, aí está um caso **interessante**, simples mas complicado.

De Servetière (lendo a nota): Caso de expulsão: o sr. Farouk apresenta recurso; ele pede anulação do julgamento; ele tem razão; o tribunal administrativo é competente, não tinha de se declarar incompetente; anula-se e evoca-se.[26] Esse iraquiano seria enviado à morte em seu país, ele invoca o artigo 3 da Convenção europeia; o fundamento é **eficaz**.[27] Há a Lei Pasqua; você anulou na subseção 2/6; o iraquiano cita um jornal de 1989 que **não é suficiente para provar** que ele seria atacado ou assassinado em seu próprio país. Ele invoca o artigo 8 da Convenção dos direitos humanos; eu rejeito.

Le Men: Não é um problema de direito, mas **de fato** é delicado; o tribunal administrativo se enganou.

Reconhecemos ali o problema "interessante" que remete ao trabalho os membros da Seção e aos obstáculos intelectuais que devem superar. Encontramos também a mudança de pesos a ser atribuída a um elemento da jurisprudência. O problema

---

25 Lembre-se de que os mesmos pseudônimos misturam pessoas empiricamente variadas.
26 Como no caso das pombas (veja o Capítulo 1), a evocação é um privilégio do Conselho de Estado, uma corte de cassação que não apenas pode cassar e enviar a uma corte de apelação, mas também tratar o caso no mérito.
27 Os fundamentos "operantes" são aqueles que têm energia suficiente para forçar todos os juízes a fazer a causa progredir. No caso contrário, são chamados "inoperantes". Podem também ser operantes mas "sem base de fato". O termo "fundamento" começa agora a tomar um sentido capital e compreende-se que ele tenha esse sentido bastante específico apenas no direito.

do direito está terminado, o tribunal errou a declarar incompetente, um erro grosseiro, a petição foi acolhida. A expressão "de fato" não tem sentido simples, mas sentido forte de "na realidade, por oposição à questão legal que, em si, não é difícil". Essa pequena palavra assinala que, como em todos os casos de direito dos estrangeiros, o problema jurídico não é suficiente para fechar a discussão. O dossiê que circula na sessão, e que cada um pode consultar, apenas contém, como prova dos perigos de morte incorridos pelo requerente, um artigo de jornal iraquiano traduzido, que relata em termos vagos a situação penal daquele país.

O sr. Farouk é alguém **muito negativo**, envolvido em tráfico pesado de drogas com interdição definitiva no território. O advogado do Conselho de Estado não apresentou nenhuma prova sólida (de que tem risco de vida), **entretanto** o Iraque está designado (como país de expulsão), considerando o que podemos saber. Seu destino está à luz do artigo 3, mesmo que não seja pelo artigo 8; casou-se com uma francesa, tem um filho francês, é diferente do 10 de maio de 1996, um político algeriano integrista fundamentalista que havia abandonado o integrismo, é claro; mas aqui eu tenho uma pequena dúvida, submeto à subseção.

Como previa a referência do "de fato", passamos à definição factual do requerente, traficante de drogas, o que, em virtude do Código Penal, leva à interdição do território francês, que "leva de pleno direito" à recondução à fronteira.[28] O personagem não é recomendável, não vamos fazer grandes esforços por ele, seu advogado não o ajudou muito a montar seu dossiê.[29]

---

28 Princípio da dupla pena, que está na origem de um forte movimento de contestação das organizações humanitárias e de alguns partidos políticos.
29 Vemos aqui as espetadas usuais do Conselho sobre o mau trabalho dos advogados, os quais muito evidentemente afirmam que o Conselho se apropria sem vergonha de seu trabalho, em particular na extração de fundamentos, a partir da mistura disforme que a maior parte dos requerentes lhes entrega, reclamações desarticuladas que eles devem, entretanto, transformar em petições aceitáveis.

Mas, ao mesmo tempo, há uma questão de direito europeu cada dia mais importante (o direito francês está em contradição com o artigo 3 ou com o artigo 8?) e uma questão de geopolítica sobre a situação dos direitos humanos no Iraque. Tudo isso cria uma "pequena dúvida" que suspende o julgamento, leva-o à hesitação e obriga à discussão do colégio.

Dorval: Tenho **dúvidas**, mas é preciso produzir **provas**. Por que o advogado não produz nada? É isso que me convence (de duvidar como Le Men), pois o que **ocorre** no Iraque é realmente inquietante.

"Produzir", como vimos, é um termo técnico, verbo intransitivo que quer dizer responder, replicar. O segundo revisor não tem qualquer hesitação em exprimir uma opinião direta sobre a situação política. E uma vez que ele próprio sabe coisas sobre o Iraque, em alguma medida diretamente pela mídia, por que o advogado não é capaz de apresentar provas em favor de seu cliente?

Perrouard (comissário de governo): O que mais me incomoda é a existência da pena de morte para o tráfico de drogas; isso se **junta** à Convenção (Europeia dos Direitos Humanos). Isso é certo do Iraque? É preciso **verificar**; isso me **incomoda** um pouco; é um pouco mais jurídico. É um país que aplica a pena de morte aos traficantes, então vamos devolvê-lo dizendo "é um traficante".

Normalmente, o comissário de governo não toma a palavra, mas, como ele já se prepara para redigir suas conclusões, leva para uma direção "mais jurídica" a posição anterior que utilizava o bom senso.

Presidente Luchon: Mas atenção, é o judiciário que não respeitou a Convenção e o artigo 3, expulsando-o indefinidamente. O juiz administrativo **pode** aplicar alguma coisa contrária ao artigo 3?[30]

Le Men: Isso está **julgado**. Não nos diz **nada**, é a coisa julgada. Estamos **vinculados**: o tribunal administrativo apenas

---

30 "Ninguém pode ser submetido à tortura, nem às penas ou tratamentos desumanos e degradantes."

decide o país de expulsão, a expulsão é feita pela corte civil do judiciário.

Reencontramos a divisão de tarefas – muito bizarra em caso parecido – entre dois ramos do direito francês. Nesse caso, o direito administrativo só pode se interessar pela decisão do prefeito escolhendo o país de expulsão; todo o resto depende da corte civil do judiciário, e os juízes do Conselho de Estado, também eminentes, estão *vinculados*, não podem fazer nada. O sr. Farouk já foi julgado e os juízes da corte civil já pronunciaram sua expulsão (autoridade da coisa julgada), a única margem de discussão para a subseção é saber se o prefeito cometeu um excesso de poder deixando-o partir para o Iraque.

Luchon (indignado): Espere, não se pode deixar uma questão tão **importante** à habilidade do advogado. **Vemos** na TV coisas horríveis.

Bruyère: É uma parte da imprensa, isso não vale nada.

Dorval (incomodado, dirigindo-se ao relator): Mas é **verdade** que ele tem risco de morte?

De Servetière: Mas eu não sei nada disso! Cabe ao advogado nos citar os casos... Concordo que não podemos pedir ao advogado provar que ele, sr. Farouk, em particular, tem risco de pena de morte, mas há organizações dos direitos humanos (capazes de alimentar o dossiê) etc.

Luchon: **Podemos** saber sobre isso?

Bruyère: Mas como saberíamos se o advogado não pode? Perguntemos ao Quai (d'Orsay, Ministério do Exterior). Mas, de toda forma, que ele seja um opositor ou não, isso não muda nada (fazendo gesto de cortar o pescoço): "cuiiii".

Le Men (um pouco chocado): Não vamos passar pela via **oficiosa** para obter informação. Se quisermos que isso conste do dossiê, será necessário pedir uma réplica (pelo Ministério do Interior).

O revisor está chocado com a expressão brutal de Bruyère, velho veterano do Estado forte de De Gaulle e, ao mesmo tempo, pela ideia de um movimento informal para obter informação – ou chocado antes pelo segundo ponto, mais do que pelo primeiro... de fato, o que o presidente solicita é levar a um suplemento de instrução que, para respeitar o princípio do contraditório, deve ser objeto de uma réplica: não podemos "informalmente" anexar um fato em favor do sr. Farouk sem dar à parte contrária a possibilidade de replicar.

Luchon: É **escandaloso** pedir ao Ministério do Interior? **Podemos fazer o que queremos**, nós nos consideramos sempre muito vinculados.

Assim como no Capítulo 1 (p.42), encontramos as questões de precedência entre o Conselho de Estado e a administração.

O presidente reclama por uma liberdade de manobra contra os que opinaram antes e que dizem muito rapidamente que "não podem".

Bruyère: **Temos o direito?**... (em forma de dúvida)

Luchon: Temos o direito! Além do que, isso é **muito importante**, isso será um precedente?

Não podemos dizer que, nessa conversa, os preconceitos estejam ausentes: o relator admite muito claramente o destino desse traficante de drogas, mesmo casado com uma francesa e pai de uma criança, isso "não importa" nada.[31] Ao contrário, o presidente considera que se trata de alguma coisa "muito importante", e mesmo tão importante que não se pode deixar o destino desse infeliz nas mãos inábeis de um advogado incapaz de preencher um dossiê. Ele não hesita então a invocar o que viu na televisão, enquanto Dorval, o outro revisor, acha também a situação iraquiana "muito inquietante", enquanto o bom Bruyère, que viu outras situações durante a Guerra da Argélia, não hesita em prever o destino do sr. Farouk, o qual sela com um "cuiii" retumbante... Mesmo o comissário de governo reconhece de forma ingênua que se "expulsa todos os dias" os opositores enviando-os a uma morte certa. Se a personalidade do sr. Farouk age evidentemente sobre o raciocínio (não vamos fazer

---

31 No fim de outro caso, dizendo em paralelo ao etnógrafo: "Ele pode se enforcar, pouco importa".

enormes "esforços" por esse personagem "muito negativo"), a situação geopolítica do Iraque age igualmente e em sentido contrário.

Não podemos também dizer que nos encontramos aqui em uma situação de exame que permitiria, como aos anjos do Juízo Final, estimar a qualidade intrínseca, a alma do requerente. Há, de fato, tantas expressões para lembrar os pressupostos de cada um e o contexto geopolítico do Iraque quanto para lembrar, assinalar ou destacar as regras legais: Dorval afirma que está pronto a duvidar, mas que não pode fazê-lo se o dossiê "não traz provas"; o comissário de governo diz que seu "incômodo" é "mais jurídico", e que ele se fixa à questão da pena de morte por tráfico de droga, o que "se juntaria" com a Convenção europeia. O presidente, tão sensível pela sorte desses iraquianos, se pergunta se o direito administrativo "pode aplicar alguma coisa contrária ao artigo 3", o que, em resposta, Le Men afirma que é impossível, lembrando o indiscutível pilar "está julgado": nós, o Conselho de Estado, não podemos dizer nada, a repartição das tarefas entre a corte civil e o direito administrativo é indiscutível, não podemos nem mesmo interrogar informalmente "o Quai" sem produzir um efeito no processo do contraditório.

Se a discussão não se situa no terreno das evidências e dos pressupostos próprios à experiência do senso comum de cada um ("as coisas horríveis que vimos na TV"), ela também não se refugia à distância do mundo real para ficar na simples lógica dos textos e das regras. Também não se pode dizer que ela vai *de um lado a outro*, nem mesmo que ela tenta descobrir o resultado, a média, a linha de menor tensão entre duas preocupações contraditórias que misturariam, em *um só* conjunto, a situação do Iraque, os preconceitos de casta, de classe, eventualmente de raça, a favor e contra os estrangeiros traficantes de drogas, o respeito à coisa julgada, a vontade de estar em acordo com os tratados internacionais, a má consciência de enviar à morte o pai de uma criança francesa que pagou sua pena... O movimento do qual temos a chance única de ser testemunha é muito mais sutil do que uma *síntese* de elementos incomensuráveis que produziriam, no final das contas, uma decisão, à moda de uma rede neural, sem que se saiba por que, por simples ponderação e iteração de fatores heterogêneos. A progressão da discussão cobre bem os tipos de argumento incomensuráveis, mas nem por isso é um pega-tudo.

Particularmente reveladora é a conversa que segue a questão, ao mesmo tempo ingênua e exasperada, de Dorval perguntando ao revisor: "Mas é verdade que ele tem risco de morte?". Compreende-se facilmente a dificuldade do conselheiro. Gostaríamos muito, neste ponto, de poder pular fora do dossiê e passar rapidamente à realidade, graças a uma de suas correntes referenciais que conheceremos no capítulo seguinte. Mas o relator recusa, com impaciência, o papel de expert em Iraque que querem dar a ele ("mas eu não sei nada disso!") e retraduz a questão de fato em uma questão de direito: "Cabe ao advogado colocar no dossiê, sob nossos olhos, um pouco mais do que um artigo velho de jornal com data de sete anos!". O mesmo movimento ocorre quando o presidente formula a questão sob outro ângulo: "Podemos saber?", o que provoca a resposta engenhosa e informal de alguém da velha guarda que a traduz em oferta de informação ("Eu posso telefonar a meus colegas do Ministério do Exterior para saber se há ou não pena de morte no Iraque contra os traficantes de drogas"), e uma segunda tradução para esta outra resposta admirável de Le Men: "Não, não podemos circular uma informação informal sem criar efeito legal, ou seja, provocar a réplica de um ministério, único meio de fazer *constar do dossiê* para que possa ser contado em nosso raciocínio". É precisamente pelo fato de, duas vezes seguidas, a questão do "poder saber" ser interrompida, deslocada, cortada, retraduzida na direção de outro procedimento que substitui o saber pelo respeito de uma regra sobre a composição de um dossiê, que podemos identificar a passagem, a trilha, o movimento particular do direito. É preciso que alguma coisa que não seja uma transferência de informação permita qualificar o movimento.

A dinâmica do julgamento não hesita entre o fato e o direito, também não busca conciliá-lo através de um compromisso manco, ela faz outra coisa: retira os elementos que permitirão o dossiê progredir segundo um percurso particular, que será associado ao adjetivo de jurídico. Os marcadores desse movimento tão singular se encontram ao longo desse episódio nas expressões numerosas que indicam a *hesitação*: "é complicado", "é delicado", "eu tenho uma pequena dúvida, devo submeter à subseção", diz Le Men. "Também tenho dúvida", responde Dorval; Perrouard está "um pouco incomodado"; "atenção", diz Luchon, que pergunta: "isso é escandaloso?", ao que Perrouard responde "por que não?". Todas essas expressões são rodeadas por termos que indicam o exato contrário: não existe problema de direito, o tribunal se enganou: "não se pode dizer nada, é a coisa julgada", "estamos vinculados", "isso não vale nada", "isso não me incomoda psicologicamente"; "isso não faz diferença"; "temos o direito". Transversal com relação à diferença dos fatos de senso comum e das formas, outro drama se forma e faz a discussão avançar de um ponto quente a outro, apoiando-se sobre os pontos frios até esta magnífica retomada do presidente: "podemos fazer o que quisermos, sempre nos consideramos *vinculados demais*". Agitando os hábitos de dependência com relação à administração, que paralisam a formação de julgamento pela subseção, o presidente, trocando dúvidas por certezas e incômodos por esforços, coloca alguma coisa a mais que está operando em toda a discussão, que acompanha a progressão e que avalia de forma reflexiva.

Como nomear esse "não sei o quê"? Digamos, em uma primeira aproximação, que se trata de um tipo de reserva de graus de liberdade na definição de nossa capacidade de julgamento, uma atitude de *desatar* que apenas nos permitirá em seguida *atar*, não nos vinculando de forma duradoura nem à pluralidade multicor dos acontecimentos exteriores, aos quais tivemos pouco acesso, nem à estrita aplicação das regras e textos que não são nunca suficientes para definir nossa tarefa. Se nos consideramos como "vinculados demais", nunca poderemos exercer nossa faculdade de julgamento: é preciso, portanto, através de todo esse trabalho, produzir *desvinculação* e, apenas em seguida, poderemos concluir nossa posição.[32] Vamos

---

32 Isso não mudará nada para o requerente, e o advogado poderia ler ao final do dispositivo a breve decisão seguinte:

juntar esse novo objeto de valor, o sétimo, a todos os outros já mencionados e defini-lo como certa capacidade de multiplicar as margens de manobra, marcada ao mesmo tempo pela hesitação, pela dúvida e pelo reconhecimento de pilares indiscutíveis, definindo o que se pode ou não se pode fazer. Uma vez mais, não vamos nos precipitar em purificar demasiadamente rápido a natureza desse movimento. Vamos explorar até o fim a chance que temos de não ser juristas e, portanto, não compreender muito rapidamente o que há de puramente jurídico dentro desses movimentos.

De todo modo, é impossível definir a expressão "dizer o direito" se eliminarmos as hesitações, os percursos sinuosos, os meandros da reflexão. Não é sem motivo que se representa a justiça como cega e com a balança na mão: é que ela de fato hesita e avança sentindo o terreno...[33] É preciso segui-la, empurrada para um lado ou puxada de outro pelo peso dos preconceitos que nunca são suficientes para explicar os zigue-zagues. Jogada em uma direção ou outra pela presença de textos e de precedentes, ela não pode encontrar no respeito a uma forma qualquer a via correta que lhe permitiria progredir, já que o formalismo e o legalismo a enganariam. Diríamos que ela avança como os hebreus no deserto, seguindo uma coluna de fumaça situada justo à sua frente, que os ilumina porque mostra o caminho, e os cega, pois dissimula o que está sob as nuvens – exceto que, assim como o Conselho de Estado, nenhum Deus todo-poderoso, nenhum anjo guardião guia os juízes... Para seguir dessa forma, da direita à esquerda, às cegas, a justiça utiliza apenas raciocínios

---

"DECIDE

Artigo 1º: O julgamento na data de ... conselheiro delegado pelo presidente do tribunal administrativo de ... está anulado.

Artigo 2º: A demanda apresentada por sr. F... diante do tribunal administrativo de ... e o adendo de conclusões de sua petição estão rejeitados.

Artigo 3º: A presente decisão será notificada ao sr. F ... e ao ministro do Interior".

33 Coisa bizarra, esses traços tão impressionantes aparentemente não têm nenhum papel nas fontes da iconografia clássica da balança suspensa por uma mulher com olhos vendados (e às vezes com as mãos cortadas!) tais como reconstituídas por Jacob em *Images de la justice*.

comuns, silogismos interrompidos, tal como empregamos para organizar nossos casos cotidianos, um conjunto heterogêneo que parece antes um gosto, um cheiro, um nariz, uma coisa de hábito, de cultura, de experiência e de senso comum. Mas o que ela sente, o que ela cheira, está na natureza própria dos casos pela presença dos desconfortos, dos incômodos, dos transtornos, "brilhos" aos quais ela deve pôr fim através de soluções em que o objetivo parece apenas apaziguar, fechar, finalizar, terminar esse movimento errático. A justiça escreve certo por vias tortas. Dito de outra forma, se ela se recusasse a errar, se aplicasse uma regra, não saberíamos qualificá-la nem como justa nem como jurídica. *Para que ela fale de forma justa, é preciso que tenha hesitado.*

"Tocamos o coração do Estado"

De todos os objetos de valor, é esse que designamos pela palavra "fundamento" (*moyen*) (o oitavo em nossa identificação provisória) que parece o mais inusitado, o que parece definir da forma mais original a passagem do direito. O que há de mais simples, de mais polissêmico que essa pequena palavra, que serve tão bem à moral, à técnica, à organização, à mais humilde prática e que, entretanto, possui na boca dos juristas um sentido, ao mesmo tempo, muito preciso e totalmente implícito?[34] O que um fundamento acolhido pelo Conselho transporta? Vamos procurar apresentar tomando um caso para o qual o peso respectivo dos preconceitos e dos formalismos atua exatamente ao inverso do episódio precedente. Foi

---

34 "Os fundamentos são o apoio necessário da queixa e da defesa. São eles que formam a base da causa. Ao apoio de suas pretensões, as partes podem fazer valer os fundamentos de fato ou de direito dos quais as divisões são denominados ramos." É o que se lê na décima edição do *Lexique Dalloz des termes juridiques*, que convida a não confundi-lo com argumento. O *Robert* consagra apenas uma citação ao sentido jurídico (após "meio de ação" e "meio de transporte"!): "*Razão* de direito ou de fato invocada diante de um tribunal em apoio de uma pretensão".

necessário fazer muitos esforços para salvar esse traficante de drogas e sustentar todo o peso da Convenção europeia na luta contra o prefeito, e agora deveremos censurar o presidente da República em um de seus poderes essenciais, o de nomeação, porque a pressão de um ponto legal levantado por um requerente minucioso é mais forte do que todos os preconceitos contrários dos membros da subseção. Dessa vez, tudo deveria impedir o fundamento de "prosperar", e no entanto ele progride, apesar dos esforços dos conselheiros jacobinos, que não querem privar o Estado do poder de nomear seus funcionários em função de exigências de interesse geral. Que se trate de um impulso, de uma força, de uma pressão, o comissário de governo admite sem delonga: "Consideramos essa nomeação ilegal. Nossa primeira intuição, admitimos, era *inversa*. Mas o desenrolar progressivo, racional, também um pouco implacável, das etapas do exame desse fundamento único *reverteu* nossa impressão". Há, portanto, fundamentos capazes de enfraquecer as primeiras intuições, assim como os preconceitos e fundamentos que dizemos que progridem de forma "implacável". O caso é ainda mais interessante para nós porque o ponto legal levantado forçará o Conselho a aplicar uma regra legal quase nunca aplicada até o momento. Aqui nos aproximamos do estudo da etnografia dessas questões de obrigação e de regra que parecem tão importantes aos teóricos do direito, mas que têm descrição empírica muito rara. Como uma lei não aplicada, invocada por um requerente minúsculo, pode fazer o Estado tremer? Como abordar a descrição do que deve ser chamado a objetividade do direito que se impõe a todos, embora ninguém tenha sentido claramente a força desse fundamento antes que um requerente o levantasse?

Com o segredo da deliberação nos impedindo de utilizar notas de observação de um caso muito célebre para ser maquiado, inicialmente reconstituímos de maneira artificial uma parte muito inocente das interações – apenas o suficiente para compreender o caso a partir de casos similares – antes de utilizarmos fontes publicadas – as conclusões do comissário e o relato. Comecemos pela discussão do caso tal como aparece a primeira na subseção. Uma pequena sociedade intitulada ironicamente Epsilon contesta o decreto de nomeação, assinado pelo presidente da República, de um funcionário que acaba de passar diretamente de um ministério, onde tinha a tutela de um banco, para a presidência desse mesmo banco. O requerente o acusa de praticar o fenômeno da "porta giratória",[35] invocando uma infração do Código Penal.

> **Deldago** (relator lendo a nota muito rapidamente para que se possa anotar): Sobre o artigo 432-13 do Código Penal, **não há discussão**, isso remonta ao direito romano (ela cita o *Digeste*, Saint Louis 1254, Carlos III sobre os governantes!)
>
> Lembremos que para todos os outros membros da subseção o caso é novo: o julgamento se forma pela comparação entre a nota lida muito rapidamente e a retomada oral de todo caso pelo revisor, que o torna mais "legal".

Lebras (revisor): Isso pode nos levar **longe**, sua força é **considerável**; estou de acordo com a nota; retomo os fatos:

Legendre está em função desde 1º de janeiro de 1995; o requerente é um **habitué** do Contencioso, ele tem um contencioso muito variado. A Epsilon tem doze ações do Crédito Urbano a 35 francos a peça! É um belo paradoxo; o interesse em agir segue de sua propriedade, mesmo simbólica; ele tem direito **mesmo que** seja mínimo; mesmo que, talvez, tenha comprado as ações apenas para esta ação na justiça. Em troca, os fundamentos externos de legalidade são inconsistentes; o decreto está citado em extrato, mas é sem importância e as contra-assinaturas são suficientes.

> O requerente faz parte desses habitués que às vezes chamamos com um misto de afeição e de irritação, "agente ocasional do serviço público", pois eles assistem a todos os casos e põem suas marcas em todo lugar, rivalizando com os conselheiros sobre os arcanos do direito administrativo. Todavia, seu espírito

---

35 No original, *pantouflage*, ou porta giratória, termo utilizado para denominar o movimento de políticos ou funcionários públicos que passam da função pública a funções em empresas ou organizações privadas. (N. T.)

processual não pode ser tomado contra eles e o fato de que esse requerente tenha comprado ações unicamente para introduzir uma marca no sistema de "porta giratória" não permite que sua petição seja ignorada, o motivo de uma ação legal não entra em consideração. O interesse em agir é um termo fundamental, indicando que se tem o direito de contestar na justiça um ato da administração. Muito restrito ao início do direito administrativo, ele se estendeu desde então; um acionista de um banco tem o direito inquestionável de contestar a decisão que nomeia seu diretor. Segundo o hábito da instrução, começamos sempre pelos fundamentos externos de legalidade – assinaturas, datas, vistos – antes de passar aos fundamentos internos de legalidade, que contestam o coração do caso.

Permanece o fundamento interno de legalidade (ele relê o artigo 432-13 do Código Penal): "É punida com dois anos de prisão e 220 mil francos de multa a pessoa que, sendo responsabilizada como funcionário público ou agente ou preposto de uma administração pública, em razão de sua função, seja de assegurar o acompanhamento ou o controle de uma empresa privada, seja de exprimir sua opinião sobre as operações efetuadas por uma empresa privada, de tomar ou receber uma participação através de trabalho, conselho ou capitais em uma dessas empresas, antes da expiração de um prazo de cinco anos após a cessação dessa função". Campo muito amplo, como você vê, apenas escapam disso os monopólios como a SNCF, EDF, não há muito mais. Eu lembro os pontos importantes; ele é **aplicável** e foi **desconhecido** nesse caso, esses são os dois pontos de direitos delicados. Nenhuma regra da função pública pode **contrariar** uma conclusão do direito penal, **isso é** de 27 de janeiro de 1969 ou do dia 24, não sei mais; em todo caso, é da Assembleia,[36] e tem o relato devido a N., e apesar de que o caso não

---

36 24 de janeiro de 1969: "Ministro do Trabalho c/ Sindicato dos quadros de organismos sociais" (*Lebon*, p.39) anula uma decisão trazendo a nomeação de um funcionário na qualidade de diretor de uma Caixa de Seguridade Social. As funções exercidas anteriormente pelo agente no seio da direção regional da Segu-

ia **tão longe** como o nosso, isso se aplica ao funcionário destacado. **Temos a resposta** (no caso precedente). Resta saber se o argumento em defesa de Paridole (advogado do funcionário e do ministro) se aplica hoje. Eles sentem que a situação é **desesperada**; a lei diz que há um decreto no Conselho de Estado de 17 de janeiro de 1991 e ele previu a consulta de uma comissão, depois uma segunda série de textos de 28 de junho de 1994 pela obrigação de consultar a comissão de deontologia, mas após o decreto 95-168 do Conselho de Estado de 17 de fevereiro de 1995[37] não há **nenhuma incidência** sobre nosso caso, uma vez que emerge após a segunda série, e que a primeira série não visa o destaque. De toda forma, a função pública não pode se afastar do Código Penal.[38]

Encontramos aqui o segundo objeto de valor, a petição impulsionada pelo requerente e freada pela parte contrária, cada um fazendo uso dos textos, mas um possuindo o Código Penal, mais forte na construção do que as decisões da administração (não pode "contestar"), enquanto a outra parte invoca, em situação "desesperada", os textos "sem incidência" sobre a progressão irresistível do fundamento interno de legalidade (cabe destacar, uma coisa espinhosa que o requerente descasca sem advogado, enquanto o ministério apelou para um escritório!). Há uma série de procedimentos de consulta para triar,

---

ridade Social comportam um controle direto da caixa primária. É sobre esse precedente, para um caso menos importante, que o comissário vai construir mais à frente seu raciocínio "retilíneo" – veja a seguir.

37 É esse decreto ao qual o revisor fez referência que organiza na função pública uma comissão que deve obrigatoriamente ser consultada para apreciar a compatibilidade das funções precedentes dos funcionários que deixam a administração.

38 Caímos aqui na hierarquia das normas que organiza a importância respectiva dos textos: assim como um tratado internacional tem primazia sobre uma lei francesa mesmo posterior, um regulamento da administração não pode se contrapor a uma disposição do Código Penal. Sobre a versão francesa da hierarquia dos atos e das autoridades em vez das normas *strictu sensu*, veja Béchillon, Sur la conception française de la hiérarchie des normes. Anatomie d'une représentation. Em todo caso, a invocação da norma superior, aqui, torna o ponto indiscutível.

entre os casos de porta giratória, aqueles que são permitidos e os que são proibidos, e as opiniões das diversas comissões foram todas favoráveis, mas isso não muda nada, segundo o revisor, já que nenhuma comissão pode autorizar um ato contrário ao Código Penal.

Eu me **lembrava** do debate de 2 de fevereiro de 1995, refresquei minha memória, a sra. N perguntou: "Por que (não permitimos) o destaque?". O sr. B. disse: "Por quê? **Porque** há o Código Penal", portanto foi completamente visto,[39] e enfim, nesse caso é suficiente ler o Bottin administrativo, é muito esclarecedor, lê-se "Bureau BIII: controle do Crédito Urbano"! Não é regulamentar, mas é **esclarecedor**; não vejo **como escapar da anulação**; as regras estão um pouco **perdidas de vista** pela administração; é uma pena, inclusive porque é um excelente administrador.[40] Eu não estou seguro de que isso possa **passar** em subseções reunidas.

Assim como no episódio anterior, em que o caráter "muito negativo" do requerente, traficante de drogas, não impedia de levantar o ponto legal, aqui o fato de o requerente ser um litigante notável e que o funcionário contestado é "excelente" não impede de acolher o fundamento: a psicologia e as posições de bom senso não têm efeito sob o ponto de vista jurídico. A vantagem importante do Conselho de Estado é o revisor que, lembremos, ocupa lugar também na Seção Administrativa, e pode apelar às suas lembranças da discussão do decreto sobre a comissão da "porta giratória" para verificar que esse ponto foi "visto" nas discussões entre seus colegas no momento da redação do texto, o que permite identificar o senso latente deste

---

39 Vimos esse "visto" em um exemplo na interação na p.75, Capítulo 1, mas ao inverso, quando um conselheiro das Seções Administrativas previa o contencioso possível.

40 Em todo esse caso, o Código Penal não visa especificamente o homem – o qual só poderia ser julgado no sistema penal –, mas o ato de administração. Como diz com força o comissário em suas conclusões: "Que nos compreendam bem: a integridade pessoal do sr. Legendre não está em causa. [...] todo comentário que apoiaria sua decisão para manchar sua conduta, nessa base, seria uma imputação difamatória" (p.18).

– como, aliás, a transcrição dos debates parlamentares. Além disso, utilizando o Bottin administrativo na biblioteca, ele pode verificar que o funcionário tinha em suas atribuições o banco que controla hoje, isso faz parte de suas informações informais, esclarecedoras, mas não decisivas. O revisor não vê como "escapar da anulação" apesar de todos esses inconvenientes que vão "levar longe". Segundo ele, a importância do risco obriga a mudar a formação do julgamento, as subseções reunidas estão muito abaixo na hierarquia para infligir uma bofetada na administração que "perdeu um pouco de vista" as regras e a lei.

Presidente Oury: Podemos discutir; quanto mais elevado (nas formações de julgamento), mais é **embaraçoso** para o governo, mas o relatório e o esboço são **tão decisivos** que eu não vejo por que iríamos mais **alto**; enfim, cabe inicialmente discutir o mérito.

Vamos alto na hierarquia das formações seja porque é importante, seja porque estamos incertos. Neste caso específico, ocorre que terminaremos indo o mais alto possível, na Assembleia.[41]

Fléval (segundo revisor): Parece que não há **nada a dizer**, em todo caso, em nosso nível. **Isso fragiliza** toda a política do Tesouro.

Oury: Não apenas o Tesouro, na época eu havia perguntado a Huilier que saiu da SNCF [Sociedade Nacional de Ferrovias da França] vindo do Ministério de Transporte Público; é conhecido há muito tempo na administração. O que brilha em meu espírito é quando esse artigo (do Código Penal) caiu em parte **em desuso**. Toda a SNECMA [Sociedade Nacional de Estudo e Construção de Motores de Aviação] (é feita por pessoas como essa), por que **nunca foi aplicado**? Como a SGG deixou fazer tudo isso? Há uma **distância inacreditável** entre o que você diz e o fato de que nunca foi aplicado.

---

41 Não confunda a Assembleia do Contencioso com a Assembleia Geral do Conselho de Estado, que agrega todos os conselheiros mas não para uma atividade de julgamento, e sim unicamente para sua atividade de conselho, como vimos no Capítulo 1 (p.82. Quando o revisor dizia mais alto "em todo caso é a Assembleia", ele destacava a importância do precedente.

Sobre o mérito, não chegamos nem mesmo a ter uma discussão jurídica!

Perrouard (CG): **Exceto** se a má-fé do requerente tivesse interesse em agir: nesse caso seria uma decisão de procedimento em Assembleia; ainda é uma pedra no sapato.

Fléval (continuando sua reflexão em modo de indignação): De minha parte, penso que esse caso é muito **saudável**;

Lebras (depois de ter olhado o dossiê e respondendo a Perrouard): Não, não, no dossiê ele tinha suas ações em 21 de dezembro e o decreto contestado é de 29 de dezembro! (portanto não se pode provar má-fé).

Oury: Vou ver, mas é **bem claro** que isso vai progredir em subseções reunidas. Mas o **impacto** será muito importante, sobretudo porque N. estava na SCG à época, então ele ficará muito irritado.

Lebras: Eu falei uma palavra com ele sobre isso. "Não foram muito cuidadosos", ele me disse.

Oury: Não vamos **dramatizar**, não vamos pedir que ele se rejeite!

Pela natureza própria do Conselho de Estado, com membros da administração que entram e saem (ver o capítulo anterior), é frequente que eles, enquanto juízes, sejam confrontados com um caso para decidir sobre um funcionário ativo ou personalidade política. Nesse caso, "rejeitam-se", o que equilibra levemente o viés dado pela cadeira e define não tomar parte nem na discussão nem no voto! Não é preciso dizer que perguntar isso a um presidente de subseção não é insignificante, sobretudo para um simples presidente de subseção. Eles não vão "dramatizar" o conflito que a decisão jurídica vai criar, mas os membros da subseção não dissimulam em nada as consequências, seja porque as consideram perigosas para a administração, seja porque as avaliam "saudáveis". O ponto essencial é que o acordo se faz sobre o ponto de direito: "não há nada a dizer".

Fléval (um pouco irônico): Espere, o comissário de governo talvez não esteja de acordo, você está antecipando!

Estamos em sessão de instrução: o comissário de governo que toma conhecimento do caso pode muito bem concluir de forma diferente da subseção e não considerar o caso tão fragmentado como os últimos que falaram.

Lebras (rindo): Ah, ah, é o Crédito Urbano que paga a mudança de Perrouard?

Deldago: Além disso, há um problema de contexto, o Crédito Urbano está em plena falência.

Oury: Não podemos deixar essa questão por três meses, é muito **grave**, participamos do descrédito da administração e é muito **contrariante** para o interessado.

Três maneiras diferentes, uma divertida e provocadora; as duas outras, sérias, de ligar o futuro julgamento às consequências práticas da decisão, consequências que são vistas e medidas, mas que não podem modificar a solidez do fundamento que cada um concorda em considerar decisivo.

"Sobre o mérito, não chegamos nem mesmo a ter uma discussão jurídica!", exclama surpreso o presidente da subseção. Por uma vez, o direito segue em linha reta: o fundamento foi levantado, mesmo que tenha sido por um litigante de má-fé; é tão operante que ele pode "ir longe", limitar o direito de nomeação da mais alta personalidade do Estado, desestabilizar um grande banco privado, forçar um presidente a "se retirar", colocar os advogados em uma situação tão "desesperada" que eles apenas opõem textos e argumentos, "sem incidência" sobre o argumento principal que trata da hierarquia das normas. E, entretanto, todo mundo reconhece que o interessado é competente, que sua virtude não está contestada, que ele foi colocado em uma situação incômoda sem motivo e que é um excelente administrador. O desconforto e a hesitação não vêm do direito, mas da "distância inacreditável" que a administração deixou crescer entre o texto legal "caído em desuso" e sua prática: "não fomos muito cuidadosos", reconhece em um canto afastado o presidente da seção, consultado através de um de seus numerosos canais informais que fazem o charme do Conselho – assim como aguça o interesse do etnógrafo em escutar os ruídos de corredor...

Pela mesma razão vem a reflexão do segundo revisor: esse caso "é muito saudável", pois graças a um pequeno e obstinado fazedor de chicana, poderemos lembrar à administração que ela não pode derrogar o Código Penal e permitir que ponha um freio no descrédito que ela sofre. A curiosa expressão "algo brilha", frequentemente utilizada, assinala os pontos quentes que unem os deslocamentos de raciocínio: aqui, o presidente assinala, com esse termo, a defasagem entre uma lei sempre utilizada no Código Penal e a negligência da administração. Essa defasagem amplia a força irresistível do fundamento e, ao mesmo tempo, introduz uma dúvida sobre essa lei nunca aplicada: pode haver boas razões para nunca tê-la feito expressar sua força ("é uma pedra no sapato").

Esse "brilho" permite compreender que o vínculo entre o artigo 432-13 do novo Código Penal, a petição da empresa Epsilon e o decreto do presidente da República nomeando o funcionário não é o da relação entre uma regra e sua aplicação. Mesmo nesse caso, em que "não se chegou a ter uma discussão jurídica", o transporte da regra ao caso não obedece a um simples automatismo, mas a uma pluralidade de avaliações que obrigam, muito rapidamente, a reabrir a discussão jurídica que se acreditava definitivamente fechada. É que nunca temos na prática um problema com as *regras*, mas sempre com os *textos*, mais ou menos fortes, sobre os quais a dinâmica do raciocínio pode ou não se apoiar. Esse artigo pode bem estar no Código Penal, mas visivelmente nunca teve muita força, pois nunca barrou a ação do Estado nem levou as comissões de "porta giratória" a emitir uma opinião desfavorável: elas continuam friamente a nomear os altos funcionários nas sociedades privadas que controlavam antes. Com certeza, os membros da subseção agora se escandalizam, mas é porque a petição da empresa Epsilon reaviva, revela e expressa a distância entre a norma mais elevada, o Código Penal, e a realidade, graças à nova saliência do fundamento jurídico levantado. O que escandaliza a subseção, desespera os advogados da defesa e inquieta os presidentes do Contencioso não tem nenhum caráter de *obrigação* causal que levaria à conformidade do comportamento de todos aqueles que têm contato com ela. Mas antes é como uma *base*, uma *garantia*, uma *possibilidade* cuja eficácia deve ser sempre renovada, e poderia cair no esquecimento completo sem a ação obstinada de um requerente litigante. É o paradoxo de uma obrigação que apenas obriga na condição de que tudo esteja no lugar para transportar essa obrigação...

Como explicar esse paradoxo? Reconhecendo, sem remorso, o peso do contexto que atua em favor do requerente hoje mais do que ontem. O comissário de governo admitirá isso claramente em suas conclusões. Os aspectos extrajurídicos, se pudermos dizer, fazem parte integrante da discussão. Não há nada de surpreendente nisso, pois, como vimos no capítulo anterior, os juízes que compõem seu auditório ocuparam ou ocuparão os postos mais ou menos importantes na administração – e a maior parte continua todo dia nas Seções Administrativas a aconselhar o governo quanto aos textos de leis e decretos. Encontramos esse mesmo vínculo explícito com o contexto em outro caso:

> Enfim, a questão que você colocou não é **estritamente** jurídica. A questão da passagem de funcionários ao setor privado atrai as atenções da **sociologia** administrativa e da grande imprensa. O recurso ao Código Penal contra os atos administrativos se banaliza. Esse caso poderia revelar os outros. Além disso, o acaso dos prazos de instrução faz com que sobreviva ao formidável **colapso** da Caixa e terá, evidentemente, incidência sobre o **clima** que contorna a retomada dessa instituição. (Conclusões, p.5)

E ele retoma em suas conclusões:

> Essa decisão é grave, sem dúvida, em muitos outros aspectos **não redutíveis unicamente aos dados jurídicos**. [...] Inicialmente ficamos inquietos, à sua volta, pelo cisma que ela poderia causar. [...] Em seguida, alega-se que você arrisca sufocar a necessária respiração do setor público. [...] Além disso, os sinais são

numerosos de que as **mentalidades** estão prestes a **evoluir**. Antes distantes e mal conhecidas, essas disposições estão cada vez mais espontaneamente presentes no espírito dos funcionários civis e militares que buscam afastar-se da esfera pública.

Aqui há o mérito da clareza: todo o contexto sociopolítico do momento concorre para restituir a força a um texto do Código Penal, constantemente reforçado desde 1919 por todas as redações sucessivas ("não é hoje um fóssil que se exuma", exclama o comissário, "sua última escrita tem facilmente apenas quatro anos"), e no entanto jamais foi aplicado a não ser pelo Conselho em 1969, mas um caso bem menos importante ("a nomeação de um subgovernador de banco não pode evidentemente se sobrepor à aprovação de um diretor de Caixa de seguridade de nível baixo"). O que obriga, o que pesa, o que vai longe, o que tem a força é, portanto, uma mistura de "clima" e direito. O fundamento caminha com força inelutável, mas sobre suas duas pernas.

Como impedir a força indiscutível do fundamento de transportar-se no presente caso, obrigando o Conselho à anulação do decreto de nomeação, sabendo, de um lado, que isso criará um "cisma" e, de outro, que o descrédito do Estado obriga cada funcionário a ter "presente no espírito" aquilo que antes dessas petições tinha apenas um fraco poder de limitação? Obviamente, tudo será tentado para sair dessa armadilha feita por parte do direito e parte das consequências extrajurídicas. Pode-se inicialmente sustentar que esse banco, no fundo, é apenas uma empresa privada. Infelizmente, um julgamento público da Seção Administrativa das Finanças, com uma deliberação muito clara, explica, como preto no branco, que esse estabelecimento não pode receber dinheiro do Estado.[42] Poderíamos assim, por uma "construção pretoriana",[43] afirmar que para

---

42 Encontramos novamente a vantagem paradoxal da separação entre a função de conselho e a função de juiz que permite ir rápido de uma a outra, embora os dois papéis pareçam estar em colisão entre si.

43 "Pretoriano" remete ao direito romano e às aptidões do direito administrativo de dar aos juízes, livremente, uma capacidade de intepretação superior aos

esse caso, e apenas para esse caso, o Código Penal não "pode querer privar o presidente da República de um poder essencial à realização de suas missões". Objeção posta de lado pelo comissário:

> É verdade que poderíamos sustentar, com mais sutileza, que a lei **penal nunca chegou** a abranger os casos de nomeações **discricionárias** e que, portanto, não é necessário derrogar para afastar-se. O Código Penal teria, ele mesmo, em alguma medida, previsto essa exceção. [...] Como um funcionário seria tentado a dar vantagem a uma empresa que ele sabe não ter força para a escolha de seus colaboradores? A designação autoritária não exclui, por hipótese, todo risco de ingerência? [...]

Impossível manter essa posição, afirma o comissário a seus colegas de Assembleia:

> A suspeita só tem limites na imaginação daqueles que a propagam, ela se difunde como o rumor. A lei penal **quis cortar todas as cabeças dessa hidra**, e é por isso que a interdição é e permanece uma interdição material, e sanciona uma pura situação de fato [...]. Sobre esse ponto, a salvaguarda da aparência se impõe a todos, e o ato de nomeação, apesar do alto do qual emana e de tão imperativo que seja, tem antes um dever de ser exemplar. Ao preservar demais esse poder de designação você faz um desserviço: uma interpretação minimalista desse texto "antissuspeita" teria o efeito paradoxal de alimentar e reavivar as suspeitas.
>
> Em resumo, **vocês não saberiam afirmar**, senhoras e senhores, que o Código Penal teve a intenção de preservar as hipóteses de nomeação. Especialmente depois que uma tal ilha de impunidade, sem qualquer base textual, e que uma jurisdição criminal não hesi-

---

textos, que são, entretanto, explícitos. Aqui, por exemplo, poderíamos fazer como se o Código Penal não pudesse ter "querido" dizer que o presidente estava vinculado a um de seus poderes essenciais; "construção" assinala que esse argumento é uma ficção jurídica próxima do expediente para sair de uma dificuldade como a que acompanhamos na p.78, no Capítulo 1).

taria amanhã em contradizer, teria a aparência desagradável de uma palmatória que apenas atinge as crianças.[44]

Dito de outra forma, não se pode exonerar o presidente do Código Penal, mesmo no caso de nomeação discricionária. Isso seria voltar à expressão rejeitada "o rei quer assim", contra a qual todo o direito administrativo foi elaborado em alguns séculos.[45] Através do luxo das precauções tomadas pelo comissário, sente-se que todo mundo se excita. Como diz um conselheiro no corredor antes da passagem em Assembleia de um caso semelhante: "É o coração do Estado, pode-se anular os decretos, mas com o poder de nomeação, aí se toca em tudo". Vemos que esse caso que "excita todo mundo", que ocupa as páginas políticas dos jornais, que produz rumores nos corredores, não está exatamente fora do contexto social e não está exatamente sem regra. Os conselheiros afirmam: não vamos mesmo voltar à justiça limitada dos reis e à sua expressão "assim é minha vontade",[46] que não requereria qualquer justificação adicional, mesmo se os jacobinos do Conselho não virem o que se ganha ao privar o Estado de uma capacidade de ação essencial à realização e seus objetivos.

Evidentemente a lei é flexível, pois foi esquecida pela administração e mesmo pelo Secretariado Geral de Governo "pouco cuidadoso": é possível imaginar, por uma construção pretoriana, que se isole por uma ficção jurídica esse único caso de aplicação do Código Penal. Entretanto, não se pode dizer que ela não tenha força, pois há seis meses que advogados e conselheiros, unidos pela primeira vez,

---

44 Notaremos o estilo nobre de uma reflexão cortada durante uma sessão: "O pequeno em 1969 que vai à Seguridade é cortado, mas o grande, deixa-se fazer; tenho nomes, todos os meus colegas de promoção". Como vimos no Capítulo 2, cada etapa legaliza a anterior mas se estende, ultrapassa o cerne. No limite, descendo toda a cadeia, poder-se-ia ouvir o grito de cólera indignado do requerente, primeiro passo da petição!
45 Estamos longe da magnífica réplica do papa Inocêncio III *ex certa scientia* para calar o argumento inevitável do monge Thomas, descrito por Bouerau, *La Loi du royaume*, p.180.
46 *"Tel est mon bon plaisir"*, expressão inaugurada por Francisco I. (N. T.)

se esforçam para encontrar como sair das mandíbulas do argumento lançado contra o presidente da República e seu decreto por um obscuro gerente de uma empresa Epsilon, para a qual pagou por doze ações de 35 francos cada, com o único objetivo de incomodar o mundo e de lembrar ao Estado que existe uma lei contra a "porta giratória". Se se quer compreender a pressão quase objetiva exercida por esse argumento, é preciso aceitar seguir ao mesmo tempo o raciocínio jurídico "implacável" e o conjunto de elementos de contexto que, sozinhos, permitem tornar o raciocínio indiscutível. Em direito, mais ainda do que na ciência, a *apodeixis* – a demonstração – só progride com força apodítica se a *epideixis* – a convicção da totalidade – a apoia com todo o seu peso.[47]

Para a surpresa do comissário de governo, para a satisfação da subseção e do gerente da empresa Epsilon, para a consternação do principal interessado e, podemos supor, da SGG e do presidente da República, era possível ler alguns meses mais tarde o texto afixado no hall de entrada do Conselho:

> Artigo 1º: O decreto na data de _____ nomeando o sr. Legendre subgovernador do Crédito Urbano está anulado.
> Artigo 2º: O provimento de recursos da petição está rejeitado [...].
> Artigo 4º: A presente decisão será notificada à empresa Epsilon, ao sr. Legendre, ao presidente da República, ao primeiro-ministro e ao ministro da Economia e Finanças.

O comissário de governo foi "acompanhado". Sem dúvida o Secretariado Geral de Governo será "mais cuidadoso" quando da próxima nomeação, e a comissão de luta contra a "porta giratória" será mais firme. Compreende-se por que o conselheiro conside-

---

47 Sobre a diferença entre *apodeixis* e *epideixis* – duas palavras com a mesma etimologia, sendo que a primeira serve para construir demonstrações dos lógicos e a segunda as flores da retórica dos sofistas, mas que na prática não são separadas, veja Cassin, *L'Effet sophistique*. Sobre a aplicação aos raciocínios lógicos, veja Rosental, *L'Émergence d'un théorème logique*.

rava esse caso "saudável": ele permite colocar um ponto-final no escândalo do Código Penal não aplicado, de impedir que os funcionários participem do descrédito do Estado. No entanto, é impossível considerar esse ponto-final como a simples reexpressão de uma força já presente no texto de lei e cuja aplicação, como se diz, é uma consequência natural. Certamente a construção pretoriana dos jacobinos do Conselho não iria fazer da "porta giratória" um "ato de governo",[48] mas nada impediria de buscar uma solução *ad hoc* para, dentro do interesse de Estado, ao menos salvar essa nomeação no momento em que o banco em questão entra em colapso e tem necessidade de um governador inconteste. Há alguns anos, talvez alguns meses, é isso que teria sido feito. A escolha de um caminho contra outro para ligar os textos do Código Penal ao caso específico *depende* do espírito do tempo, da concepção que se faz da administração, da astúcia dos advogados, da opinião do requerente, da pressão múltipla da imprensa. E no entanto, a palavra "depender" não explica muita coisa pois, no segredo da deliberação, os juízes supremos escolheram, pela disposição dos considerandos e pela seleção de vistos, a maneira *específica* em que compreendiam "depender", qual seja, *religar* sua decisão ao imenso corpo de argumentos e leis na qual se apoiam. Eles seguiram o arranjo particular que o comissário lhes propôs, um arranjo expresso de forma muito eloquente, por ser o único dentre muitos outros:

> É claro, é do **interesse geral** que o Estado não seja desnecessariamente impedido e possa escolher os melhores homens para

---

48 "Ato organicamente administrativo, que beneficia de uma total imunidade jurídica: sua legalidade não é suscetível de contestação diante dos juízes administrativos, assim como os juízes penal e civil, e suas eventuais consequências danosas não são responsabilidade do Estado." Van Lang et al., *Dictionnaire de droit administratif*, p.12. A noção imensamente ampla do tempo de Napoleão não parou de restringir-se. Veja o apaixonante exemplo do caso Greenpeace contestando o presidente Chirac que havia ordenado a retomada dos testes nucleares no Pacífico. É a doutrina dos atos de governo que havia permitido, por forma justa, rejeitar a petição: o juiz administrativo não pode controlar esse tipo de ato, é seu último limite.

as suas necessidades. Mas não é de **menor interesse geral** que o Estado, do qual **se espera hoje** muita transparência e neutralidade, saiba respeitar os limites legais de forma inflexível. As boas razões que gostariam que se transgredisse a regra em tal ou qual caso podem causar um **golpe mortal** a essa exigência ainda mais importante em matéria de **moral pública**, que é manter uma posição firme e mostrar sua manutenção.

Isso, senhoras e senhores, diz respeito tanto à imparcialidade do Estado quanto às reputações: somente são adquiridas pela constância. **Cabe a vocês hoje se situarem firmemente na correta continuidade** de sua decisão em 1969. Nesse **clima** cético e perturbado do momento, esse interesse sem dúvida **vale mais** que os que dizem respeito ao caso específico.

Por esses motivos, concluímos pela anulação do decreto contestado.

Não parece Titus em *Berenice*?[49] Apenas no Conselho de Estado e na boca dos comissários de governo é que se escuta em Paris, hoje, no fim do século XX, essas palavras realmente romanas! Todo o paradoxo de um argumento encontra-se nesta surpreendente expressão: *"cabe a vocês situarem-se firmemente na correta* continuidade de sua decisão". Mas essa conexão só será direta se vocês se preocuparem com a moral pública, se colocarem o interesse geral de um Estado em um clima de suspeição diante de um outro interesse geral de um Estado prévio, mais régio, mais jacobino, e do qual se procura a constância contra a arbitrariedade nessa época "cética e perturbada". Esqueçam essa altas considerações e vocês cederão, revogarão sua opinião, não haverá mais conexão direta e será dado um "golpe mortal" no interesse geral da administração, bem entendido. O direito só será direito se todo o contexto for levado em conta segundo certa concepção de moral pública. É essencial à qualidade do direito que somente haja direito dentro do direito.

---

49 Referência à tragédia *Berenice*, de Jean Racine, dramaturgo francês do século XVII. (N. T.)

Admiremos a beleza deste pronunciamento na segunda pessoa do plural: "cabe a *vocês* a possibilidade". É porque o comissário de governo não para de lembrar a esse grande corpo virtual o que ele quis dizer e julgar em duzentos anos através do corpo imenso composto de centenas de milhares de decisões. Diríamos que ele se dirige a uma esfinge que não saberia mais exatamente o que pensou, e para quem o direito administrativo formaria um tipo de penumbra ou de inconsciente em meio ao qual o comissário podia traçar caminhos bem traçados e direitos retilíneos, lembrando-lhes sempre o que é o direito, o que é o Estado, o que é a vontade geral, o que é o pensamento profundo – sempre a retomar, a reinterpretar – do Conselho de Estado. Aí está o papel próprio dos comissários: lembrar a esse monstro composto o que quis dizer e as virtudes às quais sempre está ligado. Sempre há nos pronunciamentos respeitosos dos comissários certa forma de impertinência, já que eles fazem como se essa esfinge de cem cabeças não soubesse realmente o que queria e tinha necessidade de que se lhe refrescasse sempre a memória, definisse seus deveres, lembrasse sua conduta passada, levantasse suas incontáveis contradições, colocasse fim a suas ambiguidades, esquecimentos e confusões.[50] Diríamos que o comissário tem papel tanto de um pai ralhando com um filho quanto de um sacerdote romano interrogando as vísceras de um animal imolado, ou um domador procurando fazer um leão saltar através de um aro em chamas...

Para toda resposta, a esfinge se contenta em responder rosnando, se pudermos falar assim de um corpo tão prestigioso. De fato, "o Conselho de Estado sentado no Contencioso" nunca se expressa diretamente sobre as conclusões dos comissários, mas somente pelo curto dispositivo de decisão que, em si, é tão enigmático quanto as respostas da pitonisa em seu trípode. Isso se deve ao fato de que, aos comissários encarregados de definir o direito, se juntam os relatores

---

50 Lembremos neste capítulo, p.199: "*Vocês não saberiam* afirmar, senhoras e senhores, que o Código Penal teve a intenção de preservar as hipóteses de nomeação".

que, assim como os intérpretes no templo de Delfos, têm o papel de explicar aos requerentes o que significa o julgamento derramado da boca dourada. Como sabemos, esses personagens que, sob um título modesto, dissimulam a elite dos jovens auditores, são essenciais à compreensão do direito administrativo pelos comentadores, uma vez que assistem à deliberação sem participar. Sua crônica anônima[51] aparece em uma revista independente, a *AJDA* (*Atualidade Jurídica do Direito Administrativo*), e resume com fidelidade o modo de raciocínio dos juízes, pois o texto de decisão, também o mais curto e seco possível, não seria suficiente para esclarecê-lo. Na ocasião, o cronista compreendeu bem a intenção do comissário seguida pelos juízes. Neste caso, para que o direito penal não aplicado tivesse força, foi necessário que mudassem ao mesmo tempo o sentido de Estado e a definição da vontade geral.

"A especificidade dessa norma penal, que até o momento teve **muito pouca aplicação**, é que ela proíbe e sanciona um comportamento que não é, ele próprio, contrário à probidade. Outras disposições visam os fatos de corrupção. O artigo 432-13 tem um objeto diferente: ele proíbe uma situação que poderia dar lugar aos fatos de corrupção ou, ao menos, suscitar a suspeita de que tais fatos são produzidos [...]"

"Não podemos, contudo deixar de perguntar se, em 1969 (data da decisão citada na nota 33), a Assembleia do Contencioso teria aplicado a uma nomeação pelo presidente da República a solução adotada para a aprovação de um recrutamento decidido por uma Caixa de Seguridade Social. A decisão dada **em 1996** sobre a petição da empresa Epsilon **traduz o reforço de exigências** de transparência e de neutralidade nas relações da administração com os atores econômicos, sejam eles privados ou públicos. A presunção negativa associada à presença, na cabeça de uma empresa, de um funcionário encarregado de supervisioná-la **prevaleceu** sobre a

---

[51] Anonimato sutil como toda a mecânica do Conselho, uma vez que as crônicas são assinadas com dois nomes sem que saibamos nunca quem escreveu o quê.

presunção positiva associada a uma nomeação pronunciada pela mais alta autoridade do Estado. O princípio da separação entre o controlador e o controlado, inscrito no Código Penal, **não cedeu diante de um poder discricionário de nomeação conferido à autoridade pública com objetivos econômicos**. Ele está assim **afirmado com uma força particular, em conformidade** à evolução geral do direito e das mentalidades", *AJDA*, 20 fev. 1997, p.156.

Alguns anos antes, a solução teria sido inversa, a "presunção positiva" teria prevalecido sobre a negativa, o poder discricionário não teria cedido diante da segunda exigência de separação entre o controlador e o controlado. O que está afirmado "com força" pela crônica, de forma muito bizarra, é a "evolução geral do direito *e das mentalidades*", agregados em um só pacote, que não teria jamais sido pensado sem a ocasião completamente imprevista da petição da Epsilon.[52] Ainda aqui, a relação entre o exterior e o interior não é aquela entre o que é público e o que é secreto, entre a cozinha e a despensa, entre a embalagem e o embalado, pois o peso da história, dos pressupostos, das mentalidades e dos costumes está admitido sem rodeios. Essa admissão não tem nada de desconfortável, pois não leva a deduzir que a solução obtida esteja amenizada, reduzida, contestada, desconstruída pelo desdobramento das múltiplas preocupações e interesses *vinculados*.[53] Bem ao contrário, quanto mais o cronista é capaz de mostrar os meandros da decisão, mais domina a

---

52 Como se vê comparando esse texto "liso" com as proposições hesitantes recolhidas pelo etnógrafo, as crônicas exprimem, em um estilo elegante e discreto, o essencial das tensões e debates que as sessões de instrução permitem documentar. Em certo sentido, as deliberações do Conselho de Estado não são realmente secretas, pois os jovens auditores fazem uma crônica bem detalhada... Como me diz um dos cronistas: "Nós somos pagos para trair o segredo da deliberação...".
53 Apenas os envolvidos com a sociologia crítica podem acreditar que penetram o direito, pois revelam as relações de dominação que o legitimam. Toda a eficácia do direito está justamente nessa pequena adição, a legitimidade, que sempre desvia da via previsível, o transporte, o caminho das relações de dominações.

impressão de que todas as condições de felicidade foram preenchidas e que o caso foi julgado *corretamente*. A qualidade do julgamento não depende, então, nem da independência total com relação ao contexto e às relações de poder nem da estrita aplicação das formas (pois no caso presente o código nunca foi aplicado), mas antes da *amplitude* dos elementos separados que foram mantidos assim, após terem hesitado de forma conveniente por muito tempo. Tudo reside no modo de associação, no nó feito para manter juntos, de um lado, um presidente, uma opinião cética, uma administração eficaz, um Estado poderoso, uma economia livre e, de outro, o imenso corpo de decisões precedentes do Conselho, sem esquecer os requerentes, que podem fazer a República tremer, sem a ajuda de um advogado, pela simples intermediação de uma carta em papel branco.

"Aproveite essa ocasião para agitar a jurisprudência!"

Sabemos que os juízes franceses, mesmo na Corte de Cassação, não têm capacidade de alterar o direito. É o que exprime o célebre artigo 5 do Código Civil: "É proibido aos juízes se pronunciarem por via de disposição geral e regulamentar sobre as causas que lhes são submetidas". Em teoria, isso também se aplica a essa corte suprema particular que é o Conselho de Estado. Entretanto, não existe uma só linha nessa vasta elaboração do direito administrativo, nesse acúmulo de precedentes ou nesse corpo doutrinário do qual o próprio Conselho não é autor. Um deputado nunca votou a "teoria dos atos destacáveis", a extravagância dos "privilégios prévios",[54] nem mesmo a "sublime construção" do "interesse público" ou da "teoria do balanço". Quanto aos princípios gerais do direito, eles foram "descobertos" pelo Conselho de Estado a partir de uma *au-*

---

54 Prerrogativa do poder público inerente à ação administrativa. A administração dispõe de capacidade para editar atos sem requerer autorização dos juízes. (N. T.)

sência de texto explícito.⁵⁵ "Acreditando-se servidor desses princípios, o Conselho de Estado se considera seu criador."⁵⁶ Assim que, em qualquer outro lugar, é necessário que o raciocínio do juiz possa se ater à aplicação de uma regra a um caso específico, ou, nos casos mais espinhosos, à modificação de uma única interpretação de um texto no qual não se deve tocar, as sessões de instrução do Conselho permitem encontrar muito frequentemente uma situação apaixonante em que o juiz se torna legislador.⁵⁷ *Filius et pater legis*, teriam dito os antigos legisladores.

Aí está o que vai nos permitir dar um passo decisivo na apreensão do que chamamos a "passagem do direito", uma vez que esse movimento de hesitação que acompanhamos até aqui com o "direito imutável" balançará a própria estrutura jurídica, oferecendo-nos em tempo real o que se chama *reversão da jurisprudência*. É a oportunidade de ver como se modificam as premissas para encontrar a solução. Os embaraços, incômodos e brilhos que nos parecem essenciais à compreensão do enunciado jurídico podem, portanto, receber dois grandes tipos de solução: o que acabamos de ver é o tipo pelo qual

---

55 Sobre esse ponto capital, veja Jeanneau, La nature des principes généraux du droit en droit français; e Ewald, Une expérience foucaldienne: les principes généraux du droit.Um exemplo entre mil: "Na decisão GISTI, o Conselho de Estado *parece* ter admitido expressamente a existência de um corpo autônomo de regras superiores, que se situa *acima* do direito escrito positivo, e do qual o juiz *extrai*, de alguma forma, um princípio geral de caráter particular". Long et al., *Les Grands Arrêts de la jurisprudence administrative*, p.675. Não se sabe o que mais admirar nessa frase. A existência de um direito superior ao direito positivo, à moda de Antígona, ou esse pequeno verbo "parece", que indica a indecisão dos comentadores, no entanto os mais autorizados – veja mais para a frente a mesma incerteza nos cronistas obrigados a fazerem-se de etólogos do Conselho.

56 Kessler, *Le Conseil d'État*, p.326.

57 Também não é necessário exagerar essa diferença entre os dois ramos do direito, pois a interpretação das leis pode ter o mesmo papel no judiciário. Permanece que o direito administrativo assemelha-se mais ao direito de tipo anglo-saxão que ao do Código. A diferença entre esses dois direitos de precedentes reside, contudo, no fato de que o direito administrativo cita em suas decisões apenas leis e decretos, e suas próprias decisões são visíveis somente nas conclusões do comissário de governo e nas análises da doutrina.

terminamos por traçar um caminho entre os textos e um caso específico; o outro é quando, tomando o pretexto de um caso específico, modifica-se tudo ou parte de uma regra, seja julgando-se um caso a partir do direito, seja julgando *o próprio direito* na ocasião de um caso. Eis o que nos permitirá compreender a que ponto o formalismo explica mal a passagem do direito, uma vez que o trabalho dos juízes, justamente para evitar que uma regra se torne "puramente formal" com o tempo, modificará a forma preparada para aplicação e será capaz de extrair sentido suficiente da petição para alterar a própria lei, assegurando que o movimento seja integral, ou seja, a adequação entre o caso e o conjunto dos precedentes.

É estranho para o observador ver os movimentos incessantes que percorrem o corpo do direito administrativo em estado contínuo de modificação e que, no entanto, não deixam de ter uma coerência inventada passo a passo; e cada comissário, cada deliberação e cada julgamento reúnem da melhor forma possível, rasgando o que outros comissários, outras deliberações, outros juízes se esforçam em remendar, com a paciência de Penélope. É nesse tecido de discursos discordantes e concordantes que vamos tentar mergulhar, sem nos perder definitivamente: nada se enuncia aqui que não seja a "sequência lógica" dos precedentes, embora ela falhe em modificar a coesão de todos esses julgamentos contraditórios através de construções mais ou menos audaciosas, tudo de forma cuidadosa para que o tecido não rasgue. Essas novas condições de felicidade avaliam a própria qualidade do direito. É sobre sua própria organização, sua coerência, sua lógica, sua viabilidade que os juízes exercerão sua sagacidade, permitindo-nos descobrir os últimos objetos de valor que este capítulo desejava listar.

Uma vez mais, apesar do caráter laborioso do caso e do esforço que temos consciência em pedir ao leitor, vamos acompanhar a discussão integral, prometendo que nos capítulos seguintes não recorreremos mais a esse procedimento muito pesado, mas que continua a ser, para o momento, o único meio de nos familiarizarmos suficientemente com a trajetória hesitante que caracteriza o movimento jurídico.

Luchon (presidente): Vamos tomar inicialmente o caso da Assembleia, é um caso **difícil**, há uma jurisprudência de 1905 onde um terceiro não pode pedir a anulação por excesso de poder de um contrato. Pergunta-se se estamos **agitando** uma jurisprudência já **comprometida**. A subseção não queria balançar esse **pilar**, é o presidente do Contencioso que disse: "Vocês são muito tímidos, por que não tiram proveito dessa **ocasião sonhada** para balançar a jurisprudência?"; esse caso, sem advogado ou com um advogado fugidio, é muito **interessante**.

Encontramos aqui nosso quarto objeto, esse famoso "interesse" que mantém alerta a atenção dos juízes. Compreende-se que ele seja maior aqui, pois o próprio presidente do Contencioso lhes sugere não hesitar em balançar o pilar de uma jurisprudência que a subseção estava tímida para fazê-lo. Mas, bem claramente, maior é o balanço, mais "difícil" é o caso, pois, por um tipo de rearranjo tectônico, trata-se de colocar no lugar uma massa de precedentes divergentes; é a dificuldade que assinala a presença de um novo objeto que queremos acompanhar: para modificar a regra, o que precisa ser mudado?

Deldago (relator) (lendo a nota): [...] Toda essa jurisprudência precedente alargou o direito dos usuários, **resta apenas agir** para contestar diretamente um contrato. Creio que não faríamos mais que **simplificar** um procedimento tornado muito **formal**, e não haveria **graves desordens** na ordem das competências. Mas **arrisca-se** que se multipliquem os recursos; é preciso encontrar um **critério** de interesse: a) se o ato é de destaque, b) se o ato é regulamentar, c) unicamente se o ato é oponível a um terceiro. Redigi um esboço de anulação: o fundamento não é **operante dentro da jurisprudência atual, mas se modificarmos** a jurisprudência, então o requerente tem **razão**.

Jovem, enérgica, mulher de ação, de origem "externa" bem política que vai cedo deixar o Conselho, como é frequente nessa idade, para tentar a representação parlamentar, a relatora nos apresenta em poucas palavras o ambiente típico das reversões de jurisprudência: é hora de refrescar esse trecho do direito.[58] O adjetivo "formal" qualifica o estado atual da jurisprudência que devemos poder "simplificar", à condição de "agir" que a relatora tem o cuidado de definir como "muito pequeno", pois não promoveria "graves desordens", reconhecendo que, se agirmos, há um "risco", o de uma ampliação dos recursos que deverão ser limitados por novos "critérios" não ambíguos. Ultrapassar um pequeno limite requer construir outro limite, localizado em outro lugar na massa de petições. Simplificar não quer dizer tornar mais leve, mas modificar a distribuição dos riscos. Sua última frase, realmente admirável, revela que é o sentido da eficácia desses famosos fundamentos que buscamos compreender: no quadro atual, ele não é eficaz, não podemos acolhê-lo, ele não vai progredir, a transferência do objeto de valor da petição (o oitavo sentido reconhecido mais acima) cessará. Mas *se modificamos* nossa jurisprudência, então "o requerente terá razão" e o fundamento será operante. É o próprio direito que terá mudado. Vê-se que se trata de um novo objeto de valor, diferente de todos os outros.

Todo esse caso, terrivelmente complexo, define-se na distinção entre o direito dos contratos, que supõe o acordo de vontades particulares, para as quais os terceiros não têm nada a dizer, como no caso de um contrato entre um locatário e um locador em que ninguém é lesado, e as decisões da administração que, por definição, são unilaterais. Esse caráter dito "exorbitante do direito comum" tem como contrapartida criar para os terceiros tanto obrigações (pois, mesmo se não expressaram uma vontade qualquer, o interesse público justifica obrigá-los a algo), quanto direitos (podem contestar as decisões diante do juiz administrativo). A situação é, portanto, aparentemente clara: ao juiz civil cabem as disputas relativas a contratos que, por construção, somente dizem respeito aos próprios

---

58 Uma única coisa é atípica em sua apresentação: seu esboço de anulação. De fato, por uma perversidade própria ao direito administrativo, as reversões de jurisprudência são quase sempre para rejeição. Apenas os considerandos introduzem novidade, ao considerar, por exemplo, que a petição é admissível. Esse será o caso em questão, não sendo o relator acompanhado nesse ponto.

contratantes; ao juiz administrativo cabem as decisões sobre contratos unilaterais que conferem direitos e obrigações sobre terceiros. Tudo seria simples se a administração, aqui um sindicato intermunicipal, não pudesse também recorrer ao contrato, por exemplo com uma empresa de coleta de resíduos, contratos em que *certas cláusulas* se assemelham aos contratos clássicos – e portanto incontestáveis – e nos quais outras cláusulas, misturadas às primeiras, se assemelham aos atos regulamentares – unilaterais e portanto contestáveis! A questão que se coloca então é saber se o requerente, um terceiro no segundo sentido com interesse em agir, mas igualmente um terceiro no primeiro sentido e *desprovido* de todo interesse em agir, pode contestar seu prefeito por ter exigido que ele colaborasse com a realização dos serviços, sob o pretexto de que ele habita um imóvel coletivo, enquanto seus vizinhos mais afortunados, proprietários de casas individuais, não são obrigados a se envolver nas despesas. O interesse do caso não reside no serviço, que é rapidamente esquecido, mas na capacidade de reconhecimento ou não do requerente em pedir ao juiz administrativo para controlar esses atos unilaterais disfarçados nos contratos normais.

Luchon (presidente com papel de revisor): É o único dossiê que o presidente do Contencioso quer passar rápido em Assembleia. Há outra fonte de inadmissibilidade [...] o coproprietário não tem mandato para agir. Ele é terceira parte no contrato, enfim há uma cláusula dizendo que as cláusulas são indivisíveis, isso seria menos bonito para o caso. Para o atraso eu observei "conhecimento adquirido",[59] mas é muito **claro**, se eu li bem Chapus ontem à noite,

---

59 "Teoria da jurisprudência segundo a qual o prazo de recurso contencioso corre à luz daquele que terá tido uma informação suficiente das decisões administrativas e que os atos não tenham sido objeto de uma publicidade oficial." Van Lang et al., op. cit. Como a crônica da *AJDA* lembra bem, a decisão obrigará as administrações a fazerem uma publicidade maior dos contratos tendo cláusulas regulamentares: "Era particularmente oportuno impor às administrações assegurar a publicidade das convenções criando direitos ou obrigações sob

há um Chapus de 25 de março de 1962, quinta edição, p.490, que não reconhece o conhecimento adquirido. **Isso é um problema porque poderia parar tudo**, e se isso ocorresse nós poderíamos não ir **decentemente** à Assembleia. Ontem à noite eu me dizia "isso **não vai** à Assembleia". De toda forma, esse caso de "conhecimento adquirido" não se aplica aos atos regulamentares; é necessário **fazer um esforço** (dirigindo-se ao comissário de governo): é para adicionar à sua bolsa.⁶⁰

O presidente mistura de repente três objetos de valor com os quais estamos agora bem familiarizados: o movimento da petição (se é admissível ou não); o interesse de um caso (qualificado de "bonito"), e que justifica que nos apaixonemos por ele; e, enfim, a importância da formação de julgamento e a correta organização dos dossiês, sobre as quais ele tem responsabilidade. Como se trata de compreender a ocasião desse caso para balançar a jurisprudência, estamos prontos a fazer um esforço, mas se houver atraso, seria impossível receber o fundamento, o que seria "problemático" para o interesse dos membros que cedo cairia. O nível da formação de julgamento – subseção, Seção, Assembleia – depende evidentemente da importância do que está em jogo: "isso pararia tudo". Como a questão é espinhosa, nos dirigimos à doutrina, aqui o celebríssimo Chapus, o farol na escuridão.

Deldago: Eu não encontro mais as notas do presidente N.⁶¹ nas quais **estávamos nos apoiando**; eu escrevi o esboço ontem à noite, de memória.

---

responsabilidade de terceiros. É necessário portanto acolher essa nova regra que deveria conduzir a um vasto movimento de publicação de contratos comportando cláusulas regulamentares" (p.737).
60 Lembremos uma vez mais que, quando das sessões, o comissário de governo permanece mudo e apenas anota os elementos do caso que toma conhecimento na hora.
61 Um exemplo dessas viradas cuja lógica vimos no capítulo anterior: como o caso arrastou-se, o que não é raro, o presidente da subseção não é mais o mesmo e falhou em retomar tudo "de memória".

Luchon: Eu apenas me retiro da inadmissibilidade se esse for um ato regulamentar, mas é necessário um **pequeno esforço**, porque se é regulamentar, são dois meses (de prazo).[62] O segundo fundamento, do qual é coproprietário, não foi levantado pelo SIVOM (Sindicato Intermunicipal de Vocação Múltipla); ele permanece como inadmissibilidade. Sobre o ponto central, estou de acordo; o Serviço de Documentação me deu isso, ainda não li, a jurisprudência **já foi longe** para os atos destacáveis.[63] A decisão Croix-de--Seguey Tivoli teve descendentes em todos os sentidos;[64] o recurso prefeitoral, tudo isso é o excesso de poder; eu observei se isso era uma **pequena vibração na via que seguimos**, o comissário de governo estava muito reticente, o presidente (do Contencioso) estava mais, mas enfim, isso é passado. Verifiquei a doutrina no *Grands Arrêts* [Grandes decisões], encontrei uma justificativa **um pouco frágil** para minha grande surpresa e, quando folheamos rapidamente algumas obras de **doutrina**, Chapus não facilita suas palavras, e mesmo o prudente *Dalloz* contesta o Conselho de Estado. Estou **inclinado a dar o último passo**.

Para sair da inadmissibilidade e impedir que a petição venha a ser tão desinteressante quanto "feia", é necessário fazer um

---

62 O requerente começa a agir apenas três anos após a entrada em vigor do contrato e ter passado pela Comissão de acesso aos documentos administrativos para ter enfim uma cópia do contrato passado entre o prefeito e a empresa de coleta de resíduos. Daí a questão do atraso.
63 A teoria dos atos destacáveis prova a criatividade do Conselho de Estado: não se pode contestar um contrato, mas é possível fazer *como se* a decisão prévia de fazê-lo formasse um ato destacável do contrato, ato unilateral que faz, portanto, tombar a decisão do lado dos atos administrativos suscetíveis de um recurso por um terceiro... Por exemplo, se um prefeito faz um contrato com uma empresa, não se pode contestar o contrato, mas pode-se submeter a decisão do conselho municipal que avaliza o contrato sob censura do juiz administrativo... Questão seguinte: se o ato destacável é anulado, o contrato que se segue é anulado? Não, pois justamente ele é destacado... O dicionário de direito administrativo a qualifica de forma pudica de "noção puramente funcional".
64 Conselho de Estado, 21 dez. 1906, Sindicato dos proprietários e contribuintes do bairro Croix-de-Seguey-Tivoli, *Veja* 962, concl. Romieu. Comentado longamente em Long et al., op. cit.

"esforço". O presidente acumula em um parágrafo todas as formas usuais que os juízes têm para aprofundar ("se apoiar", diz de forma mais crua o relator) quando encontram dificuldades. O Serviço de Documentação prepara, sob demanda, uma interrogação específica do corpo de textos e o submete sob forma de dossiê fotocopiado ao membro que faz a demanda. As fotocópias acumulam os precedentes e os descendentes de cada precedente (de onde a expressão ter "os pequenos"), os quais formam, como veremos mais à frente, uma árvore genealógica, um tecido de trações e tensões contraditórias mais ou menos fechado do qual se busca extrair uma tendência. É então que, para compreender a direção do conjunto, juntamos a doutrina que se sobrepõe ao corpo de textos e que, através de uma expressão típica, frequentemente apenas "folheamos". Como, no caso em questão, Chapus "não facilita com suas palavras", e as justificativas são "frágeis", tudo isso pressiona o presidente "a dar o último passo", o que não poderia ser feito se Chapus fosse claro, se não houvesse essa "vibração", um tipo de rajada de vento quase imperceptível que levanta o véu do raciocínio, no sentido de que há um esforço a fazer se tudo leva a "balançar a jurisprudência"...

Mas nós temos uma **defesa clara**? Atacamos a regulamentação, mas não o restante; (como fazer?) nesse momento **podemos contestar tudo**; isso nos complica a vida, essa diferença entre o ato regulamentar e o ato individual. **Não serve a ninguém** ir à Assembleia para **manter** a jurisprudência (o relator ri; o comissário de governo toma notas). A taxa existe para cobrir tudo, há um outro fundamento que não se pode levantar de ofício, as decisões dizem que a cláusula regulamentar não tem importância, não tem valor jurídico, não podemos ficar nesse terreno. Há algumas decisões nesse sentido, **mas** 36 decisões que reconhecem que o conjunto de cláusulas de execução de contrato pode ter um aspecto regulamentar. Resta o problema do ato indivisível, a cláusula é indivisível? Parece difícil; eu **não posso fazer** o esforço de dizer que é divisível. Procurei no recurso prefeitoral; a jurisprudência é **muito** firme; **mesmo** Denoix de Saint-Marc não conseguiu **dobrar** a Seção;[65] quando é indivisível é indivisível, eu não proponho fazer esse esforço. É isso.

    O presidente associa de forma clara o nível de formação de julgamento com a reversão de jurisprudência: se apenas aplicamos uma regra a um caso, não é interessante; vê-se também o quanto está preocupado em colocar "defesas claras" para evitar "contestar tudo"; enfim, no momento mesmo onde há hesitação para saber se vão balançar a jurisprudência, aproveita-se para medir, para sentir o que é fraco e o que é muito firme – as decisões em um sentido contraditas por uma massa de decisões em outro sentido. A evidência da relação de força está marcada pelo fato de que mesmo um prestigioso comissário – que depois se tornou vice-presidente – não foi capaz de "fazer dobrar a Seção" em um caso semelhante.

O revisor terminou o resumo do caso para seus colegas, a discussão pode começar. Mas, enquanto no caso precedente o direito estava sólido e firme como o próprio Código Penal, e era sua não aplicação que causava um "escândalo" ao se avaliar com terror as consequências políticas e financeiras da decisão do Conselho, aqui os motivos da inquietude são outros. É o estado de direito que se torna cada vez mais instável na medida em que exploramos o caso. Investigamos a jurisprudência na busca de uma "vibração", tendo em vista que não saberíamos inovar radicalmente, mas apenas "dar um passo", um "último passo" após todos os outros, a fim de ser menos formalistas e menos artificiais. Coisa estranha, pois se supomos que o juiz coletivo, *viva vox legis*, traz o direito administrativo em seu corpo, em seu cérebro, ele sempre parece surpreso com suas tendências, suas contradições, e tem necessidade de recapitulações do Serviço de Documentação para lembrar-se do que ele próprio decidiu ao longo dos anos... É que os juízes tornam-se seres híbri-

---

65 Seção de 20 jan. 1978, Sindicato Nacional de Ensino Técnico Público Agrícola, p.22, conclusões. M. Denoix de Saint-Marc.

dos que têm a história estendida por séculos, como o romance *Joseph Balsamo*, de Alexandre Dumas, e eles são imortais como ele. Eles devem se informar sobre o que realmente quiseram, julgaram, pensaram, como um doente deve se informar sobre o funcionamento de seus próprios órgãos. Dir-se-ia um tipo de exame de consciência para medir, em tentativas, o que é sólido e frágil, seguro e flexível, indiscutível e reformável.

Mas no momento mesmo em que eles hesitam sobre modificar o direito, um abismo se abre diante deles, como se tal modificação da delicada ecologia do direito administrativo pudesse promover uma catástrofe. Sem uma "defesa clara" tudo se torna contestável, eles se dizem com temor.

Dorval: Você lhe comunicou (o requerente)?

Luchon: Ele contesta tudo, mas não tem advogado; discutamos na ordem: atraso ou não? A questão de um terceiro: a divisibilidade ou não? O atraso é um incômodo para ir à Assembleia; para o resto, sim.

Dorval: **Não se vai à Assembleia** para concluir a inadmissibilidade.

Luchon: Vai querer-se mantê-la; apenas um requerente sem advogado pode sustentar um fundamento parecido; se recusarmos, ele não ficará contente.

Dorval (lendo o *Lebon* que ele foi pegar na pequena biblioteca atrás do relator): Acabo de me referir ao Bonnec 25 de março de 1962, p.349 (ele lê).

Le Men: O que faz correr o prazo? Tudo está ligado, deixemos a data, esse é o decreto. A cláusula regulamentar de um contrato é a publicação, se pensarmos sobre o ato regulamentar, não há prazo sem ela. Não há cinquenta formas de considerar, seja de publicação, seja de notificação. Não podemos dizer "ele não foi publicado, portanto é contestado a todo instante", nem dizer "não se pode notificar cada habitante". Se isso fosse **revertido**, tudo seria **contestável**, não é evidente. **É o que torna isso difícil, tudo se move.**

Qual é a formalidade que pode fazer cair o prazo, o conhecimento adquirido não existe em matéria regulamentar. Dois objetos de valor diferentes se manifestam aqui: o primeiro é a reversão de jurisprudência, que nos esforçamos em experimentar de forma prudente; o segundo, bem diferente, que traz as consequências práticas da decisão para os juízes e para os requerentes. Daí esta frase realmente magnífica que explica, ao mesmo tempo, a paixão, a hesitação e o interesse: "é o que torna isso difícil, tudo se move". Longe de estar definido, o direito administrativo por inteiro tornou-se instável, escorregadio, estremecido.

Servetière (que tem experiência anterior como parlamentar eleito): Nas pequenas cidades afixam-se cartazes!

Luchon: Não se extrai do dossiê que ele não foi publicado, isso não foi levantado (Dorval passa o *Lebon* a Deldago).

Servetière: A cidade tomou sua responsabilidade, se é o regulamentar, é necessário que afixe cartazes.

Le Men: Se é excesso de poder, é necessário que tenha afixado.

Luchon: Muito bem, é um terreno **muito sólido**.

Dorval: **Está dentro da lógica**; elas são contrárias à terceira parte e **acabamos de julgar** por essa razão (em outro caso) que elas devem ser publicadas. Mas porque tão tarde na jurisprudência, não estamos **em uma época** em que se quer **abrir** as vias do contencioso, é uma questão de **oportunidade**.

Luchon: Eles podem contestar de outra forma; todos os que têm advogado contestam os atos destacáveis.

Dorval: Em um caso de Assembleia, é isso que se deve pesar.

Le Men (de forma solene): **É preciso hesitar**, é uma jurisprudência **importante**; o que me convence a **dar um passo**; são duas evoluções importantes; uma jurídica, os recursos prefeitorais; a outra, administrativa, a delegação a uma multiplicidade de atores. Sobre isso o prefeito pode fazê-lo (contestar através do recurso) e não o destinatário do contrato, isso é **artificial**. Além disso, nosso direito está construído sobre as concessões com conjunto de cláusulas de execução e agora multiplicamos os contratos.

Isso é **impróprio**, porque fazemos passar artigos nos contratos que teriam estado no conjunto de cláusulas, mas as defesas propostas por Deldago são excelentes, não se pode **contestar tudo**. Magnífica expressão desse objeto de valor que reconhecemos acima: a hesitação, reivindicada como um dever associado à importância do que está em jogo: "é necessário hesitar"; em seguida, o reconhecimento claro do avanço: o segundo assessor está convencido a "dar um passo" porque a solução antiga era "artificial". Ele não inova, ele não muda o direito; ele o põe em acordo com o que deveria ser (uma vez que o prefeito pode já contestar as cláusulas dos contratos – uma lei recente o permite) reconhecendo claramente o efeito do contexto prático, ele está "agora inadequado"; mas é outro objeto de valor que então aparece: contra o risco escancarado, "pode-se contestar tudo", é preciso imediatamente de "defesas".

Luchon: Sim, primeira defesa **intransponível**, é preciso que haja interesse em agir; mas se podemos contestar um ato unilateral, qual é a lógica dessa barreira? O comissário de governo dirá "você o limita às cláusulas regulamentares", **abrimos a porta** a tudo. Eu me faço de advogado do diabo, mas vamos tocar as coisas regulamentares. Se eu o admito para o contratual, **eu o estendo a tudo**. O que é a defesa regulamentar?

Le Men: Todo contrato pode ser contestado por um terceiro que tem interesse em agir, é outro passo.

Luchon: Não se pode contestá-los durante sessenta anos (seria a desordem)!

Le Men: Sim, é necessário ter segurança jurídica, não se pode estar sob ameaça contínua de uma contestação, **seria a desordem**.

A grande palavra foi proferida: a "segurança jurídica" para os requerentes, imediatamente ligada a essa outra expressão mais popular, mas também importante: "seria a desordem". Não haveria mais limite temporal, no número de terceiros, na divisibilidade das cláusulas. Sairíamos do direito. Decididamente, estamos diante de dois objetos de valor diferentes: um, que concerne ao direito que deixaremos mais coerente e menos formalista, fazendo revisão sem modificá-lo todo; o outro, que concerne à organização do recurso contencioso e à definição do que importa ou não. De fato, segundo a decisão que será tomada nesse caso, as petições se tornarão mais fáceis ou mais eficazes; de todo modo, mais diretas. Mais pessoas se tornarão potencialmente terceiros tendo interesse em agir, uma vez que todos os contratos contendo cláusulas divisíveis regulamentares poderão ser contestados: se o direito se estende, "graves desordens" podem ocorrer, como dizia o relator no início. É a esse risco e aos meios de "limitá-lo" que uma parte da discussão seguinte será dedicada. Trata-se de outro objeto de valor uma vez que, estendendo o império do direito, aumenta-se o trabalho dos juízes que arriscam encontrar-se afundados nas queixas. O que está em jogo aqui é a fronteira do que faz diferença ou não, fronteira que o Conselho, e esse é seu grande orgulho, sempre aumenta desde os estreitos limites que Bonaparte lhe havia outorgado. Parece difícil caracterizar a passagem do direito sem reconhecer a extensão de suas condições aos limites: até onde se estende? A partir de onde começa?

Le Men: Dizemos a alguém: "conteste as cláusulas regulamentares de um contrato", **mas em seguida** dizemos "o contrato não é divisível". É necessário deixar ao juiz de contrato o cuidado de se desembaraçar. Sobre a definição de cláusulas regulamentares, elas são divisíveis por natureza; os terceiros não devem voltar ao contrato.

Luchon: Separamos um ponto muito interessante; isso **muda tudo**; tudo isso **modifica** a noção dos atos destacáveis, isso é um obstáculo sério. Sobre o ato destacável, a jurisprudência é muito diferente, é preciso solicitar tudo isso, **sem isso não é admissível**.

Segundo a jurisprudência atual, o requerente deveria ter pedido a anulação da deliberação na prefeitura que aprovou o contrato; mas o requerente não pede nada disso, é preciso seguir seu fundamento: é um dos artigos do contrato que ele contesta, e ele contesta diretamente sem passar pela fórmula complicada do recurso prefeitoral. Questão: os contratos são divisíveis ou indivisíveis. Na medida em que a discussão avança, vemos que a subseção está mais interessada ("é interessante" porque "isso muda tudo") e mede-se melhor aquilo que "modifica" pouco a pouco.

Le Men: Poderíamos dizer que ele (requerente) demanda a anulação total.

Luchon: Ah não, não, ele diz apenas a "2ª alínea do artigo 7", não **podemos fazer** o esforço.

A subseção pode tirar a petição "fazendo esforços", a fim de tornar interessante e promover a reversão de jurisprudência, mas ele não pode dar uma sentença *ultra petita* oferecendo ao requerente outro fundamento que não seja o que ele levantou, salvo se for o caso, como sabemos, dos fundamentos levantados de ofício, como mencionado adiante.

Le Men: Quando se vê as **dificuldades** da mecânica, compreende-se melhor a jurisprudência.

Servetière: Sim, mas seria muito fácil, os municípios poderiam disfarçar nos contratos as decisões unilaterais e dizer que é indivisível.

Luchon: Talvez seja isso o que **manterá a jurisprudência tradicional**; é preciso introduzir, **prevenir** o ministro da Reforma do Estado, já que isso tem consequências práticas. Em seguida é preciso **prevenir** a sociedade, a questão da indivisibilidade. O comissário de governo deverá evocar (este, anota silenciosamente), é preciso comunicar[66] ao requerente, à empresa, o fundamento de ofício (dirigindo-se ao relator Deldago e depois ao secretário:) a srta. N. (secretária da subseção) pode fazer isso agora? Se pudermos passá-lo em 29 de janeiro, vamos lhes dar os quinze dias.

Chegamos agora ao **problema de mérito**. Nós não levantamos de ofício o princípio da legalidade? É contrário à lei de 7-1975 sobre

---

66 Comunicar, lembremos, é outro verbo empregado no intransitivo que indica o avanço da instrução: uma peça chegando, um novo argumento sendo levantado, é necessário, para respeitar o princípio do contraditório, que a parte contrária o saiba e que possa produzir réplica...

os resíduos, previsto pela taxa e pelo imposto de onde **extraímos o fundamento** de que não podemos pedir às pessoas privadas para pagar contribuições aos serviços públicos; há uma falha, pedimos para usar um saco para resíduos, e não dizemos que há uma taxa para a coleta. Por que eles não pagam apenas pelo veículo que coleta o resíduo, como diz o sr. Crécelle, assim por diante.

Dorval: Eu adoraria pedir a Servetière, que tem **experiência** concreta, que nos diga.

Servetière: Eu anulo, porque isso já é financiado pela taxa; se fosse sobre higiene, poderíamos pedir para o usuário pagar um adicional, mas apenas se for pela conveniência do serviço. Eu anulo.

Estagiário da ENA: Em Nantes, falo por experiência, é diferente.

Le Men: Eu não me **precipitaria**; a lei permite pedir ao usuário pagar se for pela salubridade, mas não pelo interesse no serviço da concessionária?

Servetière: Sim, esse é o princípio.

Luchon: Sim, é chocante, sobretudo em se tratando dos chalés. Seguimos Le Men, a lei não dizia isso?

Dorval: Eu prefiro a abordagem de Le Men, porque ela vai mais ao mérito e isso é próprio das decisões da Assembleia.

Guyomar: Eu sou mais pela solução de mérito.

Estagiário da ENA, não pertencente ao corpo: Eu prefiro a quebra da igualdade, é a lógica, é evidente, isso evita mergulhar nas dificuldades.

Servetière: Eu prefiro a solução de Le Men.

Bruyère: Eu prefiro (a quebra da) igualdade.

Deldago: Eu fico com o esboço reformulado. O princípio da igualdade evita detalhamento. Seria necessário verificar que a salubridade proíbe de forma intransponível a confusão com outra coisa.

Luchon (dirigindo-se ao autor): O que diz o filósofo?

Bruno Latour: O filósofo não está preparado para opinar.

Luchon: O comissário de governo?

O comissário de governo (não diz nada).

Luchon: Bom, enfim, isso foi interessante.

Servetière: Eu já encontrei esse tipo, ele contesta tudo que se move.
Luchon: Sim, são argumentos curtos, mas bem-feitos.

Deixamos a discussão correr sem interromper até o breve momento de vergonha do observador incapaz de se pronunciar sobre o caso, a não ser para soltar a conhecida palavra "opinar"! Para o etnógrafo, felizmente, tudo se torna informação de campo, inclusive sua própria incapacidade de formular expressões que fariam dele um membro da tribo... Não, ele ainda não encarna a *viva vox legis*! Uma vez mais, agora que passamos ao mérito do caso, após ter regulado a questão da admissibilidade, todo mundo utiliza experiências concretas indispensáveis para avançar em direção a uma solução, a evidência parcial e empírica do senso comum substituindo a austera tecnicidade do direito administrativo. Sublinhemos a frase de conclusão do presidente, na qual encontramos o pequeno controle de qualidade que lhe permite dizer imediatamente que estava interessante, que houve hesitação e que o requerente habitual fez bem seu trabalho.

Sim, julgamos corretamente – ou pelo menos foi bem instruído. Esse caso obscuro se encontrará agora absorvido, sedimentado, esmagado no edifício do direito administrativo. Com certeza, o requerente não verá nunca o reembolso das taxas, mas seu nome, em todo caso, permanecerá. As edições seguintes das *Grands Arrêts* incorporarão esse caso, verificando assim o circuito entre o trabalho jurídico dos requerentes e o trabalho jurídico daqueles que aceitam ou não acolher os fundamentos. Em certo sentido, assim como os maciços montanhosos de calcário são apenas a vida elementar sedimentada, comprimida, triturada, dobrada, que se ergue antes de erodir, o direito tem apenas o material das queixas dos requerentes acolhidas, recolhidas, trituradas, compiladas, publicadas e finalmente incorporadas no *Lebon*.

Quando lemos as conclusões do comissário sobre um caso semelhante, dessa vez tratando da compra de sacos de lixo por um proprietário, reencontramos as muitas queixas acumuladas que marcaram o direito administrativo que se deve organizar, mobilizar, assimilar novamente, a fim de proceder à reversão de jurisprudência. Os sindicatos de trabalhadores, os municípios, as câmaras de comércio, as empresas, com nomes mais ou menos pitorescos, se veem misturados às conclusões dos comissários prestigiosos, como Romieu, aos textos de leis e às interpretações mais ou menos evasivas da doutrina. No quadro seguinte, fizemos uma lista de todas as referências utilizadas pelo comissário para convencer os juízes em um caso muito próximo, e que compõe isso que podemos chamar de intertextualidade de suas conclusões. Para cada texto citado, anotamos a data, um resumo de seu nome; em seguida, entre parênteses, o argumento que utiliza como apoio, assim como sua ordem de aparição no raciocínio.[67]

Exemplo de intertextualidade
(quadro de recapitulação das citações de apoio aos dos argumentos no texto das conclusões)[68]

29-03-1901 Casanova (4º interesse em agir de terceiros já reconhecido)
4-8-1905 Martin conclusões Romieu + crônica *Grands Arrêts* (3º ato destacável apenas)
(citado duas vezes)
30-03-1906 Ballande (4º interesse de terceiros em agir já reconhecido)

---

67 Seria bem útil poder fazer para as referências jurídicas, como o que fora feito de forma tão eficaz pela cientometria para as referências dos artigos científicos: Callon et al., *La Scientométrie*. Infelizmente, em seu estado atual, a base ARIANE não permite tais cartografias, em particular porque as decisões apenas citam os textos de leis e regulamentos, enquanto o raciocínio dos comissários, juízes, cronistas e comentadores se apoia sobre os julgamentos precedentes, e nada permite religar essas duas bases.
68 Nesse caso muito semelhante ao precedente, julgado na mesma época, o comissário deve passar pelas etapas seguintes: 1. Provar a competência do Conselho; 2. No estado atual da jurisprudência, a petição não é admissível; 3. O requerente teria podido contestar o ato destacável; 4. Entretanto, o interesse em agir dos terceiros já é reconhecido; 5. O raciocínio do Conselho está inacabado; 6. Uma vez que o prefeito pode contestar por "recurso", por que não um terceiro?; 7. A distinção entre os dois tipos de contrato é realmente muito sutil; 8. De toda forma, resta levantar o obstáculo do conhecimento adquirido. Marc Sanson, caso n.135836, 10 jul. 1996.

21-12-1906 Croix-de-Seguey-Tivoli conclusões Romieu (3º ato destacável apenas) interesse de terceiros em agir já reconhecido (citado duas vezes) (extrair conclusões lógicas dessa decisão)

  09-11-1917 Bosc et Vernazobre *(direito dos sacos de lixo)*
  21-02-1919 Caille *(quebra de igualdade)*

19-12-1926 Decuty (4º interesse em agir de terceiros já reconhecido)
6-05-1931 Tondut (3º ato destacável apenas)

  22-07-1933 Heimann *(direito dos sacos de lixo)*

9-11-1934 Section Chambre de Commerce de Tamatave *a contrario* (2º inadmissível com jurisprudência atual)

  09-03-1938 Union de la propriété bâtie *(pesos das circulares)*

01-03-1946 Seção empresa de energia industrial (5º raciocínio inatingido)

  09-03-1951 Concerts du Conservatoire *(princípio da igualdade)*

09-10-1954 Corte de Cassação (contrato contrário a terceiros)
26-11-1954 Seção Sindicato da refinaria de enxofre (4º interesse em agir do terceiros já reconhecido)
4-02-1955 Seção Ville de Saverne (3º ato destacável apenas)
26-10-1956 Assembleia (4º interesse em agir do terceiros já reconhecido)
11-01-1961 Barbaro

  04-07-1962 Untersinger *(quebra de igualdade)*

8-03-1963 Seção Mailhol (4º interesse em agir do terceiros já reconhecido)
24-04-1964 Seção, empresa de dejetos industriais, conclusões Combarnous (3º ato destacável apenas)
29-04-1964 Missa (4º interesse em agir do terceiros já reconhecido)
31-10-1969 Assembleia sindicato dos canais de Durance (3º ato destacável apenas)
16-10-1970 Assembleia Rueil-Malmaison (1ª competência dos TAs)
21-03-1972 Corte de Cassação (contrato contrário a terceiros)

  15-07-1975 Lei sobre a eliminação de dejetos *(polícia de dejetos)*
  07-02-1977 Decreto de aplicação lei sobre dejetos *(polícia de dejetos)*

20-01-1978 Seção Sindicato do Ensino Técnico, conclusões Denoix de St Marc (3º ato destacável apenas)
20-02-1978 Seção Ensino Técnico Agrícola (4º interesse em agir do terceiros já reconhecido)
28-05-1979 Tribunal dos Conflitos, Cergy-Pontoise (1ª competência dos TAs)

  06-06-1980 Darvennes *(pesos das circulares)*
  19-12-1979 Meyet *(princípio da igualdade)*

1979 notas da RFDA (raciocínio incompleto)
02-03-1982 Lei sobre o recurso administrativo pelo prefeito (o prefeito não contestou)
02-12-1983 Assembleia Sindicatos médicos (4º interesse em agir do terceiros já reconhecido)

05-04-1984 Lei sobre a salubridade municipal

8-03-1985: Amigos da Terra (4º interesse em agir do terceiros já reconhecido)

26-04-1985 Ville de Tarbes (princípio da igualdade)

**27-12-1985: deliberação do SIVOM
1-1-1986 contrato do SIVOM e da empresa: artigo 7**

06-01-1986 Lei sobre a descentralização

16-04-1986 Assembleia Companhia luxemburguesa (2º inadmissível com jurisprudência atual)
(citado duas vezes)
4-06-1986 Oléron (1ª competência dos TAs)

01-10-1986 Câmaras de agricultura (pesos das circulares)

17-12-1986 Sindicato de Armagnac, conclusões Fornaccari (2º inadmissível com jurisprudência atual)

08-04-1987 Estudos e consumo CFDT (princípio da igualdade)

13-01-1988 Mutuelle générale conclusões Roux (3º ato destacável apenas)

29-07-1989 recusa de reembolso dos contêineres pelo SIVOM

31-03-1989 departamento de la Moselle (7º distinção muito sutil juiz contrato/juiz administrativo)

08-11-1989 Sourine (pesos das circulares)
15-11-1990 Corte de Cassação

25-01-1991 Seção, Brasseur, conclusões Stirn (6º se prefeito pode, por que não um terceiro?)

26-07-1991 Seção Município de St Marie (6º se prefeito pode, por que não um terceiro?)

**1-8-1989 petição diante do TA para anular artigo 7
17-1-1992 rejeição da petição pelo TA por inadmissibilidade**

17-02-1992 Commune de Guidel (5º raciocínio inatingido)

10-04-1992 parecer de Seção + *AJDA* 1992. Gazette du palais (1º competências do TA)

22-06-1992 apelação ao Conselho de Estado

13-05-1992 Comuna d'Ivry sur Seine (7º distinção muito sutil juiz contrato/juiz administrativo)

25-05-1992 Departamento de l'Hérault (7º distinção muito sutil juiz contrato/juiz administrativo)

*13-07-1992 Lei sobre os dejetos + debates parlamentares + exposição de motivos
(polícia de dejetos)*

14-05-1993 Seção rádios locais privados (8º obstáculo do conhecimento adquirido)
07-07-1993 Sindicato CGT do hospital Dupuytren (8º obstáculo do conhecimento adquirido)
01-10-1993 Yacht-Club Bormes-les-Mimosas (5º raciocínio inatingido) (citado duas vezes)

28-02-1994 Desboit (pesos das circulares)

07-10-1994 Seção Lopez + crônica *AJDA* (5º raciocínio inatingido)

> **10-07-1996 Assembleia do Contencioso do Conselho de Estado citações diversas**
> 1990 Estudos e documento do Conselho de Estado n.41 (5º raciocínio inatingido) artigo 1165 do Código Civil terceiros não afetados pela cláusula de contrato Livro de Pouyaud sobre a nulidade dos contratos administrativos (7º distinção muito sutil juiz contrato/juiz administrativo)

Ao primeiro olhar, mede-se a tecnicidade da operação. Modificar a jurisprudência exige tantos cuidados quanto o deslocamento de uma via de estrada de ferro em plena cidade, ou a modernização de uma central telefônica. Mais de sessenta documentos diversos devem ser reagendados para tornar contestável o que antes não era. Em negrito, alinhado à direita, encontramos os elementos da petição, os quais se estendem em perto de dez anos – o Conselho dando-se mais de quatro anos para julgar o caso. Em itálico, centralizado, anotamos todas as referências que o comissário de governo utiliza para julgar o caso no mérito. Alinhada à esquerda, em romano, encontramos a totalidade das citações indispensáveis para tornar a petição admissível ligando-a a tudo que o Conselho já julgou. O corpo de textos se estende em quase um século e, graças a eles, o comissário deve pesar as tendências diversas da jurisprudência, mobilizando as incertezas da doutrina, a lógica, o bom senso, a oportunidade. Ele quer dar um passo considerável pedindo-lhes nada além de "extrair as consequências" de "sua" decisão de 1906!

Mas se vocês **devem se conformar** com sua jurisprudência, a petição do sr. Cayzeele não teria nenhuma chance de **prosperar**. No estado atual da jurisprudência, um terceiro é inadmissível para pedir diretamente a anulação de um contrato ou de uma cláusula de um contrato [...]. O terceiro pode somente pedir a anulação por excesso de poder de um ato administrativo destacável desse contrato, seja ele prévio ou posterior à conclusão do contrato [...].

Nós nos propomos a **explorar** uma nova via que permitiria **mudar** sua jurisprudência e, sob certas condições, permitir um terceiro contestar diretamente um contrato do qual não é parte [...].

Desse fato, a impossibilidade para um terceiro contestar uma cláusula contratual parece mais reduzida (senão **residual**) e a jurisprudência parece **formalista**. No caso em questão, o sr. Cayzeele é admissível para contestar a legalidade da deliberação do SIVOM fundando-se na ilegalidade presumida do artigo 7 do contrato, mas não é admissível para contestar **diretamente** a legalidade dessa cláusula. A distinção parece bem **sutil** aos olhos do profano [...]

A exposição desses inconvenientes ou, em todo caso, da sutileza da jurisprudência atual poderia levar a considerar a retomada em **causa dos fundamentos** do contencioso dos contratos administrativos.

Não é o que nos propomos. Trata-se somente de **modificar** sua jurisprudência, **no fio** de sua evolução recente e da **vontade** do legislador (no que concerne ao recurso municipal) e, sobretudo, de **extrair as consequências** em matéria de admissibilidade dos recursos de **sua** decisão de 1906 Croix-de-Seguey-Tivoli, **evitando** a multiplicação de recursos contra os contratos sem relação, ou tendo apenas relação distante com o requerente.

Não, não, fiquemos tranquilos, não é ao Conselho que cabe "colocar em causa os fundamentos" do que quer que seja. O direito não pode se permitir essas audácias que tanto satisfazem, veremos adiante, aos pesquisadores científicos. Nada de revolução jurídica no direito, ou perdemos toda segurança e caímos na "desordem", na justiça expeditiva – *contradictio in terminis*. Toda a sutileza do comissário consiste em reformular, remoer, digerir os mais de sessenta textos citados, para fazer com que expressem o que sempre expressaram, sem que se tenha percebido claramente antes de hoje. Se o inovamos, está longe de toda solução muito construtiva,[69] longe de toda discussão sobre os fundamentos, em plena segurança jurídica e "evitando a multiplicação de recursos". As conclusões do comissário têm como objetivo expressar novamente e mais clara-

---

69 Mais acima, o comissário rejeitava outra solução como "muito construtiva". A palavra "construtiva", sabe-se, é um eufemismo para "audácia indisciplinada".

mente ainda a vontade do corpo de juízes, imutável desde *Croix-de--Seguey-Tivoli* em 1906, e a do legislador que recentemente inventou o recurso prefeitoral.[70] Mesmo se ele extrai em todos os sentidos a fina manta de precedentes, é para assegurar que nada de verdadeiramente novo vai ocorrer, e que ele cobrirá de sua lógica tanto essa petição ínfima sobre uma obscura história de sacos de lixo quanto os grandes princípios da distinção dos contratos bilaterais e dos regulamentos unilaterais que organizam todo o Estado. É sobre o direito que se diz: "Quanto mais muda, mais se parece".[71]

É nesse ponto que se pergunta, uma vez que a deliberação está realizada e o julgamento está conforme o desejo do comissário, se realmente aconteceu alguma coisa. Nada no julgamento publicado indica isso, a não ser que a petição foi julgada admissível. É que, mesmo que respeitada a vontade do legislador, mesmo que extraídas as "consequências lógicas" das decisões centenárias, mesmo que tornada coerente a evolução das "vibrações" da jurisprudência, é preciso que os cronistas venham rapidamente interpretar o julgamento para lhe dar sentido. Em si mesmo, ele permanece incompreensível. Acompanhemos algumas etapas na investigação dos cronistas, esforçando-se em descobrir as intenções do juiz – que aceitaram em parte as palavras que o comissário de governo colocava em suas bocas:

> Estimando que as cláusulas regulamentares dos contratos não poderiam ser contestadas pela via do recurso por excesso de poder, o Conselho de Estado permanecia vinculado à teoria da dupla natureza dos contratos, tal qual ela havia sido esboçada pelo comissário de governo Léon Blum [...]. O Conselho **se opunha** assim a

---

70 "Recurso apresentado pelo prefeito diante de um juiz administrativo ao encontro dos atos das coletividades locais [...] que ele considera ilegais. Esse procedimento particular de controle substituiu, a partir da lei de 2 de março de 1982, a antiga tutela." Van Lang et al., op. cit.
71 O que Bancaud, em Une "constance mobile": la haute magistrature, chama "uma constância móvel" a propósito da Corte de Cassação.

uma maioria da doutrina vinculada, de sua parte, à teoria do "ato misto" [...].

Se a jurisprudência não era convincente **no plano lógico**, ela era mais **contestável** ainda por suas consequências sobre o direito dos administrados. Agora que admitia que os contratos passados entre a coletividade pública e um empreendedor privado podiam fazer surgir obrigações para os particulares, o Conselho de Estado **recusava toda possibilidade** de contestar as cláusulas em questão pela via do recurso de excesso de poder. [...]. Essa situação era **chocante**.

O Conselho de Estado **aproveitou a oportunidade** dada pela apelação do sr. Cayzeele para **efetuar uma reversão de jurisprudência**. Assim, as cláusulas regulamentares dos contratos podem **doravante** ser objeto de recurso por excesso de poder. **O escopo** da inversão deve, bem entendido, ser **relativizado** [...]. Ao mesmo tempo, esse escopo não deve **ser subestimado**.

Com a jurisprudência *Cayzeele*, é possível obter, sem desvio de procedimentos, a anulação das cláusulas regulamentares. **O progresso é inegável**.

O passo obtido com a decisão *Cayzeele* é, portanto, significativo. Mas é preciso sublinhar que essa nova jurisprudência **não rompe** com a distinção dos contenciosos do contrato e do excesso de poder. **Ao contrário, ela se inscreve no prolongamento lógico das soluções anteriores.**

Entretanto, é difícil ver na decisão *Cayzeele* um primeiro passo em direção a uma tal simplificação das regras de recursos litigiosos. Ao contrário, a Assembleia do Contencioso **não parece** ter admitido o recurso por excesso de poder contra as cláusulas regulamentares do contrato, porque ele escolheu ver os atos regulamentares incluídos nos contratos como sendo divisíveis do contrato. A decisão *Cayzeele* constitui antes uma mudança de perspectiva do que **uma reversão de princípio**.

Mesmo se lastimarmos que o Conselho de Estado não tenha ido **mais longe ainda**, nos parece que o estado de direito está mais satisfatório após a decisão de 10 de julho de 1996. As possibilidades de recursos de terceiros contra os contratos que lhes impõem obrigações são, ao mesmo tempo, **mais simples e mais eficazes** (20 out. 1996, p.738).

Não diríamos que os cronistas, por interpretar as decisões do Conselho, se comportam como etólogos? É como se o direito administrativo se assemelhasse a um grande animal enigmático e mudo que não pudesse nunca justificar diretamente sua palavra por explicações claras e que, para ser compreendido, sempre fosse necessário recorrer a indicações indiretas. A Assembleia, dizem, "parece admitir" uma reversão de escopo inegável, limitado, que não deve ser "subestimado", que se inscreve no "prolongamento lógico das decisões anteriores", mas que parece ser mais uma "mudança de perspectiva" do que uma "reversão de princípio". Mas isso não está claro. Tudo depende do que o Conselho "escolheu ver" – maravilhosa expressão – no contrato submetido a seu exame. Além disso, o grande animal teria "podido ir mais longe ainda" – é provável que, por essa fuga calculada, os cronistas, refletindo as controvérsias da deliberação, preparem a doutrina para uma reversão futura da jurisprudência. Em todo caso, uma coisa é certa: fazendo nada mais do que se parecer a si mesmo, o Conselho abandonou uma solução "chocante" que o obrigaria a "ficar vinculado" a uma interpretação venerável – pois remontava ao próprio Léon Blum –, mas que era oposta à doutrina. No fim das contas, o *satisfecit* foi pronunciado: o estado do direito é mais "satisfatório", as "obrigações, mais simples e mais eficazes".

Mas, no final, aconteceu alguma coisa ou não? Não, pois o direito foi apenas arrumado. Sim, pois agora sabemos. Coisa estranha, de fato, a incerteza sobre o que quis dizer o juiz, assim como a estrita continuidade entre presente e passado não impede os cronistas de reconhecer uma mudança real operada pelo julgamento. "*Até a decisão da Assembleia de 10 de julho de 1996*", escrevem eles, "o tipo de exceção de ilegalidade das cláusulas regulamentares do contrato era ao menos *incerta.*" Hoje não é mais. A data de 10 de julho marca uma virada que põe fim às "controvérsias doutrinais". Há uma historicidade nessa progressão milimétrica onde nada deveria passar a não ser a expressão mais firme do que sempre tinha estado lá. Estranho objeto circulante que deve dissimular suas modificações sob a aparência de uma frieza de mármore, e que deve, portanto, marcar o tempo por quebras tão claras que permitem pôr fim às incertezas perigosas, às ambiguidades escandalosas. Teria o sr. Cayzeele prestado um serviço histórico ao direito dos contratos? Que ele não fique inflado tão rápido. Com uma arrogância patriciana, os cronistas lembram que o Conselho apenas "aproveitou a ocasião" por ser chamado para operar essa reversão de jurisprudência, compelido pela própria lógica de seu desenvolvimento: tudo mudou, mas nada mudou. Sem petição, sem escândalo, mas petição era a ocasião esperada para pôr, finalmente, o direito em ordem. Ah! A homeostase do direito.

De minimis et maximis curat praetor

Se o Conselho aplicasse realmente a célebre máxima *De minimis non curat praetor*, não haveria muita coisa a fazer, pois é fácil se convencer, à luz dos casos que acompanhamos até aqui, em que pedimos que investigasse causas ínfimas, petições microscópicas: um pombo aqui, uma pista de esqui ou uma nomeação lá, uma saco de lixo, uma expulsão, sim, pequenas coisas, nada que justifique a atenção do magistrado. É que ele aplica, na prática, outra máxima: o juiz se atém a reunir das mais ínfimas às maiores preocupações – *de minimis et maximis curat praetor*. Como vimos no Capítulo 2, é justamente a capacidade de ligar na massa de textos já publicados os detalhes da petição – talvez irrisória aos olhos do direito, mas evidentemente essencial, às vezes vital, aos olhos do requerente – que o juiz prova sua capacidade de proferir o direito. É esse *princípio du minimum et du maximum* que reconhecemos como um juiz e que se define como tendo julgado corretamente. Como veremos no último capítulo, não é certo que outra profissão seja capaz de realizar esse mesmo curto-circuito. O enunciado jurídico encontra talvez ali sua especificidade – assim como a maior parte das bizarrices.

Esperando chegar a esse ponto, podemos fechar o longo mergulho nas sessões de instrução, recapitulando os movimentos que diferenciamos nos raciocínios dos juízes. Neste capítulo, escolhemos considerar o direito em sua dinâmica, em sua passagem, e o fizemos organizando a lista de objetos de valor transferidos no curso da ação. Constantemente destacamos a proliferação dos termos, dos gestos, dos comportamentos que dão a impressão de que o que passa, o que circula, tem uma densidade, uma objetividade, uma solidez que obriga a modificar as atitudes, sacudir os pressupostos, mudar a opinião, ver, como no caso precedente, reverter a jurisprudência, e que esse movimento difícil, esse lento rastejamento se faz em detrimento de uma enorme quantidade de oposições e obstáculos. Os juízes não raciocinam: estão presos a um dossiê que age sobre eles, lhes pressiona, lhes força, lhes faz fazer qualquer coisa. Nada que dê mais impressão de resistência, de uma coisa, de uma causa. Nada de mais material, de mais real. Mas, ao mesmo tempo, essa matéria possui uma plasticidade bem particular, pois cada agente – requerente, advogado, relator, revisor, comissário, formação de julgamento, cronista, universitário – modifica a forma que os argumentos assumem, a saliência dos textos, traçando caminhos divergentes sobre o "corpo sem órgão" do direito administrativo; mobilizando, como em tantas guerras picrocolinas, pequenos grupos de fatos opostos, de precedentes, de bom senso, de oportunidade, de moral pública jogados uns contra os outros, e precipitados na fornalha dos debates. Quando isso enfim termina, nunca é porque o direito puro triunfou, mas porque do interior dessas relações de força, desses conflitos de multiplicidades heterogêneas, uma avaliação foi feita, pelos próprios atores, que certos objetos de valor foram corretamente transferidos, que as condições de felicidade foram corretamente preenchidas.

Inicialmente há a *autoridade* dos agentes que sofre na prova de instrução uma metamorfose mais ou menos completa. E todos os participantes, não só os juízes, podem ver sua posição modificada: há requerentes mais ou menos estimáveis, advogados mais ou menos talentosos, comentadores mais ou menos sólidos. Depois, o segundo objeto de valor, há a própria petição da qual o *caminho do procedimento*, explicitado pela expressão do processo, presta-se bem a uma análise em termos de conflitos, progressos, obstáculos, reversões, atrasos e triunfos.[72] O terceiro dos objetos de valor que reconhecemos é a *organização* das queixas, dos dossiês, dos julgamentos, a logística de todo tipo, que permite tornar compatíveis os caminhos diversos dos casos uns com os outros, sem muita destruição, obstruções, erros, desperdícios, resíduos. Em seguida, há o que chamamos o *interesse*, sem o qual os conselheiros estariam mortos há muito tempo em suas poltronas, perecendo de tédio com a cabeça mergulhada em seus dossiês. Não veremos a *libido sciendi*, mas antes *a libido judicandi*, ligada à dificuldade do caso que obriga justamente a não poder julgar muito rápido, tipo de ansiedade tão voraz quanto paradoxal a medir a dificuldade do ato de julgamento: quanto mais impossível dizer o direito, mais "é interessante".

Em seguida reconhecemos um quinto objeto de valor, semelhante ao primeiro, exceto pelo fato que diz respeito à autoridade dos próprios objetos jurídicos e não à dos sujeitos humanos. Cada citação de uma lei em um dispositivo, cada referência a um precedente em uma conclusão, cada apelo ao *Lebon* durante uma sessão de instrução, cada classificação pelos cronistas de um julgamento nos Quadros modificará o *peso* do texto em questão, lhe dará uma solidez tão grande que outros depois dele poderão, por sua vez, aproximar-se, modificando inteiramente a paisagem do direito, que fica a cada dia mais contrastante, mais saliente, ou ainda, ao contrário, em outros lugares, fica cada vez mais confuso, incerto, pantanoso. É o que permite às decisões de servirem como ponto de referência, pontos de virada, pontos de fronteira, em uma história na qual nenhum evento seria capaz de pronunciar-se. Sexto objeto de valor: o *controle de qualidade* exercido permanentemente por todos os agentes, de forma reflexiva, sobre o desenrolar do pro-

---

72 Lembremos que a maior parte dos termos da semiótica greimasiana para falar da ficção e de suas operações vem efetivamente dos procedimentos legais, em todo caso de um tipo de uma encenação da provação.

cesso. Julgamos corretamente? É assim que se deve trabalhar? A discussão terminou? Um tipo de ansiedade contínua que ocupa as consciências, objeto de valor potencializado, pois procura avaliar a própria valorização, verificar a felicidade das condições de felicidade. Sem esse escrúpulo incessante, haveria a sensação de julgamento correto?

Acreditamos ter identificado em seguida o sétimo objeto de valor, mais inabitual ainda, que chamamos *hesitação*, como se os enunciadores do direito medissem a realização de suas performances segundo sua capacidade de ter hesitado bem, longa e suficientemente, de ter esmagado e triturado a matéria dos dossiês fazendo reagir muitos textos sobre eles. É, de fato, apenas nesse suspense, nessa lentidão, nessa desvinculação prévia que eles parecem encontrar a prova de sua liberdade de manobra, antes que o trabalho de ligação, de costura, de decisão possa se efetuar plenamente – lembremos o "sente-se sempre muito ligado" do presidente Luchon.[73] A balança da justiça deve inicialmente tremer para que possa registrar fielmente o justo. O oitavo objeto de valor está ainda fresco em nossa memória: é o *meio*, *moyen*, ou fundamento, ou meios de ação, meio de transporte, um impulso, uma razão, um gancho, uma armadilha – qual metáfora seria adequada a esse ÓVNI?– que permite transportar a obrigação de uma ponta a outra do procedimento e do texto em questão. Ao contrário, o nono consiste, acabamos de ver, em *modificar o próprio direito*, deslocando-o de um estado onde era formal, artificial, ineficaz, indireto, a uma situação mais satisfatória, na qual se torna cada vez mais eficaz, direto, legível, compreensível. Enfim, o último objeto de valor, o décimo, considerado pré-requisito a todo processo e que define os *limites* interiores e exteriores do que aciona ou não o direito, marcando os dois extre-

---

[73] Vê-se bem ainda nessa explicação da escolha da formação de julgamento bem expressa pela interação seguinte: Luchon (lendo a decisão): "Sim, estou de acordo com Le Men, a decisão não diz isso; há o que julgar; é apenas a Cass (ação); não julgamos, não podemos passar julgando sozinhos se não temos o precedente para copiar *quase palavra por palavra*; quando não temos o precedente, vamos em (subseções) reunidas; está muito pouco julgado".

mos igualmente chocantes: de um lado, a inundação de petições, a ausência de segurança jurídica, a paralisia da administração: tudo é contestável todo o tempo por todo mundo. Do outro lado, uma tal restrição das possibilidades de iniciativa, que o procedimento não poderá nunca ter início, e o direito se reduz a uma desilusão ou à boa vontade do soberano.

Objetos de valor modificados no curso da provação

1. *Autoridade* dos agentes participando do julgamento
2. *Caminho* da petição deslocando-se através dos obstáculos
3. *Organização* dos casos que permite respeitar a logística das queixas
4. *Interesse* dos casos que mede sua dificuldade
5. *Pesos* dos textos que produzem uma paisagem e uma história cada vez mais contrastantes
6. *Controle de qualidade* verificando reflexivamente as condições de felicidade do processo em conjunto
7. *Hesitação* que permite produzir a liberdade de julgamento pela desvinculação, antes da vinculação
8. *Meio ou fundamento* que obriga a reler os textos dos casos
9. *Coerência* do próprio direito que modifica sua estrutura interna e sua qualidade
10. *Limites* do próprio direito que permite lançar ou suspender a tomada de rota do processo

O etnógrafo tem bastante consciência de que essa lista de objetos de valor só pode aparecer aos olhos dos juristas profissionais como um guarda-tudo, pois o essencial não se distingue do acessório. Não há dúvida de que um legislador compreenderia imediatamente, nessas condições de felicidade, aquele que caracteriza o direito puro, e relegaria os demais ao estatuto de simples intermediário, coadjuvante, excipiente, servidor, bagagem. Não vamos nos apressar, entretanto, para decidir se o especialista ou o observador tem razão. O tempo não está tão distante em que, para falar das ciências, um pesquisador científico inicialmente teria apresentado suas ideias, teorias, os resultados de sua disciplina, omitindo mencionar seu laboratório, seus instrumentos, seus colegas, seus orçamentos, seus artigos, suas experiências, as estranhas formas que os objetos têm de se misturar às palavras que os descrevem – todas as coisas triviais demais para serem ditas. Se, à época, o etnólogo tivesse apontado a multiplicidade desses elementos próprios à ciência "tal como ela se faz" e não "tal como ela se pensa", não há dúvida de que o pesquisador teria se enfurecido qualificando todo esse zoológico, velharias, todas essas coisas sem valor, simples intermediários sem importância. Foi necessário tempo aos antropólogos das ciências, como aos próprios cientistas, para lentamente definir em comum a lista das *mediações* necessárias para a articulação do mundo às práticas. Mesmo hoje, todas essas dificuldades não estão ainda superadas.[74] Se tantos esforços foram necessários para remontar às práticas das ciências na descrição de suas virtudes, por que não seria para tornar a descrição do direito compatível à prática dos juízes? Apresentando seu domínio aos outros, poderia ser que os legisladores omitissem a maior parte dos elementos que o tornariam compreensível, não aos conhecedores, certamente, mas àqueles externos ao direito aos quais se dirigem?

De qualquer maneira, o modernismo constituiu-se de tal forma que as análises mais confiáveis sobre as fábricas de verdade, tão importantes ao seu sucesso, não necessariamente são feitas por seus praticantes.[75] É aqui que se justifica a descrição etnográfica dessas formas de apresentar a verdade, como veremos no último capítulo, pois a situação do etnógrafo depende se ele estuda o que está distante ou próximo. Quando distante, é a emergência da prática comple-

---

74 Sobre todos esses pontos, veja Latour, *L'Espoir de Pandore*. Nós damos um sentido técnico à diferença entre os intermediários – que transmitem fielmente suas causas sem deformação – e as mediações – que redefinam de uma só vez suas causas e consequências.
75 Sobre todas essas questões de antropologia do modernismo, veja Latour, *Nous n'avons jamais été modernes*.

xa e contraditória que o afeta, e ele nunca cessa de encontrar, através de poderosas construções intelectuais, a estrutura escondida. Mas quando próximo, ao contrário, é a força das construções intelectuais já propostas pelos próprios autores para definir sua atividade – a Ciência, o Direito, a Religião, a Política, a Economia, cada uma distinta das demais – que serve como tela para a compreensão das práticas múltiplas, heterogêneas, mais frequentemente contraditórias. Se, quando distante, é necessário ao etnógrafo tanto suor para compreender o que as pessoas fazem, ao contrário, quando próximo, é necessário um enorme esforço para esquecer as razões muito razoáveis que os agentes dão sobre seu comportamento, para procurar nas oscilações da explicação, nas hesitações do discurso, na prorrogação da decisão, a razão dos laços criados por todas as atividades misturadas umas às outras, e da qual a separação em esferas distintas, puras e próprias, não se dão conta alguma. O etnógrafo, sem ter vergonha de sua ignorância metódica, deve, portanto, persistir, algum tempo ainda, em descrever o direito "tal como ele se faz".

Chegado a esse ponto, o leitor talvez simpatize com esses conselheiros que teriam desejado que eu suprimisse deste trabalho as notas *ipsis litteris*, como alguns pesquisadores teriam preferido jamais ver exposta a vida cotidiana de seus laboratórios. Tanto uns como outros consideram, sem dúvida, que a metamorfose da humilde prática das interações em verdades objetivas deve permanecer um segredo de fábrica conhecido apenas dos iniciados. Eles provavelmente creem que não se respeitará mais a solidez do direito e a verdade das ciências se começarmos a discernir, por trás dessas duas transcendências, a humilde imanência do laboratório ou da corte. Eu creio exatamente o contrário. É ao fazer dessas fabricações segredos muito bem guardados que tornamos incompreensível ao público a capacidade dos humanos de proferir as verdades que lhes escapam por todos os lados. Acreditando proteger o público contra as revelações que o perturbariam, impede-se no final das contas que ele confie na extraordinária capacidade que temos de carregar as pequenas palavras e os pequenos textos com realidades mais sólidas e mais duráveis que eles. De onde vem esse derrotismo que obriga a crer que, se um humano fala, inevitável e lamentavelmente ele vagueia na ilusão, e sempre é necessário que uma voz saia do vazio – voz da natureza, voz da lei – para lhe ditar sua conduta e suas convicções? Somos nós tão desprovidos, nós os pobres terráqueos? A construção gradual e cuidadosa das verdades indiscutíveis através da discussão dos humanos sempre me pareceu mais interessante, mais durável e mais digna.

🕭 NO QUAL O LEITOR É LEVADO, APESAR DELE MESMO, DO TERRENO DO DIREITO AO TERRENO DAS CIÊNCIAS 🕭 ONDE ELE É CONDUZIDO A COMPARAR OS HÁBITOS E O FUNCIONAMENTO DE UM LABORATÓRIO DE NEUROCIÊNCIAS COM AS FORMAS DE DEBATES DO CONSELHO DE ESTADO 🕭 ONDE O LEITOR PERCEBE COM SURPRESA QUE SE BUSCA PRODUZIR NO DIREITO AS FORMAS DE DISTANCIAMENTO QUE EM GERAL SÃO ATRIBUÍDAS AOS CIENTISTAS 🕭 NO QUAL ELE ACOMPANHA, PASSO A PASSO, EM QUE PONTO A INFORMAÇÃO CIENTÍFICA DIFERE DA QUALIFICAÇÃO JURÍDICA 🕭 O QUE O LEVA A DISTRIBUIR DE FORMA MAIS JUSTA AS CARACTERÍSTICAS, ATÉ ENTÃO CONFUNDIDAS, DAS ATIVIDADES DOS CIENTISTAS E DOS JUÍZES 🕭

5
Objeto das ciências, objetividade do direito

Retrato do Conselho de Estado como laboratório

"Os fatos são esses, queiram ou não"; "Está julgado, a decisão está tomada, agrade a você ou não": a solidez dos fatos, o rigor do direito, aí estão duas formas de rigidez às quais só podemos nos submeter. A comparação entre o mundo da ciência e o do direito é ainda mais prazerosa porque nos dois campos exalta-se o desinteresse, a ausência de preconceitos, a distância e a precisão; nos dois campos fala-se línguas esotéricas, cultiva-se o raciocínio com cuidado, de forma que tanto cientistas como juízes parecem capazes de adquirir uma forma de respeito desconhecido das outras atividades humanas. Neste capítulo, tentaremos estabelecer uma relação, não entre a "ciência" e o "direito", mas entre dois laboratórios, o de nosso amigo Jean Rossier na Escola de Físico-Química, e este, agora mais familiar, do Conselho de Estado.

Para desenhar um quadro comparativo dessas duas formas de atividade, não iremos nos apoiar nas representações comuns dos cientistas e dos advogados,[1] mas antes utilizar, segundo nossa prática, os resultados das pesquisas etnográficas, atentar para os lugares, as atitudes, as formas de vida, as condições do enunciado, todas essas pequenas minúcias cujo conjunto permite, pouco a pouco, em pinceladas, em pitadas, redefinir em melhores bases o que são a ciência e o direito. Procedendo dessa forma, iremos nos dar conta de que a epistemologia incorporou um grande número de características pertencentes à sua irmã mais velha, a justiça, e que frequentemente vestimos o direito com competências que apenas as ciências podem proporcionar. A comparação sistemática das práticas, longe de confirmar os clichés, permitirá, ao contrário, desenhar em novas bases um retrato diferenciado, distinguindo o objeto das ciências do objeto do direito. O antropólogo da ciência, após muito tempo perambulando nos laboratórios, poderá descobrir no Conselho de Estado as famosas virtudes da objetividade que ele havia procurado em vão nas ciências.

Deixemos por um instante nosso caro Palais-Royal, atravessemos o Sena e penetremos em um desses laboratórios de atividade multiforme que fazem da Montagne-Sainte-Geneviève a herdeira laica dos incontáveis conventos em que a oração incessante, em outros tempos, subia aos céus. Se, por um lado, não se entra no Conselho como se entra em um moinho, por outro, isso não impede que em momentos escolhidos, como as audiências, alguns espaços sejam abertos ao público. Os oficiais de justiça e as recepcionistas definem a diferença, que não é assinalada por nada, entre os locais autorizados e aqueles, muito mais numerosos, reservados ao tra-

---

1 Para uma abordagem distinta que soma as concepções epistemológicas da ciência e do direito transformadas em "raciocínio", veja Amselek, *Lois juridiques et lois scientifiques*.

OBJETO DAS CIÊNCIAS, OBJETIVIDADE DO DIREITO 243

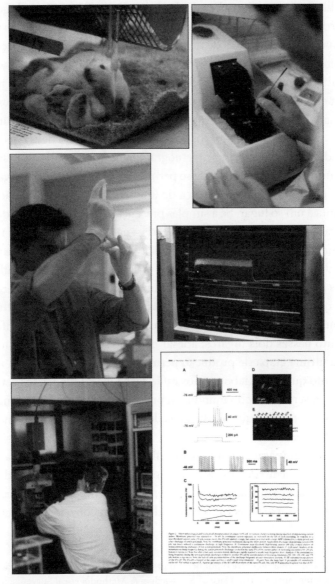

Figura 5.1
Crédito: Émilie Hermant

balho dos conselheiros, aos escritórios ou ao segredo absoluto da deliberação. Aqui, na Escola de Físico-Química, nenhum lugar é verdadeiramente público mas, uma vez autorizado a penetrar por um dos pesquisadores de neurociências, nenhum local é especialmente proibido. No primeiro momento, a distribuição dos locais é diferente: todo mundo pode assistir às sessões do Conselho, mas em certas horas, em certas cadeiras e em certos lugares; de resto, ninguém do mundo externo pode ter acesso ao trabalho do direito – exceto os estagiários, os comissários de governo devidamente credenciados, assim como o etnógrafo meio intrometido. No laboratório do amigo Jean, o acesso permanece restritamente reservado aos cientistas, mas a presença de um visitante autorizado não se limita a um só lugar. Se a simples presença de um estranho na deliberação imediatamente enfraqueceria a natureza da atividade, tornando o julgamento anulável por vício de forma, a presença de um visitante interessado, mesmo que possa incomodar os trabalhos dos pesquisadores, não teria nenhuma influência sobre a natureza do que fazem no cérebro de ratos brancos onde hoje inserem finas cânulas de vidro. A relação entre o público e o privado já difere muito nesses dois lugares: apesar do "não se pode ignorar a lei", sua última etapa de produção permanece totalmente secreta, enquanto que, se os laboratórios estão fechados a toda pessoa estranha ao serviço, "todo mundo em princípio" poderia compreender o que ocorre ali e que não há nada de misterioso: "Não temos nada a esconder".[2]

Em comparação com o Conselho que acabamos de deixar, o comportamento de nossos amigos pesquisadores parece mais diferente ainda. Aqui, sem terno e gravata, sem tom sério, sem marcha solene, sem palavras finas e aveludadas, sem conversas discretas,

---

2 Sobre a relação entre o público e o privado nas ciências, veja o trabalho de Ophir, Shapin, The Place of Knowledge: A Methodological Survey; e mais recentemente, sobre a arquitetura dos espaços complexos, veja Galison, Thompson (Orgs.), *The Architecture of Science*, a ser comparado com a obra de Jacob, *Images de la justice*, sobre a iconografia jurídica.

mas sim vozes estridentes, risos inusitados, vestes informais "ao estilo americano", palavras relaxadas, às vezes grosseiras, contra um osciloscópio que não mostra com precisão as curvas fosforescentes, uma guilhotina muito mal afiada para cortar a cabeça dos ratos, uma micropipeta com uma incisão que impede explorar um neurônio específico sob o microscópio ou um revisor de uma revista anglo-saxã de natureza especialmente obtusa. Enquanto a palavra, no Conselho, flui com naturalidade da boca dourada dos conselheiros, aqui ela é interrompida, hesitante, confusa, às vezes no limite do incoerente. Isso não quer dizer que o visitante não entenda o que se enuncia, mas os *gestos* podem emendar as palavras, e, em muitos pontos do discurso, o pesquisador *substitui* o que ele se esforça em dizer por seu dedo, designando algum fenômeno produzido por um instrumento – fenômeno que hesita em se manifestar, na medida em que depende da visibilidade dos neurônios dos ratos, isolados individualmente, proeza técnica e científica que frequentemente erra e sempre mostra novos obstáculos: pipetas entupidas, neurônios inacessíveis, imagem borrada, resultados ininteligíveis. Enquanto os conselheiros falam "como livros" porque nunca deixam o mundo dos textos, indo do *Lebon* às suas decisões, passando pelos argumentos e réplicas, os pesquisadores estão sempre cruzando o abismo vertiginoso que separa um neurônio de rato pulsando sob a micropipeta das frases humanas que pronunciam sobre o neurônio. Não surpreende que eles hesitem, que repitam duas vezes o que fazem, que fiquem em pé, em geral mudos por longos minutos, que uma interjeição – "consegui!", "é isso!", "perdi!", "ah, bicho idiota!" – torne o ato da palavra tão heterogêneo.

Homogêneo ou heterogêneo, aqui está outro contraste cuja evidência atinge o visitante menos atento. Podemos ir dos porões do Palais-Royal, onde repousam quilômetros lineares de arquivos, aos sótãos onde estão os escritórios dos comissários de governo e o Serviço de Documentação, sem nunca encontrar grande diferença entre os vários objetos necessários ao trabalho: os dossiês, ainda os dossiês, sempre os dossiês, aos quais é preciso somar os armários, mesas e cadeiras, mais ou menos caras segundo a fileira, e as obras mais ou menos numerosas – sem omitir elásticos, clipes, pastas e carimbos distribuídos amplamente (veja as fotos do Capítulo 2).[3] Para além dos telefones e grampeadores, não se encontrará a menor ferramenta estranha à matéria textual – e há a base de dados informatizada que dá acesso na tela às decisões do direito administrativo, que não pode ser considerada um instrumento,[4] mesmo que possa ser usada dessa forma. Mas, no laboratório, nenhuma sala se assemelha às outras porque a especialização do espaço é feita justamente distribuindo os instrumentos que permitem coordenar, com relação às mesmas experiências, as competências do fisiologista, do neurofisiologista, do biologista molecular, do químico dos peptídios, do radiofotógrafo, do bioinformático etc. Quando os conselheiros se reúnem para debater, todos eles se *parecem*, diferindo apenas pela experiência que têm do direito administrativo: a voz de um vale como a de cada um dos outros (à parte, como vimos anteriormente, as variações sutis de prestígio). Quando os que fazem experimentos se juntam, ele podem não ter nenhuma compreensão do instrumento, das competências e da dificuldade de seu vizinho de trabalho há anos, mas sabem exatamente quando ele faz uso de seu "know-how" e em que medida podem confiar *cegamente* nesse conhecimento. Enquanto os conselheiros, por definição, apenas

---

3 Podemos falar em "grande laboratório" no direito, da mesma forma que na ciência, ou seja, um lugar muito melhor equipado que poderia produzir fatos inacessíveis aos outros? Em certo sentido, não, o Conselho de Estado não possui recursos indisponíveis. Como lembra um conselheiro: "Não há vantagens comparativas, temos os mesmos recursos que os advogados e estudantes, e ainda as pastas amarelas (do Serviço de Documentação) que não saem daqui, e os dossiês das Seções Administrativas". Na realidade, o Conselho se beneficia da enorme vantagem dos cinco milhares de homens-ano de direito administrativo acumulados sob o mesmo teto. Sem contar a vantagem administrativa comparativa excepcional de ser o lugar que tem, para tudo, a última palavra. Encontramos a mesma coisa na ciência, com os laboratórios que guardam os padrões de metrologia, mas, nesse caso, trata-se justamente dos híbridos entre o direito e a ciência: Wise, *The Values of Precision and Exactitude*; Mallard, Compare, Standardize and Settle Agreement.
4 Sobre a definição de instrumento, veja Latour, Woolgar, *La Vie de laboratoire*.

julgam casos que *não conhecem* e escutam falar pela primeira vez, sem outro instrumento a não ser sua memória e algumas anotações, os pesquisadores só tratam da parte do "dossiê" de um rato que conhecem perfeitamente, graças à janela estreita de um instrumento, de uma disciplina, de uma especialidade que levaram anos para dominar.

A qualidade do Conselho não depende, pois, da variedade de seu equipamento, mas da homogeneidade textual dos dossiês conservados, ordenados, arquivados e processados, e da homogeneidade do Corpo que é renovado, mantido e disciplinado. Se o Conselho de Estado pode aguentar uma *rotatividade* importante, é justamente porque os conselheiros são quase intercambiáveis e a divisão de trabalho é reduzida ao extremo. A qualidade do laboratório depende crucialmente da heterogeneidade dos equipamentos, de sua rápida renovação, da diversidade de competências reunidas em um lugar. Se o inventário dos móveis e dos dossiês do Conselho não explicaria nada do que se faz lá, o inventário de um laboratório e de seus instrumentos, de sua antiguidade, de seu custo, de sua divisão no espaço, de sua sensibilidade, de seus diplomas, daquilo que manipulam, revelaria quase tudo o que se precisa saber sobre a qualidade científica desse lugar. "Diga-me quais são seus instrumentos e quais são suas especialidades, e eu vos direi quem és e onde está situado na hierarquia das ciências." Outra forma de resumir a mesma comparação: o Conselho custa caro em massa cerebral, mas quase nada em material, a não ser papel e pasta; o laboratório custa muito caro em *sistema neural,* porém mais caro ainda em material e logística. Se uma nova Comuna de Paris queimasse mais uma vez seu palácio, mas deixasse a coleção completa do *Lebon* aos conselheiros, eles poderiam julgar a partir do dia seguinte, sentados sobre as colunas de Buren, quase como faziam antes. Se a multidão tirasse Jean de seu laboratório e pilhasse seu material, ele não poderia dizer nada com precisão sobre a bioquímica dos cérebros de rato, seria impossível recomeçar a trabalhar antes de receber novos equipamentos.

Vamos detalhar ainda a etologia própria dos habitantes desses dois lugares: nossos amigos pesquisadores formam com mais frequência um círculo concêntrico em torno de uma experiência, no centro da qual se agita um fenômeno qualquer submetido à prova (por exemplo, um estímulo elétrico sobre um neurônio particular que permite coletar, na outra extremidade do axônio, os neurotransmissores expressos por esse neurônio); eles não param de falar por enigmas desse ser balbuciante que eles tornaram capaz de falar em soluços, ou, no mínimo, indicando por oscilações e reações químicas o que ele pensa da prova à qual foi submetido (Figura 5.1). Diríamos que são como apostadores reunidos em torno de uma briga de galos à qual teriam confiado a sorte de sua fortuna: se não berram, se não gritam como loucos, eles são, em todo caso e sem dúvida, *apaixonados* pela sorte que vai acontecer ao neurônio, aquilo que ele poderá expressar: eles têm agora sob seu microscópio a sorte de uma célula isolada de todas as outras; que surpresa, que prazer! Ao contrário, nenhum adjetivo convém menos do que "apaixonado" para descrever a atitude dos conselheiros em uma audiência! Nenhuma *libido sciendi*. Nenhuma palavra mais alta que outra. Apoiados em suas cadeiras, atentos ou adormecidos, interessados ou indiferentes, eles se mantêm sempre *à distância*. Apenas o requerente sofre um pouco. Às vezes presente (mas nem sempre), ele não compreende mais o que se diz sobre sua queixa, assim como o rato não compreende a estrutura de seu cérebro comentada em grande alvoroço pelos cientistas, cujas palavras passam sob sua cabeça... De qualquer forma, de todos os elementos em jogo, a paixão do requerente é o que menos interessa para o processo em causa: é justamente isso que não importa, não importa mais, ou não importa ainda.[5] Enquanto, no tribunal, os juízes não têm paixão por um caso

---

5 No caso dos resíduos, o requerente tinha tido uma palavra meio apaixonada para explicar por que o prefeito não tinha contestado o presidente do sindicato intermunicipal. Com delicadeza, o comissário de governo havia desconsiderado esse momento de paixão: "E se o sr. C. declara que, ao desconsiderar a qualidade e o interesse em agir, o tribunal 'coloca-se deliberadamente a serviço do notável político em causa e não a quem de direito', pode-se contar que as palavras foram além de seu pensamento e, em todo caso, sua crítica não tem fundamento" (p.7). Isso não vale para o direito.

que apaixona apenas o interessado, no laboratório os objetos de estudo não compreendem que seus "juízes" se apaixonem por coisas que lhes são totalmente indiferentes.

Encontra-se essa diferença extrema até nas oficinas de escrita às quais os cientistas se dedicam, embora eles passem menos tempo escrevendo coletivamente do que os conselheiros. No laboratório, sabemos bem, os instrumentos, os equipamentos, os produtos químicos e os animais do biotério não são os resultados finais da atividade. Um grupo de pesquisa que tivesse prazer com as experiências de grande qualidade, mas que não produzisse nenhum artigo, perderia rapidamente sua reputação – a menos que ele abandonasse a pesquisa básica para a dedicação aos processos industriais. Do ponto de vista da produção escrita, uma instituição científica assemelha-se ao Conselho de Estado: poderíamos, nos dois casos, desenhar estatísticas sobre o número de páginas produzidas por cada um dos membros, e mesmo acompanhar nos textos as citações feitas a textos anteriores.[6] Entretanto, a semelhança logo desaparece quando nos interessamos pela qualidade específica dos artigos científicos em que a composição não se assemelha em nada à das decisões que estudamos em detalhe. Os pesquisadores não redigem "decisões finais", mas sim "continuidades", o que a língua inglesa designa como "afirmações" – poderíamos dizer *pretensões* ou *proposições* – e que levam um autor a parecer antes um requerente do que um juiz. Mais exatamente, cada artigo científico atua como um julgamento com respeito às *proposições* feitas pelos colegas, e como uma "petição" apresentada aos mesmos colegas, em nome de um fenômeno novo que tem assim a existência reivindicada. O que quer dizer que os revisores para os quais o artigo científico é preparado não são exatamente verdadeiros juízes, pois a) não diferem profissionalmente do autor, b) não podem finalizar a discussão, c) são julgados de volta (e às vezes vivamente) por quem eles contestam, e que, finalmente, d) possui os mesmo direitos que eles de

---

6 Sobre o jogo de citações e os usos da bibliometria nas ciências, veja Callon et al., op. cit.

prolongar a discussão, fechá-la ou reabri-la. Quaisquer que sejam os mecanismos pelos quais a controvérsia científica termina, eles devem diferir profundamente daqueles que o Conselho inventou para pôr fim a um caso.

Tão surpreendente quanto possa parecer, os artigos científicos são muito mais apaixonados que os do direito administrativo: isso é porque eles levam uma afirmação tão longe quanto possível, buscando esgotar todas as objeções possíveis, ignorando algumas e mantendo outras, o que permite destacar essa ou aquela experiência, esse ou aquele resultado.[7] Toda essa paixão, essa energia, essas flores da retórica que tornam os artigos científicos, mesmo os mais teóricos, mesmo os mais esotéricos, tão belos quanto as óperas, não são encontrados nas decisões do Conselho, que devem abranger todos os textos relevantes (imaginemos um cientista obrigado a citar *cada um* dos saberes que utilizou?), responder a todos os fundamentos levantados (imaginemos um pesquisador não podendo pular nenhuma das objeções de seus revisores!), e *somente* a esses fundamentos (imaginemos o horror do cientista limitado às únicas questões que lhe são colocadas, sem poder desenvolver as centenas que ele próprio coloca?!), inovando tão pouco quanto possível o saber estabelecido pelos precedentes (ao contrário, todos os autores cientistas sonham em produzir um artigo "revolucionário") de forma a fechar a discussão para sempre (enquanto os pesquisadoras sonham em reabrir ou, se eles a fecham, em fechá-la em seu benefício e em seus próprios termos). Os pesquisadores escrevem para outros pesquisadores cuja presença invisível e restrita calibra todas as suas frases; enquanto os juízes, sobretudo se estão em última instância, escrevem, inicialmente, para o advogado do requerente e, em segundo lugar, para seus colegas e para os comentadores da doutrina. Seus destinatários são diferentes.

---

7 Encontraremos a descrição básica desse agonístico tão específico em Latour, *La Science en Action*; Myers, *Writing Biology*, Lynch; Woolgar, *Representation in Scientific Practice*.

Certamente, existem na ciência situações semelhantes às do tribunal. É o caso das famosas "Comissões da Academia de Ciências" do século XIX, encarregadas de arbitrar para a comunidade científica as disputas intermináveis surgidas entre pesquisadores irracionais, as quais nenhum dos meios normais parecia capaz de resolver (exceto às vezes o duelo!). Hoje existem júris de honra, fóruns públicos, debates televisionados nos quais um pesquisador sobre a terapia gênica deve debater com outro adversário diante de um público encarregado de decidir. Sem falar dos imensos domínios nos quais os cientistas especializados são encarregados, diante de juízes, de testemunhar sobre matérias de sua competência (a insanidade do réu, a origem do DNA retirado da cena do crime, a validade da solicitação de uma patente, a periculosidade de um produto etc.).[8] Mas todas essas situações trazem mais a marca do direito do que a da ciência, e se a Academia podia produzir quase-decisões sobre controvérsias científicas é porque ela atuava no século passado como uma autoridade quase legal, e, mesmo assim, essas decisões eram apenas "quase"-decisões que diziam respeito somente a ela, não impedindo que as disputas ressurgissem em outros fóruns, outros laboratórios.[9] A "autoridade da coisa já julgada" sempre falta em ciência; por outro lado, quando o especialista testemunha no tribunal, todas as precauções são tomadas pelo juiz e pela lei para que debates de especialistas não sirvam nem de julgamento nem de garantia de julgamento, mas simplesmente de testemunho, que nunca deve tomar o lugar da função da arbitragem.[10] Os casos

---

8   Veja, por exemplo, Lynch, McNally, Science, Common Sense and Common Law: Courtroom Inquiries and the Public Understanding of Science; e o trabalho de Marie-Angèle Hermitte sobre os limites das conferências de consenso, híbrido perfeito da ciência e do direito.
9   Veja o célebre caso de Pasteur e Pouchet: Geison, *The Private Science of Louis Pasteur*.
10 Veja o caso muito significativo de Alder, Les tours et détours du détecteur de mensonge; para uma história conceitual, Shapiro, 'Beyond Reasonable Doubt' and 'Probable Cause'; para a ciência política, Jasanoff, What Judges Should Know about the Sociology of Science; Jasanoff, *Science at the Bar*. O

híbridos manifestam claramente que as duas funções, os dois atos de escrita, tão separados como óleo e água, não poderiam se confundir mesmo após terem sido brutalmente misturados. Como denominar essa assembleia tão particular de aventais brancos convergindo com uma atenção apaixonada para uma prova sofrida por alguma entidade nova – aqui um neurônio isolado tornado visível em sua própria individualidade – e que lhes permite produzir, dentro de uma desordem de observações hesitantes, e na emergência de textos parciais e imparciais, publicados tão rapidamente quanto possível, *proposições* fortemente defendidas, e que julgam que outras, publicadas por eles ou por seus colegas, são inválidas, obscuras, falsas, sem base ou simplesmente banais e desinteressantes, tudo sendo decidido em um espaço cuidadosamente fechado (o laboratório, a disciplina, a literatura) e ao mesmo tempo aberto a todos, que pode ter as fronteiras questionadas por qualquer *estranho*? Juízes que apenas julgariam petições formuladas por outros juízes? Impensável. Uma gangue? Uma máfia? De fato, existe isso na atividade científica e nessa mistura de extremo rigor e de total anomia. Mas, entretanto, não, porque há uma terceira parte em todas as disputas, um juiz tão mudo quanto decisivo, aceito por todos sem discussão (discutindo indefinidamente!) e do qual o direito mais antigo guarda a lembrança nas antigas provações e outros julgamentos de Deus: os próprios objetos submetidos à prova, de tal forma que possam ter algo a dizer sobre o que se diz deles – algo que é ao mesmo tempo inaudível e conclusivo, essa famosa *aitia*, *res*, *cosa*, *thing*, coisa que a história da ciência, sabe-se bem, sempre emprestou nas línguas europeias do mundo do direito.[11] É na tortura, no trabalho de interrogação, no jogo sutil da Inquisição que se deve buscar compreender a forma tão particular de enunciado que se pratica nos laboratórios – todas as práticas que o direito moderno

---

caso tópico sobre a testemunha científica nos Estados Unidos é o de Daubert – pode-se encontrar o texto e uma imensa documentação em <http://laws.findlaw.com/us/509/579.html>.

11 Thomas, *Res*, chose et patrimoine (note sur le rapport sujet-objet en droit romain).

considera vergonhosas e arcaicas e das quais, ao mesmo tempo, se orgulha e se envergonha de ter escapado![12]

"Nós temos os meios de fazer você falar", poderiam dizer os fisiologistas, com um toque de sadismo que marca todo experimento, mesmo o mais inocente. Mas a palavra "meio" não tem mais o sentido do direito, já que o neurônio em questão não reclama, não articula qualquer petição, e o que se faz com ele não produz sofrimento – exceto para os defensores dos animais que, justamente, veem na experiência de laboratório uma crueldade tão indigna quanto as antigas provações denunciadas com vigor diante dos tribunais. O não humano submetido à provação – rato, neurônio, DNA ou neuropeptídio – ocupa a posição de juiz de última instância, pois ele julga o que se diz dele, e a posição do reclamante, pois um outro fala por ele: o cientista apaixonado que "abraçou sua causa". Este escreve na literatura científica artigos e mais artigos para que seus direitos à existência sejam reconhecidos (os seus e os de sua coisa, de sua causa, de sua causalidade) diante de um tribunal em que os juízes são outros colegas, e que, justamente, nunca estão em posição de julgar definitivamente, a não ser quando aceitam remeter-se ao testemunho indiscutível (sempre discutível) das *questões de fato* – que apenas falam claramente se os pesquisadores abrem seus efeitos em uma demonstração mais ou menos pública, aceita coletivamente como definitiva!

É impossível nos apoiarmos na visão dominante das ciências – pura, objetiva, desinteressada, distante, fria, estável – para retratar essas cenas estranhas em que se pratica a prova científica da verdade, mesmo nas experimentações mais banais. Também é impossível comparar a ciência e o direito diretamente sem passar pela descrição dessas cenas em que se encontram tantos traços de um lado, que

---

12 O ritual sangrento da experiência se parece, de acordo com esse ponto de vista, mais com a antiga cena jurídica da punição dramática que teve a história contada por Foucault, *Surveiller et Punir*. Sobre a cena do sacrifício científico, veja Lynch, Sacrifice and the Transformation of the Animal Body into a Scientific Object: Laboratory Culture and Ritual Practice in Neuroscience.

parecem vir do lado oposto. Nos dois dispositivos encontram-se a palavra, os fatos, os julgamentos, as autoridades, as escritas, as inscrições, os registros e arquivos de todos os tipos, os corpus de referência, os colegas e as disputas. Mas a distribuição de todos esses traços faz com que sejam, ao mesmo tempo, semelhantes demais para que se lhe oponham simplesmente, como ocorre com o fato e o direito, e diferentes demais para que possamos confundir suas condições de felicidade. Para darmos conta desse problema, teremos de prosseguir, como sempre, tateando nosso caminho.

Fiquemos por um instante nessa evidência de que, apesar da percepção, os fatos não falam "por si": esqueceríamos os cientistas, suas controvérsias, seus laboratórios, seus equipamentos, seus artigos e sua palavra hesitante, frequentemente interrompida, pontuada de deíticos, que apenas faz as coisas audíveis e visíveis. Por outro lado, não se compreenderia nada no laboratório de Físico-Química se não víssemos que a fala dos aventais é constantemente vigiada, validada, comprometida e interrompida, tanto pela onipresença dos colegas, mesmo os mais distantes, quanto pela onipresença das *questões de fato*, que têm a posição central aceita por todos e a quem todos remetem como se fosse a única corte de apelação.[13] Ao afirmar que os cientistas decidem entre eles o que dizem das coisas sobre as quais falam, não se compreende nada da força do que fazem nem da paixão que os anima. Digamos, em terceiro lugar, que a palavra que circula no laboratório entre os cientistas, seus colegas e seus objetos – em que cada um é juiz e parte, falante e mudo, audível e inaudível, fim e começo – não tem apenas a forma de uma queixa ou caso, mas ela se relaciona de forma mais íntima ao que as coisas são, ou melhor, ao que elas fazem às *proposições* anteriormente apresentadas.

É o jogo particular de disciplinas que transforma essas proposições em "casos" suscetíveis de julgamento: "Se minha experiência está bem construída", afirma um pesquisador A, "então permi-

---

13 Sobre a história jurídica dos fatos, veja Shapin; Schaffer, *Le Léviathan et la pompe à air*; e Poovey, *History of the Modern Fact*. Sobre o aparelho fonador dos não humanos, veja Latour, *Politiques de la nature*.

timos a um objeto B transformar uma proposição C, já publicada em uma revista D, seja em uma certeza mais segura, seja em uma dúvida maior, aos olhos do menor número de colegas de um campo E, definido por nós, e aos quais nos dirigimos através de um novo texto F'". Notemos que essa intervenção ampliará um corpo de documentos e de *proposições*, cuja evolução futura permitirá validar ou invalidar a operação. Os cientistas apaixonados, tendo levado seu objeto tão longe quanto possível em seus artigos, deixam-no para a história, o tribunal da história, para que outros, mais tarde, julguem se estavam certos ou errados em fazer tal ou qual suposição. Curiosamente, como vamos verificar, é nesse tribunal da história que os juízes, os verdadeiros, *não podem* acreditar. Mesmo sendo tão rigorosos e lentos, eles não têm tempo de esperar que outros decidam *em seu lugar*.

Como produzir distanciamento

Voltemos agora à margem direita do Sena: vamos atravessar o pátio do Louvre e encontrar o Palais-Royal, seus ouros, seus mármores, sua escadaria solene, suas pinturas históricas, seus afrescos republicanos. Após esse desvio pelo laboratório, o etnógrafo se encontra muito mais à vontade e muito mais incomodado. No meio dos aventais brancos, ele ficava com os braços soltos, sem saber onde se colocar, em pé, inútil, obrigado a tomar notas em todos os tipos de posições desconfortáveis, tão afastado dos pesquisadores que estudava quanto eram os pesquisadores de seus ratos decapitados. Entretanto, ele podia discutir com os colegas cientistas com quem compartilhava a intenção do conhecimento, podia pedir explicações à medida que via a experiência se desenrolar sob seus olhos, sugerir hipóteses – seus murmúrios não destoavam do concerto de hesitações, de retomadas, exclamações e surpresas que acompanhavam o espetáculo da prova, da demonstração. Ele também podia apontar os fenômenos em questão, lançando sobre eles a rede frágil de suas metáforas, suas alusões e aproximações. Certamente ele era inábil e incompetente. No entanto, ao se afastarem levemente para deixá-lo ver, por cima de seus ombros, o espetáculo que montavam e comentavam, seus colegas pesquisadores o deixavam compartilhar sua paixão e até expressar suas ideias equivocadas, ingênuas ou mal formuladas, pois mesmo uma criança poderia falar diante dos fenômenos em questão. De volta ao Conselho, o observador retoma seu lugar invisível sem desarrumar as salas de instrução, pois ele escreve sentado em uma mesa no meio de personagens que também escrevem sobre a mesma mesa. No entanto, ele não é colega, mas convidado. Não apenas porque não compartilham sua *libido scientia*, mas porque o observador, mesmo interessado, permanece mudo como uma carpa, incapaz de articular alguma frase bem formada, um julgamento válido, uma hipótese plausível. Ele poderia certamente balbuciar, mas eles justamente não balbuciam: se ele abrisse a boca saberiam que não faz parte do grupo dentro do qual ele busca se camuflar de forma tão perfeita, como a coleção Lebon...

Está terminada a amável confusão do laboratório com suas revistas empilhadas, suas caixas de amostras dispersas, seus canos esguichando, suas centrífugas ronronantes, suas latas de lixo transbordantes, os estouros de voz, toda essa agitação que precede, acompanha e segue a tensão e a emoção de um grande experimento. Existem sinais de desordem no Conselho, mas são estritamente circunscritos às mesas sobrecarregadas de dossiês, atrás dos quais dificilmente distinguimos a cabeça dos conselheiros vestidos de forma sóbria, mas elegante. Trata-se então de uma desordem provisória, pois sabemos que no interior de cada dossiê reina uma ordem precisa, regulada pelo plano de instrução, que obriga a classificar, nomear, carimbar as peças segundo um procedimento que não poderia ser alterado sem ser invalidado. A impressão de desordem é devida apenas à acumulação de casos pendentes, à abundância de textos de leis a examinar quando um dossiê aberto vomita seu conteúdo, ao número de anexos técnicos, à importância da documentação e à intensidade do contraditório que gerou tantas réplicas. Assim que o caso é tratado, que o dossiê é guardado em sua pasta cartonada, a ordem logo volta e é assim que trabalham os conselheiros, os advogados: assim que o dossiê é julgado, não se pensa mais nele, passa-se a uma outra causa, um outro dossiê. Um caso se abre e se fecha como uma pasta.

Pode também ser dito que no laboratório a desordem é aparente, pois cada objeto, cada instrumento, cada experiência depende de um documento regulamentado, denominado "livro de protocolos", muito mais rigoroso ainda do que o plano de instrução, um tipo de contabilidade geral das atividades científicas do laboratório definida pelos pesquisadores que anotam o que vão fazer, os resultados brutos que obtêm, assim como as hipóteses provisórias sugeridas pela experiência.[14] Ele não impede que a diferença permaneça muito grande entre essas duas formas de contabilidade, porque o livro de protocolos não contém a atividade do laboratório, como um dossiê contém os casos submetidos ao Conselho de forma literal e física. O dossiê, do qual já acompanhamos a composição, forma a materialidade, a origem, a unidade de base que permite organizar todo o Conselho. Nunca o laboratório pode ser descrito por uma unidade tão precisa, tão circunscrita, tão calibrada, tão homogênea como o número, a natureza e a localização de seus dossiês. Nenhuma *proposição* tem a forma fechada, redonda e polida de uma pasta cartonada, facilmente transportável, em que se guarda tudo e que forma um pequeno mundo ao qual o juiz deve se restringir, sob o risco de cometer abuso de autoridade. No laboratório, ela transborda por todos os lados, dependendo da ação futura dos colegas, da evolução das técnicas, do complexo jogo de intercitações, das produções da indústria, das reações do público, e foi necessária toda a astúcia da cientometria para conseguir descrever a atividade dos laboratórios em termos aproximadamente coerentes e padronizados. Por outro lado, deve haver no próprio dossiê, em seu fechamento, uma das razões essenciais de sua diferença com as ciências.

---

14 Esse "grande livro" recebeu há pouco um estatuto quase legal devido aos numerosos casos de fraudes e de patentes. Veja os esforços para "dar qualidade" aos laboratórios, Norma AFNOR FD X 50-550 out. 2001 – sendo a certificação um desses numerosos híbridos entre ciência e direito.

Para compreendê-la, devemos combinar o dossiê com a atitude dos conselheiros que o analisam, completam ou discutem. Ao voltar do laboratório, com efeito, o etnógrafo só pode ser tomado pela indiferença com a qual os membros se dirigem aos documentos que têm sob os olhos. No laboratório do amigo Jean, o ato da escrita era sempre um momento de grande paixão, a reescrita dos artigos antes da publicação desencadeava acaloradas discussões sobre o que podia ser dito ou não, sustentar ou não, até onde se podia ir e o que deveria ser dissimulado por razões táticas ou políticas.[15] Parece mais os advogados preparando um pleito em favor de seus clientes-objeto do que juízes redigindo suas decisões. Certamente, pudemos observar nas sessões de instrução um pouco dessa paixão, mas era porque se tratava justamente da *instrução*, no curso da qual toda a subseção se preparava para receber o choque do julgamento de avaliação de outra subseção ou de outra formação de julgamento. Nesse caso particular, a subseção está para sua própria solução, seu próprio esboço, assim como um advogado está para sua causa. Mas essa situação é provisória; ela não define a natureza da atividade de julgamento da qual apenas forma os preparativos. A regra é, antes, a indiferença total dos membros com relação ao seu dossiê, indiferença marcada pelas caretas, suspiros, esquecimentos, todo um arranjo de desinteresse que faz um completo contraste com a obrigação, no laboratório, de se engajar profundamente, de corpo e alma, naquilo que se diz a propósito de uma *questão de fato*.[16] Na

---

15 Sobre a história das paixões da escrita científica, veja Bastide et al., The Use of Review Articles in the Analysis of a Research Area; Latour, *La Science en action*; Licoppe, *La Formation de la pratique scientifique*; Knorr-Cetina, *Epistemic Cultures*.

16 Falta uma antropologia comparada das atitudes corporais do desinteresse jurídico, mas vale ler Maltzmann et al., *Crafting Law on the Supreme Court*, sobre a Corte Suprema americana – veja também Smolla, *A Year in the Life of the Supreme Court* – fica-se convencido de que variam enormemente. Por causa da publicação das "opiniões dissensuais", a Corte Suprema exprime as paixões muito mais afirmadas. É verdade que a doutrina americana, por exemplo em Holmes, The Path of Law, dá ao direito uma imagem muito mais pragmática e não tão colorida como a nossa pelo positivismo jurídico.

pesquisa, como na religião, é necessário mostrar com atitude que aderimos profunda e sinceramente às observações feitas e que elas não serão abandonadas, a não ser forçados pelos colegas ou, o que é a mesma coisa, pelos fatos. No Conselho, por outro lado, é necessário marcar por uma sutil linguagem corporal que o conselheiro fica totalmente indiferente ao que ele propõe. "Se você não me acompanhar, você aceitará a petição", diz frequentemente o comissário de governo com uma calma olímpica, para em alguns minutos desenrolar um raciocínio contrário ao primeiro. A observação do presidente de subseção Luchon confirma essa diferença, quando ele diz de um comissário de governo, que era um antigo pesquisador: "Como bom cientista, ele *adere demais* à sua solução, comparado a Le Men ou a mim". O presidente reconheceu na *libido sciendi* de seu colega uma forma de interesse parcialmente incompatível com o verdadeiro ofício de juiz.

Observemos novamente alguns procedimentos do Conselho de Estado já reconhecidos nos capítulos anteriores, mas agora fazendo-os emergir por contraste com a forma científica de ligação. Descobriremos através de qual acumulação de microprocedimentos conseguimos produzir o distanciamento e manter a dúvida continuamente suspensa.

O relator

De início, vamos lembrar que quando o relator é solicitado, em sessão de instrução, a reler sua nota, ele a esqueceu inteiramente, pois muitas semanas (muitos meses em período de acúmulo) se passaram desde que analisou o dossiê. Imagina-se o embaraço de um cientista solicitado a apresentar um relatório de pesquisa escrito há seis meses ou um ano, sem ter sido relido e que teria seu conteúdo inteiramente esquecido. O que é mais surpreendente ainda: é comum que o relator, quando trata do dossiê, prepare dois esboços de julgamento opostos, um de rejeição e outro de anulação, caso em que a subseção não tem continuidade. Não apenas o relator não se lembra do caso, mas ele vem à sessão preparado para uma coisa...

e para seu contrário. Seria escandaloso para o cientista, como se devesse decidir no último instante, em função das reações de seus colegas, se o fenômeno que ele relata existe ou não; como se fosse imaginável que ele preparasse dois artigos, dois pôsteres, duas séries de transparências para um e para outro contra a existência do mesmo fenômeno! E ainda pior: depois da discussão, o presidente da subseção pode solicitar ao relator que ele redija um terceiro esboço. E em vez de indignar-se ou bravejar com essa descrença, o relator polidamente segue para escrever outro esboço – que pode ser contrário ao que ele votará mais tarde na sessão de julgamento...[17] Um pesquisador preferiria cortar-se em pedaços se os colegas o obrigassem a escrever um artigo contrário a suas convicções, com pretexto de que o grupo de trabalho em que participa chegou a um consenso oposto ao seu; no mínimo, ele exigiria que sua visão minoritária fosse integrada no relato ou ele bateria a porta.[18] Ou então, se chegasse a uma solução, ele não a mudaria na reunião seguinte. De toda forma, isso seria um caso de consciência. O juiz tem consciência, mas ele põe seus escrúpulos em outro lugar.[19]

Não acreditamos que os conselheiros sejam desinteressados no sentido banal dos indiferentes, apáticos, entediados pelos casos que tratam, e que seu distanciamento parece o de um autômato. Ao contrário, vimos no capítulo precedente que não faltam interesses –

---

17 "Somos julgados pela qualidade do raciocínio, não pela solução; todo mundo está de acordo que *seria possível dizer o contrário*, o que não surpreende, mas sobre a qualidade do raciocínio, sim, há julgamento pelos pares de excelência" (um comissário de governo).

18 A menos, é claro, que ele não esteja em uma situação com especialistas, em uma conferência de consenso, obrigado a chegar a um acordo com os demais. Mas justamente essa situação se afasta do laboratório de pesquisa e se aproxima da corte de justiça. Sobre essa dificuldade de aplicar o contraditório aos debates científicos, veja Hermitte, L'expertise scientifique à finalité de décision politique.

19 Um comissário leitor deste texto discorda desse contraste: "Minha percepção é muito diferente: o magistrado, se decidir não se inclinar, nunca se inclina. Ele pode fazer valer sua opinião até o fim, solitário e inflexível, e mesmo em minoria, afoga-se em sua decisão. Talvez sua visão das coisas fosse modificada se você tivesse podido assistir às deliberações" (comentário pessoal).

sem o qual ninguém ficaria no Conselho mais de duas semanas: há a própria dificuldade jurídica do caso, a arquitetônica do direito administrativo, as implicações sociais, políticas, econômicas, governamentais dos casos, a estranheza dos requerentes, a amplitude das injustiças cometidas, a importância do Estado, o prazer intelectual de extrair dos fundamentos simples de um dossiê obscuro, o prazer de brilhar entre colegas do mesmo nível intelectual – sem esquecer a atmosfera acolchoada dos clubes onde carreiras futuras são preparadas e fracassos passados são reparados. As fontes de interesse não faltam, mas tudo é feito para que não sejam conectadas ao dossiê, ao corpo dos opinantes, às soluções adotadas, assim como no cotidiano – pois se faz tudo para separá-los do caso específico, do próprio objeto, através de uma distância que aos poucos se torna quase infinita. É nesse ponto que melhor se mede o abismo entre as ciências: enquanto tudo foi feito no laboratório para *aproximar* as particularidades do objeto tratado ao que é dito dele, por outro lado, tudo foi feito no Conselho para *distanciar* a solução adotada das particularidades do caso.

O revisor

Esse movimento contrário é visível apenas na retomada das notas do relator pelo revisor, pois aí está um procedimento absurdo aos olhos de um cientista: você acaba de passar meia hora escutando a leitura, feita em voz monocórdica, de um texto que explica todo o caso, e eis que o revisor, mais acima na hierarquia do Quadro de Referências, retoma novamente o dossiê desde o começo, agora oralmente. Essa revisão, entretanto, é um momento central no julgamento, uma vez que o revisor é o único a ter relido toda a pasta na véspera ou na antevéspera, e a conservar os detalhes na memória. Todos os outros, lembremos uma vez mais, não conhecem o caso e não lerão novamente o dossiê – exceto o comissário de governo que mais tarde tomará contato com o caso pela primeira vez. Este é outro procedimento que seria uma aberração na ciência: quanto mais o caso é levado de um julgamento a outro, mais ele é tratado por pessoas distanciadas e ignorantes dele! É como se, no curso de uma descoberta importante e controversa, os comitês científicos fossem compostos por especialistas cada vez mais incompetentes sobre as particularidades próprias do sujeito; como se, diante de um caso complexo de galáxias invisíveis, pedíssemos às pessoas, *devido a* não conhecerem nada sobre galáxias, para se pronunciarem sobre a questão sem qualquer outra informação, a não ser a repetição pelas pessoas mais competentes sobre o mesmo caso...

É claro que esse procedimento não tem nada de bizarro nem de incongruente: como veremos, não se trata de informação; os juízes não se pronunciam exatamente sobre as particularidades do caso, a retomada pelo revisor não é uma simples repetição.

Na realidade, sob a aparência de uma simples *revisão*, o revisor *transforma* o caso, pois ele modifica a proporção respectiva do fato e do direito, destacando mais que na nota as dificuldades propriamente jurídicas. Nós vimos muitas vezes nos casos tratados anteriormente: o caso específico tem menos importância que o ponto legal no qual ele *é colocado*, ou o aspecto do direito administrativo que deve ser modificado na *oportunidade* desse caso – os dois são possíveis, acabamos de ver, nessa forma particular de direito. O revisor, portanto, falará menos dos fatos (em todo caso, menos que o relator, que já fala menos que o advogado, que fala menos que o requerente, que evidentemente fala dos fatos!), mas falará mais ainda do direito. Do julgamento restará apenas a famosa ficha verde que resume todo caso em uma frase, por exemplo a seguinte: "O ato pelo qual a autoridade da prefeitura se recusa a constatar a expiração de uma licença de pedreira, emitida segundo o artigo 106 do código de mineração, é suscetível de ser objeto de um recurso por excesso de poder?". Não resta mais nada do caso em questão para retomar os fatos precisos, a não ser verificar na base informatizada de qual caso se trata. Não há mais nenhum caminho entre a ficha verde e a natureza precisa do caso e, no entanto, aos olhos dos juízes tomados por essa questão lapidar, o essencial da prova se encontra bem resumido nessa frase.

Compreendemos agora que a palavra "fato", empregada tanto na ciência quanto no direito, teria podido nos enganar em nossa comparação, pois é empregada nos dois campos de forma totalmente diferente, poderíamos dizer até como um homônimo, um falso amigo. O fato relativo ao dossiê jurídico – uma vez terminada a instrução, voltaremos a ela na seção seguinte – define um conjunto fechado, mais ou menos indiscutível pela acumulação de peças e sobre o qual não será necessário voltar. O fato constitui algo de que se procura desembaraçar-se o mais rapidamente possível para passar a outra coisa, o vínculo jurídico, que é o único ponto importante, pois é ele que exige toda a atenção dos juízes. Mas, no laboratório, o fato ocupa duas posições contrárias: ele é ao mesmo tempo esse de quem falamos e esse que vai decidir sobre o que se afirma dele! Ele está ao mesmo tempo no papel da queixa e no papel de juiz de última instância... Não se pode na verdade nunca se livrar dele para passar a outra coisa mais importante.[20] A menos que se confunda o fato de laboratório, tal como descrevemos antes, com os "dados de sentidos" da tradição empírica inventada por Locke e seguida por Hume para as razões que são mais políticas do que epistemológicas: a base indiscutível de nossas sensações, a partir da qual o espírito humano, por combinação, elabora ideias mais gerais.[21] Mas esse tipo de fato, como veremos, dispõe o que é discutível e indiscutível de uma forma singular que não tem relação com a forma de enunciado própria dos pesquisadores. Depende do direito e não das ciências! Em vez de fundi-los, devemos fortalecer o contraste: quando se diz que "os fatos aí estão e são inflexíveis", afirma-se na ciência coisa diferente do que no direito, onde os fatos podem ser tão inflexíveis que não se aterão ao caso propriamente dito, e cuja solidez depende da regra legal que lhe será aplicada.[22]

---

20 Ao mesmo tempo, o fato jurídico não tem a estabilidade que permitiria deixá-lo fora da disputa e de ater-se às únicas divergências de interpretação. As partes, o advogado, o juiz, vão toda vez modificar igualmente a base factual. Sobre esses pontos, veja Cayla, La qualification ou la verité du droit.
21 Veja Poovey, op. cit., e a seção final deste capítulo.
22 A propósito de um caso obscuro de moinhos "baseados em títulos", Dorval exclama: "É engraçado, conheço bem essa região, e não sei onde é esse moinho... o dossiê menciona que se perde o direito de água do moinho após uma

Não vamos acreditar que se possa opor o "respeito dos fatos" do lado científico, e a indiferença à queixa dos requerentes, do lado do direito, que só daria atenção à forma. No laboratório também, naturalmente, o caso específico não conta: o rato que emprestou seu cérebro à experiência, deu seu corpo à ciência, será incinerado sem outra forma de processo; o neurônio também será jogado, após terminado de viver; mesmo os dados brutos, por sua vez, serão rapidamente esquecidos. Os fenômenos que sofrem a provação do experimento são interessantes apenas porque são o caso de um problema, o exemplo de uma teoria, o ponto de um argumento, a prova de uma hipótese.[23] Mas então, qual é a diferença com o movimento do direito, pois nos dois campos a matéria da qual se fala é esquecida para dirigir-se ao que ela apenas exemplifica? Toda a diferença vem de que a teoria científica, se está ajustada, deve ser capaz de produzir o fato por *retroação*: ela deve dar conta de todos os detalhes do fato, sem o que ela não seria teoria *desse* fato e restaria uma hipótese não fundamentada, puramente especulativa, simples proposição que nunca teria encontrado sua prova empírica. Esse *caminho retroativo* não existe no direito, no qual não teria nenhum sentido: toda a força do direito administrativo não pode permitir a menor previsão sobre a natureza dos pombos do caso conhecido no Capítulo 1, ou

---

'modificação profunda', sabemos o que significa 'modificação profunda'?". O fato empírico de bom senso foi momentaneamente tocado, mas logo abandonado: apenas conta a noção jurídica de modificação profunda "no sentido da jurisprudência" do Conselho.

23 É difícil ao laboratório dar sentido à noção de "prova irrefutável", que é tão importante em direito. Os filósofos se lembram certamente da maneira em que Kant juntou as duas metáforas da construção dos problemas na física através da razão e do juiz que chama as testemunhas: "Os físicos", ele escreve, compreenderam que a razão "deve obrigar a natureza a responder às suas questões e não se deixar conduzir por ela com uma coleira, por assim dizer; de outra forma, nossas observações, feitas ao acaso e sem um plano anterior, não estariam ligadas a uma lei necessária, coisa que a razão demanda e tem necessidade. É preciso que a razão se apresente [...] não como um estudante que escuta tudo o que o professor gosta de dizer, mas ao contrário, como um juiz que obriga as testemunhas a responder às questões que coloca". Kant, *Critique de la raison pure*, p.20.

antecipar o que for da morte de um jovem na pista de esqui (Capítulo 2). Uma vez admitida a possibilidade de um terceiro contestar diretamente as cláusulas regulamentares de um contrato (Capítulo 4), nenhuma força humana pode deduzir disso a existência das latas de lixo do bravo requerente. Ao passo que, se nosso amigo Jean é um bom neurocientista, sua teoria sobre a expressão dos neurônios deve poder encontrar o caminho exato dos neurônios que ele sacrificou no curso de sua experiência e de todos os outros segundo seus protocolos. No direito, se você apreende a lei, não terá um fato que surgirá de forma imprevisível e surpreendente; na ciência, se você apreende a teoria, deve poder através dela voltar aos fatos dos quais partiu – e mesmo prever novos fatos.

O comissário de governo

Continuemos a desenrolar esses pequenos procedimentos que, pouco a pouco, obrigam mesmo o mais interessado, apaixonado e expedito dos conselheiros a ficar indiferente, objetivo, justo e desapaixonado. Como imaginar na ciência o equivalente do comissário de governo que permanece mudo a tomar notas durante toda a sessão de instrução? Secretário de sessão? De forma alguma, já que suas notas só dizem respeito a ele e servem apenas para preparar a leitura do dossiê que ele vai retomar de A a Z. Ele é um especialista indiscutível a quem os menos competentes vêm trazer seu problema esperando que ele encontre a solução? Não, pois frequentemente ele é mais jovem do que o presidente da subseção e seus assessores e, quando se levantar para falar, será diante dessa mesma subseção que terá papel de juiz do que eles mesmos lhe apresentaram! Ele se cala e eles falam; amanhã, em alguns dias, ele falará e eles se calarão. Por que então não deixá-lo falar? Que ele dê diretamente sua opinião e que isso termine! Porque se trata de terminar, mas *dentro das formas*, e após ter explorado novamente o vínculo do caso com o direito, de todo caso e de todo o direito. É como se tivéssemos confiado ao comissário de governo um controle de qualidade de forma particular, solicitando com plena independência refazer o conjunto do caminho já percorrido pelos requerentes, advogados, juízes de primeira instância, relator e revisor, e refazer em seguida todo o caminho – de duzentos anos – do direito administrativo e de seu vasto corpo, para ver se tudo isso se mantém e se conecta. Para ele, o direito se opõe ao direito. Ele é quem verifica os laços, garante a coerência, assegura aos colegas que a aposta cotidiana que praticam através de seus múltiplos julgamentos não implica deixar o direito administrativo à deriva. O silêncio do comissário durante a sessão de instrução, a leitura solene de suas conclusões durante a audiência, novamente seu silêncio durante a deliberação, na qual, lembremos, os juízes não são obrigados a segui-lo, a publicação independente de suas conclusões, que podem ou não diferir do julgamento, igualmente publicado, são outros mecanismos inventados pelo Conselho de Estado, sem o menor texto de lei, apenas por costume local, para produzir um distanciamento que, na ciência, seria mais do que incongruente, seria quase cômico.[24]

Pode-se imaginar confiar a um cientista isolado a pesada tarefa de retomar toda a sua disciplina desde o início, verificar sua coerência, assegurar a relação com os fatos, depois, em declaração solene, propor a existência ou inexistência de um fenômeno, enquanto a decisão final não lhe pertencerá e ele deverá trabalhar sozinho, com sua consciência e seu conhecimento, contentando-se em publicar suas conclusões com toda independência? Embora um pouco dessa função exista naquilo que os pesquisadores chamam de *artigos de revisão*, tipos de balanço que se confia aos cientistas experimentados, na metade da carreira, que resumem para seus pares o estado da arte, falta às conclusões do comissário essa estranha mistura de autoridade e ausência de autoridade.[25] Das duas coisas, uma: ou bem o comissário de governo é um especialista à moda científica, e então a autoridade maior deveria deixar seus pares livres da obrigação de duvidar – ele sabe mais a questão do que eles –, ou bem

---

24 Sobre a intervenção progressiva e tateante da estranha função do comissário, veja Rainaud, *Le Commissaire du gouvernement près le Conseil d'État*.
25 Bastide et al., op. cit.

ele não tem o papel de especialista, mas, nesse caso, por que deixar sobre seus ombros a pesada tarefa de retomar todo o caso a fim de esclarecer a formação de julgamento? Existe um cientista no papel de comissário de governo, pois ele publica e fala em seu próprio nome; existe um comissário de governo em todo cientista que se veria bem no papel da Liberdade esclarecedora do mundo. Estranho e complexo híbrido, o comissário combina a soberania da *lex animata*, a lei incorporada no corpo humano, mas o que ele diz *apenas* envolve ele próprio, enquanto que, no modelo antigo de soberano, a decisão seria em última instância. O que ele faz então? Qual é sua função? Ele dá a todo o conjunto a oportunidade de *duvidar corretamente*, evitando uma solução precipitada ou um consenso barato. Ele serve de caixa hermética para evitar certezas muito precipitadas; exerce um tipo de força de tração para resistir ao acordo; atua como obstáculo voluntariamente colocado ao longo do julgamento, um grão de areia, às vezes um escândalo, em todo caso, um incômodo, uma resistência – sim, decididamente, o comissário de governo dá o mais estranho exemplo de um produtor de objeções, ou vamos dizer a palavra, de objetividade.

A importância e a ambiguidade de seu papel são mais visíveis quando propõem as reversões de jurisprudência, os equivalentes em direito dessas reversões de paradigmas que excitam os pesquisadores. Como ele não é obrigado a fechar o julgamento, como é o caso de seus colegas juízes, ele pode permitir-se – com um olho no caso específico, e um outro sobre o corpus – de propor rearranjos nessa ampla estrutura da qual a coerência é o resultado de um movimento permanente de equilíbrio, semelhante ao que mantém um ciclista sobre a sela da bicicleta. Como ele não é obrigado a nada, a não ser impulsionar a lei no momento, sem ter ele próprio de julgar, ele pode permitir-se audácias, desenvolvimentos, aprofundamentos que assustariam os conselheiros envelhecidos de ofício, e que carregam nos ombros os pesos das realidades da administração. Sempre há algum frescor nos comissários de governo – é a razão pela qual são trocados de função ao final de alguns anos (ver Capítulo 3) –, pois se pede que ofereçam a seus pares simulações às vezes arriscadas de outros estados possíveis do direito administrativo. Mas ao contrário dos cientistas, que sonham em derrubar um paradigma e de vincular seu nome a uma mudança radical, a uma revolução científica, a uma descoberta maior, os comissários apresentam sua reversão como a expressão de um princípio já estabelecido, de forma que, mesmo se transformando profundamente, o corpo do direito administrativo torna-se ainda mais a mesma coisa que antes... Uma proeza tornada necessária pela noção-chave de segurança jurídica, que seria uma aberração para um pesquisador. Imaginemos o efeito de uma "segurança científica" sobre a pesquisa: tudo o que se descobrir deverá poder ser expresso como a reformulação mais simples, mais coerente de um princípio já estabelecido e já conhecido, de forma que ninguém possa ser surpreendido pela emergência de um fato novo, de uma nova teoria...

A formação de julgamento

Que isso termine! Isso é demais! Sabemos o suficiente para julgar! Esse requerente é de má-fé, esse traficante de drogas é um crápula, esse advogado é um enrolador, esse ministro é um incapaz, esse decreto é uma colcha de absurdos, esse delegado de polícia é um perigo público... está claro como o dia, por que continuar a discutir? As evidências estão lá, ofuscantes. Já lemos a nota exageradamente detalhada do relator, já escutamos o revisor, passamos três horas em sessão de instrução discutindo o caso, o presidente falou com o presidente do Contencioso, escutamos as conclusões do comissário de governo e você ainda não terminou? Uma vez lidas as conclusões, começa a deliberação, e esses que discutem são os novos membros – a subseção, duas subseções, a Seção, a Assembleia –, quer dizer, novos ignorantes que começam do zero, não conhecem o caso, não escutaram o relator, nem o revisor, nem a discussão, e fazem de novo questões ingênuas... é desencorajador! Confie o dossiê ao comissário de governo e feche o caso! Chega de falar! Chega de tergiversações! Bem, não exatamente. Porque é necessário haver hesitação e dúvida para não se precipitar diante de evidências ofuscantes. A série tediosa de retomadas e revisões exaustivas, a verificação meticulosa dos vistos e a repetição dos considerandos asseguram que a justiça, cega e tateante, possa seguir de forma correta e justa. O conjunto dos procedimentos de distanciamento permite assegurar que recebeu muita dúvida, enquanto os dispositivos de um laboratório tendem para a obtenção, o mais rapidamente possível, de certezas.

O bom senso não compreende, então, nem as lentidões do direito nem a das ciências: por que sofrer tanto para duvidar? Por que fazer todo esse barulho para conhecer, se surpreender? Há necessidade desses procedimentos de distanciamento para regular os casos obscuros de latas de lixo e de pombos, de permissões de construção e de nomeações? É de fato necessário gastar tanto dinheiro, tantos anos, mobilizar a nata da ENA para dar solução às petições as quais um pouco de bom senso e de boa vontade seriam suficientes para resolver? É mesmo necessário sacrificar centenas de ratos, mobilizar a elite dos aventais brancos, investir em instrumentos caros para entender como nosso cérebro funciona ou quantas estrelas há no céu? Que tempo perdido! Que demora! Se eles se vissem assim criticados pelo maior bom senso, juristas e pesquisadores logo entrariam em acordo para defender a produção da dúvida no direito e a produção do saber em ciência. Em uma só voz, juízes e cientistas exclamariam em concerto para fazer elogio à lentidão, à precaução, à despesa, ao elitismo, à qualidade, ao respeito ao procedimento.

Não, o senso comum não saberia produzir, com seus meios comuns, nem essa lentidão no julgamento, nem essa segurança da certeza; ele se pronunciaria muito rápido, em regime de urgência, sobre as impressões muito superficiais; nós temos uma necessidade vital dessas instituições pesadas e custosas que obrigam a desvios, à elaboração complexa de um vocabulário esotérico, a esses procedimentos exasperantes de meticulosidade, únicos recursos que disporíamos para escapar do arbitrário e do erro.

E, no entanto, sim, o senso comum tem razão, *é necessário que as coisas cheguem ao final*. E aí, uma vez mais, as ciências e o direito, reunidos em um instante na defesa, não de seus privilégios, mas de seus próprios procedimentos, não podem ser diferenciados. No Conselho de Estado, tudo é inicialmente feito para manter, tanto quanto possível, a dúvida, mas em seguida julga-se de uma vez por todas. No laboratório, tudo é feito para obter certezas tão rápidas quanto possível, mas, no fim, quando o artigo está publicado, delega-se a outros, aos colegas, ao depois, à dinâmica do campo científico, o cuidado de decidir o valor da verdade do que se diz. Uma reversão completa das atitudes: no Palais-Royal, após meses, às vezes anos de espera, a deliberação emerge bruscamente. E não se trata de uma possibilidade, mas de uma obrigação inscrita na lei: o juiz deve julgar, ou será acusado de abuso de autoridade. Se ele passou por tudo isso para desacelerar as coisas, para formalizar, para coletivizar, para separar-se, ser indiferente e se distanciar, agora é preciso que a decisão ocorra. É o objetivo da deliberação. A única escapatória possível consiste em decidir no final da deliberação que não se pode decidir sozinho, que o caso é muito grave e que é necessário retirar da formação de julgamento, passar de uma subseção às subseções reunidas, ou de lá para a Seção ou mesmo a Assembleia, nos casos extremos. Mas essa mudança apenas adia o inevitável: é necessário que o Conselho de Estado decida. Não há ninguém acima dele, o único meio de terminar o julgamento é julgando.

O laboratório trabalha, em alguma medida, de forma inversa: ele teve dificuldades para assegurar suas garantias, multiplicar seus dados, verificar suas hipóteses, antecipar suas objeções, escolher o melhor material, recrutar os melhores especialistas; redigiu o artigo mais combativo possível, escolheu a melhor revista, organizou na imprensa vazamentos habilidosos de notícias e, bruscamente, no último momento... não há *último* momento! E dando aparência de total desenvoltura, os pesquisadores, até então apaixonados pela pesquisa da verdade, não podendo mais controlar a sorte de suas *proposições, remetem a outros* para assegurar a verificação. "Veremos bem o que dirão; o futuro dirá se tínhamos razão ou não." Ora, esse é um tribunal engraçado, pois lhe falta precisamente a qualidade essencial de toda instituição jurídica: a obrigação absoluta de julgar agora sem remeter a depois, sem delegar a ninguém depois dele, mais qualificado do que ele e acima dele. Depois de ter multiplicado as provas de modéstia e de distância, os juízes abruptamente, com a maior arrogância, assumem os raios da soberania: eles decidem. Os pesquisadores, após terem utilizado todas as paixões do conhecimento e todas as pretensões da certeza, subitamente tornam-se modestos e humildemente remetem a outros o cuidado de validar suas petições...

Referências e encadeamentos

Falar de paixão de um lado, de distanciamento de outro, de interesse na ciência e de desinteresse no direito, de modéstia e de autoridade, de fechamento e de abertura, é ainda permanecer na superfície da comparação, dentro de uma zona intermediária entre a psicologia, a etologia, os procedimentos e o conteúdo. Para aprofundar nosso retrato duplo, que busca distinguir novamente os traços até aqui confundidos das duas atividades científica e jurídica, devemos acompanhar ainda mais de perto, sob o risco de cansar o leitor, o caminho dessas duas formas de enunciado, diferenciando as cadeias referenciais, bem estudadas pela antropologia das ciências, e os encadeamentos jurídicos, tão difíceis de descrever.[26] A tarefa não é intransponível porque podemos descobrir, na fabricação e no tratamento dos dossiês, a trilha dessas duas formas de estabelecer relações: umas de informação, outras que cabe chamar de *obrigação* – mas o que se quer dizer com isso? Vamos nos esforçar para qualificar o que se transporta de uma camada de inscrição a outra no curso de um experimento de laboratório, e o que acontece a um dossiê quando os *fundamentos* são extraídos. Temos a hipótese de que a diferença entre esses dois regimes de circulação explica a maior parte dos traços superficiais dos quais fizemos o inventário, percorrendo o caminho nas duas seções anteriores.

---

26 Para a definição de cadeias de referências, veja Hacking, *Concevoir et expérimenter*; Latour, *L'Espoir de Pandore*.

Uma mesma matriz comum: a exegese

Antes de descobrir essas diferenças, vamos reconhecer a matriz comum de onde saem, ao mesmo tempo, as práticas de laboratório e as do direito, essa erudição ancestral que continua a formar o aprendizado de base dos cientistas e dos juristas: a manipulação dos textos ou, de maneira geral, das inscrições de todo tipo, acumuladas em um espaço fechado, submetidas a uma sutil exegese para classificar, criticar, avaliar seu peso, sua hierarquia, sua autoridade. Nas duas formas de praticantes, os das cortes de justiça e os dos laboratórios, o trabalho meticuloso sobre os textos substitui o mundo exterior, ininteligível em si.[27] Para os juristas, assim como para os cientistas, começa-se a falar do mundo com alguma segurança quando ele está transformado – pela palavra de Deus, a codificação matemática, o jogo de instrumentos, a multidão de predecessores, a lei natural ou positiva – em um grande livro, sobre a Natureza ou sobre a Cultura, pouco importa, dos quais as páginas foram retiradas e misturadas por uma força maligna, e que agora devem ser compiladas, interpretadas, editadas e relidas. Com os cientistas e com os juízes, nos encontramos já dentro de um universo textual que tem a dupla particularidade de ser tão estreitamente ligado à realidade que ele substitui, mesmo permanecendo incompreensível sem um esforço contínuo de interpretação. E esse trabalho incessante dos juristas e dos cientistas engendra novos textos em que a qualidade, a ordem e a coerência terão por resultado paradoxal o aumento da complexidade, da desordem, da incoerência dos corpos legados a seus sucessores, obrigados a retomar esse trabalho de Sísifo ou de Penélope. Conserto, costura, retomada, revisão da exegese, mãe das ciências e do direito.

Um bom pesquisador e um bom jurista reconhecem suas qualidades comuns de intérprete em sua forma singular de ponderar as

---

[27] À exceção dos trabalhos de Legendre, *L'Empire de la vérité* (Leçons I); *Sur la question dogmatique en Occident*, sobre o trabalho do intérprete, encontraremos observações essenciais sobre o grande livro da Natureza em Eisenstein, *La Révolution de l'imprimé dans l'Europe des premiers temps modernes*.

massas de documentos heterogêneos, dando a cada um valor diferente de confiança. Assim como a expressão "Que será publicado na Coleção" tem mais peso do que "nos Quadros", para assinalar um precedente consagrado no *Lebon*, um artigo publicado na revista *Nature* ou na revista *Science* produzirá mais adesão do que um *preprint* postado na internet. Os cientistas, como os juízes, têm grande respeito pelo que já foi publicado – e que podemos acompanhar nos dois campos graças ao jogo de citações ou referências – e, ao mesmo tempo, têm a mesma distância, a mesma desconfiança, o mesmo desrespeito pelo encadeamento muito mecânico de referências. Assim como um comissário de governo diria polidamente de um precedente célebre: "Mas essa decisão nos parece muito isolada e, para dizer a verdade, pouco representativa de sua jurisprudência", um pesquisador não hesitaria em escrever: "Apesar dos numerosos trabalhos que sustentam a existência desse fenômeno, nenhuma prova irrefutável foi apresentada". Todos compartilham dessa sutil gradação entre documentos verificados e documentos que deixam muitas lacunas e contradições para pendurar o argumento e propor formulações contrárias. Todos trabalham coletivamente, incapazes de formular algo sem a estreita colaboração de seus colegas. Nos dois casos, talvez tudo já esteja escrito, mas nada ainda está escrito: é necessário retomar tudo em um novo esforço de interpretação que só pode ser feito em muitos.

De toda forma, o ato da escrita permanece explícito no Conselho de Estado, enquanto no laboratório parece ser um simples apêndice do trabalho científico, até mesmo uma tarefa. Quando chega ao Conselho, o novo membro recebe dois documentos – o *Memento do relator diante das formações administrativas do Conselho de Estado* e o *Guia do relator da Seção do Contencioso* – que explicam em detalhe como redigir as notas e as decisões, e que são feitas a partir de manuais, equivalentes jurídicos do *Grevisse*, atentos tanto às fórmulas dos vistos quanto à natureza da alínea ou à pontuação.[28]

---

28 Existe uma formação às práticas de escrita, acompanhada pelo etnógrafo, que prepara os membros dos tribunais administrativos (exceto os membros do Corpo vindos da ENA, que, por conta da classificação, são dispensados desse

Se bem que existem, sobretudo na América, cursos para a escrita científica, dedicados aos futuros pesquisadores, surpreenderíamos muitas pessoas de laboratório definindo sua atividade como um trabalho de exegese. Antes que a antropologia da ciência revelasse esse traço, o texto científico aparecia apenas como um "apoio de informação", tendo como única qualidade a transparência, e o único defeito, a obscuridade. Para revelar o laço que as ciências mantinham com suas antigas raízes, era suficiente anexar aos textos publicados o "output" de todos os seus instrumentos e o papel considerável da intertextualidade: o pesquisador se faz um intérprete de dois tipos de textos, aqueles que extrai dos instrumentos e aqueles que encontra na literatura publicada.[29] Somente então os autores científicos podiam aparecer como hermeneutas, como escritores, como eruditos, exceto pelo fato de que os textos que eles comparam incluem provas textuais arrancadas dos fenômenos submetidos à prova pela experiência de laboratório. Os conselheiros, ao contrário, falam constantemente de seu ato de escrita, chegando mesmo a pronunciar frases formulaicas (encontramos muitas) que consistem em citações.[30] Para eles, um texto não é valorizado apenas como um "suporte de informação" e não é nunca julgado por sua clareza isolada – não há dúvida quando são lidos!

Apesar dos volumes escritos sobre esse tema, e se aceitamos lembrar de suas raízes comuns, é impossível opor o texto científico, pretensamente factual e impessoal, ao texto jurídico, que teria a particularidade de fazer o que diz, ou, de acordo com a situação, de dizer o que é preciso fazer. Há muitas diferenças, mas não vamos nos

---

aprendizado que adquirem pelo trabalho, pela ciência incutida, participando diretamente do trabalho das subseções).
29 Sobre todo esse trabalho das ciências como inscrições e interpretação, veja Latour, Woolgar, *La Vie de laboratoire*. Veja também o belíssimo livro de Dagognet, *Écriture et iconographie* e, para um enfoque mais recente, Jones, Galison (Orgs.), *Picturing Science, Producing Art*.
30 Um outro exemplo oral que é, de fato, do escrito falado e citado: um comissário sugere ao relator da subseção uma formulação: "os efeitos radicais da competência vinculada é 'sem que seja necessário examinar os fundamentos' e rejeita".

precipitar em acomodá-las na distinção estabelecida entre o fato e o direito, ou entre o que é constativo e performativo.[31] O texto científico, como indicamos antes, parece pouco tanto com o enunciado mítico dos retóricos ou dos filósofos da linguagem: "a água ferve a cem graus", quanto com a afirmação: "o julgamento do tribunal administrativo de Grenoble na data de 17 de abril de 1992 está anulado". O texto científico, o texto de pesquisa, recém-saído do laboratório (não aquele dos manuais e das enciclopédias com o qual frequentemente é confundido), não trata de um fato a ser relatado, mas de uma *transformação* profunda, para a qual a palavra "informação" não cabe. Ou então deve ser entendido no sentido etimológico de *colocar-se* dentro de uma *forma*, tomada em sentido literal, material (a mesma que dá origem às palavras *fourme* e *fromage* [queijo]) e que consiste em um gráfico, uma equação, uma tabela. Não há produção de *in*-formação sem uma cascata de *trans*-formações. Além disso, nenhum artigo científico se contenta em ligar dois níveis de inscrição – por exemplo, uma fotografia e um texto, uma tabela e um gráfico, uma equação e uma simulação informática –, mas orquestra dezenas de transformações, vinculando dezenas de camadas textuais encadeadas uma depois da outra, compondo um drama ou um raciocínio, em que cada uma é riscada porque visa manter os traços pertinentes da camada precedente modificando-os completamente, para lhes dar uma teoria, uma fórmula, uma interpretação mais forte.[32] Finalmente, toda essa transformação toma a forma de uma *proposição*, de uma quase-petição, de uma petição marcada pela incerteza e pelo perigo, e que os autores lançam na massa imensa de

---

31 Essa é a fraqueza das comparações entre ciência e direito que apenas se aplicam aos clichês da epistemologia, por exemplo a de Austin, *Quand dire, c'est faire*, sem estudar o tipo de transmissão de um texto a outro.
Enunciado constativo é aquele que descreve ou relata um estado de coisas, e que, por isso, se submete ao critério de verificabilidade; enunciado performativo é aquele que não descreve, não relata, não constata absolutamente nada, e, portanto, não se submete ao critério de verificabilidade. (N. T.)
32 Sobre esse ponto fundamental, veja Galison, *Image and Logic*; Licoppe, *La Formation de la pratique scientifique*; Latour, *L'Espoir de Pandore*.

textos já produzidos, para que seja avaliada por seus pares. O valor verdadeiro do enunciado surgirá retroativamente do tratamento que a proposição receberá dos outros autores, oponentes e apoiadores. Compreende-se facilmente que todo esse rastro textual, essa complexa alquimia, se não se assemelha em nada à imagem que o bom senso faz do enunciado "factual", também não se assemelha à circulação singular de um dossiê jurídico (Figura 5.2).

Crédito: Salk Institute

Crédito: B. L.
Figuras 5.2a e 5.2b

É possível encontrar nos dossiês dos juízes alguns documentos que parecem um pouco com as cadeias de referências produzidas pelos laboratórios. Entretanto, longe de definir sua natureza, eles apenas organizam *certos segmentos*, para dar lugar a outros, propriamente jurídicos. Isso estava claro no caso das p.120-1 do Capítulo 2, em que a presença ou não dos mapas no anexo da decisão da prefeitura podia ser objeto de um gesto referencial indicando os terrenos; e entretanto, como vimos, isso não era questão, pois se terminou por julgar que os mapas podiam estar anexados "por conectividade", uma ficção jurídica que permite assegurar a presença de documentos no dossiê de autorização, mesmo que seu peso e volume impeçam, na realidade, de consultá-los... A cadeia de referência indo de um mapa a outro está lá, mas é rapidamente abandonada para abrir outro caminho a ser definido. O choque e a interrupção desses dois rastros, dessas duas rotas, é que permite revelar tão claramente as diferenças entre os dois tipos de condições de felicidade. Quando se pergunta, por exemplo, no curso de uma sessão, se o registro de recebimento foi enviado e se a assinatura do requerente na data e no lugar previsto pelo formulário do correio está no dossiê, não temos nenhuma dúvida sobre a qualidade da referência. A mesma coisa ocorre na subseção quando, ao ler os panfletos anexados ao dossiê, fica-se convencido por uma leitura de senso comum que o candidato difamou em alguma medida seu opositor na véspera das eleições. Ou ainda, quando uma foto aérea anexada ao dossiê permite verificar se o parque está completamente fechado por uma parede, o ponto de disputa, e os juízes redesenham uma cadeia de referência superpondo – como teriam podido fazer os geógrafos, geólogos e agrimensores – documentos e rotas, distintos em sua materialidade (fotos, gráficos, documentos ou mapas), mas que têm por natureza manter intacta a informação através do jogo de transformações. Entretanto, os juízes perderiam confiança se, em lugar de alguns passos de referência que eles seguem em seus dossiês (um mapa e um gráfico, uma assinatura e uma opinião), eles precisassem atravessar, como fazem todo dia os pesquisadores, dezenas de transformações sucessivas, todas necessárias ao estabelecimento de uma prova razoavelmente sólida em algum campo especializado. Que juiz aceitaria confiar seu julgamento a um microscópio eletrônico, que requer uma centena de manipulações sucessivas, e em que cada uma transforma a amostra inicial?[33] Os conselheiros se indignariam, solicitando um contato mais direto com a realidade.

Mas, ao contrário, que pesquisador aceitaria tomar uma decisão com base em um quadro tão estreito quanto "o que é extraído do dossiê?". As pequenas cadeias de referências que compõem parcialmente as pastas de casos do Conselho seriam logo interrompidas por deslizes, deslocamentos, mudanças de registros que assustariam o pesquisador. Quando se diz a um juiz que "não está no dossiê" que o estrangeiro expulso tem filhos nascidos na França, ele se satisfaz com os limites do jogo do contraditório, contentando-se em verificar se algum argumento em defesa trata desse fato, utilizando nesse caso a fórmula consagrada: "não há contestação". Frente a tal método, que obriga a ater-se aos traços acumulados no dossiê, qualquer pesquisador ficaria transtornado. Ele também, como o juiz crítico, pediria um contato mais direto, mais vivo, mais rico com a realidade! "Mas vamos sair do dossiê e ver por nós mesmos, fazer trabalho de campo, interrogar as testemunhas, esquecer a lamentável defesa desses advogados, deixar os estreitos confins desse universo de papel que não sabe capturar a realidade." O pesquisador, por definição, confunde o "adendo de instrução" com o trabalho de julgamento. Ele sempre quer *saber mais*, exigindo que se estabeleça uma via entre os fatos e os escritórios do Conselho, o que permitiria aperfeiçoar constantemente a qualidade do transporte de informações (transformadas de forma pertinente). Mas, por conta disso, ele acumularia sempre mais conhecimento e não julgaria. A instrução seria inflada em proporções assustadoras, e nenhuma decisão seria produzida. Sua *libido sciendi* talvez ficasse satisfeita, mas a *libido ju-*

---

33 Mercier, Les images de microscopie électronique; e todo o volume de Latour, De Noblet (Orgs.), *Les "Vues" de l'esprit*.

dicandi de seus amigos juízes, não. O pesquisador faria justamente a pesquisa, não o julgamento.

O escândalo provocado pelas formas de enunciação aos olhos do outro é, portanto, recíproco. Cada um diz uma verdade, mas com diferentes definições de veridicção. Os juízes pensam que os cientistas têm um acesso bem pálido da realidade, pois escrevem artigos com uma relação tão indireta com os fatos que é preciso contar dezenas de passos de raciocínio e dezenas de saltos que levam de uma representação gráfica a outra. Os cientistas, por sua vez, não entendem que os juízes possam se satisfazer com o que está fechado nos dossiês e ter a confiança de chamar de "fatos incontestáveis" um simples argumento que não foi contestado por outro. Para os cientistas, ao contrário, a qualidade de seu quadro referencial é medida pela natureza da mediação de seus instrumentos e suas teorias. Sem esse longo desvio, não poderiam dizer nada além do que emerge dos sentidos, o que não tem interesse nem valor de informação. Para os juízes, por outro lado, a qualidade de seu julgamento depende muito precisamente de sua forma de evitar os dois perigos de sentença, a *ultra petita* e a *infra petita*: decidir além ou aquém do demandado pelas partes e permanecer nos estritos limites do contraditório. O que aparece aos olhos dos juízes como uma fraqueza, os cientistas consideram uma grande força: sim, eles podem encontrar a exatidão afastando-se cada vez mais do contato direto com os sentidos. O que os cientistas entendem como uma falha do direito, os conselheiros entendem como cumprimento: sim, eles se atêm exatamente ao que pode ser extraído do dossiê sem tirar nem pôr. Duas concepções distintas de exatidão e de talento, de fidelidade e de profissionalismo, de escrúpulo e de objetividade.

Duas formas distintas de transmissão

Diríamos que essas diferenças são menores quando comparadas com o que ambas têm em comum, especificamente: reduzir o mundo ao papel. Desse ponto de vista geral, colocar o mundo na ciência e colocar o mundo no dossiê se assemelha a enfiar uma colcha em um envelope postal. Mas existem formas distintas de redução, e o ponto desta seção consiste em distinguir essas formas. É importante compreender que a relação entre o dossiê jurídico e o caso específico não é a mesma que a relação entre um mapa e o território – se tomamos o mapa tanto como símbolo quanto como exemplo das cadeias de referência.[34]

A redução jurídica visa estabilizar rapidamente o mundo dos fatos indiscutíveis (o que não significa que algum argumento em defesa não os contestaria) para vincular o fato a uma regra legal (na prática um texto), de forma a produzir um julgamento (na realidade, uma decisão, um texto). A redução científica obtém a mesma surpreendente economia, pois ela substitui o mundo, sua riqueza, suas inumeráveis dimensões, por papéis e textos. Mas o caminho que ela estabelece difere inteiramente, pois uma vez em posse de um papel, de um documento, do mapa, é sempre possível retornar ao território, retomar a trilha, pois se encontram as sinalizações, as pequenas tachas do agrimensor definindo as direções e os cálculos dos ângulos. A cada ponto, o raciocínio se apoia na *superposição* de instrumentos, de gráficos, de teodolitos, marcadores, graduações, medidas que permitem o raciocínio mover-se de algo semelhante a algo semelhante, abaixo do abismo da transformação da matéria. Ora, no direito, mesmo quando se fala de semelhança, em algo precedente, nunca há exatamente superposição.[35] Quando o relator diz:

---

34 Dentre a vasta literatura, veja, por exemplo, Jacob, *L'Empire des cartes*.
35 Exceto nos casos de reescrita pelo método de copiar/colar, ou ao contrário, onde o precedente está dito "não superponível". Também pode ocorrer, pela dinâmica dos precedentes, que se utilize a ideia de familiaridade que permite aproximar as situações para julgamentos semelhantes. Por exemplo, Le Men: "O fundamento é muito delicado, a jurisprudência vai no sentido da Corte de Cassação, duas decisões particularmente, 8 nov. 1935. Limpeza de um curso d'água, no *Lebon* 310, *é verdadeiramente nosso caso*, é uma piscicultura; se substituir "queda d'água" por "poluição" *é nosso caso*: as conclusões do comissário de governo Braibant esclarecem: "Se o dano se adéqua à situação irregular diretamente, ele não é reparável: se é independente, deve ser indenizado".

Marchand: Um dos fundamentos traz irregularidade de investigação, porque o terreno não foi nem rubricado nem numerado pelo comissário investigador; o fundamento não se **apoia em fato**, pois embora o registro tenha sido rubricado a cada duas páginas, não é grave, dado que uma folha está **definida** como folha dobrada,

a minúscula porção de referência que o faz verificar a assinatura das folhas é logo desviada, ou melhor *substituída*, pela definição jurídica do que é uma folha, aos olhos do Conselho. Esse é um caminho bem traçado, mas traz um elemento de fato que os juristas chamam de "qualificação": é uma folha no *sentido* do artigo *n* do Código de Procedimentos de Declaração de Utilidade Pública?[36] Aquele que tem o mapa na mão também tem o território, ou ao menos uma via para ir e voltar que lhe permitirá *saber antes* da próxima iteração, ou no próximo retorno ao terreno. Aquele que detém o dossiê estabeleceu uma conexão que permitirá *não mais ter* que saber antes e que permitirá transportar, no retorno, uma *decisão* inquestionável.

A diferença entre referência e qualificação aparece ainda mais claramente quando uma das subseções deve decidir se uma ilustradora de revista de jardinagem, a quem foi recusado o cobiçado cartão de imprensa, sob o pretexto de que ela não tratava de atualidade, pode anular a decisão da Comissão superior do cartão de identidade dos jornalistas.[37] A discussão naturalmente traz a distinção entre atualidade e sazonalidade: as peônias, os pêssegos ou os kiwis desse ano são uma atualidade? É isso que define se ela é uma repórter? Mas ao mesmo tempo essa questão de conteúdo – à qual o etnógrafo se mistura – não levaria a nenhuma parte, pois não se trata de saber se a desenhista da atualidade é verdadeiramente, realmente, fundamentalmente, referencialmente e filosoficamente uma repórter, mas de

---

36 Essa é a dificuldade de qualificar a noção de "qualificação". Veja Cayla, La qualification ou la vérité du droit.

37 O Conselho de Estado é juiz de primeira e última instância para um grande número de comissões profissionais, médicos, advogados, contadores etc., o que explica que ele seja competente para um caso de aparência tão pequena.

saber se ela pode se prevalecer diante da comissão dessa qualidade "no sentido do artigo L.761-2 do código de trabalho". As definições de essência, da natureza, da verdade, da exatidão, não têm nenhum tipo de relação com isso. Ou melhor, elas mantêm uma relação de simples conectividade: nenhuma progressão em uma dimensão avança necessariamente na via de outra, e vice-versa.

Considerando que a sra. E. afirma ter a **qualidade** de jornalista profissional e de repórter-desenhista, aplicando as disposições da terceira alínea do artigo L.761-2 do Código de Trabalho nos termos: "São **assimilados** aos jornalistas profissionais os colaboradores diretos da redação: redatores-tradutores, estenógrafos-redatores, redatores-revisores, repórteres-desenhistas, repórteres-fotógrafos, à **exclusão** dos agentes de publicidade e de todos que apenas colaboram ocasionalmente". É extraído das peças do dossiê que as funções da sra. E., empregada pela revista *Gardenia* na qualidade de ilustradora, consistem na ilustração de fichas destinadas a apresentar métodos e técnicas de jardinagem; que as ilustrações em questão **apresentam no caso em questão uma relação suficiente** com a atualidade para que seu desenhista possa ser qualificado de repórter no sentido das disposições citadas; que a sra. E. pode portanto, a esse título, invocar em seu benefício a aplicação das disposições do artigo L.761-2 do Código de Trabalho.[38]

Mesmo nesse caso muito simples, a heterogeneidade das duas formas de discurso, a do caso e a do direito, é total: o que significa "apresentam no caso em questão uma relação suficiente"? Voltar

---

38 A consideração seguinte anula por consequência a decisão da Comissão superior do cartão de identidade dos jornalistas profissionais. Lê-se nas análises de jurisprudência a conclusão seguinte: "Uma pessoa empregada na qualidade de ilustrador por uma revista pode ser reconhecida na qualidade de repórter-desenhista no sentido do artigo L.761-2 do Código do Trabalho se as ilustrações que lhe são confiadas apresentam um caráter suficiente de relação com a atualidade". Segue um envio de confirmação à Corte de Cassação: "Cf. Cass. Soc., 4 jun. 1987, Bull. Civ., p.231".

ao sentido do artigo L.761-2 não dará a resposta a essa questão. O texto não diz nada a não ser que, no caso, os juízes consideraram que a sra. Eyraud era uma repórter *no sentido do artigo*, e ponto-final. Sim, mas ela é "realmente" uma jornalista de atualidade?, exclamaria um pesquisador. O que quer dizer "relação suficiente"? A questão nos faria deslizar ao longo de uma cadeia de referências que, por sua vez, nos distanciaria desta outra cadeia: a ligação precária e provisória de um texto e de um caso particular pela intermediação da qualificação.

Poderíamos objetar que essas operações são bem conhecidas: trata-se de uma classificação. Assim como o correio coloca as cartas nas caixas postais dos vários bairros segundo o código postal escrito nos envelopes, o dossiê jurídico permite ordenar os casos em questão segundo categorias que lhes dizem respeito – erro legal, excesso de poder, obras públicas – ou ainda segundo os *exemplos* precedentes – "isso é devido a Nicolo", ou "fazemos um Maubleu". As palavras "classificação", "redução", "fato", "raciocínio", "julgamento", "qualificação" mudam de sentido em função do tipo de enunciação que estamos caracterizando. Uma classificação de tipo científico permitiria subsumir cada espécie sob uma categoria, de forma que se possa dizer: Se A é um exemplo de B, é suficiente ter B para ter A, ou ao menos os traços pertinentes de A. Se A é um caso de receptor de acetilcolina, conhecendo os receptores da acetilcolina sabe-se tudo que é preciso saber (no momento) sobre A. Mas não é assim que o caso específico é qualificado pela regra legal: o artigo L.761-2 não permite dizer se o próximo caso terá ou não relação com o caso atual. A regra não tem nenhum conhecimento, nenhuma informação sobre o caso específico, a não ser de forma superficial, por exemplo, para dizer que "esse dossiê é sobre excesso de poder" e que ele deve ser direcionado pelo Serviço de análises para essa ou aquela subseção.[39]

---

39 Como vimos no início do Capítulo 2, p.103, todas as operações de direcionamento, referência, taxonomia e organização são feitas justamente antes que o direito propriamente dito comece, e através de técnicas certamente qualificadas, mas que não são os juízes.

A organização aqui permite a logística, não o julgamento. A pequena cadeia de referências (A é um caso de B) encontra-se submetida ao único encadeamento verídico para o direito: A é um B *no sentido* do artigo C. De forma que, na ciência, a relação entre o específico e o tipo é taxonômica; no direito, é apenas superficial. Na ciência, a classificação permite aproximar a essência do fenômeno, colocado sob o tipo ou classe; no direito, o tipo jurídico não permite saber o que quer seja sobre a essência do caso específico. Nos dois casos há encadeamento e caminho, ambos estabelecem relações numerosas entre os textos e os acontecimentos, mas o esquema é diferente, tanto quanto são diferentes o esquema das fibras óticas e o do fornecimento de gás de rua. Do ponto de vista da qualidade da informação transportada, o direito visto pelas ciências decepciona profundamente.

Entrar em uma cadeia de referências envolve abordar as coisas de forma distinta de um dossiê jurídico. A cascata de transformações que produzem informação obriga os protagonistas a produzirem este bem raro: a *nova* informação sobre novos seres forjados que entram em contato com a ciência e que exigem ser reconhecidos, levados em conta, organizados, qualificados de tal forma que se possa, uma vez reconhecidas suas exigências, voltar a eles para um "anexo de informação", para novos conhecimentos, até que, enfim, completamente disciplinados, conhecidos, habituados, domesticados, ensinados, se possa "colocá-los na caixa-preta", para serem considerados conhecidos, e usados como premissas para novos raciocínios e novas experiências. Essa dinâmica do conhecimento vai esquematizar o mundo em caminhos de mão dupla, que vão saturar o território de inscrições, terminando por confundir palavras e mundos em um mesmo discurso verídico.[40]

Nos laboratórios, esses que seus colegas reconhecem como os felizes produtores de informação nova e confiável serão recompensados pela eponímia: seus nomes serão associados para sempre a uma descoberta, leis "de Newton" ou "de Boyle". Estranhamen-

---

40 Para uma apresentação global dessa dinâmica, veja Latour, *La Science en action*.

te, a eponímia existe no direito, mas ela não recompensa o juiz, e sim o requerente, que terá seu nome próprio associado a uma decisão importante, que terá "feito jurisprudência". Se o nome do comissário de governo fica associado às vezes à decisão, sobretudo quando suas conclusões são publicadas, ninguém se lembra do nome do autor dessa inversão, anônima por definição, e então tudo será feito para que a mudança de jurisprudência mantenha as aparências de uma estrita continuidade.[41] Enquanto tudo é feito na ciência para que a nova informação revolucione tanto quanto possível o corpo de conhecimento estabelecido, no direito tudo é organizado para que o caso específico seja uma ocasião *exterior* de uma mudança que apenas modifica a lei em si, e não o caso específico, sobre o qual sabemos pouca coisa além do nome do requerente. Os caminhos são bem estabelecidos através do mundo, das numerosas relações tecidas entre os requerentes, os decretos, as decisões e os códigos, mas esses laços não produzem informação, não produzem novidade: eles são apenas emprestados pelos *fundamentos*, veículos tão originais quanto a informação, mas totalmente distintos – e que demandará ainda algum esforço para sua caracterização. Seguindo o fio da informação científica – cascatas de transformações arriscadas –, os pesquisadores vão elaborar poderosos centros de cálculo que oferecerão, em modelo reduzido, uma descrição do mundo. Ter o laboratório é ter o mundo. Nada disso ocorre ao seguir o caminho da obrigação: ter o direito é apenas ter o direito – mas é possível conectar todas as especificidades do mundo *sem ficar surpreso*, e sem buscar construir um modelo semelhante.

---

41 Se chamamos *whiggish history* a história das ciências que comete o pecado capital do anacronismo, não esqueçamos que o termo vem do direito e de sua história, os ingleses sempre viveram na ideia de que seu direito comum era imemorial. Encontramos essa reivindicação explícita da história *wiggish* no episódio do Capítulo 4, p.229. Vejamos por outro exemplo típico: "Houve ab-rogação implícita? Aqui um *esforço de interpretação* é necessário, é preciso ater-se ao preceito do presidente Audent, segundo o qual é necessário interpretar o texto, *não* como foi escrito, mas como os autores *teriam reagido* se tivessem tido diante deles os fatos atuais. Assim, por 'chefe do território (de Papeete)' é *preciso compreender* 'representante no sentido da lei de 1984'".

A diferença é evidente quando um conselheiro, tomado em dificuldade, exclama "Desde a semana passada, *sabemos*", uma vez que o saber de que ele fala não reside, como na ciência, sobre uma conexão novamente estabelecida entre um fato e uma teoria, através da perigosa passagem de uma cadeia de referências, mas significa: "Foi julgado, não há mais o que discutir".[42] Se a mesma frase: "Desde a semana passada, sabemos", pode ser talvez pronunciada para assinalar que "desde 15 de janeiro de 1999 a existência de ao menos oito planetas exteriores do sistema solar foi validada", assim como para prevenir que "desde tal data, as cláusulas regulamentares dos contratos podem ser objeto de recurso por excesso de poder", mostramos que a palavra "saber" nos dois casos não têm o mesmo sentido. Para ambos os casos, produzimos o inquestionável, exploramos bem a diferença entre o antes e o depois, marcamos bem a história por um ponto de virada irreversível, mas, no primeiro caso, a rede da astronomia permite o *ir e vir* das teorias cosmológicas aos mais fracos sinais, muito indiretos, obtidos por instrumento. No segundo, apenas o direito é enriquecido e nenhum caso específico tornou-se mais previsível ou mais identificável. Enquanto a expansão do conhecimento relata uma história comum ao conhecido e ao conhecedor, a manutenção homeostática do direito relata uma história que diz respeito apenas ao direito e que permite evitar qualquer surpresa em função da segurança jurídica. A enunciação científica é um bilhete de ida e volta; o direito é um bilhete só de ida. É uma outra forma de dizer que ele não produz conhecimento, mas enquadra o mundo, formando um tipo de colcha fibrosa que se estende "por tudo", sem nunca produzir informação. Ele faz outra coisa: assegura a manutenção das imputações.

---

42 Por exemplo, no curso de direito administrativo na Sciences-Po, o professor afirma: "A não retroatividade dos atos administrativos não está escrita em lugar algum, entretanto *sabe-se hoje* que ela tem valor constitucional mesmo se seu uso é matizado", ou, ao contrário, sobre a questão de saber se o princípio geral do direito tem valor constitucional: "Eu não sei nada disso, pois não sei o que julgaria o Conselho constitucional; na ausência de jurisprudência, não sei nada disso".

Tabela comparativa dos dois regimes de enunciação

Cadeia de referências	Encadeamento das obrigações
Trabalho de escrita implícito	Trabalho de escrita explícito
Heterogeneidade das fontes de inscrição: da matéria à forma	Homogeneidade das fontes de inscrição: do formulário à forma em um dossiê
Inscrição pelos instrumentos	Inscrição pelos homens
Informação = transformações	Informação = formatação
Cascatas de transformações como o objetivo da enunciação	Segmentos referenciais curtos sempre submetidos a julgamento
Abandono do senso comum para os fatos e para a teoria	Manutenção do senso comum para tudo que concerne ao fato
Dúvida obriga a sair do laboratório e voltar ao campo	Dúvida e certeza permanecem "no limite do dossiê"
"Instrução" ilimitada	Instrução limitada pelo contraditório
Fatos + teorias têm uma dinâmica comum	Uma vez estabilizado o fato, passa-se ao direito
Relação mapa/território por manutenção de uma constante	Relação caso/texto pela qualificação "é 'x' no sentido do artigo 'y'"
Taxonomia por categorização das essências	Listagem sem posição sobre a essência
Ir e voltar	Apenas ir
Iteração e extensão do conhecimento	Homeostasia do corpo do direito
Nova informação produzida	Manutenção das conexões estabelecidas
Eponímia do pesquisador	Eponímia do requerente
Caminhos traçados pelo percurso da informação	Caminhos traçados pelo percurso dos fundamentos
Centros de cálculo pelo modelo reduzido	Arquivos e referências mantidos na memória

Res judicata pro veritate habetur

Existem vinculações mais fortes que a obrigação do direito e a certeza dos fatos? Não, e é isso que nos levou à comparação, por vezes perigosa, entre atividades que separam tudo e aquelas das quais o grande público ignora a fabricação. Mas, agora sabemos, tanto os traços dessas duas atividades parecem ter sido fundidos que também é impossível nos fixarmos nas imagens comuns da lei e da ciência para estabelecer a comparação. Mesmo se as diferenças são impressionantes e não param de se aprofundar a cada seção, não é fácil identificá-las, porque o juiz empresta o avental branco do cientista para compreender sua atuação, e os pesquisadores emprestam a roupa roxa e arminho do juiz para ter sua autoridade. Com o risco de deixar por um momento a etnografia para a filosofia, para concluir este capítulo vamos fazer a lista dessas trocas infelizes, de forma a dar a César o que é de César e a Galileu o que é de Galileu.

A maior parte das qualidades que o grande público atribui aos cientistas qualificaria melhor os microprocedimentos inventados pelos juristas para obter seu frágil desinteresse. A indiferença pelo aspecto de um caso, a distância entre o espírito e a coisa da qual se fala, a frieza e o rigor do julgamento, em resumo, tudo o que se associa habitualmente com a objetividade científica não pertence ao mundo do laboratório, mas ao tablado do juiz. Ou antes, devemos distinguir a objetividade como um estado de espírito indiferente e sereno à solução, e deveríamos chamar *objetidade* a provação, na qual o cientista liga sua sorte e a sorte de sua palavra às provas sofridas por um fenômeno durante o experimento. Enquanto a objetividade refere-se ao sujeito e seu estado interior, a objetidade refere-se ao objeto e a seu papel tão específico de juiz. O mesmo adjetivo – "É um espírito objetivo" – pode levar a atenção a duas virtudes totalmente distintas: uma, que é apenas uma forma particular de *subjetividade* (distância, indiferença e desinteresse), e a outra, uma forma muito precisa de *subjetivação* pela qual o pesquisador se coloca em dependência de um objeto de experimento. Quando o senso comum admira a objetividade dos cientistas, isso não implica que deveriam se reunir em sessões como juízes? E quando o senso comum reclama da fragilidade de seus juristas, isso não implica que deveriam mostrar os mesmos tipos de objetos, como pesquisadores de laboratório?

A objetividade do direito tem essa coisa estranha de ser literalmente *sem objeto*, mas inteiramente sustentada pela produção de um estado mental, de uma *hexis* corporal, sem nunca poder abdicar de sua faculdade de julgar através da apelação aos fatos inquestionáveis. Ela depende, portanto, inteiramente da qualidade da palavra, da conduta, da vestimenta, da forma de enunciação, de todas essas aparências exteriores das quais se zomba desde Pascal, sem perceber que é nisso que consiste uma forma de objetividade que os cientistas não conseguem alcançar. Os cientistas falam mal sobre objetos precisos, os juristas falam de forma precisa sobre objetos fluidos. Isso ocorre porque não há nada acima dos juízes – a menos, claro, que sejam de primeira instância – a quem poderiam remeter para julgar. Ao contrário, a objetividade das ciências tem essa especificidade que é não ter sujeito, pois acomoda todos os estados mentais, todas as formas de vícios, paixões, entusiasmos, todos os defeitos da palavra e da fala, todas as estreitezas do espírito. Por mais injustos, excessivos, rápidos e parciais que sejam os pesquisadores, não faltará objeto se for bem definido. Acima de cada um deles está a espada de Dâmocles dos fatos – ou melhor, esse curioso híbrido produzido pela mistura dos fatos inquestionáveis e seus colegas argumentativos – uma ameaça suficiente para lembrar seus entusiasmos, suas parcialidades, suas injustiças mais desenfreadas. Acima dos pesquisadores, existe sempre o terceiro objeto designado por eles como juiz e que deve decidir em seu lugar, a quem os cientistas delegam a tarefa de julgar, sem se preocupar se eles mesmos, em seu foro íntimo, são "objetivos".[43] Para julgar, os juízes apenas têm a si próprios e só podem tornar-se "objetivos" na condição de construir em sua consciência, e graças à instituição meticulosa e complexa que acabamos de descrever, uma indiferença total em relação à solução obtida.[44]

---

[43] Isabelle Stengers deu à posição antropológica do objeto submetido à prova esta definição canônica: a experiência consiste na "invenção do poder de conceder às coisas o poder de conceder a quem faz a experiência o poder de falar em seu nome". Stengers, *L'Invention des sciences modernes*, p.102.

[44] Como diz de forma magnífica um dos antigos comissários interrogados sobre seu trabalho: "Em resumo, o cientista imagina que descobre (e deve fazer uma autoanálise para compreender que, ao menos em parte, ele constrói). E o juiz imagina que constrói (e deve fazer o mesmo esforço para compreender que, ao menos em parte, ele descobre)".

Uma vez dada aos juízes a objetividade como forma de subjetividade, e aos pesquisadores a objetividade como presença assegurada do objeto, podemos conduzir até seu lugar, o segundo traço que o senso comum havia transferido sub-repticiamente do domínio da lei ao da ciência: a capacidade de ter *a última palavra*. A invenção da figura do especialista permitiu misturar duas funções bem contrárias, exigindo dos cientistas, desviados de seus papéis, que eles tomem a posição dos juízes de última instância, maquiando suas palavras na indiscutível autoridade da *coisa* julgada.[45] Mas a oposição entre o especialista e o pesquisador é total. Para este último, nunca há autoridade da ciência julgada. Se ele deparar com proposições tornadas inquestionáveis pela frágil controvérsia científica, o que deve fazer? Discuti-las imediatamente! Ele volta a seu laboratório, refaz outros experimentos, reabre a caixa-preta que seus colegas acabaram de fechar, modifica o protocolo, ou, se está suficientemente convencido, ele utiliza esse resultado garantido para construir uma nova experiência e produzir novos fatos. O inquestionável na ciência indica sempre o ponto alto de um movimento, rapidamente amplificado, de retomada do trabalho de informação, ou seja, de transformação. Quando não se discute mais, é porque logo vamos discutir muito sobre novas entidades recentemente chegadas à existência. Ao dar ao cientista tornado especialista "o poder de vincular ou desvincular", colocamos em suas mãos as chaves de uma soberania que pertence apenas ao direito.[46]

A confusão seria ainda mais danosa porque o que os juízes chamam "ter a última palavra" não cabe nem à autoridade do especialista nem à retomada infindável de discussão pelos cientistas. De

---

45 É o que mostra Jasanoff, *The Fifth Branch*. Sobre a impossibilidade do papel do especialista, veja Callon et al., *Agir dans un monde incertain*.

46 Confusão ainda mais perigosa é o fato de que, em um país de direito romano, misturamos justiça e verdade, como afirma Garapon, *Bien juger*: "À diferença da *Common Law*, a lei na França tem alguma coisa a ver com a interioridade, e não somente com o comportamento social exterior. Isso explica o favor aqui, e a desconfiança ali, com relação à confissão. Em um caso, a justiça protege da intrusão na interioridade, em outro, ela é vivida como um prolongamento da ação benevolente do soberano" (p.174).

fato, mesmo que no direito a autoridade da coisa julgada seja poderosa, trata-se apenas de "esgotar as vias de recurso", conforme a admirável expressão dos juristas. O fim de um caso tem como limite grandioso este esgotamento: "está no *Lebon*", "está decidido", "no estado atual da jurisprudência", "a menos que haja opinião contrária da Corte Europeia dos Direitos Humanos". Não se escuta nunca nada mais destacado e mais sublime do que essas expressões no Conselho. Quando chegam ao "fim" de um processo, os juízes cuidam para não dar a esse fim o aspecto grandioso do inquestionável. Quando os antigos juristas ressoavam a famosa expressão "a coisa julgada é tomada por verdade" – *res judicata pro veritate habetur* –, eles afirmavam bem alto que é necessário tomar a coisa julgada *por* verdade, o que significa exatamente que ela não deve ser confundida em nenhum caso com a verdade. De forma que a função do especialista não corresponde nem ao papel do pesquisador, que logo retoma a discussão fechada para reabri-la, nem ao do juiz, pois ele não pede o fechamento de nada mais transcendente do que o simples término da discussão. Solução modesta, construtiva, mesmo construtivista, essa imanência: como não há ninguém acima de nós, o caso foi simplesmente freado porque pedimos uma *decisão* ou um *arrêt*. Nosso saber é inquestionável porque esgotamos a discussão. Não há outra via de recurso e ponto final.

Os juízes oferecem aos cientistas o que certos epistemólogos pintam como um pesadelo para a verdade científica: o exemplo de uma arbitrariedade total pela qual uma assembleia fechada decide o que deve se ter por verdade, sem outro árbitro externo a ela, sem outro instrumento a não ser as palavras, por simples consenso. Os juízes são livres para chamar um gato de cachorro, para considerar um escravo como homem livre, o artigo de um contrato como um ato destacável, de extrair dos textos mudos, à vontade, os "princípios gerais do direito" que nunca ninguém viu nem escrito,[47] em

---

47 Por exemplo, em Braibant: "O juiz não cria os princípios, ele não inventa, mas os descobre e os formula. Ele os extrapola às vezes a partir de textos que os aplicam em casos determinados. Ocorre também que ele os cria pouco a

resumo, exercer todos os privilégios dessa *fictio legis* que permite, tomando as expressões pretorianas, fazer com que o bom povo termine por se enganar.[48] Claramente, nada é mais inquietante, para os bravos pesquisadores ligados em preencher suas proposições com o máximo de realidade, do que essa capacidade de inventar tudo. Reconhecemos ali, sem dúvida, a famosa "construção social da realidade científica", espectro inventado pelos sociólogos para amedrontar os epistemólogos, ameaçando que toda a pesquisa da verdade acabe em um quarto fechado onde se votaria em segredo o que doravante será "tomado por" verdade, por "simples consenso". Assim como a expertise não tem relação com o verdadeiro trabalho científico, a "construção social" em câmara fechada não tem relação com a verdadeira elaboração jurídica.

Mais uma vez descobrimos a vantagem que haveria em não misturar os diferentes traços dessas formas particulares de enunciação. Assim como os pesquisadores podem se permitir todos os estados de espírito possíveis, sendo tão apaixonados e parciais quanto desejam, pois o objeto de laboratório ocupa na prática o lugar do texto da lei ou do precedente, capazes de "fazer jurisprudência", da mesma forma, ao contrário, os juristas podem se permitir exercer o poder da ficção tão livremente e de propor, como dizem, "soluções construtivas", porque não têm nenhum objeto, nenhuma objetividade a tratar em suas decisões. O que é tão chocante no modelo fantasioso da "construção social" é a aplicação do modelo de decisão jurídica aos objetos das ciências: agora sim, com efeito, as proezas incomparáveis da *arbitragem* se tornariam pesadelos cínicos do *arbitrário*.

---

pouco, por movimentos sucessivos, antes de lhes dar uma forma solene". Braibant, *Le Droit administratif français*, p.213. Sobre essa questão, veja Ewald, Une expérience foucaldienne: les principes généraux du droit.

48 É justamente o que torna difícil compreender os argumentos de Thomas, *Fictio Legis*. L'empire de la fiction romaine et ses limites médiévales. Tendemos sempre a conceder muito ao direito, por exemplo, uma natureza, uma profundidade, uma verdade. Veja, a respeito da polêmica em torno da decisão Perruche, o ponto de vista de Béchillon, Cayla, Thomas, *Le Monde*, 21 dez. 2000, e o desenvolvimento em Cayla; Thomas, *Du droit de ne pas naître*, que faz um grande uso do construtivismo próprio do direito.

Mas não se trata precisamente de fundi-los. Ao contrário, nosso esforço de esclarecimento visa retirar das ciências o poder de dizer a última palavra que lhes havia sido confiada por erro ou descuido, a fim de que retomem a construção de suas cadeias de referências em que o movimento contínuo traz todo dia uma informação cada vez mais fiel, cada vez mais exata, própria para alimentar a discussão. Por outro lado, liberando a enunciação jurídica da tarefa impossível de transportar a informação e dizer a verdade, nós a deixamos livre para fazer circular, através dos finos condutores de encadeamentos jurídicos, esse *veículo* tão particular que é o único que transporta esses bens incomparáveis nomeados "fundamentos", "qualificações", "obrigações" e "decisões".

Nada seria mais falso, consequentemente, do que colocar em oposição, de um lado, as ciências, confrontadas com a realidade intangível que não pode ser distorcida de acordo com a vontade, porque resiste a todas as manipulações e, do outro lado, o "direito flexível", pois ele é feito apenas de palavras e interpretações consensuais produzidas no segredo da deliberação, que poderia dizer o que quiser desde que com a autoridade da última palavra. O direito tem uma resistência, uma solidez, uma rigidez, uma objetividade e uma positividade, apesar da admissão constante sobre sua construção, que não tem nada a invejar do realismo da ciência. Ao contrário, como mostrei antes, se os pesquisadores podem falar em verdade dos fenômenos, é porque podem manipulá-los, transformá-los, colocá-los à prova de muitas formas e penetrar, por experimentação, nos detalhes íntimos de sua existência material. Se é possível falar com alguma fidelidade da realidade, é justamente porque ela não é intangível e não se assemelha em nada às *questões de fato* imaginadas pela epistemologia. De nada serve, consequentemente, opor a ciência e o direito como coisa e signo, duro e mole, inquestionável e arbitrário. Se a coisa julgada não deve ser tomada "por verdade", não é para inaugurar algum cinismo desinteressado, é que ela tem mais a fazer do que imitar ou aproximar-se da verdade científica: ela deve produzir a justiça, proferir o direito, no estado atual dos textos, levando em conta a jurisprudência, apenas entre juízes, que não têm nada acima de sua cabeça.

Isso é voltar à clássica distinção dos julgamentos de fato e julgamentos de valor. Ao contrário, estaríamos mais tentados a ver nessa distinção o eco de uma invenção do século XVII realizada pelos grandes filósofos escoceses e ingleses, que cruzaram indevidamente, por razões amplamente políticas, o direito e as ciências de laboratório, então emergentes.[49] Na verdade, é curioso constatar que a cenografia do empirismo toma dos juízes a definição do "fato" para aplicar às ciências, ao passo que, como vimos anteriormente, ela não define a articulação entre um pesquisador e seu objeto. O fato bruto, os famosos *dados*, os "dados de sentido", têm por particularidade, na fantasia dos empiristas, ser ao mesmo tempo insignificantes e inquestionáveis.[50] Eles são a matéria bruta do julgamento – outro termo jurídico! – que começaria seu trabalho por sua associação e combinação na mente humana. Mas não é esta justamente a relação dos juristas com os fatos, que deve ser definida o mais rapidamente possível, para que se possa passar às coisas sérias, à qualificação e à elaboração técnica da regra legal? Mas em qual laboratório vimos um pesquisador agarrado a simples "dados de sentido"? À exceção do empiricista, quem pode imaginar que a articulação de um artigo científico com aquilo de que ele fala possa ter semelhança à extravagante distribuição entre o inquestionável e o questionável? Na definição mesma do "fato bruto", um híbrido incongruente de direito e de ciência, estaria explicado por que as virtudes da distância, da indiferença, do distanciamento e do desinteresse, que qualificam o trabalho do juiz, puderam migrar para o científico para elaborar essa figura histórica do especialista, totalmente improvável e fortemente politizada, capaz de fechar

---

49 Veja em particular o papel de Boyle nesse cruzamento tão bem relatado em Shapin, Schaffer, op. cit.
50 Poovey, op. cit.; veja também a curiosa citação de Kant, op. cit., n.23, p.228. Apesar do que Kant acreditava em sua *Crítica*, o julgamento e o conhecimento são incompatíveis...

toda discussão atribuindo-se o poder de vincular e desvincular, por delegação, às *questões de fatos*.[51] É um desvio do paciente trabalho da pesquisa científica, mas desvio maior ainda do direito que se permite fechar a discussão porque não delega a nenhuma autoridade o cuidado de terminar uma disputa, mas apenas à sua frágil imanência. Estranho engano que permite o empirismo clássico confundir em um nó górdio as virtudes da política, da ciência e do direito, transformadas em vícios.

Isso é porque o século XVII havia montado seu cenário sobre o esquecimento do que o momento atual nos lembra todo dia mais claramente: a etimologia comum das coisas e dos casos, da causa e da *causa*, da *Ding* e *Thing*. Por uma estranha inversão, por terem sido usados para bombardear o mundo social, parece que todos os objetos das ciências foram transformados em casos suscetíveis de uma discussão comum, no Parlamento ou no tribunal.[52] Nascidos no tribunal, ou nos fabulosos oratórios que provavelmente precederam os tribunais,[53] as duas genealogias da coisa e do caso foram separadas quando se pretendeu opor às discussões dos juízes, o supremo tribunal de especialistas, falando em nome dos fatos inquestionáveis, externos a qualquer caso humano, a qualquer processo, qualquer queixa. Mas, em seguida, por uma surpreendente inversão da história documentada pela antropologia das ciências, e tendo estendido a vida dos laboratórios a toda existência coletiva, parece que à medida que o modernismo esgota seu projeto, ele não é mais um "fato" que não seja ao mesmo tempo transformado em queixa e em petição. A coisa voltou a ser a coisa, e daí a importância crescente, agora que os objetos encontraram seu lugar-comum, de

---

51 Sobre essa epistemologia política do empirismo, a custosa distinção entre fatos e valores, e sobre uma possível solução, veja Latour, *Politiques de la nature*.
52 Veja, em particular, o caso tópico e o trabalho de esclarecimento considerável realizado desde então por Hermitte, *Le Sang et le Droit*; veja também Callon et al., op. cit.
53 Serres, em *Statues*, já havia tentado a "pragmatologia" magistralmente relatada, para o direito romano, em Thomas, op. cit.

não mais confundir as características da ciência e do direito. É fácil compreender que é impossível, diante dos dossiês tão misturados, tomar como trabalho dos cientistas o que tem sido há muito tempo uma usurpação da autoridade jurídica ou política, ou, ao contrário, de exigir dos juízes que substituam a enunciação científica. O que o modernismo diferenciou pela *natureza dos objetos* – de um lado, os fatos indiscutíveis; de outro, os valores questionáveis –, sem ser cuidadoso sobre a distinção das tarefas respectivas de pesquisador e de jurista, deveria ser diferenciado pela natureza das profissões, aplicadas às causas e aos casos, sempre intricados. É porque não há dois domínios distintos da realidade, o das causalidades obtidas e o das vontades livres, que convém ser mais cuidadoso quanto à separação das funções do pesquisador e do juiz. É urgente não pedir às ciências que ela *julgue*, e não exigir do direito que ele *diga a verdade*.

Seria confundir a última característica que distingue as formas de vincular: a pesquisa pode se envolver com uma história violenta ou agitada de inovações e controvérsia, ela é sempre renovada; o direito não pode entrar em uma história tão furiosa, uma vez que há nele algo de homeostático que diz respeito à obrigação de não romper com o frágil tecido das regras e textos, e de ser compreendido, a todo instante, por todo mundo. Existe uma exigência de segurança jurídica, mas não há segurança científica. Todo pesquisador, mesmo se ele soma seu modesto tijolo ao edifício da disciplina, pode se tomar por Sansão e querer estremecer as colunas do Templo, reverter os paradigmas, romper com o senso comum, depreciar as antigas teorias. Todo jurista, mesmo que proponha a mais audaciosa reversão de jurisprudência, deve manter o edifício do direito intacto, o exercício do poder contínuo, e a aplicação da regra, suave.[54]

---

54 Enquanto uma inversão do paradigma pode ser devido a um fato inassimilável, uma inversão de jurisprudência não é nunca devida ao específico, mas à incoerência revelada no quadro de julgamentos e leis. É suficiente comparar os casos bem conhecidos de Kuhn, *La Structure des révolutions scientifiques*, com os exemplos analisados por Le Berre, *Les Revirements de jurisprudence* para o caso do direito administrativo.

A ciência pode ter lacunas, o direito deve ser pleno;[55] a ciência pode alimentar vivas controvérsias, o direito deve procurar o equilíbrio. Pode-se falar com admiração de "ciência revolucionária", mas os "direitos revolucionários" sempre suscitaram o mesmo horror dos tribunais de exceção. Como diz um dos entrevistados: "Somos inicialmente preocupados com a estabilidade, devemos traçar os caminhos os mais retos possíveis e os mais profundos, pois o litigante espera coerência e transparência". Todas as características dos juristas que irritam tanto o senso comum, sua lentidão, seu gosto pela tradição, seu espírito às vezes reacionário, são seu próprio funcionamento: como as Moiras, divindades do destino, o direito tem em sua mão o fio tênue da totalidade dos julgamentos, dos textos, dos precedentes, que não deve ser cortado, sob pena de negação da justiça. Enquanto o cientista pode se satisfazer com uma informação parcial, porque sabe que o poder de seus instrumentos permitirá que outras, mais tarde, refinem o conhecimento e ampliem as cadeias de referências, o juiz deve se assegurar de que os furos serão costurados agora, de que os rasgos sejam imediatamente remendados, os vazios sejam preenchidos, os casos resolvidos, as decisões realizadas, as discussões terminadas. Se o tecido das ciências se estende por todo lugar, mas deixa muitos vazios, como uma renda, o tecido do direito deve cobrir sem hiato e sem costura. Duas formas totalmente diferentes de cobrir o mundo.

---

55 Veja o artigo 4 do Código Civil: "O juiz que se recusa a julgar, sob pretexto de obscuridade ou insuficiência da lei, poderá ser processado como culpado de negação de justiça". Não existe lacuna no direito positivo.

🙢 NO QUAL CEDEMOS ÀS FIGURAS IMPOSTAS DA EXPLICAÇÃO E DA TEORIZAÇÃO: ONDE O AUTOR SE ACREDITA OBRIGADO A EXPLICAR-SE SOBRE OS LIMITES DE SEU ENFOQUE E SOBRE A NATUREZA TÃO PARTICULAR DE SEU CAMPO 🙢 NO QUAL ELE PROCURA PROVAR POR QUE NÃO SE PODE EVITAR TER PROPOSIÇÕES GERAIS SOBRE O DIREITO 🙢 ONDE ELE SE ESFORÇA PARA REDEFINIR O TIPO TÃO PARTICULAR DE AUTONOMIA DO DIREITO 🙢 NO QUAL O ETNÓGRAFO, ESQUECENDO TODA MODÉSTIA, SE LANÇA A UMA DEFINIÇÃO DO DIREITO 🙢

6
FALAR DO DIREITO?

Os perigos do exotismo

"O huroniano no Palais-Royal" é o título de um artigo bem conhecido de Jean Rivero, em que essa casa se submetia ao "olhar antropológico" dado por um universitário, divertindo-se com seus defeitos, suas manias, distraindo-se com o espetáculo de sua própria peculiaridade.[1] É verdade que o Conselho consente muito bem essa leve distância que o etnógrafo também adota para fazer seu trabalho de descrição e análise. O gênero das *Cartas persas* de Montesquieu sempre produz seu pequeno efeito, principalmente pelo fato de que o direito administrativo não é conhecido do grande público e que parece, aos olhos do cidadão francês médio, tão distante dele quanto as

---

1 Rivero, Le Huron au Palais-Royal, ou réflexions naïves sur le recours pour excès de pouvoir.

regras do casamento banto ou das cerimônias de iniciação da Terra do Fogo. Quanto ao Conselho de Estado, o etnólogo não encontrou, desde o início de sua investigação, uma só pessoa que o conheça o suficiente para pronunciar mais do que três palavras sobre seus trabalhos – exceto, é claro, os juízes profissionais. Tudo parece facilitar o trabalho do investigador que se acredita autorizado a falar de tribo, de rituais, de sacrifício, de símbolo, de mistérios a respeito dos conselheiros de Estado e de suas práticas esotéricas. A etnologia não traz em sua própria etimologia a "etnia", o povo, a cultura que será o objeto da disciplina desse estudo? O etnógrafo não é aquele que compara as culturas identificando seus traços distintivos?

Entretanto, depois do minuto de diversão e do sorriso irônico, cabe dizer que tal atitude só levaria a essa forma detestável de exotismo chamada de ocidentalismo. Ao associar a investigação com o distanciamento, o etnógrafo das sociedades contemporâneas apenas reproduz os pecados da antiga antropologia que estudava outras tribos em razão de sua distância. Mesmo que o Palais-Royal nos pareça estranho, é preciso resistir a essa falsa estranheza, como às miragens do orientalismo e às estranhezas da impenetrável Ásia. Para realizar seu trabalho, o etnógrafo não pode se contentar em tratar tão mal seus contemporâneos, seus vizinhos mais próximos, quanto os povos distantes foram tratados até agora, ou seja, estudando-os sob o modo da cultura e se esforçando em encontrar os mitos, os rituais, as condutas simbólicas e outras estruturas do inconsciente. Trazendo para perto seu olhar dirigido ao longe, o investigador se dá conta de que não tem nada a dizer como etnólogo sobre as sociedades contemporâneas, que nada em seu equipamento resiste à proximidade, que toda a aparência de força explicativa que ele tinha sobre os estrangeiros dependia da infinita distância que os mantinha com tanta complacência. Se a antropologia quer estudar seu próprio mundo, ela deve aceitar se reequipar inteiramente, preparar-se como um explorador que parte em expedição aos trópicos, e um golpe do destino o obriga a descobrir os fiordes da Noruega.

A razão dessa fraqueza da etnologia voltada sobre si mesma não é mais tão difícil de compreender: para comparar culturas igualmente distantes, interessantes e curiosas, é preciso que suas particularidades se destaquem sobre uma base inquestionável, como máscaras de todas as origens sobre a parede branca de um museu de artes primitivas. Essa parede branca, conhecemos bem, é a natureza – *era* a natureza: fonte universal de acordo que constituía a base comum da antropologia física, e sobre a qual os traços singulares das culturas se destacavam prontamente.[2] Se parecia que as sociedades modernas nunca poderiam ser estudadas pelos antropólogos (exceto em suas margens, onde sobrevivem povos folclóricos), era porque elas geraram a natureza nas três formas de objetividade científica, eficácia técnica e rentabilidade econômica. O mundo inteiro estava composto de culturas, *exceto* essas culturas. Felizmente, a natureza começou a ficar escassa nos últimos anos. A parede branca dos museus escureceu, desintegrou, rachou, tornou-se tão complicada, heterogênea e desarrumada quanto rica, e às vezes bela, como os objetos que deveriam estar pendurados. Digamos que a natureza parou de fornecer a base inquestionável que permite às culturas tornarem-se comparáveis por contraste. Nem a objetividade, nem a eficácia, nem a rentabilidade resistiram às investigações da antropologia das ciências, das técnicas e dos mercados. Não há mais uma natureza, mas naturezas ou, melhor dizendo, elaborações do mundo. Assim, torna-se possível estudar as sociedades contemporâneas, mas sob um olhar completamente diferente que o do exotismo, e também não são culturas submetidas ao olhar do etnólogo.

Uma nova questão se coloca, que não tem nada a ver com distância e proximidade: como tornar *comparáveis* as construções do mundo, agora que a relação natureza/culturas não permite mais estabelecer relações apropriadas? Se nos permitimos investigar o direito, é para responder a essa questão, não para fazer do corpo do

---

2 Sobre os pontos da antropologia simétrica, veja Latour, *Nous n'avons jamais été modernes:* Essai d'anthropologie symétrique; e *Politiques de la nature:* Comment faire entrer les sciences en démocratie. Para uma reconstrução da antropologia das naturezas, veja Descola; Palsson, *Nature and Society*.

Palais-Royal uma microcultura comparável a outras, por exemplo, às da Assembleia Nacional[3] ou dos laboratórios do CERN.[4] Se as sociedades ocidentais não se definem mais por uma relação privilegiada com a natureza, que as coloca à parte de outros povos em seu estado de culturas "dentre outras", e se é impossível tratar o Ocidente como uma cultura particular, sem torná-lo exótico, então é necessário encontrar uma alternativa capaz de mostrar novos contrastes que não evoquem mais as culturas para serem comparadas sobre uma base unificada. É esse projeto, iniciado com a antropologia das ciências, das técnicas e dos mercados, que tem continuidade aqui com a antropologia do direito: é necessário que as sociedades contemporâneas reanalisem suas próprias diferenças, sem recorrer nem à unidade muito rápida da natureza nem à diversidade muito fácil das culturas. Que elas expressem seus contrastes em seus próprios termos e segundo suas categorias. Se elas fossem capazes de descrever novamente o que têm de próprio, elas poderiam em seguida tomar contato com os "outros". Mas esses outros teriam se tornado, se ousamos dizer, outros *de outra forma*: não teriam mais de escolher entre permanecer culturas ou se aproximar da natureza, ou seja, as universais objetividade, eficácia e rentabilidade. O antropólogo se tornaria então o mestre de cerimônia, o encarregado do protocolo de uma diplomacia planetária, que permitiria retomar de forma mais digna os contatos iniciados tão desastrosamente na época das conquistas e impérios.[5]

---

3 Comparemos os resultados da presente pesquisa com a tentativa de Marc Abelès para "etnologizar" os deputados franceses utilizando recursos habituais ao estudo dos "selvagens". Abelès, *Un ethnologue à l'Assemblée* – recursos que se reduzem às noções de mito, de rito e de símbolo.

4 Vemos facilmente a grande diferença entre uma antropologia cultural de modelo clássico em Traweek, *Beam Times and Life Times*, e uma que leva a sério o "multiculturalismo", em Galison, *Image and Logic:* A Material Culture of Microphysics; e Knorr-Cetina, *Epistemic Cultures:* How the Sciences Make Knowledge.

5 Sobre essa noção-chave da diplomacia como ideal das ciências sociais, veja Stengers, *Cosmopolitiques. Tome VII*; Latour, *Guerre des mondes* – offre de paix; e todo o número 4 da revista *Ethnopsy*.

Tomamos aqui o termo "antropologia" não como o retorno vagamente irônico de uma atitude de distanciamento, mas no sentido de uma investigação novamente reiniciada, em nossas próprias sociedades, sobre o que define a modernização, agora que a natureza não é mais suficiente para realizá-la, e que permitiria descobrir os contrastes que realmente interessam, sem os quais não seríamos mais humanos, em nossa opinião. Se nunca fomos modernos, o que somos? A antropologia não pode ser uma *ciência* do homem sem se arriscar a definir o humano, o *anthropos*, sob nova maneira. Com esses contrastes reativados, podemos voltar à mesa de negociações com outras proposições de paz: "Aí está aquilo que, segundo nossa opinião, constitui *nossa* humanidade, o que constitui a sua?". Isso é porque o exotismo é tanto um método ruim de investigação quanto um erro político: ele obriga a enganar-se sobre si e sobre os outros. Longe de levar nosso olhar para os aspectos periféricos, divertidos, arcaicos, folclóricos das sociedades modernas, longe de prendê-los no quadro estreito de rituais e de símbolos, devemos procurar o que está em seu núcleo: a ciência, a técnica, o mercado e, certamente, o direito.[6] A comparação não é mais feita entre culturas, ou entre culturas e a natureza, mas entre contrastes: "Se vocês nos obrigam a perder a diferença entre essa ou aquela forma de existência, a vida não vale mais a pena ser vivida". Não se trata mais de uma comparação tranquila, mas de uma *negociação* arriscada. Como abordar, por exemplo, a questão da universalização do direito, se não sabemos, em nossos próprios termos, sob que forma o direito existe "entre nós"? Como querer impor em todo lugar o império da lei, o estado de direito, se não temos nenhuma ideia da verdadeira forma de existência de nosso próprio estado de direito?

Definida dessa forma, a etnografia do direito se parece com a das ciências. Quando, na ausência de uma antropologia das práticas científicas e técnicas, a noção de objetividade científica universal e

---

6 Essa é evidentemente a fraqueza da "antropologia dos mundos contemporâneos", que faz os antropólogos se interessarem pelas margens. Augé, *Pour une anthropologie des mondes contemporains*.

eficácia industrial reinava sem ser questionada, era radicalmente impossível começar qualquer coisa como uma negociação. Os "outros" eram reduzidos a nada antes que abrissem a boca, a menos que se tornassem "os mesmos" através da educação, ocidentalização e modernização. Até ocorrer essa incorporação, eles poderiam ter apenas "representações" mais ou menos "simbólicas" da "natureza" conhecida pela "ciência"; representações que eram respeitadas com uma condescendência até mais hipócrita, porque sabíamos que não estavam relacionados às coisas. Tolerar aqueles que privamos do acesso à ontologia não custa muito. Entretanto, não serviria de nada tornar a ciência exótica, tomando os cientistas por selvagens e as experiências por rituais.[7] Era necessário repensar inteiramente, com base em pesquisas, que tipo de animal estranho podia viver no seio do Ocidente sob o nome de ciência objetiva.[8] Veríamos logo que não existia nenhuma espécie de relação entre a ciência universal – que até aqui servia de padrão em encontros com outros povos também privados, por oposição, do conhecimento objetivo – e a realidade antropológica fascinante da ciência ocidental. Confrontadas com a ciência, as culturas só podiam abdicar; confrontadas com a nova imagem que o Ocidente dá de suas ciências múltiplas e interligadas, emergindo dolorosamente do parêntese modernista, as negociações podem ser retomadas: em qualquer caso, seu resultado torna-se *incerto*.

Pode-se imaginar que será a mesma coisa para o direito.[9] Certamente, a questão é menos difícil do que para a ciência, pois se não é

---

7 É justamente isso que torna a experiência de Traweek, *Beam Times and Life Times:* The World of High Energy Physicists, tão interessante e tão mal engajada. Não se pode fazer uma antropologia *cultural* da *natureza* sem errar.

8 É a mesma coisa para as pesquisas, infelizmente menos desenvolvidas, sobre este outro monstro, o mercado, que não tem mais semelhança com a teoria econômica, assim como a ciência com a epistemologia. Veja Callon, *The Laws of the Market*.

9 Em um livro cheio de ideias, Denys de Béchillon, acreditando fundar a antropologia do direito sobre uma evidência, atesta a que ponto o etnocentrismo dos juristas impossibilita iniciar a negociação sobre a natureza do direito. "*Única certeza de ordem geral*: as normas, todas as normas, são construções

possível falar de "ciência local" sem declarar guerra, cada um pode reconhecer nos outros uma ordem legal, mesmo totalmente diferente. Quando se pronuncia as palavras "antropologia do direito", ninguém saca seu revólver, ao passo que ele é sacado, ou melhor, descarregado, antes que as palavras "antropologia das ciências" sejam ditas. Embora tenha sido possível falar de "guerra das ciências",[10] a ideia de uma guerra do direito não teria nenhum sentido, pois nunca os sonhos da universalidade jurídica teriam a mesma amplitude que os projetos de unificação científica, industrial e econômica. É do direito que temos, desde Montaigne e Pascal, as expressões canônicas de um relativismo honesto que pondera tanto as diferenças quanto as semelhanças: "verdadeiro desse lado dos Alpes, falso do outro lado". Além disso, foi pelo direito comparado que os primeiros antropólogos aprenderam o respeito às diferenças. Dito de outra forma, o pluralismo jurídico faz parte do direito, enquanto que, até recentemente, não havia pluralismo científico.[11] Existe nos direitos algo que se presta à comparação sem suscitar horror; pode-se sempre dizer: "Você faz assim entre vocês, muito bem, como é interessante; mas aqui fazemos assim". O que é verdade para as regras de herança ou do direito penal não o seria para a

---

do espírito, dos objetos de uma natureza *puramente* mental, produtos do psiquismo *humano*. A fabricação das regras releva um *ato de pensamento*, e deve ser analisada inicialmente através de instrumentos apropriados ao estudo das atividades de pensamento". Béchillon, *Qu'est-ce qu'une règle de droit?*, p.109 (itálicos meus). A "única certeza", a meu ver, é exatamente inversa; se desejamos fazer um pouco de antropologia do direito, primeiro é necessário aceitar que nenhuma cultura jamais reduziu a regra, o direito, a sanção e a justiça a qualquer coisa de cognitivo, a uma simples fabricação humana. A objetividade, a presença exterior da regra, mesmo em "nossas sociedades", mesmo no positivismo, eis o elemento decisivo a levar em conta. Começar a negociação exigindo de todos os povos que aceitem tomar o direito como coisa mental é renovar, sob a forma de uma evidência inquestionável, o imperialismo de onde se pretende sair.

10 Jurdant (Orgs.), *Impostures intellectuelles*.
11 É a utilidade dos princípios de análise e tolerância desenvolvidos por Rouland, *Aux confins du droit*.

lei da gravidade.¹² Ao passo que seria difícil aos biólogos reconhecer nas curas tradicionais a mesma fisiologia que as suas, simplesmente praticada com outras regras, nada impede os *Lords Justice* ingleses, encarregados dos casos contra a Coroa, de reconhecer no Conselho de Estado uma prática que bem merece o nome de direito, mesmo que nem um só traço possa ser transportado do outro lado do Canal da Mancha sem horas de trabalhosa tradução. Todo mundo admite justamente que, para o direito, uma *tradução* pode cobrir a diferença – algo que na ciência seria não apenas impossível, mas até escandaloso. O etnólogo, portanto, pode ter esperança de destacar o contraste do direito, sem suscitar o mesmo horror que provoca na ciência; ele pode esperar deslizar entre o relativismo e o universalismo sem tocar o exotismo. Dito de outra forma, o direito sofreu menos com os estragos do modernismo: ele manteve em si mesmo, em seus hábitos, em sua lentidão, em sua tecnicidade, em seu vocabulário, algo mais facilmente apreensível pela antropologia.¹³ Se frequentemente zombamos dos juristas, é porque eles nunca foram realmente modernos...

Há, entretanto, um resto de exotismo pelo qual o observador, apesar de seus esforços e boas intenções, se vê encurralado pelas reações de seu campo: ao contrário de todas as novas regras sobre as relações entre o pesquisador e os pesquisados, que exigem sempre uma forma mais ou menos estável de igualdade,¹⁴ ele se vê na posição arcaica de mosca invisível, constrangido a assistir de longe aos seres humanos se mexendo à sua frente. Nunca, no decorrer de uma trajetória já longa, ele havia tido a experiência de uma pesqui-

---
12 Apenas recentemente, o que é um bom argumento para o Conselho de Estado: foram necessários 150 anos para que o direito inglês assegurasse aos cidadãos a mesma liberdade de processo contra o Estado como na França: Freedman, *The Conseil d'État in Modern France*. Veja os trabalhos de Carol Harlow na London School of Economics em direito administrativo comparado: Harlow, La Huronne au Palais-Royal or a Naive Perspective on Administrative Law.
13 Veja o belo exemplo de Strathern, *Property, Substance and Effect*.
14 É o que Michel Callon chama as "instituições reflexivas" e que entram com as ciências sociais em uma relação totalmente diferente da antiga relação do observador e do observado. Callon, Ni intellectuel engagé, ni intellectuel dégagé: la double stratégie de l'attachement et du détachement.

sa sobre pessoas tão pouco interessadas em sua pesquisa, em suas consequências, em seus possíveis retornos, exceto obviamente seus tutores e responsáveis. Nunca, de fato, ele havia pesquisado uma instituição tão pouco preocupada em ser estudada, tão indiferente ao olhar externo. Enquanto os trobriandeses leem Malinowski desde o primário, os ilhéus do estreito de Torres comemoram todo ano a chegada dos primeiros missionários como "o dia das luzes" e os achuars guiam pela floresta os adeptos do turismo verde declamando os relatos de *As lanças do crepúsculo*, de Philippe Descola, o Conselho de Estado parece considerar todo estudo da ciência humana, da antropologia, do direito, da ciência administrativa e mesmo da doutrina jurídica com a mesma indiferença arrogante que os chimpanzés de Jane Godal consideram os artigos sobre primatologia! Há nisso algo de tão extremo que teve de ser transformado em dado do campo, em um aspecto do cenário a ser descrito: como uma instituição contemporânea, no coração do Estado, quando tudo treme à sua volta, pode permanecer tão pouco reflexiva? "De que serve", perguntava Régis Debray ao se demitir do Conselho de forma arrogante, "servir a alguma coisa que não serve mais?"[15]

Enfim, não deveriam faltar preocupações a essa instituição tão prestigiosa: sabemos que a metade do trabalho do Conselho consiste no processamento do Contencioso, que muitos dizem que poderia ser tão bem-feito ou ainda melhor pelo judiciário: a lentidão dos procedimentos, a ausência até recentemente de liminar eficaz,[16] a notória não aplicação das decisões, tudo isso poderia levantar dúvidas sobre a eficácia do direito administrativo. A outra metade de seu trabalho, dentro das Seções Administrativas, consiste em uma arrumação de textos que não parecem conselhos, e que, como dizia Kessler há mais de trinta anos, "oscila entre o exame da oportunidade geral e a reacomodação jurídica"[17] – uma vez que o governo sempre pode ignorar as correções feitas. Nessas duas grandes fun-

---

15 Debray, *Loués soient nos seigneurs*, p.590.
16 Colcombet, Rapport fait au nom de la Commission des lois sur le projet de loi, adopté par le Sénat, relatif au référé devant les juridictions administratives.
17 Kessler, *Le Conseil d'État*, p.292.

ções, o Conselho permanece unicamente reativo, esperando que o governo lhe submeta textos ou que os requerentes iniciem um litígio. No mercado das cortes supremas, a competição também é forte: o Conselho Constitucional, guardião das leis, reduz o Conselho do Estado a se ocupar apenas da legalidade dos decretos; a Corte de Cassação, sobre muitos aspectos, permanece mais aberta, mais generosa, mais liberal que ele. As Cortes europeias lhe retiram as ações, com a arbitragem suprema deslocada em grande medida de Paris para Luxemburgo, Estrasburgo e Haia. Mesmo que tudo funcione direito, que os dossiês não demorem muito, sempre há essa dúvida angustiante sobre a eficácia de suas decisões, pois, uma vez a administração sentenciada, ela permanece impassível como bronze. Mais grave ainda, o Estado que o Conselho de Estado aconselha parece com aquele de Napoleão, de Clemenceau ou de De Gaulle, tanto quanto o de Constantin. A "máquina" europeia que foi deslocada para Bruxelas não guardou nenhum dos traços da administração de modelo francês: nem os hábitos textuais, nem a noção de bem público, nem as relações com a lei são semelhantes, e no entanto suas decisões prevalecem. Como dizia Debray, "o Conselho de Estado é um lugar de excelência. Mas é necessário que haja um estado para aconselhar.[18] E agora, os tribunais administrativos e, sobretudo, suas cortes de apelação, começam a tratar a maior parte dos casos interessantes, reduzindo o Conselho a um trabalho de simples cassação menos variado que antes.

Pode-se dizer que restam as opiniões, as quais o Conselho pode dar sob demanda do governo, e algumas muito destacadas, como no caso do "lenço islâmico". Mas como essa opinião pode ser elaborada, se falta ao Conselho toda ciência social, se não tem vínculos com as universidades, mesmo aquelas especializadas em direito administrativo, não tem qualquer contato com cientistas políticos, antropólogos ou filósofos do direito? É possível que a vida intelectual francesa seja tão fraca que não se perca nada sem ela? Em resumo,

---

18 Debray, op. cit., p.590. Seus antigos colegas lhe devolveram a gentileza sublinhando, com alguma crueldade, que faltavam ao antigo revolucionário todas as qualidades de paciência que fazem um bom juiz administrativo.

o Conselho, aos olhos da mosca, obrigada pela indiferença de seus informantes a ficar na parede, está em crise, ou ao menos deveria estar: o Estado está em vias de desaparecer engolido pela Europa, pelo liberalismo, pela globalização. Incapaz de se reformar, todos os dias ele dá provas de sua ineficácia. É preciso repensá-lo inteiramente, e seu conselheiro, seu guardião, seu mentor, seu Catão continua a agir como se não houvesse nada! Para responder a uma crise de tal amplitude, a instituição deveria agitar os clubes, as células de reflexão, as comissões, apelando a tudo que na política, nas ciências administrativas, na doutrina, na gestão, nos meios de comunicação, na Escola Nacional de Administração, permitiria reinventar o Estado, sua conduta, seus princípios, sua estrutura e suas missões. E ao passo que ela deveria devorar todas as proposições de estudos da ciência política, apenas se escuta nos corredores do Palais-Royal o barulho discreto dos carrinhos empurrados de sala em sala, pelos oficiais de justiça, transportando os pesados dossiês. Enquanto a justiça civil e penal passou por uma enorme transformação, o direito administrativo não parece refletir sobre seu futuro.[19] Nenhum pequeno clube de reflexão, mesmo que de modo informal, sobre a crise do Conselho de Estado. A própria palavra "crise" pareceria grotesca: a crise? Mas que crise? Ao contrário, um bicentenário – perdão, um segundo centenário – magnífico, uma autocelebração incondicional, uma segurança sem falhas.[20] Finalmente, o símbolo com o qual iniciamos o primeiro capítulo havia sido bem escolhido: um pedaço magnífico de arquitrava, flutuando no céu – orgulhosamente ligado a nada.

---

19 Veja, por exemplo, uma útil colocação em Karpik, L'avancée politique de la justice.
20 Por exemplo, em uma entrevista de um membro externo do conselho na metade da carreira: "Uma maneira de provar que somos dignos é mostrar que compreendemos as regras sem que as regras lhes sejam ditas; a casa funciona assim, ela perderia algo ao ser clara sobre si mesma; e não é hipocrisia, não é que haja cadáveres no armário; não, *é melhor não dizer*; a transparência das regras de funcionamento levaria a um paradoxo". É difícil lançar-se na aventura das instituições reflexivas com tais princípios...

De toda forma, tanto para diagnosticar uma crise como para dançar um tango, são necessários dois indivíduos. Não havia muito sentido para o etnógrafo, a não ser que fosse discorrer um discurso crítico unilateral, estudar o Conselho de Estado dando-lhe uma tonalidade crepuscular, como se ele escorresse diante de seus olhos – mesmo que isso tivesse podido produzir tão bons efeitos exóticos, como uma espécie de *Tristes trópicos* em plena Paris. Na ausência de parceiros *do interior* interessados em uma utilização reflexiva das ciências sociais, mais valia deslocar o olho para outra coisa e abandonar a instituição do Conselho de Estado para se concentrar no trabalho do direito, supondo, com alguma ousadia, que mesmo um órgão em crise latente poderia fornecer um acesso ideal à forma jurídica da veridicção. Aí está por que o leitor não encontrou nestas páginas nenhuma observação de ciência administrativa ou política, nenhuma avaliação sobre o papel e a função real do Conselho, nenhuma medida de seu lugar efetivo no Estado. Na impossibilidade de entrar em uma relação de conivência, extraímos o trabalho legal da instituição como um fisiologista teria extraído a medula espinhal de um cachorro, sabendo perfeitamente que isso não representa todo o animal. Para estudar o Conselho de Estado, deixamos de lado o Estado: e prontamente admitimos o paradoxo, era o único meio de resistir ao exotismo imposto ao etnólogo por aqueles que eram indiferentes ao seu estudo.

Encontramos apenas vantagens nessa situação para nosso projeto – mesmo que possa parecer uma aberração para um cientista político ou um avaliador de política pública. O direito se apresenta no Conselho em uma forma particularmente purificada: o procedimento está inteiramente escrito; pode-se observar nas diferentes Seções Administrativas todos os ramos do direito; o trabalho é coletivo e colegiado, e pode ser acompanhado sem muita dificuldade pelo observador que, uma vez introduzido no ambiente, não incomoda ninguém e não faz suposições imprudentes sobre a conversa interna nem sobre a íntima convicção dos juízes, pois tudo é dito na sua frente; o furor e o sangue do direito penal não perturbam sua atenção, nenhuma retórica exagerada dos advogados atrapalha a emenda dos textos. Se existe uma situação para estudar o direito "puro", é essa oferecida pelo Conselho. Nós nos limitamos estritamente a tirar vantagem das sessões de instrução, para ver como os métodos empíricos poderiam desdobrar o projeto mais amplo de uma antropologia das formas ocidentais da veracidade, aplicada ao caso específico do direito.[21]

Uma curiosa forma de autonomia

Admitindo que o etnógrafo evita falar do Estado, ele saberia o suficiente para falar do "direito"? O Conselho sob investigação não é tão particular, suas formas de litígio tão originais, o direito administrativo tão diferente dos demais ramos do direito, a posição dos requerentes tão estranha,[22] os juízes tão diferentes dos outros juízes, que seria impossível tirar qualquer conclusão sobre a natureza ou sobre a essência da atividade jurídica? A antropologia não está em vias de julgar *ultra petita* um erro jurídico ou um pecado favorito do teórico? Entretanto, os membros dos quais acompanhamos as

---

21 Para nossa grande surpresa, encontramos muito pouca descrição empírica precisa da fabricação do direito. O que chamamos pela antífrase "a epistemologia jurídica descritiva" (Atias, *Science des légistes, savoir des juristes*) é tão pouco descritivo quanto a epistemologia. Mesmo a semiótica é mais frequentemente programática, à exceção de Greimas que, como Landowski, se limita a textos publicados sem abordar a interlocução. Uma coisa pouco surpreendente: é na etnometodologia que se encontra a atenção mais refinada na formatação do direito. Travers, Manzo, *Law in Action* (traduzido parcialmente em Dupret, *Le droit en action en contexte*). Mas trata-se mais da aplicação do direito aos fatos específicos do que à gênese do direito propriamente. Seguindo o fio de raciocínio, no Parlamento e nos ministérios encontramos instrumentos de trabalho sobre a elaboração dos textos de lei, como em Lascoumes, *Au nom de l'ordre*.
22 Todos os comentadores desse texto vindos do judiciário estavam surpresos por tal traço de administrativo: "Dir-se-ia que o requerente é um incômodo, que ele está lá apenas para proporcionar uma ocasião de mudar a administração", "é um juiz que faz o poder tolerável aos administrados", o que o conselheiro confirma avidamente: "Sim, o juiz é administrador (das paixões humanas). Ele não fabrica a nova regra legal por ardor engenhoso ou febre intelectual, ele o faz porque está rodeado de litigantes *e não pode livrar-se deles* (minha ênfase)".

hesitações em detalhe se referem a algo que seria o direito, e se interrogam constantemente sobre a qualidade de sua relação com essa coisa. Se eles não são reflexivos no sentido que o observador esperava, não se pode negar que os conselheiros são reflexivos no limite, qualidade e força de sua função de juiz. Vimos alguns exemplos disso.[23] Parece, portanto, que para acabar esse trabalho não se pode evitar uma interrogação sobre a natureza do direito em geral, com o pretexto de que seriam considerações muito amplas, dado que essas considerações servem de recursos aos próprios atores, para explorar as coisas, indo até seus julgamentos. Isso não quer dizer que eles se interrogarão seriamente e a todo propósito sobre a natureza do direito – ao contrário, constatamos muitas vezes que os problemas subjacentes são considerados tão triviais quanto filosóficos –, mas que a invocação do direito *como totalidade* faça parte do objeto que decidimos dar conta. Para falar como os semióticos, o Direito com um grande "D" é o destinatário inconteste de todos os seus atos de linguagem.[24] Enquanto a questão do método científico raramente emerge na discussão dos pesquisadores (onde ela tem um papel decorativo, polêmico, pedagógico), fazer o direito, enunciar o direito, ficar nos limites do direito aparece como uma das características do próprio animal. O que é o *vinculum juris*, aí está o que precisamos compreender.[25]

Tudo se passa como se não houvesse graus no direito: ou bem estamos nele por inteiro, ou bem não estamos e falamos de outra coisa. Suas condições de felicidade têm limites particularmente abruptos com aquelas de infelicidade. O etnógrafo percebeu isso muitas vezes, por suas próprias tentativas, como seria impossível aproximar-se progressivamente da enunciação jurídica, mesmo após muitos anos de familiaridade. Para enunciar o direito, faltariam a ele não apenas algumas palavras e alguns conceitos, mas tudo, absolutamente tudo: para enunciar juridicamente qual-

---

23 Por exemplo, nos episódios do Capítulo 1, p.70 e p.82, e Capítulo 4, p.182 e p.210.
24 Greimas, Analyse sémiotique d'un discours juridique.
25 É a expressão de Tarde em *Les Transformations du droit*.

quer coisa teria sido necessário tornar-se conselheiro de Estado![26] Existem graus indefinidos de cientificidade, mas ou o direito é totalmente presente ou totalmente ausente. Pode-se tentar falar de ciência sem ser pesquisador, mas não se pode falar em termos jurídicos sem ser juiz. É isto que atestam os esforços dos comentadores – e são muitos – para definir o direito:[27] toda tentativa de definição, seja ela brutal ou sofisticada, termina sempre por anexar, em desespero de causa, o adjetivo "jurídico" para qualificá-lo. Quando se procura estabelecê-lo pela lei, regra, sanção, autoridade, o bem comum, o monopólio da violência, o Estado, sempre é necessário indicar: "na condição de que sejam juridicamente fundados". Dito de outra forma, uma inevitável *tautologia* faz parte da definição do direito.[28] Para descrever o direito de forma convincente, é preciso estar já instalado nele.

---

26 Ao contrário, era muito difícil não dizer "nós julgamos", enquanto ele falava de um caso de "sua" subseção, tanto quanto era difícil falar da coisa em si sem pertencer ao corpo de juízes. Estudando os cientistas, nunca lhe veio a ideia de dizer "nós provamos a existência desse fenômeno". A força de pertencimento do corpo não funciona da mesma forma sobre o ato de linguagem.

27 Há um tipo de teoria jurídica apofática. "O direito", explica Atias, "não é nem constitutivo, nem criador, nem declarativo. Ele não reconhece, nem consagra, nem atribui, nem sanciona. Esses são os efeitos aparentes da implementação do direito [...]. A questão é saber se o direito tem algo de específico." Atias, *Philosophie du droit*, p.293.

28 Um exemplo está em Carbonnier, *Flexible droit*: "Cabe apenas lembrar da definição clássica do ato jurídico: uma manifestação da vontade destinada a produzir os efeitos *do direito*, as modificações do ordenamento jurídico; dito de outra forma, está *destinada* a introduzir uma relação humana na esfera *do direito*", p.35 (ênfase nossa). Outro exemplo está em Hart, *Le Concept de droit*: "No caso das regras *de direito*, essa consequência previsível [a sanção] está bem determinada e organizada oficialmente, enquanto que no caso das regras *não jurídicas*, se bem que uma reação hostil ao desvio seja provável, ela não está organizada e sua natureza não está definida", p.23; ou ainda na p.45: "Tais regras *de direito* não impõem nem deveres nem obrigações. Elas fornecem aos indivíduos os *meios* de realizar suas intenções, conferindo-lhes o *poder jurídico* de criar, pelo viés dos *procedimentos determinados* e *mediando certas condições*, estruturas *de direitos* e de deveres nos *limites* do aparelho coercitivo *do direito*" (ênfase minha): é difícil ser mais tautológico! Luhmann irá justamente reivindicar essa tautologia como uma necessidade sociológica – veja adiante.

Esse traço parece tão constitutivo da própria coisa que é encontrado nas duas grandes escolas de pensamento, o jus naturalismo e o positivismo, que se dividem quanto à definição dos fundamentos do direito. Cada um à sua maneira, apesar dos abismos que parecem separá-los, apenas reitera da forma mais firme que o direito está "sempre já presente": seja se tomarmos como base a existência de um direito que *precede* todo o direito positivo, como é para os jus naturalistas; ou, ao contrário, seja se reconhecermos como direito apenas o que *já foi* definido por uma autoridade juridicamente constituída, como é para os positivistas. Nos dois casos, não se pode ir além do direito e estabelecê-lo sob um fundamento heterogêneo: para os primeiros existe uma natureza acima das leis, mas essa natureza já é jurídica, a ponto de poder retificar o direito positivo:[29] para os outros, não há nada acima das regras legais, a não ser uma pirâmide de direitos positivos, é a famosa "hierarquia das normas", da qual a ponta extrema, sob pena de contradição, é ainda o direito.[30] Pode-se dizer que para essas duas escolas, que distinguem tudo, não existe gênese possível e progressiva do direito. Por uma razão que parece essencial à sua natureza, o direito, por seus comentadores, seus juristas, seus filósofos, possui uma forma particular de *autoctonia* que impede encontrar uma genealogia comum. É preciso que o direito já seja nascido.

O etnógrafo com certeza não está equipado para tratar diretamente de tão sublimes questões: ele só pode tocá-las indiretamente

---

29 Se bem que os jus naturalistas nunca tenham podido precisar a semelhança exata entre o direito natural fundador e o direito positivo fundado, o que é pouco surpreendente, pois viria a confundir os canais referenciais das ciências e os encadeamentos jurídicos – veja o capítulo precedente sobre a noção de superposição. Se ele existe, o direito natural é tão mudo quanto o fundamento sem fundamento do direito positivo.

30 Mesmo com a noção de *Grundnorm* em Kelsen, bem explicada por Béchillon em *Qu'est-ce qu'une règle de droit?*: "Kelsen não supõe que exista na ordem jurídica positiva uma norma fundamental, ele afirma apenas que temos absolutamente necessidade de recorrer à ficção de uma norma fundamental se quisermos considerar a Constituição (ponta da pirâmide) como uma norma jurídica", p.234.

com os métodos, os limites e os dados de seu campo. Existe um traço fácil de identificar nos casos que encontramos, que poderia explicar essa necessidade da tautologia tão presente nos juristas: o direito se encontra inteiramente em cada um dos exemplos sob uma forma quase fractal. Em outras palavras, parece que existe direito quando é possível mobilizar certo modo de totalidade em um caso específico, por menor que seja – e é isso mesmo que chamamos de direito.[31] Quando discutimos nos capítulos precedentes a *passagem* do direito, quando o definimos como um movimento de interconexão de um caso específico com o corpo de textos, quando insistimos sobre a hesitação dos juízes que se desinteressam devido a todos os microprocedimentos do Conselho, quando acompanhamos como o corpo de precedentes acabava por absorver os casos específicos, percorremos alguns dos mecanismos pelos quais um conflito particular *interessa* a totalidade. Totalidade literal e não metafórica: em algumas etapas, pelo viés de algumas traduções, um obscuro caso de expulsão de estrangeiro, as latas de lixo, o prefeito, se encontram ligados, aproximados, vinculados ao conjunto do direito administrativo, à Constituição, aos princípios gerais do direito, à Convenção Europeia dos Direitos Humanos, tanto quando às edições de Francisco I ou as cartas-patente de Luís XIV. Doravante, se você tocar aquela lata de lixo, a data de abertura da temporada de caça, a permissão de construção, os direitos de água baseados em títulos, você irá, por meio dos tribunais administrativos e do Conselho de Estado, através de uma corrente de advogados e juízes,

---

[31] Que o direito seja, por assim dizer, sem história, como se estivesse sempre já instalado, vê-se no brilhante capítulo de Boureau sobre a ação jurídica dos monges ingleses: "A obstinação judiciária de Thomas [herói do capítulo *jus commune*] não deve fazer perder de vista que o recurso à justiça ou à arbitragem permaneceria uma das numerosas possibilidades de regulação de conflitos. Mas esse modo de regulamento, mais que um lugar, instituía uma nova configuração das relações sociais, em um mundo onde as concorrências sobre a terra e o poder estavam intensificadas. O direito, abrindo novos procedimentos e novos temas de disputa, permitia *uma saída do local*, da situação de enfrentamento". Boureau, *La Loi du royaume*, p.194 (ênfase minha).

terminar agitando igualmente o imenso tecido sem costura de ligações, de todas as ligações, já estabelecidas e validadas, codificadas e reiteradas – e pode mesmo ocorrer que, por uma reversão de jurisprudência, esse obscuro caso seja incorporado nos princípios que definirão por muito tempo nossa existência comum, e que servirão a outros, mais tarde, para defender seus pobres casos pessoais.

Isso não é o que o bom senso entende por "garantia jurídica": todos em socorro de cada um? Que os tormentos de uns possam modificar as condições de existência de todos? O que significa quando a força se opõe ao direito, senão que a primeira não pode estabelecer essa costura do local e do global, que apenas a segunda permite? Se tomamos o contraste proverbial entre os hooligans ameaçando com um taco de baseball e o policial ameaçando com seu bastão, pode-se ir de uma situação à outra sem solução de continuidade, passando por todos os casos intermediários (infelizmente muito frequentes), aumentando aos poucos a qualidade do laço que vincula o específico à totalidade.[32] Se os hooligans que o ameaçam têm uma prova escrita de que estão autorizados por um texto com a definição precisa das sanções às quais você está sujeito se se recusar a dar-lhes sua carteira; e se essa sanção não for decidida no momento, e sim mais tarde, no dossiê, por pessoas independentes que hesitam por um longo tempo, através de um procedimento regulado, antes de definir suas decisões, que você recebe sob forma de uma correspondência entregue por um carteiro, então, bem, você foi enganado: esses hooligans eram na realidade respeitáveis policiais de um estado de direito – você pode entregar seus documentos a eles sem medo! Mas, se por um morfismo inverso, os policiais que o prenderam começam a insultá-lo e bater em você, sem qualquer sinal de mandado de prisão, e ainda sem insígnia – em resumo, se você retirar cada uma dessas formas de vida permitindo vincular a situação local ao conjunto de laços que mobilizam a totalidade,

---

32 Prova da reflexão sobre o direito, desde a Antiguidade esse exemplo fictício é constantemente utilizado, por exemplo, em Hart, *Le Concept de droit*; sobre essa síntese, veja Schütz, *Saint Augustin, l'État et la "bande de brigands"*.

então você se enganou novamente: essas honestas pandoras uniformizadas são hooligans ainda mais perigosos porque vestem quepe. Como distinguir uns dos outros, se não for observando se é possível ou não *conduzir* na interação local, por uma sucessão de deslocamentos, todas as outras interações que constituem, sem falha, sem interrupção, o conjunto daquilo que nos conecta uns aos outros? Não surpreende que, falando de direito, fala-se sempre *de todo direito*: é que se tenta por um ato de escrita quase obsessivo amarrar e continuamente ligar todos os atos sucessivos que constituem todos os tempos, os lugares e as pessoas, por um caminho ininterrupto que teoricamente pode levar – com uma série de assinaturas, atos e decretos – de um ponto específico a outro. É difícil negar que o direito tenha a ver com uma forma particular de mobilização da totalidade no específico.

Mas qual modo de mobilização e que tipo de totalidade? Existe já uma totalidade que as críticas da autonomia do direito mobilizam sem muito cuidado, e que seria a "sociedade". Sabe-se, de fato, que uma luta feroz opõe as interpretações do direito, que poderíamos dizer internalistas, as que insistem na autonomia constitutiva da coisa jurídica, e aquelas externalistas, que recusam toda autonomia do direito, fazendo-o nascer de um conjunto de relações de força que serviria, no pior caso, de decoração e enganação; no melhor, de utensílio e facilitador para os objetivos da engenharia social. Como afirma Pierre Bourdieu, a pretensa autonomia serve à dissimulação mais profunda ainda da "violência simbólica" que ele pode exercer. O direito apenas "legitima" a força – termo jurídico desviado de seu sentido pela sociologia crítica.[33] A situação se parece com a conhecida luta, na história das ciências, entre os adeptos de uma história in-

---

33 Sobre a inversão da palavra "legítimo" na sociologia de Bourdieu, veja a devastadora crítica de Favereau, L'économie du sociologue ou penser (l'orthodoxie) à partir de Pierre Bourdieu: "O direito não teve chance decididamente diante das duas grandes linguagens teóricas nas ciências sociais contemporâneas [...] o direito é tanto enganoso se for colocado em uma lógica pura de reprodução, quanto inútil se for colocado em uma lógica de pura coordenação", p.295 e citação n.20, p.152.

terna e os adeptos de uma história externa, a primeira reivindicando os conceitos, e a segunda, o contexto.[34] Em um e outro caso, é uma definição acordada do social que torna impossível a descoberta do tipo particular de autonomia da coisa jurídica ou da coisa científica. Como sempre, o social cega.[35] Para explicar o terrível deslocamento das regras ou dos fatos, vamos procurar na sociedade as formas de causalidade sem dizer como elas podem se deslocar no específico, se bem que os externalistas, tanto no direito como na ciência, dão pontos a seus adversários: há *menos* na causa que no efeito, pois o social é sempre mais fraco e especialmente menos móvel do que aquilo que deve explicar. No cômputo final, confrontado à sociologia do direito ou da ciência, mais vale ficar do lado dos internalistas.[36] No entrelaçamento dos conceitos jurídicos e dos fatos científicos, há *mais associações*, descobre-se uma construção de sociedade *mais completa* que no conjunto dos fatores explicativos mobilizados pelos externalistas. Nós mostramos frequentemente: como explicar as ciências por seu contexto social, se elas desorganizam completamente *aquilo do que* é feito esse contexto?[37] O que é verdade das ciências é ainda mais claramente do direito: como explicar o direito pela influência do contexto social, quando ele próprio produz uma forma original de

---

34 A história desse debate foi feita pelas ciências em Shapin, Discipline and Bounding: The History and Sociology of Science as Seen Through the Externalism Debate.
35 Sobre a necessidade de desfazer progressivamente a sociedade para poder explicar as ciências e seus numerosos laços com o coletivo, veja em particular Latour, *L'Espoir de Pandore*.
36 Béchillon reconheceu isso em um texto programático cheio de vigor sobre os objetivos e métodos da antropologia do direito: Béchillon, La valeur anthropologique du Droit. É também a base do argumento de Thomas sobre o direito romano: existe mais *sociedade* romana nos *conceitos* do direito romano que na sociedade que os circunda e que buscaria explicar: Thomas, La Langue du droit romain. A razão para isso está que para Thomas o direito consegue justamente quebrar, romper, retardar a continuidade do social, sem o que esse social seria grande demais. É todo o sentido igualmente da sociologia de Tarde, *Les Transformations du droit*.
37 Reconhecemos aqui o princípio da sociologia dita "da tradução": o social é composto pouco a pouco. Veja, por exemplo, Tarde, *Monadologie et sociologie*; Latour, *La Science en action*.

relação contextual de pessoas, atos e textos, de forma que seria difícil definir a noção de contexto social sem recorrer aos veículos do direito?[38] Não existe metalinguagem mais forte para explicar o direito que a linguagem do próprio direito. Ou, mais exatamente, o direito *é em si sua própria metalinguagem*.

Se sempre é possível hesitar em história das ciências entre a construção do social pelos cientistas e a explicação de suas descobertas através do social,[39] é difícil não ser afetado pela desproporção entre a riqueza da construção da sociedade pelo direito e a pobreza das explicações do direito através do recurso à sociedade. De forma explícita, contínua e obsessiva, o direito procura traçar os caminhos que permitem mobilizar a forma efetiva da totalidade no específico. Registro, procedimento, hierarquia de normas, julgamento, dossiê, e mesmo esse maravilhoso termo "fundamento" ao qual consagramos tantas páginas: todos esses termos falam desse movimento de totalização e de mobilização, de esquema e reforço, de condução e conexão. Tudo exprime a tomada em movimento, em contexto. Para explicar esses movimentos, os adeptos do social não estão equipados. Eles afirmam sempre possuir na sociedade uma reserva indefinida de forças explicativas, mas falta-lhes justamente o *meio* de mobilizar essas forças para que elas venham irrigar o coletivo e *causar impacto* nas instâncias. Eles se encontram na mesma situação de generais que dispõem de poderosos exércitos bem treinados, mas que, na falta de transporte para as tropas, não podem nunca levá-los

---

38 Vê-se bem na definição das pessoas coletivas em Greimas, Analyse sémiotique d'un discours juridique, bem como nos fundamentos da sociedade civil, Thomas, L'institution civile de la cité, ou na agradável definição do agente público reconstruída em Cayla, L'inexprimable nature de l'agent public, assim como no exemplo já citado dos monges ingleses de Boureau (veja nota 31, p.315). Em todo caso, o direito modifica a definição do contexto, do local e do global, do possível e do impossível.

39 O esoterismo das soluções podendo fazer recuar os mais audaciosos: em que a teoria da relatividade é mais forte que a concepção de contexto social que Einstein procura contextualizar? Galison, Einstein's Clocks: the Place of Time. Em que a física de Lorde Kelvin é mais precisa que o império britânico para definir o império e sua extensão espaço-temporal? Smith, Wise, *Energy and Empire, A Biographical Study of Lord Kelvin*.

ao teatro de operações. Como se deslocam as relações de força na lei? Onde estão os veículos? Onde estão os caminhos? Fala-se de força, de poder, de estrutura, de hábitos, de tradição de mentalidades: certamente, mas como fazê-los agir aqui, agora? Em resposta, se se perguntar como se faz para transportar a Convenção Europeia de Direitos Humanos para o caso de expulsão do estrangeiro de M. X., a resposta é simples: está lá, no direito dos estrangeiros, desde a decisão que permite invocar o artigo 6 contra as decisões dos prefeitos. Fazer a ligação, fazer a associação entre esses elementos, tecer o social, esse é o próprio direito. Certamente, trata-se de um tipo de associação, de um modo particular de totalização, e há outros,[40] pois ele não abrange todo o coletivo. Mas ele define um veículo, um movimento de agregação, esse *vinculum juris* que permanece atribuído de ponta a ponta, enquanto a explicação social, desde o início da sociologia do social, ainda espera para receber a ligação adequada que possibilite ao caso específico aproveitar essa formidável luz que ela sempre promete, mas nunca entrega.

Se o estudo das ciências e das técnicas nos havia obrigado a abandonar a sociologia do social pela da *associação*, a análise do direito encoraja a fazer mais. A situação é ainda mais desvantajosa para as explicações embasadas na sociedade em que, nos casos que observamos neste livro, não se encontra nenhuma distinção entre o que poderia classicamente parecer com o social e o que se poderia nomear de "direito". Ao contrário, o direito está mesclado a tudo, e ele diz isso.[41] Nós vimos como, em alguns minutos de raciocínio,

---

[40] Veja o tipo de ligação *técnica* em Latour, *Aramis, ou l'amor des techniques*; *religiosa* em *Jubiler, ou les tourments de la parole religieuse*; política em *Et si l'on parlait un peu politique?* Cada forma totaliza mais sob um regime, sob um tipo de ligação diferente. O social não é o que explica, mas o que está para ser explicado: Tarde, *Monadologie et sociologie*.

[41] E dizê-lo não choca ninguém, como eu pude perceber fazendo os próprios atores lerem as primeiras versões deste texto, enquanto o laço das ciências com seu contexto sempre suscitou perigosas negociações nos pesquisadores que me liam. Quando damos a eles o espelho da etnografia, os pesquisadores reagem bem diferentemente dos juristas que estavam chocados, ao contrário dos pesquisadores, pela exposição da interlocução dos conselheiros no lugar da palavra do Corpo impalpável.

era possível passar por considerações políticas, interesses econômicos, admissões livres de preconceitos, preocupações de ocasião, de justiça, de boa administração, tudo isso influenciando, perturbando, suspendendo a elaboração do direito. E, entretanto, a cada vez a presença de todos esses elementos não era suficiente: em uma palavra, indicava-se que era preciso "começar a fazer o direito".[42] Assim, mesmo no caso em que os atores, sem esperar que as críticas venham denunciar a presença do social atrás da forma do direito, colocam abertamente seu conjunto de interesses, do ponto de vista legal, *nada acontece*. Todos os interesses sociais, todas as relações de força podem empurrar a roda, mas o veículo jurídico não avançará um centímetro se não estiver rebocado ao direito. O principal programa de pesquisa da sociologia do direito, segundo o qual seria necessário estabelecer uma relação entre o corpo de regras de um lado, e a sociedade de outro, não resiste ao exame:[43] o direito já é

---

42 Como escreve um conselheiro em uma avaliação do presente texto: "Ao passo que o direito, tal como vivido pelos juízes, é uma construção perfeitamente consciente. Sabemos muito bem que, quando fazemos o direito, não o descobrimos mas o construímos, com a massa dos pressupostos, das convicções, das escolhas às vezes arbitrárias. Nós lhe damos com voluntarismo a aparência do rigor: a roupagem da objetividade vem depois, como uma prova dos nove da coerência do que construímos". Mas ele imediatamente acrescenta: "Certamente, lá também há ingenuidade: os múltiplos condicionamentos fazem um juiz enganar-se a si mesmo se acredita que é verdadeiramente um livre construtor. Bem mais do que ele pensa, ele descobre as regras escritas através de outras forças sociais, outros determinantes históricos".

43 Uma apresentação recente da sociologia do direito aniquila todo o seu projeto desde a terceira frase anunciando orgulhosamente que ela tem por objetivo: "estudar as relações entre o direito e a sociedade, quer dizer, a maneira pela qual o *direito*, concebido como um conjunto mais ou menos estruturado de regras, princípios e decisões, entra em relação com o *corpo social*, obtidas como agenciamentos de indivíduos, grupos e instituições, situados na esfera de influência do direito (itálicos do texto)". Serverin, *Sociologie du droit*, p.3. O direito se reduz a um corpo de regras, o social, a um agenciamento de indivíduos, o todo muito misteriosamente mergulhado na "esfera do direito"; encontramos todos os traços da sociologia do social que já nos havia obscurecido as ciências e as técnicas e tornado incompreensíveis a religião, a técnica, a política e a economia. É curiosa, realmente, essa sociologia do social sempre em busca da cegueira.

o social, a associação; sozinho ele processa mais do social do que a noção de sociedade da qual ele não é de forma alguma distinto, pois ele a trabalha, pressiona, organiza, designa, imputa, responsabiliza, envelopa. O direito judicializa toda a sociedade que ele toma como totalidade à sua maneira particular. As ciências não fazem coisa diferente, mas sob uma forma de mobilização, agitação, transformação, totalização e tradução completamente diferente.[44] Nos dois casos, o projeto que consiste em mergulhar sua autonomia em um banho de social, esperando que elas se dissolvam pouco a pouco, resultará em seu total desaparecimento, e na consequente perda desses dois elementos tão indispensáveis para a existência do social. O que seria uma sociedade sem direito, sem fatos, sem técnicas? Como ela se ergueria? De que seria composta: como ela poderia se unificar, se totalizar? Por qual condutor ela levaria o apoio de todos os seus membros a um dentre eles? No direito, assim como na ciência, na técnica, na economia, na política, os sociólogos do social tomam a consequência pela causa: em lugar de estudar os meios práticos que formam e forjam a sociedade, eles invocam uma sociedade sempre já presente, tão misteriosa quanto inexplicável, para tentar explicar a única coisa que possui o poder de engendrá-la.[45]

Compreende-se facilmente que a explicação social do direito, sendo inoperante, não prova que o direito forma na sociedade um conjunto homogêneo e autorregulado. Para escapar dessa dificul-

---

44 Para um exemplo particularmente tocante, esse de Pasteur, veja Latour, *Les Microbes*.
45 Então não é por acaso que outro grande fundador da sociologia, Gabriel Tarde, era jurista. Enquanto ele acusa Durkheim de tomar, com a noção de sociedade, a consequência das ações humanas para sua causa explicativa, ele pensa no caminho do direito – e nunca encontra melhor exemplo que a história das ciências. "Essa concepção, (a minha) em resumo, é quase o inverso daquela dos *evolucionistas unilineares* (Spencer) e também de Durkheim: em lugar de explicar tudo pela pretensa imposição de uma *lei de evolução* que conteria os fenômenos do conjunto a se reproduzir, a se repetir de forma idêntica em uma certa ordem, em lugar de explicar o *pequeno* pelo *grande*, o *detalhe* pelo *geral*, eu explico as similitudes do conjunto pela acumulação de pequenas ações elementares, o grande pelo pequeno, o geral pelo detalhe." Tarde, op. cit., p.63 (ênfase dele).

dade, não serviria de nada autonomizar completamente o direito, transformado em esfera à parte e autossuficiente no interior da sociedade, ela própria compreendida como um conjunto de subsistemas no meio dos quais se poderia – por que não? – instalar confortavelmente a Ciência! Teríamos reconhecido essa fantasia da visão social na caneta de Niklas Luhmann, que volta a abandonar todo esforço de definição das variedades da autonomia para obter formas purificadas sem qualquer relação com sua existência empírica.[46] Isso leva, a cada domínio, à definição mais redutora e frequentemente a mais etérea que se dá a si mesmo: compreende-se que os juristas gostem de se achar abrigados em um subsistema do tipo Luhmann, assim como os cientistas se deleitam em fortalecer as paredes de sua autonomia científica...[47] Eles se tomam pelo rei Midas e acreditam que tudo que tocarem virará científico ou jurídico. O esforço para fazer da Ciência um subsistema separado era insólito, mas no caso do direito a impostura aparece mais rápido, pois para acreditar em sua distinção não temos a desculpa de um claro corte operado pelas paredes dos laboratórios e dos aventais de seus técnicos. O direito mergulha por tudo sem ter domínio próprio. Nós vimos bem: o Conselho de Estado não é feito de direito, mas de paredes, corredores, afrescos, dossiês, de um corpo de membros, textos, carreiras, publicações, polêmicas. Se nele existe o

---

46 Luhmann, *A Sociological Theory of Law*, em que o direito é definido como "um sistema aberto cognitivamente e fechado normativamente" (p.282), a definição de tautologia do direito sendo reivindicada como uma qualidade da descrição, o que, justamente, a aproxima da definição de autopoiese em biologia (p.288).

47 O projeto da teoria dos sistemas é certamente honroso: para evitar o vácuo do social, reconhecemos a autonomia dos diferentes ingredientes que o constituem. Luhmann, op. cit. O erro é acreditar que há apenas uma única forma de autonomia, a dos subsistemas. Nada prova que a ciência e o direito possam ser autônomos *da mesma forma*. Nada prova então que se possa emprestar da biologia uma definição clara da totalidade: como se soubéssemos qual gênero de sociedade fomenta um organismo! Veja, por exemplo, Lewontin, *The Triple Helix, Gene, Organism and Environment*; Kupiec; Sonigo, *Ni Dieu ni gène*. O problema é semelhante à noção de "campo" de Bourdieu, que oferece a todos os domínios o mesmo gênero de autonomia. Favereau, L'économie du sociologue ou penser (l'orthodoxie) à partir de Pierre Bourdieu.

direito, se ele é capaz de enunciar o direito, certamente não é porque ele pertenceria a um sistema distinto do resto do mundo social, mas porque ele o agita inteiramente *sob uma certa forma*, e é essa forma que a teoria dos sistemas esquece de caracterizar, transformando a sociedade em uma série de domínios interligados. O direito não é feito "do direito", assim como um condutor de gás não é feito "do gás" ou a ciência, "da ciência". Ao contrário, é por causa do aço, das tubulações, das valas de terra, dos reguladores, dos medidores, dos inspetores na sala de controle que o gás circula sem interrupção através da Europa: no entanto, é o gás que circula, não a terra ou o aço. Sim, o direito é autônomo com relação ao social, pois é um dos meios de produzir o social, de organizá-lo e contextualizá-lo; não, não existe domínio ou território próprio do direito. Apesar das pretensões dos juristas beneficiados pelos sociólogos dos sistemas, ele não forma uma esfera; sem o resto que o sustenta, o direito não seria nada. Resta que ele sustenta tudo, à sua maneira.[48]

Se temos tanta dificuldade em focar a atenção sobre a forma da autonomia própria ao direito, se é necessário tantos cuidados para estender seu tecido sem rasgá-lo, é talvez por causa de um último traço que não pode deixar de afetar o observador: sua superficialidade. Se ele sustenta tudo, se ele permite ligar todas as pessoas e todos os atos, se ele autoriza, por um caminho contínuo, conectar a Constituição a um caso minúsculo, é também porque ele extrai apenas uma minúscula parte de sua essência em todas as situações.[49] Seu tecido parece uma renda perfurada. É isso que o senso comum retém de seu movimento qualificando-o de frio, formal, exigente, abstrato, vazio. E sim, ele deve ser vazio! Ele desconfia do pleno,

---

48 Admirável, *mas* de Atias: "A regra do direito se sobrepõe apenas a uma realidade que não modifica fundamentalmente, *mas* sobre aquele que ele age". Atias, *Philosophie du droit*, p.298.

49 Legendre fala sempre da imbecilidade do jurista: Legendre, *L'Empire de la vérité*. Sobre os vazios do direito, veja Carbonnier, *Flexible droit*, p.38. Como diz Béchillon, o "direito é frio", é por aí que devemos começar, ou, para expressar a mesma distância com o senso comum: "o direito é um outro mundo". Hermitte, *Le droit est un autre monde*.

do conteúdo que o atrasaria e o tornaria pesado, que o impediria de conectar o que retém do mundo. Se ele pode percorrer tudo e tornar tudo coerente, é à custa de fazer quase tudo cair. Como vimos no capítulo anterior, ele não busca virar o território sobre o mapa para a busca vigorosa da referência. Ele nunca se lança, como as ciências, à prova impossível de construir no interior dos poderosos centros de cálculos esses modelos reduzidos, que se assemelham ao mundo e permitem dominá-los pelo olhar. O que é um ato notarial ao lado de uma morada que habitamos? Como comparar essa frágil folha de papel à espessura das paredes e das memórias? Nenhuma relação de semelhança, nenhum mimetismo, nenhuma referência, nenhum plano. No entanto, em caso de conflito, em caso de herança, em caso de disputa, é pelo vínculo chocante dessa folha ridícula com o corpo dos textos, pela intermediação dos advogados e juízes, que eu poderia provar, autenticar meu bem – e conservar minha casa. A conexão é minúscula e, no entanto, total; a influência é mínima e, no entanto, capaz de se ligar a todo o restante.

Não faz sentido ser profundo estudando o direito. A relação entre as aparências e a realidade, tão importante nas ciências, na política, na religião, na própria arte, aqui não teria qualquer sentido: as aparências são tudo, o conteúdo é nada.[50] É isso que faz o direito tão difícil de ser comentado pelas outras profissões, em que o desejo de profundidade é intoxicante. Vimos nas disputas públicas em que o Conselho esteve envolvido no decorrer do verão de 2000: se ele proíbe a pílula do dia seguinte, os jornais acusam os conselheiros de terem más intenções, sobreinterpretam suas motivações, são criticados por tomar o lugar da sociedade civil censurando seus costumes. A verdade jurídica é tão leve, tão plana, que não pode ser tomada pelos espíritos que querem ir ao fundo das coisas.[51]

---

50 Veja o belo argumento de Legendre sobre o emblema: "Porque a forma é o limite e o limite é o Estado".
51 É a mesma incompreensão que faz multiplicar os casos no direito penal para acalmar a fome de justiça, substituir os rituais de expiação que as antigas religiões não permitem mais e, em geral, acolher toda a miséria do mundo. Boltanski, *L'Amour et la justice comme compétences*. É porque os laços do direito

Com um senso absoluto de superficialidade, os juízes haviam feito referência à impossibilidade de dar aos enfermeiros o direito de prescrição de contraceptivos, o qual pertence apenas aos médicos, segundo o artigo 11 da lei de 19 de maio de 1982.[52] Em outro caso, em que os juízes proibiram um filme escandaloso, a imprensa logo se enfureceu contra um ato indigno de censura em um país livre! Os juízes haviam apenas reafirmado que não era possível ao mesmo tempo afirmar que um filme possui uma sequência ininterrupta de cenas violentas chocantes e proibi-lo apenas aos menores de 16 anos, sem que o ministério excedesse seus poderes.[53] Nada de mais,

---

são tão mal adaptados quanto os bancos do metrô para a dor dos moradores de rua. "A justiça moderna parece mais preocupada em atenuar o traumatismo do ritual jurídico, apesar de controlado pela defesa e o olhar público, do que preocupado pela normalização social em que ela mergulha quem será julgado. O ritual jurídico – suas formas, seu jogo, sua exterioridade – tem algo de mais respeitoso para o acusado do que o mundo apostólico do trabalho social. Não vale mais pedir a um acusado fazer um teatro do que invadir seu 'jardim secreto'? Não é uma violência a alguém compreendê-lo apesar dele próprio?" Garapon, *Bien juger*, p.263.

52 Dia 16 de junho de 2000, 1ª subseção: "Considerando que nos termos da terceira alínea do artigo 3 da mesma lei, na redação do artigo 11 da lei de 19 de maio de 1982, 'os contraceptivos hormonais e intrauterinos só podem ser distribuídos com prescrição médica' [...]. Considerando que, pelas disposições contestadas, o ministro da Educação Escolar autorizou as enfermeiras escolares a prescreverem e entregarem aos adolescentes [...] esse produto, que constitui um contraceptivo hormonal no sentido da lei de 28 de dezembro de 1967 [...] só pode, em aplicação das disposições supracitadas do artigo 3 da lei de 28 de dezembro de 1967, ser prescrito por um médico e distribuído em farmácia [...]; que com isso, o ministro [...] desconheceu essas disposições legislativas confiando o papel de prescrição e distribuição às enfermeiras escolares".

53 Dia 30 de junho de 2000, 2ª subseção: Também aqui o raciocínio é límpido. Uma vez que o ministro definiu que o filme fosse acompanhado de "um aviso assim redigido: 'Este filme, que mostra sem interrupção cenas de sexo com crueza intensa e imagens de particular violência, pode perturbar profundamente alguns espectadores'", podemos concluir que resulta da instrução "que ele constitui uma mensagem pornográfica e de incitação à violência suscetível de ser vista ou percebida por menores e poderia se enquadrar nas disposições do artigo 227-24 do Código Penal; que, na sequência, desde que as disposições do artigo 3 do decreto de 23 de fevereiro de 1990 não preveem que uma obra cinematográfica possa ser proibida de apresentação aos menores de 18

nada forte, nada de verdade, nada de sensacional, nada de sentimental, nada fundamentalmente correto: lembrança de um simples princípio de não contradição, frágil e indolente, sempre a retomar e reinterpretar, que proíbe, "no estado atual dos textos", de deixar incoerência demais às ações esparsas dos humanos. Nada além de superficial, nada além de filamentos, nada além de fios, mas laços que rapidamente nos enroscam e seguram, e nos protegem – sob a condição de que permaneçam na superfície, pouco envolvidos, a fim de segui-los e interpretá-los. O etnólogo se desespera: ele será sempre *superficial o suficiente* para captar a força do direito?

Cornu bos capitur, voce ligatur homo

"É pelo chifre que se agarra o boi, mas o homem é pela palavra." A antropologia que eu pratico, que tem como tarefa estudar as formas modernas do discurso verdadeiro (veridicção), não podia ignorar os que enunciam o direito. Assim como foi necessário renovar a descrição das ciências, das técnicas, da religião, da economia, é preciso que ela modifique as maneiras de exprimir a força dos vínculos jurídicos. É o único meio para que os ocidentais, que se libertarão do modernismo de uma vez por todas, possam reabrir, com os outros coletivos, uma negociação que os *diktats* de universalidade não podiam iniciar. Enquanto que, desde o tempo do imperialismo triunfante, os ocidentais se apresentavam ao resto do mundo como portadores simultaneamente da objetividade, da eficácia, da rentabilidade, da fé verdadeira e do verdadeiro direito, não seria inconveniente que aceitassem retomar a fala apresentando-se mais modestamente como aqueles que não podem sobreviver

---

anos a não ser que tenha inscrição na lista de filmes pornográficos ou de incitação à violência submetidas às disposições dos artigos 11 e 12 da lei de 30 de dezembro de 1975, com lei de finanças para 1976, o filme consta dessa lista", e por consequência "o ministro da Cultura e da Comunicação teve sua decisão de 22 de junho de 2000 condenada por excesso de poder".

sem manter certo número de contrastes que particularmente lhes interessam. Atrás dos exageros, dos aumentos, dos terrores que tornariam impossíveis a tomada de contato e a extensão dos laços, convém encontrar os contrastes para se associar. Agora, e apenas agora, aqueles que não são mais modernos podem partir novamente para a conquista de um mundo que eles não podem mais amedrontar.

Para iniciar a antropologia do direito, é preciso inicialmente que ela reduza as pretensões excessivas que havíamos confiado aos juristas, como a antropologia das ciências modificou um pouco das pretensões científicas, fazendo que as ciências fossem apreciadas por todas as outras razões que não a inquestionável objetividade. A dificuldade do direito está em sua própria superficialidade, na "pequena transcendência" que liga os humanos tão fortemente quanto um jugo, sem mobilizar qualquer poder vindo de cima. Assim como, sob o nome de Ciência, com "C" maiúsculo, confiamos às raras e frágeis cadeias de referência o cuidado de substituir a política, a religião, a moral e até o Estado, também carregamos o barco conferindo ao Direito, com "D" maiúsculo, as virtudes impossíveis da soberania, da lei, da moral, do vínculo social, da justiça, da política, da própria religião. Essa inflação tornou as ciências – no plural e com "c" minúsculo – invisíveis e inoperantes; ela provavelmente tornou o direito – com "d" minúsculo – sem representação possível. Ao exigir demais dele, impedimos que ele transportasse o único bem que é capaz de veicular. Para retomar a bela expressão que Antoine Garapon empresta de La Fontaine: é hora de descarregar o burro de todas as relíquias que o impedem de andar com leveza.[54]

Como vimos no capítulo anterior, é impossível pedir ao direito que transporte qualquer informação. Existem pequenas cadeias de referências, consagradas na prática dos dossiês – mapas, testemunhos, impressões digitais, vários relatórios de especialistas –, mas são sempre muito curtas e rapidamente interrompidas para dar a certeza própria das ciências. Do ponto de vista da informação, o

---

54 Lembremos que *Bien juger*, de Garapon, chamava-se inicialmente *O asno carregado de relíquias*.

direito sempre está em falta e pode apenas decepcionar os que esperam que ele acalme sua *libido sciendi*. Saber que ela é uma jornalista "no sentido do artigo R.126", não tranquiliza muito o requerente sobre sua *essência* de jornalista: é apenas poder resistir, em caso de contestação, àqueles que se recusarem a dar-lhe o cartão de imprensa, o qual lhe permite usar desse privilégio quando um segurança pedir para *provar*. Contrariamente à informação científica, o direito não constrói nenhum modelo de mundo que permitiria, por uma série de transformações, voltar aos fatos prevendo sua natureza. Saiba todo o *Lebon* de memória, e você não saberá nada de mais sobre a França. Você aprenderá apenas o direito ocasionalmente marcado pela queixa mais ou menos tocante de alguns atores com nomes pitorescos. Querer transportar o conhecimento pelos caminhos do direito seria como transmitir uma pizza por fax – não adiantaria nada aumentar a capacidade do modem, simplesmente esse não é o meio certo. O direito, como a religião, como a política, decepciona aqueles que querem transportar a informação.[55]

No entanto, *toda* a França, desde seus caminhos, suas pedreiras abertas ilegalmente, seus prefeitos, seus funcionários, suas pistas de esqui, suas latas de lixo, pode ser encontrada na coleção *Lebon*, sob certa forma de totalidade, ao mesmo tempo decepcionante e profundamente amarrada. Se ela não oferece nenhuma informação, o direito não se reduz a esse jogo formal fechado sobre si mesmo, autorreferenciado, que seus críticos querem limitar. Ele faz mais que informar: ele formata. Essa formatação, nós sabemos, também é rara e frágil. Por mais tentacular que seja, dentro da imensa massa de ações conquistadas todo dia pelos franceses em suas relações com a administração, muito poucas "se transformam em queixa", e dessas que se transformam, uma parte ínfima se transforma em dossiê, em petição, em decisão. A procissão de petições conta como nada mais que caminhos minúsculos no corpo das práticas, um pouco mais que as pegadas deixadas pelos animais em um maciço

---

[55] Sobre a decepção constitutiva da religião e da política, veja Latour, *Guerre des mondes — offre de paix*; e *Jubiler ou les tourments de la parole religieuse*.

montanhoso. Visto de longe, relacionado ao conjunto das interações, o direito existe pouco; ele permanece invisível, conta muito pouco: rede transparente, tatuagem minúscula, índice infinitesimal. Para melhor respeitá-lo, convém inicialmente escassear sua presença, esvaziá-la, diluí-la, tratá-la como uma retícula: o direito deixa passar o mundo; leve, ele existe em estado de traço; mais esvaziado que uma renda, a rede desenhada pelo movimento do direito é 99,99% de buracos.

Mas o 0,01% restante é o ponto crucial, capital, que nos leva a falar do Direito como a única e última barreira que nos separaria do caos primitivo, do animal, da barbárie (o que prova uma sólida ignorância tanto da física do caos quanto da zoologia e dos "bárbaros")? O direito teria a ver, digamos, com a noção de regra e de sanção. Que exagero, novamente. A vida social seria bem miserável se dependesse do *Lebon*, do *Diário oficial*, do Código Civil para elaborar, ensinar, aplicar, manter em existência e sancionar suas regras de funcionamento. Como vimos acompanhando os dossiês, ao contrário, é necessário que haja um mundo já fortemente estruturado, ricamente mobiliado, povoado de atores em plena posse de seus meios, submetidos a hábitos regulados, para que uma petição possa ser compilada, para que um conselheiro extraia dela os fundamentos, para que uma subseção produza uma decisão, que um funcionário condenado se submeta a aplicar a decisão do Conselho. Se falta a expansão das regras ordinárias, o direito não progride um centímetro. Ele caminha tortuosamente quando todo o resto está no lugar. Querer definir o direito pelas regras é como reduzir as ciências aos conceitos.[56] De forma geral, nada prova que a noção de regra seja aplicável aos humanos. Wittgenstein demonstrara há muito tempo: não se pode nunca dizer de uma ação humana que ela "obedece", que ela "acompanha" ou que ela "aplica" uma regra;

---

56 Veja a colocação muito útil na última parte de Béchillon, *Qu'est ce qu'une règle de droit?*, mas a solução que ele dá em termos de modelo voltaria a confundir o direito e a organização; veja mais à frente.

pode-se somente dizer que ela *se refere a essa regra*.⁵⁷ Na pesquisa que conduzimos, encontramos numerosos exemplos de articulação de documentos com textos, arquivos, citações, vistos, invocações, mas não um pequeno caos de aplicação de uma regra legal. Arquiva-se, serve-se de, copia/cola-se, relata-se, organiza-se, elabora-se, hesita-se, cita-se, examina-se os *textos* das regras – mas, obedecê-las?

Se aumentamos demais a importância da regra para a definição do jurídico, é porque devemos ter confundido o direito e a política. Os filósofos do direito falam frequentemente da regra sancionada pela autoridade pública como um baluarte, o único baluarte contra a violência e o arbitrário. Mas então, eles desenharam contra os bárbaros uma Linha Maginot mais frágil ainda do que a primeira, e mais facilmente contornada pois, segundo eles mesmos, ela é feita de papel. Se a vida pública tivesse apenas o direito para se defender da violência, ela teria há muito tempo afundado no nada. Para que o direito tenha força, para que morda, é necessário que o círculo inteiro da representação e obediência seja percorrido; é o oficio próprio dos políticos. Se há uma coisa que o direito não sabe fazer, é substituir-se na composição progressiva da soberania efetuada pela política – forma específica da enunciação, com seus veículos e seu labor particulares.⁵⁸ Confundir a autonomia do político e a heteronomia necessária do direito é mais do que um crime: é um erro político maior. O direito sozinho nunca pode criar as totalidades que não teriam já sido engendradas e mantidas em existência pelo círculo

---

57 Veja Collins, Kusch, *The Shape of Actions*. Como mostram os autores, apenas os computadores "seguem" regras, e além disso, não as "aplicam".
58 É o que Hart reconhece provavelmente na diferença, tão importante para ele, entre regras primárias e secundárias. Hart, *Le Concept de droit*. Sobre o trabalho que Platão denomina *autophuos*, veja os Capítulos 7 e 8 de Latour, *L'Espoir de Pandore*. Infelizmente, o veículo próprio do político é tão pouco descrito quanto o da ciência ou direito, apesar de, ou antes por causa, da ciência política, que transformou o círculo da representação em um transporte de forças e interesses.

sempre recomeçado da soberania.[59] Novamente, engana-se sobre o meio, caso se pense que o veículo jurídico transporta a autoridade: ao contrário, é necessário que a autoridade esteja já no lugar para que o trabalho próprio do direito comece.

Certa ocasião, Margaret Thatcher decidiu tomar a palavra literal dos racionalistas retirando todos os recursos dos laboratórios ingleses para ver se a ciência – que, segundo os epistemólogos, era feita de conceitos imateriais – resistiria. Trememos ao imaginar situações em que se tomaria literalmente os juristas, e não seria dada outra base ao bem comum a não ser as obrigações legais. O Conselho de Estado sabe que apenas sobreviveu a todos os regimes, inclusive o de Vichy, por sua indiferença à natureza do soberano.[60] Se a filha mais bela do mundo só pode dar o que tem, o mais belo corpo de conselheiros de Estado não pode dizer mais que o direito. Ao contrário, por sua composição heterogênea, o Conselho está mais bem estabelecido do que qualquer outra corte para reconhecer os limites móveis entre a oportunidade "no interesse da boa administração" e o direito propriamente dito.[61] Se os conselheiros de Estado medem bem a fragilidade dos vínculos do direito, é devido a suas idas e vindas incessantes entre a política, a administração, os negócios e a função de juiz. Menos ainda que todos os outros juízes, eles podem dividir a ilusão de que a vida civilizada é segura por um fio, o do direito.

---

59 Problema clássico desde Hobbes. O que limita o sentido de "totalidade" discutido acima ao que é "autorizado" pelo soberano. Veja também o caso do direito internacional. Que o direito seja ainda mais distinto da moral, basta lembrar a máxima *Summum jus summa injuria*.

60 Sobre Vichy, veja Collectif, *Deuxième Centenaire du Conseil d'État*. Um exemplo, dentre outros tão terríveis: "Nas tabelas da *Coleção Dalloz*, uma rubrica 'judeus' se intercala entre 'julgamento sobre petição' e 'égua de corrida'. Em 1942, a honrosa *Semaine Juridique* publica um artigo de E. Bertrand intitulado Du contrôle judiciaire du dessaisissement des juifs et de la liquidation de leurs biens. Étude critique de jurisprudence". Rouland, *Aux confins du droit*, p.58.

61 Um presidente do Contencioso: "Avisamos às vezes na oportunidade: se o texto não é incompatível com o que quer que seja, então é modificado pela oportunidade administrativa, no interesse, no interesse da boa administração".

Se o direito não pode substituir o duro trabalho de composição do corpo político, ele também não pode servir de substituto da religião. Se ele está aumentado além da medida, transformando-se no que pode nos proteger da guerra civil, o que dizer daqueles que fazem da regra legal a única coisa que nos tira da animalidade através de um "corte simbólico" que nos eleva à palavra? Nós seríamos pequenos homens graças ao direito! Uma mistura bastante curiosa de psicanálise lacaniana, direito romano, cesaropapismo e o culto do Estado, com a qual Pierre Legendre construiu um emblema tão fascinante quanto dogmático.[62] É pedir demais ao direito, não muito à religião, demais à psicanálise, não muito à política. O direito não salva, não humaniza, não administra, não economiza aborrecimentos. *O direito não substitui nada mais.* Nós não definimos melhor quando, na incapacidade de pensar em um movimento adequado, fazemos do processo um ritual, do tribunal um lugar simbólico, da cena jurídica uma terapia.[63] O processo não cura mais do que salva. Ele é pálido demais, formal demais; não oferece à honra nenhuma satisfação, ao sofrimento nenhuma reparação. Assim como também não permite a humanidade nascer, não permite morrer dignamente finalizando o trabalho de luto. Seria necessário que uma sociedade fosse bem doente para se curar apenas com o deslo-

---

[62] Todos os livros de Legendre formam um único livro em que se mescla isso que nos esforçamos aqui para cuidadosamente distinguir. Encontramos o argumento em Legendre, desde *Trésor historique de l'État en France* até *Sur la question dogmatique en Occident*, sem progressão aparente. Suas razões são estimáveis, pois quer lutar contra a comunicação, o gerenciamento, a ciência e o sociologismo, suas bestas negras, em resumo, uma redução do direito a outra coisa. Mas sua solução defensiva acaba inflando desmedidamente o direito através de sua mistura a todas as outras formas de virtude, sem que se possa claramente especificar sua própria contribuição. Legendre faz muito isso. No fim das contas, o direito se encontra tão pouco respeitado em sua própria mediação quanto nos sociólogos do social e da "legitimação" que o confundem com uma simples técnica de dominação.

[63] No entanto, é o que busca fazer Garapon, emprestando dos etnólogos sua pequena bagagem de rito-mito-símbolo para redefinir com talento a prática jurídica. Veja Garapon, *Bien juger*.

camento obsessivo e o encadeamento perseverante das petições, das decisões e das compilações de jurisprudência. Não, decididamente é preciso diminuir a carga do barco, colocar no rio o conjunto de tesouros confiados aos juristas de forma imprudente, a fim de que possam salvar ao menos o que eles têm de próprio.

Mas, alguém dirá, se ele não salva nem cura, se não protege nem sanciona, se ele não abriga nem informa, o que faz o direito? Ele é uma névoa leve, rapidamente dissipada, um jogo de pensamento, uma ilusão boa o suficiente para legitimar as relações de força cobrindo-as com seu casaco, ou uma simples técnica a serviço de uma engenharia social a ser considerada tão friamente como uma faca de açougueiro? A tentação é grande, é verdade, de considerá-lo como uma técnica e os juristas como engenheiros da máquina social, o corpo de conselheiros de Estado assemelhando-se aos das pontes e minas. O adjetivo "técnico" é dito em muitos sentidos sem que possa, de fato, ser aplicado ao direito: trata-se de um saber esotérico reservado ao especialista; ele é frequentemente encontrado, com relação ao curso da ação normal, em uma posição subalterna, aquela exercida pelos técnicos que se ocupam dos meios e não dos fins; enfim, ele permite, por habilidade, subverter a ordem comum, graças às sutis inovações, o que permite aos engenheiros ser indispensáveis.[64] Mas todos esses sentidos não têm nada de específico, pois falta ao direito ser uma técnica em seu quarto sentido, o mais importante: ele nunca busca *dobrar* o espaço-tempo para substituir as injunções por *outra matéria*. A mais humilde técnica – a lâmpada, o cinzeiro, o clipe – mistura as épocas, os lugares, os materiais totalmente heterogêneos, dobra-os em uma caixa-preta única, levando aqueles que a utilizam a agir desviando seu curso de ação. O direito é incapaz disso. É a *menos técnica* de todas as formas de enunciação: nunca substitui a oralidade, a textualidade, a retomada laboriosa do

---

64 Sobre todas essas definições, veja o Capítulo 6 de Latour, *L'Espoir de Pandore*. Sobre a mediação técnica, veja sobretudo *Aramis, ou l'amour des techniques* e, mais recentemente, Morale et technique: la fin des moyens.

sentido pelo corpo humano. Também não se pode calcular o direito resumindo-o através de um dispositivo mecânico – como uma calculadora pode substituir o cálculo mental –, também não se pode delegar seus vínculos em outra matéria para resumi-lo ou expressá-lo de outra forma. Um olhar sobre o Palais-Royal é suficiente para convencer-se disso: Catão em uma toga não estaria fora de lugar. Com exceção da base informatizada que permite um arquivamento mais fácil do que os tabletes de cera, não há a menor ferramenta que permita acelerar a eficácia do direito em 2001, em relação àquela de César. Já foi dito que os exércitos de Napoleão marchavam com a mesma rapidez que os de Alexandre até a invenção das estradas de ferro, que transformou a arte da guerra. Bem, nenhuma inovação radical veio modificar a arte de enunciar o direito: as petições progridem no Palais-Royal com a mesma rapidez e são tricotadas com as mesmas agulhas usadas na cúria de Augusto. Podemos certamente falar das técnicas jurídicas, mas o sentido permanece metafórico: que não se espere do Conselho nenhum quadro de bordo, nenhum botão para apertar de onde o vice-presidente poderia controlar a fábrica do direito hoje de forma mais direta e eficazmente que ontem. Não, sempre a palavra lenta e tortuosa, sempre a obrigação de engolir o direito administrativo decisão por decisão, sem atalhos, sem cola. Nenhuma aceleração, nenhuma delegação, nenhuma inovação radiante. Mais uma vez, nada substitui o direito, a não ser a expressão renovada do próprio direito. *Viva vox legis*. Por uma razão essencial que vamos logo descobrir, o direito, contrariamente à técnica, não é dobrado nem delegado. Ele só tem sentido se desdobrado, estendido, espalhado.

Uma ficção então? A palavra existe, *fictio legis*, envolvida com todo o prestígio do direito romano. No entanto, ainda, para obter o sentido da palavra "ficção", como o sentido de "técnica", é preciso comparar os regimes de enunciação e não apenas os usos contraditórios da língua comum. Se se define a ficção como a capacidade de *interromper* um personagem qualquer em outro tempo, outro espaço, um outro ator e um outro material – um deslocamento quádruplo que foi objeto de estudos incontáveis pelos semióticos –,[65] o direito quase pode ser entendido como o contrário da ficção: ele *repara* os danos criados por ela. Compreende-se, desde então, que a *fictio legis* – veja, por exemplo, o episódio do Capítulo 1– segue o caminho exatamente inverso da ficção: enquanto se esperaria da invenção narrativa que ela nos transportasse para um outro tempo e um outro lugar, acalentando-nos com um "era uma vez", a ficção jurídica permite a ligação forçada entre um enunciador a seu enunciado contra todas as probabilidades (é somente lá onde os dois sentidos se encontram). Um escravo seria considerado homem livre, um morto, como vivo, um filho, o pai de seu próprio pai, um aeroporto considerado legal, e assim por diante, *o tempo justo em que o direito passa* e que as ligações dos enunciados possam ocorrer tendo evitado o abismo da vida jurídica, quer dizer, a finalização do movimento.[66] Enquanto a ficção leva o leitor longe, a ficção jurídica reformula e religa; enquanto a ficção move e engana, a ficção jurídica esfria e acalma. Poderíamos estetizar o direito, tratar o texto jurídico como uma obra literária, ele não impede que os dois regimes de enunciação trabalhem em sentido contrário.[67] O direito quer que os enunciados não se separem dos enunciadores sem deixar rastro. A ficção se beneficia precisamente da confusão dessas relações impossíveis de rastrear.

Tudo ocorre como se o direito se interessasse exclusivamente pela possibilidade de *religar* as figuras da enunciação, *imputando* a

---

65 Sobre a arrumação, veja Greimas, Analyse sémiotique d'un discours juridique. Sobre a ficção, a melhor apresentação permanece sendo Pavel, *Univers de la fiction*. Sobre a enunciação inscrita no texto, veja a peça de bravura de Eco, *Lector in fabula*. Sobre o sentido muito particular da palavra no direito administrativo, veja Costa, *Les Fictions juridiques en droit administratif*.
66 Sobre todos esses exemplos, veja o artigo de Thomas, *Fictio Legis*.
67 Que os conselheiros achem os dossiês "bonitos" e "interessantes" não prova que eles os estetizam, que se preparam para hesitar, portanto a julgar, a fazer um trabalho propriamente jurídico, como vimos no Capítulo 4. Vistas as dificuldades que tive para escrever este livro, eu arriscaria a hipótese de que o direito é o único regime de enunciação que não se pode estetizar...

um locutor o que ele disse. Ligar um indivíduo a um texto através do processo de qualificação; anexar um enunciado a seu enunciador pela sequência das cadeias de assinaturas; autenticar um ato de escrita; imputar um crime ao nome próprio de um ser humano; religar textos e documentos; rastrear o caminho dos enunciados; todo o direito pode ser obtido como um esforço obsessivo para tornar a enunciação *atribuível*. O que você disse envolve você; sua identidade pode ser provada por um documento de estado civil; você está autorizado por um texto a ocupar tal posição ou enunciar essa palavra?; o sentido das palavras depende de outro texto; tal ação é imputável a você; seu ato de escrita prejudica outras pessoas; o recibo do acusado de recepção foi assinado por você. É preciso, a todo preço, evitar que os planos de enunciação se desarticulem, uma tarefa impossível e sem fim, pois, por definição, o ato de enunciação multiplica os planos.

Nós tocamos talvez o ponto de equilíbrio que este capítulo queria obter: dar o bastante ao direito, para que sua existência venha do exterior com uma força e uma eficácia próprias; não encarregá-lo de transportar nenhuma outra função que não as suas. Falar de símbolo com respeito ao direito apenas o enfraqueceria, é fácil entender. Quando as ciências humanas se resignam aos símbolos, é porque abandonaram a tarefa de compreender o modo particular de existência com os quais os humanos se relacionam. Dizer do psiquismo humano que ele é simbólico é uma forma de não mais reconhecer os seres invisíveis com os quais a consciência deve debater.[68] Dizer da religião que ela é simbólica é voluntariamente desistir de dotar as divindades de alguma forma de ontologia, tornando-as consequências vagas de uma tempestade cerebral.[69] Dizer de fatos científicos que eles são simbólicos é recuar diante da enorme dificuldade de

---

68 Veja a distinção entre angústia e medo em Nathan, *L'Influence qui guérit*, em que a cura consiste, ao contrário, em abandonar o símbolo por tratativas arriscadas com as próprias divindades.

69 Claverie, Voir apparaître, regarder voir; Piette, *La Religion de près*, em que os métodos renovaram muito a sociologia da religião.

encontrar seu modo tão particular de existência, que é justamente o fato de não ser natural.[70] Da mesma forma, dizer do direito que ele é simbólico, que é uma coisa mental, uma produção do cérebro humano, uma construção social arbitrária seria capitular já no início, renunciando descobrir a ontologia própria que lhe convém. As ciências sociais nunca sairão do impasse levado por sua epistemologia se elas não renunciarem ao símbolo para se ater à ontologia. Os riscos são enormes, e os ganhos também. Falaríamos da realidade, enfim, em lugar daquilo que sempre a encobre. Imaginemos isto: as ciências sociais realistas, e não mais críticas ou céticas, as ciências sociais construtivas, e não mais prisioneiras do construtivismo social, essa debilitação da alma.

Se parece tão difícil dotar o direito de sua forma particular de ontologia, de sua existência de alguma forma objetiva, exterior a toda construção social, independente de espírito, é que o lugar já está ocupado por uma versão *exagerada* de sua presença: aquela que lhe confere a, ou melhor, as teorias do direito natural. Seria preciso ter as asas do pombo, as antenas da formiga, as pinças do camarão para tocar bem delicadamente esses assuntos. Seria necessário poder manter a intuição correta do direito natural esvaziando sua pretensão excessiva de fundar o direito. Sim, o direito é bem externo aos humanos; não, ele não diz nada que permita ler, sob o texto alterado dos homens, a mensagem inalterável da natureza.

Para praticar essa operação, é necessário distinguir o direito de outra forma ainda de enunciação, que poderíamos chamar de organização.[71] Considerados em seu *conteúdo*, os textos do direito repartem os papéis e funções, atribuem capacidades, distribuem autoridades, criam toda espécie de entidades, preveem procedimentos de recursos, e assim por diante, cobrindo os *scripts* das incontáveis interações humanas – que se situam sempre, de alguma

---

70 Latour, For Bloor and beyond: a response to David Bloor's "Anti-Latour".
71 A melhor formulação das formas de enunciação próprias à organização se encontram em Taylor, Van Every, *The Emergent Organization*; e Cooren, *The Organizing Property of Communication*.

forma, *abaixo* desses scripts que lhes definem seu programa de ação, seu plano de rota. Essa função é de fato capital, e poderíamos considerar o conjunto do direito sob o modo de organização. E, no entanto, teríamos perdido de vista o veículo particular do direito. O conteúdo organizacional forma um conjunto muito mais vasto do que as regras legais.[72] Cada instituição, cada firma, cada família, cada indivíduo produz um número indefinido de scripts que servem de modelo de comportamento. Esses scripts, modelos, distribuidores, organogramas e *dispatchers* não promovem consequências jurídicas. Apenas uma pequena parte desses scripts dará lugar ao "do direito" – e somente em caso de contestação, se lhe for reconhecida a possibilidade de dano.[73] O direito se refere aos scripts como a todo o resto, à sua moda, sem se reduzir a eles.

Tal perturbação, esse movimento particular, a obsessão pela imputação são suficientes para reconhecer a objetividade do direito, essa certeza íntima compartilhada por todos os juristas, mesmo os mais hostis ao direito natural, de que eles estão tratando de algo que está além deles e do qual devem prestar contas, sem adicionar nada que seja transcendente à prática humilde? Isso é suficiente para reconhecer que o direito existe no mundo, assim como existem vacas e crentes, nuvens e divindades? Deveríamos poder dizer que o direito está lá desde o nascimento. Ele nos precede e sobrevive a nós. Habitamos sua morada. E, no entanto, ele não diz nada, não informa sobre nada, é preciso fazer todo o trabalho. Se de um lado, o direito natural corresponde a uma intuição muito arraigada, de outro,

---

72 É isso que faz que a solução de Béchillon, apesar de tentadora, em ver na regra um modelo de repartição de competências, não possa ser suficiente. Béchillon, *Qu'est-ce qu'une règle de droit?*, p.173. Então, para encontrar a definição de direito, o autor deve adicionar, no curso da frase, o adjetivo "jurídico", encontrando uma vez mais a tautologia que queria evitar, mas que eu acredito constitutiva do direito.

73 Essa é a clara diferença, no direito administrativo, entre as medidas de ordem interna, abaixo, e os atos de governo, acima, que não podem ser contestados uma vez que têm o *mesmo conteúdo organizacional* que o restante do direito, o que prova que não se pode fazer da regra legal um modelo de comportamento.

o direito natural se engana inteiramente sobre a ontologia da coisa que quer respeitar. Mas se seguirmos a hipótese introduzida no contraste com a ficção, temos talvez uma solução possível que fará o contraste se destacar – o direito não é substituível por nada – sem carregá-lo como um burro. A solução seria reconhecer que o direito é um modo de exploração do ser, um modo de existência próprio que tem sua ontologia particular, que engendra os humanos sem ser ele mesmo feito por eles, que pertence à categoria prestigiosa dos "fatiches".[74] O que ele faz, nenhum outro regime de enunciação faz: mantém o rastro de todos os desengajamentos, para reconectar de forma incansável os enunciados aos seus enunciadores através do caminho perigoso da assinatura, do arquivo, do texto, do dossiê.

De fato, melhor do que qualquer outro ato, a assinatura revela a forma bem particular de atribuição do direito.[75] A rubrica tem justamente por característica ser tremida, deformada, disforme, porque reúne dois planos de enunciação incompatíveis em todos os outros regimes: o enunciador inscrito no texto, o enunciador não atribuível implicado, subentendido pela inscrição, que não vemos nunca, por definição. Quando se acrescenta sua assinatura, selamos com uma marca irremediavelmente deformada que nenhuma outra enunciação abre, o abismo que nenhuma outra palavra preenche, o rasgo que nenhum texto costura. Nesse pequeno mistério de atribuição e imputação, há a religação de figuras de enunciado pela teia de aranha do direito, o bastante para alimentar a mais viva admiração pelo trabalho dos juristas, sem lhes juntar a carga da solução dos maiores mistérios, sem exigir do direito que ele seja mais verdadeiro, justo, legítimo, moral, humano.

Nesta obra, tentamos trazer a prova disso capturando o direito pelo movimento incessante dos documentos que, em caso de contestação, permitem constituir um litígio bem formado, à condição de que outros textos tenham previsto um procedimento de solução que, se for contestada, permite ir até o fim remontando, passo a

---

74 Latour, *Petite réflexion sur le culte moderne des dieux faitiches*.
75 Tão bem analisado por Fraenkel, *La Signature*.

passo, de corte em corte, de texto em texto, a totalidade dos laços estabelecidos anteriormente a isso, que outros agentes, nossos caros conselheiros, tentam dar coerência através de um trabalho incessante de arrumação, de atualização, de esquecimento, de retificação, codificação, comentários, interpretações, a fim de que nada se perca e nada se crie, que tudo que passa inexoravelmente – o tempo, os humanos, os lugares, os bens, as decisões – permaneça vinculado por um fio contínuo, de forma que a segurança jurídica sirva de rede a todos os requerentes potenciais, para que os humanos possam cada um aproveitar da força de todos... A frase é longa, sem resumo, mas ela não conservou as características essenciais do que importa confiar ao veículo particular do direito? Sim, o direito é formal, mas ele tem como realidade própria *preceder* todo enunciador, todo humano falante, de quem ele acompanha todas as arrumações transformadoras, todas as fabulosas ficções, todas as audaciosas organizações, através de um trabalho tão pouco transformador, tão pouco fabuloso, tão pouco audacioso, e que reconecta, conserva, religa, atribui, rastreia. Para celebrá-lo, é inútil tocar os grandes órgãos da natureza, da religião, do estado. O direito já vincula bastante bem a totalidade para que nós vinculemos todos esses instrumentos desafinados que fazem um barulho infernal. Não, sua música é mais discreta. Não seríamos humanos sem ela. Sem ela, *teríamos perdido o rastro do que dissemos dele*. Os enunciados flutuariam sem jamais encontrar seus enunciadores. Nada ligaria o espaço-tempo em um continuum. Não encontraríamos um rastro de nossas ações. Não imputaríamos responsabilidade. Isso não é suficiente para se apresentar dignamente diante de outros povos? Para pedir-lhes que respeitem nosso estado de direito?

Referências bibliográficas

ABELÈS, Marc. *Un Ethnologue à l'Assemblée*. Paris: Odile Jacob, 2000.
ALDER, Ken. Les tours et détours du détecteur de mensonge. *La Recherche*, n.341, abr. 2001.
AMSELEK, Paul. Lois juridiques et lois scientifiques. *Droits*, n.6, p.131-41, 1987.
ASSOCIATION FRANÇAISE POUR L'HISTOIRE DE LA JUSTICE (Org.). *La Justice en ses temples*: Regards sur l'architecture judiciaire en France. Poitiers: Brissaud, 1992.
ATIAS, Christian. *Science des légistes, savoir des juristes*. Aix-en-Provence: Presses de l'université Aix-Marseille, 1993.
_____. *Philosophie du droit*. Paris: PUF, 1999.
AUGÉ, Marc. *Pour Une Anthropologie des mondes contemporains*. Paris: Aubier, 1994.
AUSTIN, John Langshaw. *Quand dire, c'est faire*. Paris: Seuil, 1970.
BAKER, Keith. Politique et opinion publique sous l'Ancien Régime. *Annales ESC*, n.1, p.47-71, 1987.
BANCAUD, Alain. Une "constance mobile": la haute magistrature. *Actes de la recherche en sciences sociales*, n.76-7, p.30-48, 1989.
BASTIDE et al. The Use of Review Articles in the Analysis of a Research Area. *Scientometrics*, 15-5-6, p.535-62, 1989.
BÉCHILLON, Denys de. Sur la conception française de la hiérarchie des normes. Anatomie d'une représentation. *Revue interdisciplinaire d'études juridiques*, n.32, p.81-125, 1994.

BÉCHILLON, Denys de. La valeur anthropologique du Droit. *Revue trimestrielle de droit civil*, n.4, p.835-59, 1995.

_____. *Qu'est-ce qu'une règle de droit?* Paris: Odile Jacob, 1997.

BERRE, Hughes Le. *Les Revirements de jurisprudence en droit administratif de l'an VII à 1998.* Paris: LGDJ, 1999.

BOLTANSKI, Luc. La dénonciation. *Actes de la recherche en sciences sociales*, n.51, p.1-39, 1984.

_____. *L'Amour et la justice comme compétences.* Paris: A.-M. Métailié, 1990.

BOURCIER, Danièle; MACKAY, Pierre. (Orgs.). *Lire le droit:* Langue, texte, cognition. Paris: LGDJ, 1992.

_____; THOMASSET, Claude (Orgs.). *L'Écriture du droit*: Législation et technologie de l'information. Paris: Diderot Multimédia, 1996.

BOURDIEU, Pierre. La force du droit. *Actes de la recherche en sciences sociales*, n.64, p.3-19, 1986.

_____. De la maison du Roi à la raison d'État. *Actes de la recherche en sciences sociales*, n.118, p.55-68, 1997.

BOUREAU, Alain. *La Loi du royaume*: Les moines, le droit et la construction de la nation anglaise, XIe-XIIIe siècle. Paris: Les Belles Lettres, 2001.

BRAIBANT, Guy. *Le Droit administratif français.* Paris: Presses de la Fondation nationale des sciences politiques et Dalloz, 1992.

BUI-XUAN, Olivia. *Les Femmes au Conseil d'État.* Paris: L'Harmattan, 2000.

BURDEAU, François. *Histoire du droit administratif*: De la Révolution au début des années 1970. Paris: PUF, 1995.

CALLON, Michel (Org.). *The Laws of the Market.* Oxford: Blackwell, 1998.

_____. Ni intellectuel engagé, ni intellectuel dégagé: la double stratégie de l'attachement et du détachement. *Sociologie du travail*, n.1, p.1-13, 1999.

CALLON, Michel et al. *La Scientométrie.* Paris: PUF, 1993.

_____. *Agir dans un monde incertain*: Essai sur la démocratie technique. Paris: Seuil, 2001.

CAMBROSIO, Alberto et al. Representing Biotechnology: an Ethnography of Quebec Science Policy. *Social Studies of Science*, n.20, p.195-227, 1990.

CARBONNIER, Jean. *Flexible droit*: Pour une sociologie du droit sans rigueur. 9. ed. Paris: LGDJ, 1998.

CASSIN, Barbara. *L'Effet sophistique*. Paris: Gallimard, 1995.
CAYLA, Olivier. La qualification ou la vérité du droit. *Droits*, n.18, p.4-17, 1993.
_____. L'inexprimable nature de l'agent public. *Enquête*, n.7, p.75-97, 1998.
_____. Le coup d'État de droit? *Le Débat*, n.100, p.108-32, 1998.
_____; THOMAS, Yan. *Du Droit de ne pas naître*: À propos de l'affaire Perruche. Paris: Gallimard, 2002.
CHARVOLIN, Florian. *L'Invention de l'environnement en France* (1960-1971): Les pratiques documentaires d'agrégation à l'origine du ministère de la Protection de la nature et de l'Environnement. Tese de doutorado, École Nationale Supérieure des Mines de Paris, Paris, 1993.
CHEVALIER, J. *Science administrative*. Paris: PUF, 1994. Tomo I.
CLAVERIE, Élizabeth. Voir apparaître, regarder voir. *Raisons pratiques*, n.2, p.1-19, 1991.
_____. Sainte indignation contre indignation éclairée, l'affaire du Chevalier de La Barre. *Ethnologie française*, 22 (3), p.271-89, 1992.
COLCOMBET, François. Rapport fait au nom de la Commission des lois sur le projet de loi, adopté par le Sénat, relatif au référé devant les juridictions administratives. Assemblée nationale (2002), 1999.
COLLECTIF. *Deuxième Centenaire du Conseil d'État*. Dois volumes especiais da *Revue administrative*. Paris: PUF, 2001.
COLLINS, Harry; KUSCH, Martin. *The Shape of Actions*: What Human and Machines Can Do. Cambridge, Mass.: MIT Press, 1998.
COOREN, François. *The Organizing Property of Communication*. Nova York: John Benjamins Pub Co., 2001.
COSTA, Delphine. *Les Fictions juridiques en droit administratif*. Paris: LGDJ, 2000.
COSTA, Jean-Paul. *Le Conseil d'État dans la société contemporaine*. Paris: Economica, 1993.
DAGOGNET, François. *Écriture et iconographie*. Paris: Vrin, 1974.
DEBRAY, Régis. *Loués soient nos seigneurs*: Une éducation politique. Paris: Gallimard, 1996.
DE GEOUFFRE DE LA PRADELLE, Géraud. La réforme du droit de la nationalité ou la mise en forme juridique d'un virage politique. *Politix*, n.32, p.154-71, 1995.
DEGUERGUE, Maryse. Les commissaires du gouvernement et la doctrine. *Droits*, n.20, p.125-32, 1994.
DESCOLA, Philippe; PALSSON, Gisli (Orgs.). *Nature and Society*: Anthropological Perspectives. Londres: Routledge, 1996.

DUPRET, Baudoin. Le droit en action en contexte. Ethnométhodologie et analyse de conversation dans la recherche juridique. Dossiê coordenado por B. Dupret. *Droit et société*, n.48, 2001.

ECO, Umberto. *Lector in fabula*: Le rôle du lecteur ou la coopération interprétative dans les textes narratifs. Paris: Grasset, 1985. [Ed. bras.: *Lector in fabula*: São Paulo. Perpectiva, 2012.]

EISENSTEIN, Elizabeth. *La Révolution de l'imprimé dans l'Europe des premiers temps modernes*. Paris: La Découverte, 1991.

EWALD, François. Une expérience foucaldienne: les principes généraux du droit. *Critique*, n.471-2, p.788-93, 1986.

FAVEREAU, Olivier. L'économie du sociologue ou penser (l'orthodoxie) à partir de Pierre Bourdieu. In: LAHIRE, Bernard. *Le Travail sociologique de Pierre Bourdieu*: Dettes et critiques. Edição revista e ampliada. Paris: La Découverte, 2001. p.255-314. Coleção Poches/ Sciences Humaines et Sociales.

FOUCAULT, Michel. *Surveiller et Punir*: Naissance de la prison. Paris: Gallimard, 1975. [Ed. bras.: *Vigiar e Punir*: nascimento da prisão. Petrópolis: Vozes, 2014.]

FRAENKEL, Béatrice. *La Signature*: Genèse d'un signe. Paris: Gallimard, 1992.

FREEDMAN, Charles E. *The Conseil d'État in Modern France*. Nova York: Columbia University Press, 1961.

GALISON, Peter. *Image and Logic*: A Material Culture of Microphysics. Chicago: The University of Chicago Press, 1997.

_____. Einstein's Clocks: the Place of Time. *Critical Enquiry*, p.355-89, inverno 2000.

_____; THOMPSON, Emily (Orgs.). *The Architecture of Science*. Cambridge, Mass.: MIT Press, 1999.

GARAPON, Antoine. *Bien juger*: Essai sur le rituel judiciaire. Paris: Odile Jacob, 1997.

GEISON, Gerald L. *The Private Science of Louis Pasteur*. Princeton: Princeton University Press, 1995.

GOODY, Jack. *La Logique de l'écriture*. Paris: Armand Colin, 1986.

GRAMAGLIA, Christelle. La revue *TOS*. Número comemorativo, p.3-7. Tese de doutorado em andamento, 2002.

GREIMAS, Algirdas Julien. Analyse sémiotique d'un discours juridique. *Sémiotique et sciences sociales*. Paris: Seuil, 1976. p.79-128.

_____; COURTÈS, Joseph. (Orgs.). *Sémiotique*: Dictionnaire raisonné de la théorie du langage. Paris: Hachette, 1979.

HACKING, Ian. *Concevoir et expérimenter*: Thèmes introductifs à la philosophie des sciences expérimentales. Paris: Christian Bourgois, 1989.

HARLOW, Carol. Légalité, illégalité et responsabilité de la puissance publique en Angleterre. *Études et documents*, n.29, p.335-54, 1977-8.

_____. La Huronne au Palais-Royal or a Naive Perspective on Administrative Law. *Journal of Law and Society*, 27 (2), p.322-7, 2000.

HART, Herbert L. A. *Le Concept de droit*. Bruxelles: Publications des facultés universitaires Saint-Louis, [1961] 1976.

HEINICH, Nathalie. Les colonnes de Buren au Palais-Royal. Ethnographie d'une affaire. *Ethnologie française*, 25 (4), p.525-40, 1995.

HERMITTE, Marie-Angèle. *Le Sang et le Droit*: Essai sur la transfusion sanguine. Paris: Seuil, 1996.

_____. L'expertise scientifique à finalité de décision politique. *Justices*, n.8, 4.trim., out.-dez., p.79-103, 1997.

_____. Le droit est un autre monde. *Enquête anthropologie, histoire, sociologie*, n.7, p.17-38, 1998.

HOLMES, Oliver. The Path of Law. *The Harvard Law Review*, n.10, p.457-78, 1897.

HUTCHINS, Edward. *Culture and Inference*: A Trobriand Case Study. Cambridge: Harvard University Press, 1980.

_____. Comment le cockpit se souvient de ses vitesses. *Sociologie du travail*, n.4, p.451-74, 1994.

_____. *Cognition in the Wild*. Cambridge, Mass.: MIT Press, 1995.

JACOB, Christian. *L'Empire des cartes*: Approche théorique de la cartographie à travers l'histoire. Paris: Albin Michel, 1992.

JACOB, Robert. *Images de la justice*: Essai sur l'iconographie judiciaire du Moyen Âge à l'Âge classique. Paris: Le Léopard d'Or, 1994.

JAMES, William. *Pragmatism*: A New Name for Some Old Ways of Thinking, seguido de *The Meaning of Truth*. Cambridge Mass.: Harvard University Press, 1907 [1975].

JASANOFF, Sheila. *The Fifth Branch*: Science Advisers as Policymakers. Cambridge, Mass.: Harvard University Press, 1990.

_____. What Judges Should Know About the Sociology of Science. *Jurimetrics Journal*, n.32, p.345-59, 1992.

_____. *Science at the Bar*: Law, Science and Technology in America. Cambridge, Mass.: Harvard University Press, 1995.

JEANNEAU, Benoit. La nature des principes généraux du droit en droit français. *Travaux de l'institut de droit comparé*, XXIII, 1962.

JONES, Carrie; GALISON, Peter (Orgs.). *Picturing Science, Producing Art*. Londres: Routledge, 1998.

JURDANT, Baudoin (Org.). *Impostures intellectuelles*: Les malentendus de l'affaire Sokal. Paris: La Découverte, 1998.

KANT, Emmanuel. *Critique de la raison pure*. Trad. Tremesaygues e Pacaud. Paris: Félix Alcan, 1787 [1905]. [Ed. bras.: *Crítica da razão pura*. Petrópolis: Vozes, 2015.]

KARPIK, Lucien. L'avancée politique de la justice. *Le Débat*, n.97, p.90-107, 1997.

KESSLER, Marie-Christine. *Le Conseil d'État*. Paris: Armand Colin, 1968.

KNORR-CETINA, Karin. *Epistemic Cultures*: How the Sciences Make Knowledge. Cambridge, Mass.: Harvard University Press, 1999.

KUHN, Thomas. *La Structure des révolutions scientifiques*. Paris: Flammarion, 1983. [Ed. bras.: *A estrutura das revoluções científicas*. São Paulo: Perspectiva, 2013.]

KUPIEC, Jean-Jacques; SONIGO, Pierre. *Ni Dieu ni gène*. Paris: Seuil, 2000. Coleção Science ouverte.

LANDOWSKI, Eric. Vérité et vérédiction en droit. *Droit et société*, n.8, p.45-59, 1988.

LASCOUMES, Pierre. *Au nom de l'ordre*: Histoire politique du Code pénal. Paris: Hachette, 1989.

LATOUR, Bruno. *La Science en action*: Introduction à la sociologie des sciences. Paris: La Découverte, 1989. [Ed. bras.: *Ciência em ação*: como seguir cientistas e engenheiros sociedade afora. 2.ed. São Paulo: Unesp, 2011.]

_____. *Nous n'avons jamais été modernes*: Essai d'anthropologie symétrique. Paris: La Découverte, 1991. [Ed. bras.: *Jamais fomos modenos*. São Paulo: Ed. 34, 1994.]

_____. *Aramis, ou l'amour des techniques*. Paris: La Découverte, 1992.

_____. *Petite réflexion sur le culte moderne des dieux faitiches*. Paris: Les Empêcheurs de penser en rond, 1996.

_____. For Bloor and beyond: a Response to David Bloor's "Anti-Latour". *Studies in History and Philosophy of Science*, 30 (1), p.113-29, 1999.

_____. *Politiques de la nature*: Comment faire entrer les sciences en démocratie. Paris: La Découverte, 1999. [Ed. bras.: *Políticas da natureza*: como associar a ciência à democracia. São Paulo: Unesp, 2018.]

_____. Morale et technique: la fin des moyens. *Réseaux*, n.100, p.39-58, 2000.

_____. *L'Espoir de Pandore*: Pour une version réaliste de l'activité scientifique. Paris: La Découverte, 2001. [Ed. bras.: *A esperança de Pandora*: Ensaios sobre a validade dos estudos científicos. São Paulo: Unesp, 2017.]

LATOUR, Bruno. Et si l'on parlait un peu politique? *Politix*, n.58, 2002.
⎯⎯⎯. Guerre des mondes — offre de paix. *Ethnopsy-les mondes contemporains de la guérison*, n.4, avril, p.61-80, 2002.
⎯⎯⎯. *Jubiler ou les tourments de la parole religieuse*. Paris: Les Empêcheurs de penser en rond, 2002.
⎯⎯⎯. *Les Microbes: Guerre et Paix*, seguido de *Irréductions*. Paris: A.-M. Métailié, [2002] 1984. Coleção Pandore; reedição de bolso: *Pasteur: guerre et paix des microbes* seguido de *Irréductions*. Paris: La Découverte, 2001.
⎯⎯⎯; DE NOBLET, Jocelyn (Orgs.). *Les "Vues" de l'esprit*: Visualisation et connaissance scientifique. Paris: Culture technique, 1985.
⎯⎯⎯; WOOLGAR, Steve. *La Vie de laboratoire*. Paris: La Découverte, 1988.
LEBON, Jean. *Meurtre au Conseil d'État*. Paris: Calmann-Lévy, 1990.
LEGENDRE, Pierre. Prestance du Conseil d'État (à propos d'un livre récent). *Revue historique du droit français et étranger*, p.630-4, out.-dez. 1975.
⎯⎯⎯. *L'Empire de la vérité*: Introduction aux espaces dogmatiques industriels (Leçons II). Paris: Fayard, 1983.
⎯⎯⎯. *Trésor historique de l'État en France*: L'administration classique. Paris: Fayard, 1992.
⎯⎯⎯. *Leçons I, La 901e conclusion*: Étude sur le théâtre de la raison. Paris: Fayard, 1998.
⎯⎯⎯. *Sur la question dogmatique en Occident*. Paris: Fayard, 1999.
LEWONTIN, Richard. *The Triple Helix, Gene, Organism and Environment*. Cambridge, Mass.: Harvard University Press, 2000.
LICOPPE, Christian. *La Formation de la pratique scientifique*: Le discours de l'expérience en France et en Angleterre (1630-1820). Paris: La Découverte, 1996.
LONG, Marceau et al. *Les Grands Arrêts de la jurisprudence administrative*. Paris: Dalloz, 1999.
LUHMANN, Niklas. *A Sociological Theory of Law*. Londres: Routledge, 1985.
LYNCH, Michael. Sacrifice and the Transformation of the Animal Body into a Scientific Object: Laboratory Culture and Ritual Practice in Neuroscience. *Social Studies of Science*, n.18, p.265-89, 1988.
⎯⎯⎯; MCNALLY, Ruth. Science, Common Sense and Common Law: Courtroom Inquiries and the Public Understanding of Science. *Social Epistemology*, 13 (2), p.183-96, 1999.
⎯⎯⎯; WOOLGAR, Steve (Orgs.). *Representation in Scientific Practice*. Cambridge, Mass.: MIT Press, 1990.

MALLARD, Alexandre. Compare, Standardize and Setlle Agreement: On some Usual Metrological Problems. *Social Studies of Science*, n.28, p.571-601, 1998.

MALTZMANN, Forrest et al. *Crafting Law on the Supreme Court*: The Collegial Game. Cambridge, Mass.: Cambridge University Press, 2000.

MASSOT, Jean et al. *Le Conseil d'État*: De l'An VIII à nos jours. Livre jubilaire du deuxième centenaire. Catálogo da exposição. Paris: Société nouvelle Adam Biro, 1999.

_____; GIRARDOT, Thierry. *Le Conseil d'État*. Paris: La Documentation française, 1999.

MCEVOY, Sebastian. *L'Invention défensive*. Paris: Métailié, 1995.

MERCIER, Michel. Les images de microscopie électronique; construire un réel invisible. *Culture technique*, n.22, p.25-34, 1991.

MOGOUTOV, Andrei. Données relationnelles en sciences sociales: essai de minimalisme méthodologique. *Pratiques de formation*, Université de Paris-VIII, p.141-8, 1988. Disponível em: <www.aguidel.com>.

MYERS, Greg. *Writing Biology*: Texts and the Social Construction of Scientific Knowledge? Madison: The University of Wisconsin Press, 1990.

NATHAN, Tobie. *L'Influence qui guérit*. Paris: Odile Jacob, 1994.

OPHIR, Adi; SHAPIN, Steven. The Place of Knowledge: A Methodological Survey. *Science in Context*, 4 (1), p.3-21, 1990.

PAVEL, Thomas. *Univers de la fiction*. Paris: Seuil, 1986.

PERELMAN, Chaim. *Traité de l'argumentation*: La nouvelle rhétorique. Bruxelles: Université de Bruxelles, 1968.

PIETTE, Albert. *La Religion de près*: L'activité religieuse en train de se faire. Paris: Métailié, 1999.

POOVEY, Mary. *History of the Modern Fact*: Problems of Knowledge in the Sciences of Wealth and Society. Chicago: Chicago University Press, 1999.

RAINAUD, Nicolas. *Le Commissaire du gouvernement près le Conseil d'État*. Paris: LGDJ, 1996.

RICHARDS, Thomas. *The Imperial Archive*. Londres: Routledge, 1993.

RIVERO, Jean. Le Huron au Palais-Royal, ou réflexions naïves sur le recours pour excès de pouvoir. *Recueil Dalloz*, p.37-40, 1962.

ROQUEMAUREL, Josselin de. *Les Membres du Conseil d'État et les entreprises* (1945-1994). Mestrado em História Contemporânea, Université de Paris-IV, Paris, 1997.

ROQUEPLO, Philippe. Regards sur la complexité du pouvoir. Enquête dans les cabinets ministériels. *Annales des Mines*, p.4-30, jun. 1990.

ROSENTAL, Claude. *L'Émergence d'un théorème logique*: Une approche sociologique des pratiques contemporaines de démonstration. Tese de doutorado em Sociologia, École Nationale Supérieure des Mines de Paris, 1996.

ROULAND, N. *Aux confins du droit*: Anthropologie juridique de la modernité. Paris: Odile Jacob, 1991.

SCHÜTZ, Anton. Saint Augustin, l'État et la "bande de brigands". *Droits*, n.16, p.71-82, 1992.

SERRES, Michel. *Statues*. Paris: François Bourin, 1987.

SERVERIN, Evelyn. *Sociologie du droit*. Paris: La Découverte, 2000.

SHAPIN, Steven. Discipline and Bounding: The History and Sociology of Science as Seen Through the Externalism Debate. *History of Science*, n.30, p.334-69, 1992.

SHAPIN, Steven; SCHAFFER, Simon. *Le Léviathan et la pompe à air*: Hobbes et Boyle entre science et politique. Paris: La Découverte, 1993.

SHAPIRO, Barbara. *Beyond Reasonable Doubt and Probable Cause*: Historical Perspectives on the Anglo-American Law of Evidence. Berkeley: University of California Press, 1991.

SMITH, Crosbie; WISE, Norton. *Energy and Empire, A Biographical Study of Lord Kelvin*. Cambridge: Cambridge University Press, 1989.

SMOLLA, Rodney A. *A Year in the Life of the Supreme Court*. Durham: Duke University Press, 1995.

STENGERS, Isabelle. *L'Invention des sciences modernes*. Paris: La Découverte, 1993.

_____. *Cosmopolitiques*. Tome VII: pour en finir avec la tolérance. Paris: La Découverte/Les Empêcheurs de penser en rond, 1997.

STIRN, Bernard. *Le Conseil d'État, son rôle, sa jurisprudence*. Paris: Hachette, 1991.

STRATHERN, Marylin. *Property, Substance and Effect*: Anthropological Essays in Persons and Things. Londres: Athlone Press, 1999.

SUCHMAN, Lucy. *Plans and Situated Actions*: The Problem of Human Machine. Cambridge, Mass.: Cambridge University Press, 1987.

TARDE, Gabriel. *Les Transformations du droit*: Étude sociologique. Genève: Berg International, 1893 [1994].

_____. *Monadologie et sociologie*. Paris: Les Empêcheurs de penser en rond, 1999. [Ed. bras.: *Monadologia e sociologia*: e outros ensaios. São Paulo: Unesp, 2018.]

TAYLOR, James R.; VAN EVERY, Elizabeth J. *The Emergent Organization*: Communication as Its Site and Surface. Londres: Lawrence Erlbaum Associates, Publishers, 2000.

THÉVENOT, Laurent. Essai sur les objets usuels, Propriétés, fonctions, usages. *Raison pratique — Les objets dans l'action*, n.4, p.85-114, 1993.

THOMAS, Yan. *Res*, chose et patrimoine (note sur le rapport sujet-objet en droit romain). *Archives de philosophie du droit*, n.25, p.413-26, 1980.

THOMAS, Yan. La langue du droit romain, problèmes et méthodes. *Archives de philosophie du droit*, n.19, p.104-25, 1974.

_____. L'institution civile de la cité. *Le Débat*, n.74, p.23-44, 1993.

_____. *Fictio Legis*. L'empire de la fiction romaine et ses limites médiévales. *Droits*, n.21, p.17-63, 1995.

TOCQUEVILLE, Alexis de. *De la démocratie en Amérique. Oeuvres complètes*. Paris: Gallimard, [1835] 1986. Tomo 1, p.106, Cap.VI. [Ed. bras.: *A democracia na América*. Livro I – Leis e costumes. São Paulo: Martins Fontes, 2014; Livro II – Sentimentos e opiniões. São Paulo: Martins Fontes, 2014.]

TRAVERS, Max; MANZO, John. *Law in Action*: Ethnomethodological and Conversation Analytic Approaches to Law. Darthmouth: Dartmouth Publishing Co., Ltd, 1997.

TRAWEEK, Sharon. *Beam Times and Life Times*: The World of High Energy Physicists. Cambridge, Mass.: Harvard University Press, 1988.

VAN LANG, Agathe et al. *Dictionnaire de droit administrative*. Paris: Armand Colin, 1999.

WELLER, Jean-Marc. *L'État au guichet*. Paris: Desclée de Brouwer, 1999.

WISE, Norton (Org.). *The Values of Precision and Exactitude*. Princeton: Princeton University Press, 1995.

Índice Remissivo[*]

A

Abelès, Marc, 302n
administração, 29-30
   administração ativa, 47, 83, 141 ss.
   boa administração, 43, 80 ss.
   conflito com administração, 64
advogados, 22, **25-6**, 62, 97, 172, 179
Alder, Ken, 251-2n
Amselex, Paul, 242n
Antigo Regime, 56 ss., 60
antropologia das ciências, cap.5
   antropologia do direito, cap.6
   antropologia simétrica, 301 ss.
   comparação com o direito, 303
anulação, em oposição a rejeição, **44**, 116, 211n
ARIANE, **99**, 112, 133n
arquitetura, 54n
arquivo, 133
Assembleia do Contencioso, **28**, 82n, 193n, 199-200
Assembleia Geral do Conselho de Estado, **82** ss.
assessores, **38**
assinatura, 41 ss., 340
Atias, Christian, 311n, 313n, 324n
ato de escrita, 97, 249, 273 ss.
ato de governo, 202
atraso, 116, 163n
auditor, **142**
Augé, Marc, 303n
Austin, J. L., 275n
autonomia do direito, 154, 311 ss., 323
azul de Matignon, **67**

B

Baker, Keith, 58n
balança da justiça, 186 (*ver também* hesitação)
Bancaud, Alain, 55n, 229n
Bastide, Françoise, 258n, 266n

---

[*] As entradas em negrito indicam a página na qual os termos mais incomuns são definidos pela primeira vez.

Béchillon, Denys de, 191n, 292n, 304-5n, 314n, 318n, 324n, 330n, 339n
Berre, Hughes Le, 19-20n, 296n
Boltanski, Luc, 99n, 325-6n
Bonaparte, Napoleão, 17, 29, 37, 48n, 55, 60, 78, 153, 202n, 220, 308
Bourcier, Danièle, 96-7n
Bourdieu, Pierre, 51n, 174-5n, 317
Boureau, Alain, 97n, 315n, 319n
Braibant, Guy, 113n, 280n, 291n
brilho, 196
Bui-Xuan, Olivia, 19-20n, 144n
Burdeau, François, 20n

C

Callon, Michel, 224n, 249n, 290n, 295n, 304n, 306n
Cambrosio, Alberto, 96n
Carbonnier, Jean, 81n, 313n, 324n
carreira, cap.3
  perfil de, 150 ss.
casos, 98, 254-5, 295-6
Cassin, Barbara, 201n
Cayla, Olivier, 55n, 118n, 263n, 281n, 292n, 319n
Charvolin, Florian, 97n
Chevalier, J., 19-20n
Chirac, Jacques, 52n, 58, 142, 202n
ciência e direito, cap.5
cientometria, 224n, 257
classificação, 283 ss.
Claverie, Élizabeth, 57-8n, 97n, 337n
código, 29, 113
coisa, 252, 294
Colcombet, François, 61-2n, 307n
Collins, Harry, 331n
Comissão de admissão dos poderes em cassação, 25n
comissário de governo
  (no sentido 1), **21**, 50, **119**, **265** ss.
  não confundir com, **66**
  (no sentido 2, chamado *commis* de governo), não confundir com, **66**, 76, 78, 81
comunicar, **221**
conclusões, do comissário de governo, **22-3**, 36, 266
condições de felicidade, 161 e cap.4, 312
conhecimento adquirido, 212-3
conselheiros, **57-8**, **142-3**
Conselho Constitucional, 29-30n, 55, **56n**, 88-9n
Conselho de Estado
  apresentação das funções, cap.1
  dinâmica do corpo, cap.3
  juiz de primeira instância, de apelação e de cassação, 25
  sequência de dossiês do contencioso, cap.2
  sequência de sessões de instrução, cap.4
  utilidade e crise, 307-8
Conselho, 83-4, 88-9
Conselhos do rei, **57-8**
considerando, 114
construção, construtivo, 198-9, 202, 228-9, 239, 289
  construção social, 292
Contencioso, por oposição a Seções Administrativas, **87-8** (*ver também* Seções Administrativas)
contexto, 197, 317 ss.
contraditório, **42**, 124, 185
contrato, direito dos contratos em oposição a ato unilateral, **210** ss.
controle, verificação, **30**
  integral ou restrito, **30**, 43, **122n**
Cooren, François, 338n
corpo de conselheiros, dinâmica do, cap.3

ÍNDICE REMISSIVO

corpo, corpo virtual do direito administrativo, 30-1, 33, 111-2, 135, 204, 209, 216-7, 231 ss., 267
Corte de Cassação, 54 ss.
cortes supremas, 53
Costa, Jean-Paul, 19-20n, 336n
Courtès, 161n
cronista, **133** ss., **204** ss., 229

D

Dagognet, François, 274n
Daubert, 252n
De Gaulle, general, 48n
de Geouffre de la Pradelle, 176n
Debray, Regis, 153n, 307-8
decisão, 28, 133, 204-5, **291**
  decisão de Assembleia, **28**
  decisão de rejeição, 166
  decisão de Seção, **28**
declaração de utilidade pública (DUP), 73, 120 ss.
decretos, 68
Deguergue, Maryse, 19-20n, 28-9n
deliberação, **36**, 132
  segredo de deliberação, 206n
deportar, rejeitar, **194**
desacordos do comissário de governo, **39** ss.
Descola, Philippe, 301n
desempatador, **56**
desinteresse, 123-4, 246-7, 253
Direito administrativo, (ver judiciário)
Direito judiciário, (ver judiciário)
direito, passagem do direito, cap.4
  direito e ciência, cap.5
  direito e ficção, 335 ss.
  direito e organização, 338 ss.
  direito e política, 331
  direito e religião, 333
  direito e tecnologia, 244 ss., **333** ss.
dispositivo, **114**, 116, 166

dossiês, sequência de, 37, 72, 233, **cap.2**
  comparação com texto científico, 279
  limite dos dossiês, 184, 278
doutrina, 28, **31-2**, 152n, 231
Dupret, Baudoin, 311n

E

Eco, Umberto, 336n
Eisenstein, Elizabeth, 272n
enunciação jurídica, 175-6, 232, **336**
  comparação com ciência, 287
  definição, cap.6
epistemologia, 176n
eponímia, 284-5
erro legal, 35
esboço, projeto
  de governo, **66** ss.
  de julgamento, **39-40**, 41, **118-9**, 132
  de leis e decretos, **65** ss.
  do relator, **66** ss.
especialista, **251** ss., **290**
Escola Nacional de Administração (ENA), 140 ss., 147
esforço, 88n, 121, 127 ss.
especificidade, **33**
Estado, 44
  conflitos com, 49
  crise do Estado, 306-7
  poderes de Estado, 187 ss.
estatísticas, **171**
estudos de impacto, 89
evocação, evocar, **34-5**
Ewald, François, 208n, 291-2n
experiência, 247 ss., 289n, 294-5

F

fato, 178, cap.5, 262, 293
  reversão entre ciência e direito, **287** ss.

Favereau, Olivier, 175n, 317n, 323n
ficção jurídica, 76-7, 81n, 198-9n, 335-6
ficha verde, **130** ss., 262
força, do direito, 61, 63 ss., 175n, 187 ss., 198
formação de julgamento, 196-7, **268** ss.
   hierarquia das formações, 165, 192-3, 216
   formação de julgamento, 196-7, **268** ss.
Foucault, Michel, 253n
formalismo, 45-6, 51, 123, **176**, **209**
Fournier, Jacques, 152
Fraenkel, Béatrice, 51n, 96-7n, 340n
Freedman, Charles E., 306n
fundamento, 25, 50, 64, 69-70, 88, 114, 162, **187**, 201, 285, 319
   de ordem pública, **42-3**n, 88n
   inoperante, 116, 178
   que se torna operante, 211 ss.

G

Galison, Peter, 244n, 274n, 275n, 302n, 319n
Garapon, Antoine, 58n, 119n, 290n, 325-6n, 328, 333n
Geison, Gerald, 251n
Genevois, Bruno, 151
Girardot, Thierry, 48n, 114-5n, 143-4n, 145n
Goody, Jack, 96n
Gramaglia, Christelle, 98n
Greimas, A. J., 161n, 173n, 234n, 311n, 312n, 319n, 336n

H

habeas corpus, 53, 61
Hacking, Ian, 271n
Harlow, Carol, 306n

Hart, H. L. A., 313n, 316n, 331n
Heinich, Nathalie, 38n
Hermitte, Marie-Angèle, 13, 24n, 251n, 260n, 295n, 324n
hesitação, 119, 123, 127, 185, 219, 235, 266
hierarquia
   das normas, 191n
   do Conselho, 139
Holmes, Oliver, 258n
homeostasia, homeostase do direito, 286
Hutchins, Edward, 119n, 160n

I

imobilidade, **139-40**
interpretação, 26
intertextualidade, 111, 120, 224 ss.

J

Jacob, Christian, 280n
Jacob, Robert, 186n, 244n
James, William, 118n
Jasanoff, Sheila, 251-2n, 290n
Jeanneau, B., 208n
Jones, Carrie, 274n
judiciário
   julgar corretamente, 223
   julgar o próprio direito, 218
   julgar, 129
   por oposição a administrativo, 17-8, **23**n, 46-7, **55-6**, 59 ss., **104**, **141**, 180, 207-8, 309
juiz administrativo, 42n
Jurdant, Baudoin, 305n
jurisprudência, 171, 221, 229 ss.
jus naturalismo, 314 ss.
justiça delegada, justiça limitada/retida, **52** ss.

K

Kant, Emmanuel, 264n, 294n
Karpik, Lucien, 309n
Kelsen, Hans, 314n
Kessler, Marie-Christine, 19-20n, 53n, 87n, 151n, 208n, 307
Knorr-Cetina, Karin, 258n, 302n
Kuhn, Thomas, 296n
Kupiec, Jean-Jacques, 323n

L

laboratório, comparação com corte, **242** ss., 255, 270
Landowski, Eric, 311n
Lascoumes, Pierre, 311n
Latour, Bruno, 118n, 161n, 237n, 246n, 250n, 254n, 258n, 271n, 274n, 275n, 278n, 284n, 295n, 301n, 302n, 318n, 320n
Law Lords, **47**
Lebon, coleção, **27-8**, 99, 112, **133** ss., 223
Lebon, Jean, 20n
Legendre, Pierre, 18n, 96n, 189, 192n, 201, 272n, 324n, 325n, 333
legitimação, 175n, 206n
leque das possibilidades, 146 ss.
Lewontin, Richard, 323n
Licoppe, Christian, 258n, 275n
liminar, 61 ss.
Long, Marceau, 73n, 208n, 214n
Luhmann, Niklas, 313n, 323 ss.
Lynch, Michael, 250n, 251n, 253n

M

Mallard, Alexandre, 246n
Maltzmann, Forrest, 258n
Manzo, John, 311n
Martin, Henri, 82n

Massot, Jean, 20n, 26n, 48n, 89n, 115n, 143n, 145n
McEvoy, Sebastian, 160n
Mercier, Michel, 278n
mestre de petições, **142-3**
método (da etnografia), 20, 95, 159, 176-7, 236 ss., **299** ss., cap.6, 307
minuta, **132**
Mitterrand, François, 52n, 142, 151, 153
Mogoutov, Andrei, 13, 146n
Monde, jornal *Le*, 52 ss.
Monnier, 19-20n
Myers, Greg, 250n

N

Nathan, Tobie, 337n
natureza, 301
direito natural, 311 ss.
nota, **41**, 113 ss.
notificação, **132** ss.

O

objetividade do direito, 233, 288-9, 304-5
por oposição à objetividade, **287** ss., 293-4
objetos de valor, 161 e cap.4, **172-3**
lista de objetos de valor, 236
obras públicas, **48**
obrigação, **270** ss., 287 ss.
ocidentalismo, 300
Office of Legal Council, 47n
oficina da escrita, 67, 82 ss., 249
Ophir, Adi, 244n
opinião, 75, 308
ordem de classificação, cap.3
ordem, 65, **138** ss.
origem externa, **27**, **140** ss.

P

Palais-Royal, 16 ss.
Palsson, Gisli, 301*n*
paratexto, 134
Parrel (caso), 113 ss.
passagem do direito, 80, 116 ss., 161 e cap.4
pasta, 95 ss., 133
Perelman, Chaim, 160*n*
pessoal administrativo, 103
petição inicial de instância, 97
Piette, Albert, 337*n*
Pignon-Ernest, 16, 19
plano de instrução, 105
polícia, poder de, 23
Poovey, Mary, 254*n*, 263*n*, 294*n*
positivismo jurídico, 258*n*, 314 ss.
posto de trabalho, **110** ss.
precedentes, 26, 169*n*
preconceitos, 182
presidente da Seção, 17, **65**, 83
presidente de subseção, **38**, **65**, 145*n*
presidente do Contencioso, 83, 108*n*, 118
princípio geral do direito, 113*n*, 208*n*
procedimento, processo, 23, 50, 109-10, **118**, 195, 234, 262 ss.
produção, **41**, **99**
protocolo, **99** ss.
prova, 127*n*, 179

Q

qualificação, 26, 118, 283
queixa, fazer queixa, **219-20**
Questiaux, Nicole, 151
questões de fato, 253-4, 293, 295

R

raciocínio, 160 ss.
Rainaud, Nicolas, 22*n*, 266*n*

razão de Estado, 50
recurso prefeitoral, 229
regra legal, 183, 330 ss.
rejeição, por oposição a anulação, 44
relator, **41**, **112** ss., **259** ss.
  das Seções Administrativas, **67** ss., 90*n*
referências, cadeias de referências, 27-8, **271** ss.
requerente, **98**, 189-90, 248
Réseaux-LusTM, 146*n*
reversão de jurisprudência, 23, 132, 232, 267, 296
revisor, **119** ss., **261** ss.
revolução, 228, 297
Richards, Thomas, 96*n*
risco litigioso/contencioso, 69, 72, 76, 92
Rivero, Jean, 299
Roquemaurel, Josselin, 19-20*n*,157*n*
Roqueplo, Philippe, 96*n*
Rosental, Claude, 201*n*
Rouland, N., 305*n*, 332*n*

S

sala de instrução, 38 ss., 256
Schaffer, Simon, 254*n*, 294*n*
Schramek, Olivier, 152
Schütz, Anton, 316*n*
Seções Administrativas
  por oposição a Contencioso, 21, 80, 87 ss.
  vínculos com o Contencioso, 47-8, **68** ss., 198-9
Secretariado Geral de Governo (SGG), **41** ss., 200
secretário de subseção, **39**, **106** ss.
secretário-geral do Conselho de Estado, 87, 140-1
segundo centenário, 15 ss.

segurança jurídica, 219-20, 228-9, 286
semiótica, 96-7n, 173n, 234n, 311n
separação dos poderes, **62-3**
Serres, Michel, 295n
Serverin, Evelyn, 321n
serviço de análises, **103**, 283
Serviço de Documentação, 122, **133** ss.
Serviço de Notificações, **132**
sessão de instrução, **39** ss., 104, 176-7, 233
Shapin, Steven, 244n, 254n, 294n, 318n
Shapiro, Barbara, 251n
SILLAGE, **132**
SKIPPER, 108n, 132
Smith, Crosbie, 319n
Smolla, Rodney A., 258n
sociologia crítica, 174-5n, 317 ss.
sociologia do direito, 317 ss., 321
Sonigo, Pierre, 323n
Stengers, Isabelle, 289n, 302n
Stirn, Bernard, 20n, 30n, 33
Strathern, Marylin, 306n
subseção julgando por si, **28**, 118-9, **167n**
subseção, **22-3**, 28
subseções reunidas, **28**
Suchman, Lucy, 161n

T

Tarde, Gabriel, 312n, 318n, 320n, 322n
tautologia do direito, 313
Taylor, James, 338n

teoria do balanço, **73**
teoria dos atos destacáveis, **214n**
terreno, **127**
  mudança de terreno, 168 ss.
texto da Seção, **84**
texto do governo, **84**
texto, textualidade, trabalho do texto, 27, 85 ss., 196
  comparação com texto científico, 247 ss., 272
Thévenot, Laurent, 119n
Thomas, Yan, 81n, 252n, 292n, 295n, 315n, 318n, 336n
Thompson, Emily, 244n
Tocqueville, Alexis de, 47n
Toubon, Jacques, 52-3, 56
Travers, Max, 311n
Traweek, Sharon, 302n, 304n
tribunal administrativo, 97
tribunal dos conflitos, 52 ss.

V

Van Every, Elizabeth, 338n
Van Lang, Agathe, 62n, 202n, 212n, 229n
vazio jurídico, **77**
via de fato, **59** ss.
vistos, **113** ss.

W

Weller, Jean-Marc, 112n
Wise, Norton, 246n, 319n
Woolgar, Steve, 118n, 246n, 250n, 274n

SOBRE O LIVRO

Formato: 14 x 21 cm
Mancha: 23,7 x 42,5 paicas
Tipologia: Horley Old Style 10,5/14
Papel: Off-white 80 g/m² (miolo)
Cartão Supremo 250 g/m² (capa)
1ª edição Editora Unesp: 2019

EQUIPE DE REALIZAÇÃO

Capa
Megaarte Design

Edição de texto
Silvia Massimini Felix (Copidesque)
Tomoe Moroizumi (Revisão)

Editoração eletrônica
Eduardo Seiji Seki

Assistência editorial
Alberto Bononi

Camacorp Visão Gráfica Ltda

Rua Amorim, 122 - Vila Santa Catarina
CEP:04382-190 - São Paulo - SP
www.visaografica.com.br